Schriftenreihe der DGAP

Der Autor:

Thomas Fuchs ist Karl-Jaspers-Professor für Philosophische Grundlagen der Psychiatrie und Psychotherapie an der Ruprecht-Karls-Universität Heidelberg.

Thomas Fuchs

Randzonen der Erfahrung

DGAP

Schriftenreihe der

Deutschen Gesellschaft für phänomenologische Anthropologie, Psychiatrie und Psychotherapie (DGAP)

Herausgegeben von
Thomas Fuchs, Thiemo Breyer,
Stefano Micali, Boris Wandruszka

Band 9

Alle Beiträge zu dieser Reihe durchlaufen
vor der Annahme ein peer-review.

Thomas Fuchs

Randzonen der Erfahrung

Beiträge zur phänomenologischen Psychopathologie

Verlag Karl Alber Freiburg/München

2. Auflage 2021

© VERLAG KARL ALBER
in der Verlag Herder GmbH, Freiburg / München 2020
Alle Rechte vorbehalten
www.verlag-alber.de

Satz: SatzWeise, Bad Wünnenberg
Herstellung: CPI books GmbH, Leck

Printed in Germany

ISBN 978-3-495-49101-0

*Meinem psychiatrischen Lehrer
Hans Lauter gewidmet*

Inhalt

Vorwort 11

Einleitung 13

Leib

1) Psychopathologie der Hyperreflexivität 21
2) Depression, Leiblichkeit, Zwischenleiblichkeit 44
3) Selbst und Schizophrenie 63
4) Being a Psycho-Machine.
   Zur Phänomenologie der Beeinflussungsmaschinen . . . 90
5) Leiblichkeit und personale Identität in der Demenz . . . 109

Raum und Zeit

6) Die Welt als Innenraum.
   Kafkas »Bau« als Paradigma paranoider Räumlichkeit . . 129
7) Das Unheimliche als Atmosphäre 148
8) Depression als Desynchronisierung.
   Ein Beitrag zur Psychopathologie der
   intersubjektiven Zeit 170
9) Das fragmentierte Selbst.
   Zeitlichkeit und narrative Identität in der
   Borderline-Störung 193

Inhalt

Intersubjektivität

10) Subjektivität und Intersubjektivität in der psychiatrischen Diagnostik 217

11) Störungen der Intersubjektivität in Autismus und Schizophrenie 237

12) Wahn, Realität und Intersubjektivität. Eine phänomenologische und enaktive Analyse 263

Anthropologische, existenzielle und psychotherapeutische Aspekte

13) Warum gibt es psychische Krankheit? Anthropologische und existenzielle Vulnerabilität 299

14) Leiden an der Sterblichkeit 320

15) Phänomenologie und Psychopathologie des Willens .. 335

16) Phänomenales Feld und Lebensraum. Skizze einer phänomenologischen Psychotherapie ... 359

Quellennachweise 381

Literatur zur Einführung 385

Personenregister 387

Sachregister 389

Vorwort

Psychische Krankheiten führen in Randzonen menschlicher Erfahrung. Das feste Gebäude der gewöhnlichen Erfahrung erhält Risse; selbstverständliche Gewissheiten lösen sich auf. In die Helligkeit des Bewusstseins schieben sich von den Rändern her dunkle Schatten. Selbst das sichere eigene Zentrum, von dem aus man sonst die Welt erlebt, beginnt zu schwanken.

Diese Randzonen der Erfahrung zu beschreiben und zu analysieren, um so die Patienten in ihrem veränderten Erleben verstehen und begleiten zu können, ist die Aufgabe der Phänomenologie. Seit Karl Jaspers' *Allgemeiner Psychopathologie* (1913) bildet sie die Grundlagenwissenschaft der Psychopathologie. Allerdings hat sie sich seither in verschiedene Richtungen weiterentwickelt, die Jaspers nicht mehr einbezogen hat. Dazu gehört bereits die eidetische und transzendentale Phänomenologie Husserls, dann die Fundamentalontologie Heideggers, die Leibphänomenologie Merleau-Pontys oder in neuerer Zeit die Phänomenologie des Selbst und der Intersubjektivität. Die heutige Psychopathologie kann damit aus einer reichen und vielfältigen Tradition schöpfen, die so unterschiedliche Dimensionen wie Leiblichkeit, Zeitlichkeit, Räumlichkeit oder Intersubjektivität und schließlich existenzielle Ansätze umfasst. Die Randzonen der Erfahrung sind heute besser erschlossen als noch vor hundert Jahren.

Die Texte in diesem Band stellen eine Auswahl von Aufsätzen dar, die ich in den letzten zwei Jahrzehnten zu den genannten Themen veröffentlicht habe und die geeignet sein könnten, die Spannbreite phänomenologischen Denkens in der gegenwärtigen Psychopathologie zu dokumentieren. Sie wurden für den Band gründlich überarbeitet, aktualisiert und werden, wie ich hoffe, nun auch neue und interessierte Leser finden.

Vorwort

Ich danke der Deutschen Gesellschaft für Phänomenologische Anthropologie, Psychiatrie und Psychotherapie (DGAP) für die Unterstützung der Drucklegung der Beiträge. Herrn Trabert vom Alber-Verlag danke ich für die wie immer angenehme Zusammenarbeit bei der Planung und Vorbereitung des Bandes. Mein ganz besonderer Dank geht an Daniel Vespermann, Lukas Iwer, Mailin Hebell-Dowthwaite und Damian Peikert für die sorgfältige Redaktion und Vorbereitung der Texte zum Druck; sie haben dadurch bedeutend gewonnen.

Meine Dankbarkeit gilt am Ende meinem psychiatrischen Lehrer Hans Lauter, der mich in die Psychiatrie eingeführt hat und mir ein bleibendes Vorbild geworden ist. Ohne ihn wäre auch dieses Buch nicht entstanden, und ich freue mich, wenn er es nun in den Händen hält.

Heidelberg, im November 2019   Thomas Fuchs

Einleitung

»Der Wahn ist eine Möglichkeit des Menschen, ohne die er nicht wäre, was er ist.«
Henri Maldiney[1]

»Aber der Gesunde, dessen Seele offen geworden ist an den Grenzen, untersucht im Psychopathologischen, was er selber der Möglichkeit nach ist …«
Karl Jaspers[2]

Die beiden Zitate von Maldiney und Jaspers weisen auf zwei Grundannahmen hin, die eine phänomenologische Psychopathologie leiten können:

(1) Psychisches Kranksein ist kein kontingentes Geschehen, das von außen über den Menschen hereinbricht, sondern es gehört als Möglichkeit wesentlich zu ihm. Das Menschsein selbst, seine Konstitution oder psychophysische Organisation weist eine inhärente Brüchigkeit auf, die es zu Konflikten, Störungen und Erkrankungen disponiert. Wenn der Titel dieses Bandes also *Randzonen der Erfahrung* lautet, dann nicht etwa um eine Marginalisierung zum Ausdruck zu bringen – im Gegenteil: Gerade von diesen Randzonen und Ausnahmeerfahrungen her lässt sich der Kern des Menschseins besser verstehen.

(2) Als eine Möglichkeit des Menschseins ist auch dem Gesunden – etwa dem Psychiater, Psychopathologen oder Psychotherapeuten – psychisches Kranksein nie gänzlich fremd und unverständlich. Wenn die Bruchlinien der Erfahrung in uns allen vorgezeichnet sind, dann lässt sich zwischen ›gesund‹ und ›krank‹ keine strikte Unterscheidung mehr treffen. Für den Psychiater folgt daraus eine Haltung der *empathischen Solidarität* mit seinen Pa-

---

[1] Eigene Übersetzung, im Original: »La folie est une possibilité de l'homme sans laquelle il ne serait pas ce qu'il est« (Maldiney 1973, 210).
[2] Jaspers 1973, 658.

tienten, in der er das Fremde der psychischen Krankheit zugleich als das ›Andere seiner selbst‹ erkennt. In jedem wachen Erfassen und Nachvollzug psychischen Krankseins erfahren wir immer auch etwas über uns selbst.

Die Phänomenologie ist somit gerade in der Psychiatrie keine distanziert beobachtende, sondern eine teilnehmende und engagierte Methode. Es geht darum, etwas so zum Ausdruck und zur Sprache zu bringen, dass sich der Patient durch das Verstehen des Psychiaters auch selbst verständlicher wird. Er ist nie bloßes Untersuchungsobjekt, sondern vom ersten Gespräch an ein leidender Mitmensch, der in diesem Gespräch auch ein ›geteiltes Leid‹ erfährt. Wenngleich die phänomenologische Psychopathologie auf einer komplexen philosophischen Begrifflichkeit basiert, die der grundlegenden Analyse der primären Erfahrung dient, so ist doch ihr letztes Ziel immer die Anwendung in der therapeutischen Begegnung. Hier sollten ihre Ergebnisse in entsprechender Übersetzung und Erläuterung dem Patienten so weit wie möglich nahegebracht werden, sodass er sich in ihnen wiedererkennt. Die Erfahrung, die die Phänomenologie in grundlegenden oder ›Wesensstrukturen‹ beschreibt, ist doch immer zugleich *seine* Erfahrung.

Eine zentrale Voraussetzung, die den Phänomenologen leitet, ist die, dass in jeder Erfahrung mehr enthalten ist als nur ein gegenständliches Faktum, nämlich die besondere *Seinsweise des Erfahrenen* – des Wahrgenommenen, Erinnerten, Phantasierten usw. – ebenso wie die *Struktur der Erfahrung selbst*, die es freizulegen gilt. Die dazu erforderliche phänomenologische Einstellung beruht auf der ›Einklammerung‹ unserer alltäglichen oder wissenschaftlichen Annahmen über die Realität; insbesondere ist jede Erklärung beiseitezulassen, die die Phänomene aus zugrunde liegenden Ursachen, Mechanismen oder Substraten ableitet. Stattdessen analysiert der Phänomenologe, *wie* sich die Erfahrung und die erfahrene Welt für ein Subjekt konstituieren, wie die jeweilige Beziehung von Subjekt und Welt zu beschreiben ist. Es geht darum, die ursprünglichen Grundlagen unserer Erfahrung *in ihr selbst* freizulegen, vor allem die basalen Strukturen von Leiblichkeit, Räumlichkeit, Zeitlichkeit und Intersubjektivität.

Wenn nun der Psychiater diese Aufgabe übernimmt, gelangt er über die bewussten Symptomschilderungen der Patienten zu der präreflexiven Dimension der Erfahrung, die in psychischen Krankheiten betroffen ist. Sie umfasst das, was für gewöhnlich nicht bewusst bedacht oder beabsichtigt, sondern vielmehr implizit und unbewusst gelebt ist, was also unserem habituellen, selbstverständlichen Umgang mit der Welt und den anderen zuzurechnen ist. Zentrale Aspekte sind der gelebte Leib, der gelebte Raum, die gelebte Zeit und die meist unhinterfragten Beziehungen zu anderen. Die phänomenologische Psychopathologie erforscht Abwandlungen dieser Erfahrungsstrukturen, die sich nicht durch empirische Daten aus der Perspektive der 3. Person erfassen lassen: Wie erlebt sich der Patient in seiner Leiblichkeit? Wie ist es, depressiv zu sein? Wie verändern sich Zeit und Raum für einen manischen Menschen? Wie erscheint die Welt einem schizophrenen, einem zwanghaften, einem suizidalen Menschen?

›Welt‹ meint freilich nichts Äußeres im Gegensatz zu einem Inneren, sondern, wie Alice Holzhey-Kunz (2001, 105) schreibt, »das *Ganze* menschlichen Lebens im Sinne des umfassenden *Bedeutungszusammenhangs*, in dem sich alles menschliche Erleben, Denken und Handeln bewegt«. Solche Zusammenhänge sind einerseits kollektiver Natur: So sprechen wir etwa von der Welt des Mittelalters, der Welt des Theaters, der Welt der Kindheit usw. Andererseits lebt jeder Mensch, auch wenn sich in ihm verschiedene solcher Welten kreuzen, in seiner individuellen und unverwechselbaren Welt, in der er denkt, fühlt und handelt und die er selbst gestaltet. Subjekt und Welt treffen nicht aufeinander, sondern konstituieren sich wechselseitig, ja das Subjekt *ist* in gewissem Sinn zugleich seine Welt.[3] Um einen Menschen wirklich zu

---

[3] Vgl. zu dieser hier nur anzudeutenden Thematik Hegels *Phänomenologie des Geistes*: »Die Individualität ist, was *ihre* Welt als die *ihrige* ist; sie selbst ist der Kreis ihres Tuns, worin sie sich als Wirklichkeit dargestellt hat […]; eine Einheit, deren Seiten nicht wie in der Vorstellung des psychologischen Gesetzes als *an sich* vorhandene Welt und als *für sich* seiende Individualität auseinanderfallen« (Hegel 1970, 232).

Einleitung

verstehen, muss man daher gleichsam seine Welt betreten und sich den *Horizont* vergegenwärtigen, vor dem all seine Handlungen und Verhaltensweisen ihre Bedeutungen gewinnen – auch wenn diese Bedeutungen vom Normalen abweichen wie in psychischen Krankheiten.

Die zentralen Kategorien der phänomenologischen Psychopathologie sind, wie erkennbar geworden ist, immer zugleich Kategorien menschlicher Erfahrung schlechthin: Leiblichkeit, Räumlichkeit, Zeitlichkeit, Intentionalität, Selbsterleben, Intersubjektivität. Die phänomenologische Analyse lässt aber auch die Randzonen, Abwandlungen, Brüche und Entgleisungen dieser Erfahrung besser begreifen. Umgekehrt fällt von diesen Randzonen her ein besonderes Licht auf das Dunkel, das gerade das für uns Nächste, nämlich die präreflexive Erfahrung darstellt. Die sonst verborgenen Aufbaustrukturen des Bewusstseins werden gerade durch ihre Störungen offengelegt, lassen sich aber erst mit den phänomenologisch gewonnenen Begriffen auch angemessen beschreiben. In diesem Sinn erhellen und befruchten sich allgemeine Phänomenologie und phänomenologische Psychopathologie wechselseitig.

Die Beiträge in diesem Band sind nicht zuletzt mit dem Ziel ausgewählt, dieses Wechselverhältnis unter verschiedenen Aspekten zu illustrieren. Sie thematisieren (1) die Leiblichkeit, (2) das Raum- und Zeiterleben, (3) die Intersubjektivität in psychischen Erkrankungen. Besondere Berücksichtigung findet dabei die Psychopathologie der Depression, der Schizophrenie, der Borderline-Störung, des Autismus und der Demenz. Ein abschließender Teil gilt (4) anthropologischen, existenziellen und psychotherapeutischen Aspekten, einschließlich der Psychopathologie des Willens. Damit ist die Spannbreite phänomenologischen Denkens in der Psychiatrie zumindest umrissen; eine allgemeine Einführung in die Phänomenologie und die phänomenologische Psychopathologie kann in diesem Rahmen jedoch nicht geleistet werden. Empfehlungen dazu finden sich am Ende des Bandes.

Literatur

Hegel, G. W. F. (1970). *Phänomenologie des Geistes*. Werke Bd. 3. Frankfurt am Main: Suhrkamp.
Holzhey-Kunz, A. (2001). Psychopathologie auf philosophischem Grund: Ludwig Binswanger und Jean-Paul Sartre. *Schweizer Archiv für Neurologie und Psychiatrie, 152*, 104–113.
Jaspers, K. (1973). *Allgemeine Psychopathologie* (9. Aufl.). Berlin Heidelberg: Springer.
Maldiney, H. (1973). *Regard, parole, espace*. Lausanne: L'Âge d'Homme.

Leib

Psychopathologie der Hyperreflexivität

Einleitung

Die Struktur der menschlichen Leiblichkeit ist grundlegend charakterisiert durch die Polarität zwischen subjektivem Leib und objektiviertem Körper, oder zwischen Leib-Sein und Körper-Haben. Diese vor allem von Plessner, Marcel und Merleau-Ponty hervorgehobene Polarität hat auch für die Psychopathologie eine zentrale Bedeutung. Insofern nämlich psychische Erkrankungen den unbefangenen Lebensvollzug stören oder unterbrechen, setzen sie zugleich an den Bruchlinien an, die sich innerhalb der Leiblichkeit zwischen Leib-Sein und Körper-Haben immer schon zeigen.

In psychischen Krankheiten versagen die stillschweigenden Vermittlungen, die das leibliche Zur-Welt-Sein ausmachen. Statt als Medium des Weltbezugs zu fungieren, macht sich der Leib als Körper störend und widerständig bemerkbar. Selbstverständliches wird auf einmal unvertraut, zweifelhaft oder fremd; Implizites wird explizit und tritt in den Fokus der Aufmerksamkeit. Nun ist zwar die *Explikation des Impliziten* ein Grundprinzip der menschlichen Lebensform, die das in der primären Erfahrung noch qualitativ-holistisch Erlebte ausdrücklich zu machen und sprachlich zu artikulieren vermag. Doch in der Psychopathologie verselbständigt sich dieses Prinzip zu verschiedenen Formen der Selbstentfremdung, die ihrerseits eine vermehrte Selbstbeobachtung zur Folge haben. Dies wird noch gesteigert durch Reflexionsprozesse, die um die verlorene Selbstkongruenz kreisen und in denen die Patienten versuchen, den entstandenen Bruch wieder zu überbrücken oder zu kompensieren. Sie erreichen damit freilich in der Regel nur das Gegenteil. Selbstzentrierung und Hyperreflexivität sind somit einerseits die Folge der Erkrankung, tragen andererseits oft noch zusätzlich zu ihr bei.

Explikation des Impliziten, Selbstentfremdung und Hyperreflexivität sind insofern grundlegende Phänomene der Psychopathologie. Um ihren Zusammenhang näher zu untersuchen, will ich im Folgenden zunächst die implizite oder, wie man auch sagen kann, transparente Struktur der Leiblichkeit und ihr Verhältnis zum reflexiven Bewusstsein erläutern. Im zweiten Teil werde ich die Phänomene der Hyperexplikation und Hyperreflexion anhand einiger psychopathologischer Beispiele beschreiben.

Die implizite Struktur des Leibes

Die implizite Struktur der Leiblichkeit lässt sich folgendermaßen beschreiben: Was im Fokus unserer Aufmerksamkeit liegt, darauf richtet sich der *intentionale Bogen* unseres Wahrnehmens oder auch unseres Handelns.[1] Dieser Bogen wird gebildet durch die Verknüpfung und Integration von Einzelelementen – z. B. der Buchstaben, aus denen sich ein gelesener Text zusammensetzt, der einzelnen Gesichtszüge, aus denen der mimische Gesamteindruck resultiert, oder der Einzelbewegungen, die insgesamt den koordinierten Vollzug etwa des Fahrradfahrens oder Tanzens ergeben. Es ist diese Koppelung von Einzelelementen zu Wahrnehmungs- oder Bewegungsgestalten, die sich im Medium des Leibes realisiert, ohne dass wir der Einzelelemente noch gewahr werden. So bildet der Leib in einer stillschweigenden, impliziten Weise den intentionalen Bogen der jeweiligen Wahrnehmung oder Bewegung. Mit anderen Worten: Er ist auf ihr intentionales Ziel hin *transparent*.

Michael Polanyi (1967) hat diese Struktur der Leiblichkeit als »implizites Wissen« analysiert. Es beruht auf Prozessen der Gestaltbildung, die es uns ermöglichen, Ganzheiten und Sinneinhei-

---

[1] Den Begriff des intentionalen Bogens prägte Merleau-Ponty zur Bezeichnung der selbsttätigen, nicht der Ich-Aktivität unterliegenden Intentionalität des Leibes (Merleau-Ponty 1945/1962, xvii, 137, 243).

ten anstelle der Einzelelemente zu erfassen. Wir verstehen den Gesichtsausdruck eines anderen Menschen unmittelbar, ohne sagen zu können, welche Merkmale ihn ausmachen. Wir hören und verstehen die Sätze, die er spricht, nicht jedoch die einzelnen Laute, oder anders ausgedrückt, wir hören die Laute *als* Sätze. Wir tasten einen Gegenstand ab, indem wir vermittels unserer tastenden Fingerkuppen die Oberfläche wahrnehmen, die wir tasten. Ein Blinder tastet die Braille-Schrift *als* Worte, er liest mit den tastenden Fingern. Das heißt: Durch *Proximales* hindurch, das selbst implizit oder transparent bleibt, richten wir uns auf *Distales* im Fokus unserer Aufmerksamkeit (vgl. dazu auch Leder 1990).

Leibliches Bewusstsein lässt sich insofern, mit einem Begriff Hegels, auch als »vermittelte Unmittelbarkeit« charakterisieren (Hegel 1812/1979, 115). Der Leib als Medium vermittelt uns mit der Welt, bleibt aber selbst transparent, und so wird unsere Beziehung zur Welt eine unmittelbare. Andererseits ist diese Vermittlung doch nicht selbstverständlich, sondern anfällig für vielfältige Störungen. Schon eine Ungeschicklichkeit oder ein Unvermögen im Umgang mit Objekten bringt den Leib als ungeeignetes Instrument, als Körper zu Bewusstsein. Auch in Krankheiten macht sich der Körper unangenehm bemerkbar, als Last oder als Hindernis: Das sonst transparente Medium wird *opak*. Störungen der Sinne oder motorische Lähmungen, erst recht Hirnläsionen verschiedenster Art, können bestimmte Zugänge zur Welt beeinträchtigen oder versperren, die der Leib sonst eröffnet. Schließlich können schwere seelische Erkrankungen die Vermittlungsfunktion des Leibes, seine Transparenz insgesamt, stören. Dann geht die Unmittelbarkeit der Beziehung zur Welt verloren, und es entsteht eine mehr oder minder tiefgreifende Entfremdung.[2]

Auch das reflexive Bewusstsein, die Fähigkeit zur Distanznahme und Überlegung, die den Menschen auszeichnet, hebt die Unmittelbarkeit seiner leiblichen Weltbeziehung auf. Doch damit versetzt es ihn in die Lage, seine primären, impliziten Erfahrun-

---

[2] Freilich kann der Leib auch in vielfältigen angenehmen oder lustvollen Erfahrungen in den Vordergrund treten; vgl. dazu etwa Shusterman (2008, 15 ff.).

gen zu explizieren, sie sprachlich zu artikulieren und so dem intersubjektiven Diskurs verfügbar zu machen, aus dem sich neue Sichtweisen und Möglichkeiten ergeben können. Die Explikation und Artikulation des Impliziten steigert also die Freiheitsgrade, über die der Mensch verfügt (Jung 2009). Zugleich erlaubt es das reflexive Bewusstsein, Alternativen in der Imagination durchzuspielen, sie also in virtuellen Probehandlungen vorwegzunehmen, bis sie in geeigneter Form wieder in den Handlungsbogen des verkörperten Subjekts integriert werden können.

So dient das Bewusstsein auch dazu, in den impliziten Vermittlungen des Leibes entstandene Lücken durch neue Verknüpfungen wieder zu schließen – gleichsam die Brüche zu reparieren, die sich in der Leiblichkeit aufgetan haben. Bewusste Aufmerksamkeit kann neue Wege des Umgangs mit der Welt etablieren und leiten, bis sie sich wieder in Gewohnheiten verwandelt haben, uns ›in Fleisch und Blut übergegangen sind‹. Durch Übung und Gewöhnung inkorporiert der Leib neue Vermögen. Charakteristisch für den Erfolg ist ein sich häufig plötzlich einstellendes Erlebnis des ›Von-selbst‹, das es erlaubt, sich dem leiblichen Vollzug hinzugeben, sich gleichsam in die eigene Leiblichkeit fallen zu lassen. Der Tänzer hat eine neue Figur erlernt und kann sich ihr ganz hingeben. Der Pianist hat einen Lauf eingeübt, den er nun frei modulieren, ja dem er nun gleichsam selbst zuhören kann. Selbstvergessenheit ist das Kennzeichen des gelungenen leiblichen Vollzugs. Der Leib ist für ein neues Vermögen transparent geworden, so dass sich das fokale Bewusstsein bis zu einem gewissen Grad aus der Handlung zurückziehen und auf die Weise ihrer Ausführung oder auf das distale Ziel richten kann. »Es ist ein allgemeines Prinzip in der Psychologie«, so schreibt William James, »dass das Bewusstsein alle Prozesse verlässt, in denen es nicht mehr von Nutzen ist« (1890/1950, 496; eig. Übers.).[3]

Hier werden also unter bewusster Leitung neue Vermögen erworben, so lange bis man schließlich wieder vergessen hat, wie man tut, was man tut. Auf der anderen Seite kann aber das refle-

---

[3] »It is a general principle in psychology that consciousness deserts all processes where it can no longer be of use« (James 1890/1950, 496).

Die implizite Struktur des Leibes

xive Bewusstsein, die Rückwendung der Aufmerksamkeit auf den Lebensprozess selbst, auch eine gewissermaßen analytische, zersetzende Wirkung auf die impliziten Koppelungen der Leiblichkeit ausüben. Wir sehen dann buchstäblich den Wald vor lauter Bäumen nicht mehr – ein Phänomen, das ich als *Hyperexplikation* bezeichnen möchte. Betrachten wir einige Beispiele:

Spricht man ein vertrautes Wort einige Male aus und achtet dabei auf die Mundbewegungen oder Silben, dann erscheint es plötzlich fremd und sinnlos. Die implizite Koppelung von Klang und Bedeutung hat sich vorübergehend aufgelöst. Ein wahrgenommener Gesichtsausdruck verliert oder verzerrt sich, wenn man auf einzelne hervortretende Züge achtet. Prüft man einen Text auf Druckfehler, so kann man schlecht gleichzeitig auf den Sinn des Textes achten. Ähnlich fungiert ein Körperteil, wenn wir uns zu sehr auf ihn konzentrieren, nicht mehr als Element des impliziten Könnens. Ein Musiker, der im Lauf auf seine einzelnen Finger achtet, wird leicht einen Fehler machen, ebenso wie man stolpern kann, wenn man die einzelnen Schritte beim Treppenabwärtslaufen mitverfolgt. Allgemein gesprochen führt also die Rückwendung der Aufmerksamkeit vom Distalen zum Proximalen, vom Sinn zum Sinnträger, häufig zu einer Desintegration gewohnter, selbstverständlicher Vollzüge. Die Transparenz des leiblichen Mediums geht verloren, und die Vertrautheit der Dinge, mit Heidegger gesprochen, ihre Zuhandenheit im gewohnten Umgang, weicht einer Irritation und Entfremdung.

Besonders störend kann sich die bewusste Aufmerksamkeit auf leibliche Vollzüge auswirken, die überhaupt nicht der bewussten Kontrolle unterliegen, die also nicht ›gemacht‹ werden können, wie etwa das Einschlafen, das Lachen oder Weinen, die sexuelle Erregung oder auch das Gebären. Sie geschehen ›von selbst‹, d. h., sie entspringen einer eigenen Quelle leiblicher Spontaneität.[4] Willentlich lässt sich allenfalls die Situation aufsuchen

---

[4] Freilich gilt dies letztlich für alle leiblichen Vollzüge. Denn auch wenn ich meinen Arm absichtlich bewege, bleibt mir der Ursprung seiner Bewegung doch eigenartig unzugänglich: Ich kann die Bewegung nur willentlich *auslösen*, so wie man einen Pfeil durch Loslassen von der Sehne schnellen lässt.

oder herbeiführen, in der sich der gewünschte Vollzug für gewöhnlich einstellt. Wird er selbst direkt intendiert, so tritt in der Regel eine Hemmung oder Blockade ein. Noch ein Weiteres lässt sich daran erkennen: Das reflexive Bewusstsein ist nicht in der Lage, gleichsam flussaufwärts zurück zur Quelle leiblicher Vollzüge zu gelangen, und zwar weder in räumlicher noch in zeitlicher Hinsicht.

Räumlich nehmen die Richtungen des Leibes ihren Ausgang von einem nicht lokalisierbaren Ursprung: Mein Leib bleibt immer Nullpunkt oder Mittelpunkt der Orientierung im Raum, ich vermag ihn niemals vor mich zu bringen. Ich sehe mich selbst nie *als* sehenden. Mehr noch: ich sehe mich auch nie so, wie die anderen mich sehen. Kleist (1967) hat in seiner Schrift *Über das Marionettentheater* dargestellt, wie der Blick des anderen einen Bruch in der Leiblichkeit herbeiführt und die Unbefangenheit des präreflexiven Selbstseins aufhebt. Ähnlich beschreibt Luigi Pirandello in seinem Roman *Einer, keiner, hunderttausend* eine schwere psychische Krise, in die der Protagonist gerät, als er sich eines Tages dessen bewusst wird, dass der Anblick seines Gesichts gänzlich den anderen anheimgegeben ist, dass er für sich selbst also immer anders bleiben muss, als er den anderen erscheint.

Aber auch in *zeitlicher* Hinsicht entzieht sich der Lebensvollzug der unmittelbaren Selbstbeobachtung und geht der reflektierenden Feststellung immer voraus. Zumal in den leiblichen Selbstaffektionen von Hunger, Durst, Schmerz, Frische, Müdigkeit usw. erfahren wir, dass wir unserer selbst nie völlig mächtig sind, dass etwas unser Selbst wesentlich ausmacht, was wir doch nicht tun oder bewirken können. Wir erfahren in uns selbst einen Grund des Werdens, einen Ursprung der Spontaneität und Bewegung, dessen wir nicht habhaft werden können. Leben ist, was uns bereits affiziert hat, bevor wir es erfassen, begreifen und darauf antworten können. Es geht seinem Bewusstwerden voraus, und das bewusste Selbst ist sich nur in der Weise des »Selbstentzugs« gegeben (Waldenfels 2002, 191 f.).

Aufgrund dieses ebenso räumlichen wie zeitlichen Selbstentzugs muss der Versuch, den Lebensvollzug reflektierend einzuholen, notwendig misslingen. Ist die Spontaneität und Transparenz des Leibes einmal grundlegend gestört, so arbeitet sich das reflexive Bewusstsein vergeblich an der Störung ab und verstrickt sich in eine leere Hyperreflexion, in fruchtloses Grübeln, bohrenden Zweifel oder zwanghafte Selbstbeobachtung. Dies befördert noch zusätzlich die (Hyper-)Explikation des Impliziten und führt häufig in typische Teufelskreise von Selbstbeobachtung und Selbstentfremdung.

Damit habe ich einige Grundstrukturen des Verhältnisses von Leiblichkeit und reflexivem Bewusstsein umrissen. Im Folgenden werde ich nun auf dieser Grundlage verschiedene psychopathologische Erscheinungsformen von Hyperreflexivität betrachten.

Psychopathologie der Hyperreflexivität

(a) Schlafstörung

Beginnen wir mit einem alltäglichen Beispiel, der Schlafstörung. Der Insomniker hat das Vertrauen in die leibliche Selbsttätigkeit des Schlafes verloren. Wenn es Zeit ist, zu Bett zu gehen, ergreift ihn bereits die Angst vor der schlaflosen Nacht, er wird unruhig und kann schon deshalb nicht einschlafen. Nun beginnt er sich zu beobachten und verfolgt mit angespannter Aufmerksamkeit, was in und um ihn vorgeht. Immer mehr rückt die vergehende Zeit in den Vordergrund, die tickende Uhr, die Minuten oder die Stunden. Mit allen Mitteln versucht der Insomniker, sich von den quälenden Gedanken an die schlaflose Nacht abzulenken, doch dies misslingt, da sich, aufgrund einer Heimtücke des Bewusstseins, gerade das Abgewehrte erst recht in den Vordergrund drängt. Jeder Versuch, es zu bekämpfen, steigert die Hyperreflexion. Alle Anstrengungen, den Schlaf doch noch herbeizuführen, haben nur zur Folge, ihn umso sicherer zu verhindern. Denn wir *fallen* in den Schlaf, wie die Sprache schön sagt, und wer ihn ergreifen will, der vertreibt ihn. – Es liegt nahe, dass die Therapie darauf zielen muss, die zwanghafte Intention zu schlafen durch eine Gegenintention aufzuheben, etwa indem der Patient angehalten wird, zur Nacht eine Entspannungstechnik anzuwenden, ohne dabei jedoch einzuschlafen zu dürfen. So kann er lernen, das Einschlafen wieder zu vergessen, es also von selbst geschehen zu lassen.

(b) Zwangsstörung

Einen besonders günstigen Nährboden findet die Hyperreflexion bei zwanghaften Persönlichkeiten und Zwangsstörungen. Ein typisches Beispiel gibt Viktor Frankl, der auch die Technik der »Dereflexion« und »paradoxen Intention« zur Behandlung solcher Störungen entwickelt hat:

Ein 21-jähriger, perfektionistischer Patient, auf dem Gymnasium Vorzugsschüler und Klassenprimus, begann nach dem Abitur eine Buchhalterlaufbahn, merkte jedoch bald, dass seine Schrift nicht immer gut leserlich war. Von seinem Chef darauf aufmerksam gemacht, versuchte er sie zu verbessern und opferte seine ganze Zeit, um »schön schreiben zu lernen«. Er begann, Buchstaben aus der Handschrift seines Freundes zu übernehmen, wusste jedoch bald nicht mehr, welche Buchstaben er verwenden, wie er eigentlich schreiben solle. Nur mehr auf seine Handschrift konzentriert, konnte er schließlich vor anderen nicht mehr schreiben, entwickelte Ängste vor ihrer Beobachtung und musste seine Tätigkeit aufgeben. In der Klinik gelang es durch Vorgabe der paradoxen Intention: »Dem schmiere ich etwas vor, ich schreibe nur um zu schmieren, nur um 30mal stecken zu bleiben«, innerhalb von 3 Wochen, die Störung zu heilen. (Frankl 2007, 198)

Wir sehen hier deutlich, wie die Rückwendung der Aufmerksamkeit auf den motorischen Vollzug zu einer Auflösung des impliziten Könnens führt, verstärkt durch die Angst und Scham vor anderen. An die Stelle des intendierten Inhalts setzt sich zunächst die Form des Schreibens selbst. Das wäre an sich noch kein Schaden, denn die bewusste Übung könnte ja durchaus zu einer Verbesserung der Schrift beitragen. Der zwangsneurotische, perfektionistische Mensch jedoch findet, sobald er einmal die leibliche Selbstverständlichkeit verlassen hat, nicht wieder zu ihr zurück. Er will alles *machen* und kann nichts geschehen lassen, aus Angst, die Kontrolle zu verlieren, sich gehen zu lassen. Die paradoxe therapeutische Instruktion erlaubt ihm nun genau dies und greift damit zugleich seine verdrängten, rebellischen Wünsche auf: endlich einmal richtig schmieren zu können, ja dem Chef »etwas vorzuschmieren«. So löst sich der Reflexionskrampf, und der Patient gewinnt das Vertrauen in sein implizites leibliches Vermögen zurück.

(c) Hypochondrie

Das Paradigma pathologischer Reflexion auf den Leib als Körper ist die Hypochondrie. Auch der Hypochonder hat das Vertrauen in die natürlichen leiblichen Prozesse verloren und versucht vergeblich, sich durch medizinische Überwachung der Funktionsfähigkeit seines Körpers zu versichern. Gerade damit stört er die Unauffälligkeit und Selbsttätigkeit der leiblichen Vollzüge. Seine misstrauische Selbstbeobachtung verstärkt oder erzeugt selbst ungewohnte Leibempfindungen, die er dann als bedrohliche Symptome interpretiert.

So ängstigte sich ein Patient vor einem Tumor, durch den er das Augenlicht verlieren könnte. Er beobachtete fortwährend seine Sehfähigkeit und registrierte angespannt seine Augenempfindungen, wodurch er freilich nur zusätzliche Verspannungen, Missempfindungen und Tränensekretionen hervorrief. Auch seine Aufmerksamkeit richtete sich also in typischer Weise vom Distalen zurück zum Proximalen, vom Gesehenen zum Sehen, zum Auge. (Patient der eigenen Klinik)

Doch hat bereits der Verlust des Vertrauens in den eigenen Körper mit einem reflexiv gewonnenen Wissen zu tun. Im Hintergrund der Hypochondrie nämlich steht das Bewusstsein, als leibliches Wesen grundsätzlich krankheitsanfällig und verletzbar, ja sterblich zu sein, so dass jeder banale Schmerz prinzipiell schon die Möglichkeit tödlicher Krankheit andeuten kann. So sensibel der Hypochonder für die Verletzlichkeit seiner leiblichen Existenz ist, so unerträglich ist sie zugleich für ihn. Er versucht daher, die stets gegenwärtig erlebte Gefahr von Krankheit und Tod durch ängstliches Beobachten aller körperlichen Vorgänge zu bannen. Mehr und mehr wird dem Hypochonder sein Leib selbst zum quasi-erotischen Objekt, das sich vor die Welt schiebt, statt für sie transparent zu sein. Die eigene und die ärztliche Zuwendung zum Leib ersetzen nun, was an mitmenschlicher Beziehung verloren geht. Die Medizin, die Ärzte sollen den Riss wieder schließen, der sich im Dasein aufgetan hat – so als ließe sich die grundlegende Tatsache der Anfälligkeit und Sterblichkeit des Leibes aufheben, indem er fortwährend beobachtet, untersucht und in Kontroll- oder Diätrituale gezwungen wird.

Der Hypochonder repräsentiert den naturwissenschaftlichen Anspruch auf absolute Kontrolle des Körpers und kann doch das Faktum von Krankheit und Tod nicht leugnen. Die hypochondrische Neurose wird zum oft lebenslangen Kampf gegen eine Grundbedingung des Daseins, die nicht anerkannt, sondern negiert wird. Auch hier geht es therapeutisch um die Dereflexion, die Wendung der Aufmerksamkeit vom Körper weg nach außen, zu den Aufgaben und Beziehungen des Lebens, die der Hypochonder scheut.

(d) Magersucht

Auch in der Magersucht oder Anorexia nervosa wird die Dialektik von Leib-Sein und Körper-Haben zum Kern der Störung. Der Körper wird zum Objekt, dessen Volumen und Maße ständig beobachtet, kontrolliert und in ein fatales Zwangsregime gezwungen werden.[5]

Magersüchtige Patientinnen[6] suchen ihr ideales Selbst im perfekten *body image*, d.h. in ihrem Körper aus der Sicht der anderen. Dabei spielt zweifellos die Dominanz des marktförmigen, überschlanken Model-Körpers in der westlichen Kultur eine maßgebliche Rolle, und die oft groteske Verzerrung des Körperbildes bei den Patientinnen treibt dessen allgemeine Verzerrung

---

[5] Eine lesenswerte leibphänomenologische Analyse der Anorexie gibt Marcinski (2014).
[6] Da es sich zu über 90 % um Erkrankte weiblichen Geschlechts handelt, wähle ich im Folgenden zur Bezeichnung das Femininum. Der Anteil männlicher Anorektiker nimmt allerdings in den letzten Jahren zu.

in der Gesellschaft nur auf die Spitze. Dennoch ist die Schlankheit für die anorektischen Mädchen und Frauen nicht etwa mit dem Ziel sexueller Attraktivität verbunden, sondern vielmehr mit dem Ideal des engelsgleichen, asexuellen, ja letztlich des verschwindenden Körpers. Tatsächlich verweigern sich Magersüchtige gerade der Reifung und Sexualisierung des Körpers und den damit verbundenen weiblichen Identitätsangeboten, nicht zuletzt, weil sie mit der endgültigen Trennung von der gleichsam noch ›vorgeschlechtlichen‹ Kindheit verbunden sind.

Der pubertierende Körper, der nun weibliche Formen annimmt und sie zur Erotik und Sexualität hinlenken will, wird für die Magersüchtige zu einem fremden, ja abstoßenden Objekt, um das doch das ganze Denken fortwährend kreist. Die Leibfeindlichkeit richtet sich besonders auf alles, was mit Verdauungs- und Stoffwechselvorgängen verbunden ist:

> Es ekelte mich vor mir selbst, vor meinem vollgestopften Körper. […] Der Geschmack von faulen Eiern stieg in mir hoch. Ich stellte mir vor, wie nun alles in mir in einen Fäulnisprozess übergegangen sein musste. (Graf 1986, 49)

Die Nahrung wird zum *Fremdkörper*, und ihre Einverleibung ist nicht mehr mit Genuss, sondern mit Ekel verbunden. Im Erbrechen wird das abgelehnte, nicht assimilierbare Fremde wieder ausgestoßen. Dahinter steht letztlich ein verzweifelter Kampf um Abgrenzung, Autonomie und Autarkie: Die Anorektikerin kämpft gegen ihre Abhängigkeit vom Leib und seiner unkontrollierbaren Natur, vor allem von seinen Hunger- und Geschlechtstrieben. Ihn vollständig kontrollieren zu können, von der Nahrung, aber zugleich auch von den anderen unabhängig zu werden, wird zur Quelle eines grandiosen Triumphs. Ich fühle keinen Hunger mehr, kein Begehren: Das heißt, ich bin autark und benötige nichts mehr von außen.

Damit entfremdet sich die Anorektikerin immer mehr von ihrem primären, natürlich-triebhaften Leibsein und gerät in einen extremen Dualismus. Wie in der platonischen, gnostischen und zum Teil auch christlichen Tradition wird der Leib zum »Kerker der Seele« (Platon, *Gorgias* 493a), zum Körper, den man nur widerwillig hat, an den man gekettet ist, der dafür aber diszipliniert, bestraft und ausgehungert wird, wenn es sein muss, bis hin zum Tod:

> Es war, als müsste ich meinen Körper bestrafen. Ich hasse und verabscheue ihn. Wenn ich ihn ein paar Tage normal behandelte, musste ich ihn wieder entbehren lassen. Ich fühlte mich in meinem Körper gefangen – solange ich ihn unter strenger Kontrolle hatte, konnte er mich nicht betrügen. (Zit. nach Kaplan 1988, 330)

Obwohl also das kulturelle Schlankheitsideal, Diäten und Verzerrungen des Körperbilds eine auslösende Rolle spielen, stellen solche äußerlichen Aspekte doch nicht die eigentliche Quelle der Störung dar. Vielmehr versuchen die Patientinnen ihren zutiefst empfundenen Mangel an Selbstwert und Identität zu kompensieren, indem sie ihren Körper unterwerfen und in ein Instrument der Selbstperfektionierung verwandeln. Die Magersüchtige greift dabei das gesellschaftliche Ideal des *body image* auf, kehrt es aber zugleich um, denn ihr geht es nicht mehr um den Körper-für-andere, sondern im Gegenteil darum, durch Askese und Unterwerfung des Körpers von allen anderen unabhängig zu werden. Letztlich trägt das unerbittliche Streben der Patientinnen nach Vollkommenheit religiöse Züge: Ihr Ideal ist der engelshafte, ja letztlich der verschwindende Körper; ihr eigentliches Leitbild ist nicht das Model, sondern die Heilige.[7]

(e) Hyperreflexivität in der Schizophrenie

Die wohl tiefgreifendste Auflösung leiblicher Spontaneität begegnet uns in der Schizophrenie. Zumal in den basalen und frühen Stadien der Krankheit erleben schizophrene Patienten einen Verlust des impliziten Könnens und Wissens, das sich auch mit dem Begriff des Common Sense bezeichnen lässt, also der grundlegenden Vertrautheit mit der Welt und mit den anderen Menschen, die

---

[7] Eine weitere Form der Hyperreflexivität, die sich auf den ›Außenleib‹, also die Erscheinung des eigenen Körpers oder das Körperbild richtet, stellt die Dysmorphophobie dar.

an das Medium des Leibes gebunden ist. Die phänomenologische Psychopathologie hat dafür den Begriff der »Entkörperung« (*disembodiment*) geprägt (Fuchs 2005a; Fuchs & Schlimme 2009). Diese besteht in einer schleichenden Desintegration leiblicher Gewohnheiten und Handlungsabläufe, die gerade das Selbstverständliche und Alltägliche immer fragwürdiger und problematischer erscheinen lässt. Die Hyperexplikation erfasst hier, wie wir sehen werden, zunehmend proximale Bereiche der leiblichen Vollzüge, bis diese als gänzlich ich-fremd, ja schließlich als von außen gesteuert erlebt werden. Betrachten wir einige Beispiele von frühen Stadien dieser Störung. So konnte ein schizophrener Patient Minkowskis nicht mehr lesen,

denn er wird von einem Wort oder einem Buchstaben festgehalten und kann nicht auf den Sinn des Satzes achten. Er prüft, ob alle »i«s einen Punkt haben, ob die Akzente richtig stehen, ob alle Buchstaben die richtige Form haben. (Minkowski & Targowla 1927/2001, 273; eig. Übers.)

Also zeitweise konnte ich nichts tun, ohne darüber nachzudenken. Ich konnte keinen Handgriff mehr machen, ohne dass ich denken musste, wie ich das mache. [...] Manchmal habe ich schon über Worte nachgedacht, warum jetzt »Stuhl« »Stuhl« heißt zum Beispiel, oder solche Sachen. (Patient der eigenen Klinik)

Wenn ich etwas tun will wie etwa Wasser trinken, dann muss ich das im Detail durchgehen – einen Becher finden, hinübergehen, den Hahn aufdrehen, den Becher auffüllen, trinken. (Chapman 1966, 239; eig. Übers.)

Hier zerfallen die impliziten Koppelungen bzw. sensomotorischen Syntheseleistungen und müssen durch bewusste Planung und Ausführung ersetzt werden. Es gelingt den Patienten nicht mehr, einen einheitlichen Handlungsbogen zu realisieren und sich dabei auf selbstverständliche Weise ihres Leibes zu bedienen. Dies führt zum Verlust von Spontaneität, zunehmender Selbstbeobachtung und Hyperreflexion. Jede noch so geringfügige Handlung bedarf einer gezielten Aufmerksamkeit und Willenstätigkeit, gewissermaßen einer ›cartesianischen‹ Einwirkung des Ich auf seinen Körper. Nicht umsonst sprechen die Patienten oft von einem Bruch zwischen sich und ihrem Körper, fühlen sich innerlich ausgehöhlt oder wie leblose Roboter. Denn das Gefühl des Lebendigseins beruht darauf, den eigenen Leib gewissermaßen zu bewohnen und sich durch ihn selbstverständlich auf die Welt richten zu können.

Ich bin wie ein Roboter, den jemand anderes bedienen kann, aber nicht ich selbst. Ich weiß, was zu tun ist, kann es aber nicht tun. (Chapman 1966, 231; eig. Übers.)

Die Störung des gewohnten leiblichen Umgangs mit der Welt kann sich in einer subtilen Entfremdung der Alltäglichkeit manifestieren, wie sie Blankenburg (1971) eindrucksvoll beschrieben hat. Gerade solche Dinge werden zum Problem, »die sich rational nicht eindeutig bestimmen lassen, die Sache des ›Feingefühls‹ sind« (ebd., 82): welches Kleid man trägt, wie man jemanden anspricht, sich entschuldigt usw. Der Verlust der natürlichen Selbstverständlichkeit »macht sich vor allem [...] in den unzähligen kleinen Verrichtungen des Alltags bemerkbar, ergreift aber darüber hinaus die gesamte Lebensorientierung« (ebd., 80). Dem Kranken drängt sich gerade das als unabweisbares Problem auf, was der Gesunde *vergessen* hat, weil er es schon gewohnt war, bevor er danach fragen konnte: wie es möglich ist, in der Welt zu sein, zu handeln, zu leben. Gerade das Vergessene, d.h. das im leiblichen Gedächtnis gewohnt und vertraut Gewordene ist dem Kranken nicht mehr verfügbar.

Anders als bei den neurotischen Störungen, die wir zuvor betrachtet haben, müssen wir in der Schizophrenie eine tieferreichende Ursache der Selbstentfremdung annehmen. Die phänomenologische Psychopathologie geht von einer Störung des basalen leiblichen Selbsterlebens aus, das allen Lebensvollzügen zugrunde liegt und ihnen die Qualität der »Meinhaftigkeit« verleiht (Parnas 2000; Sass & Parnas 2003). Es liegt gewissermaßen am weitesten proximal, nämlich im Kern aller intentionalen Akte. Die Schwächung dieses präreflexiven Selbstgefühls durchdringt daher alle Bereiche des Erlebens und kann reflexiv nicht kompensiert werden:

Ich muss mich ständig fragen, wer ich eigentlich bin. [...] Darüber denke ich so viel nach, dass ich zu nichts anderem mehr komme. Es ist nicht leicht, wenn man sich von Tag zu Tag verändert. Als wenn man plötzlich eine völlig andere Person wäre. (de Haan & Fuchs 2010, 329; eig. Übers.)

Psychopathologie der Hyperreflexivität

Sobald ihm ein Gedanke durch den Kopf ging […], musste er seine Aufmerksamkeit zurücklenken und sein Bewusstsein untersuchen, um genau zu wissen, was er gedacht hatte; er war ständig beschäftigt mit der Kontinuität seines Denkens. Er hatte Angst davor, er könnte für einen Moment zu denken aufhören, es könnte vielleicht einmal vorgekommen sein, dass »meine Vorstellung stillstand«. Eines Nachts wachte er auf und fragte sich: »Denke ich eigentlich gerade? Da es nichts gibt, das beweist, dass ich denke, kann ich nicht wissen, ob ich existiere.« (Hesnard 1909, 179; zit. n. Parnas & Handest 2003, 128; eig. Übers.)

Vergeblich versucht dieser Patient, seine existenzielle Angst vor dem Selbstverlust durch ständige Selbstvergewisserung zu bannen. Die explizite Rückwendung gelangt nicht zum *Ursprung* der Gedanken, der ihnen eigentlich die Meinhaftigkeit verleihen sollte. Ist der intentionale Akt nicht in das Medium des Selbstgefühls eingebettet, so bleibt er gewissermaßen unerfüllt und muss leer wiederholt werden. Dazu noch ein etwas ausführlicheres Fallbeispiel:

Ein 32-jähriger Patient berichtet, er sei im Alter von etwa 16 Jahren zusehends unsicherer geworden, ob seine persönlichen Dinge wirklich noch die eigenen oder insgeheim von anderen ausgetauscht worden seien. Wenn er sich z. B. Bücher kaufte, war er nicht mehr sicher, ob der Verkäufer sie nicht heimlich durch andere ersetzt hatte; so musste er sie weggeben und wieder neue kaufen. Wenn er Dinge auf seinem Schreibtisch liegen ließ, bekam er später Zweifel, ob sie nicht inzwischen ausgetauscht worden waren. Zusehends sei das Vertrauen in seine Umgebung verloren gegangen.

Während des Studiums, mit 21 Jahren, konnte er auch seinen eigenen Aufzeichnungen aus der Vorlesung nicht mehr trauen. Schließlich begann er auch zu zweifeln, ob seine eigenen Arme oder die von jemand anderem die Arbeit machten, mit der er gerade beschäftigt war. Er musste seine Arme sorgfältig von den Händen bis zum Körper verfolgen, um sicherzugehen, dass er selbst das sei, und habe immer wieder nach hinten gesehen, ob da nicht jemand anderes stand, der sie bewegte. Nun begann er die einfachsten Handlungen anzuzweifeln. Er brauchte endlos zum Anziehen, da er die Kleider mehrmals berühren und seine Bewegungen ständig bewusst wiederholen musste, denn er konnte seinen Händen nicht mehr trauen. Er wusste nicht mehr, ob er die Hosen richtig hielt, und in welcher Reihenfolge er die Kleider anziehen sollte. Jeder Handgriff sei nun zu einer Mathematikaufgabe geworden, über die er mit größter Konzentration habe nachgrübeln müssen. So blieb er in den alltäglichsten

Abläufen stecken und geriet in zunehmende Verzweiflung. (Nach Bürgy 2003, 9 ff.)

Die basale Selbstentfremdung manifestiert sich bei diesem Patienten zunächst in einem Misstrauen gegenüber der Zugehörigkeit seines Eigentums. Die Verlässlichkeit der persönlichen Dinge ist für ihn deshalb von existenzieller Bedeutung, weil die Kontinuität der äußeren Umgebung die gespürte Brüchigkeit der Selbstkohärenz kompensieren soll. Doch die Vertrautheit der Dinge lässt sich durch bewusste Aufmerksamkeit nicht herstellen, und die persönliche Umgebung erscheint zunehmend entfremdet. Schließlich geht auch das Gefühl der Urheberschaft für die eigenen Bewegungen verloren, und die gewohnten Handlungseinheiten lösen sich auf. Um diesen Verlust auszugleichen, muss der Patient jede Bewegung bewusst vorbereiten und ausführen, indem er seinen Körper wie ein äußeres Instrument benutzt. Aber selbst dann zweifelt er, ob die Bewegung nicht von jemand anderem ausgeführt wurde. Es bleibt ihm nur die ohnmächtige Selbstbeobachtung und Hyperreflexion.

Mit zunehmender Entfremdung und Explikation der leiblichen Intentionalität in der Schizophrenie kann schließlich sogar der Akt des Wahrnehmens als solcher zu Bewusstsein kommen. Dann wird der Patient gleichsam zum Zuschauer seiner eigenen Wahrnehmungen:

Ich merke, wie meine Augen die Dinge sehen. (Stanghellini 2004, 113; eig. Übers.)

Ich sah alles wie durch eine Filmkamera. (Sass 1992, 132; eig. Übers.)

Es war, wie wenn meine Augen Kameras wären, und mein Gehirn war zwar immer noch in meinem Körper, aber so als wäre mein Kopf riesengroß, so groß wie das Universum, und ich war ganz hinten und die Kameras vorne. So extrem weit weg von den Kameras. (de Haan & Fuchs 2010, 329 f.; eig. Übers.)

Das wahrnehmende Subjekt gerät in eine Position außerhalb der Welt, es wird zum Homunculus, der seine eigenen Wahrnehmungen wie Bilder betrachtet. Diese äußerste Entfremdung, ja Verzerrung des leiblichen Mediums verwandelt die wahrgenommenen

Dinge in bloße Erscheinungen oder Phantombilder. Darin liegt auch der Kern der künstlichen, rätselhaften und unheimlichen Verfremdung der Umgebung in den Frühstadien der akuten Psychose, die Jaspers (1973) als »Wahnstimmung« beschrieben hat. Anstatt eine objektive, gemeinsame Welt zu konstituieren, ist die schizophrene Wahrnehmung in einer subjektiven, monadischen Sicht gefangen; sie ist nicht mehr transparent auf die Welt hin, sondern opak (Fuchs 2005b).

Eine letzte Stufe wird erreicht, wenn die Auflösung der intentionalen Bögen des Wahrnehmens, Denkens und Handelns so weit fortschreitet, dass die verbleibenden Wahrnehmungs-, Gedanken- oder Bewegungsfragmente einen fremdartigen, dinghaften Charakter annehmen und dem Patienten schließlich von außen aufgezwungen erscheinen.

Ich konnte nicht mehr denken, wie ich wollte. […] Es war, wie wenn einer gar nicht mehr selber denkt, an seinem eigenen Denken gehindert wird. Ich hatte den Eindruck, dass alles, was ich denke, […] überhaupt nicht zu mir gehört. […] Ich fing an zu überlegen, bin ich das noch oder bin ich eine ausgetauschte Person. (Klosterkötter 1988, 110 f.)

Es ist leicht vorstellbar, wie sich aus diesen entfremdeten Erlebnisformen im weiteren Verlauf typische Ich-Störungen wie Gedankeneingebungen oder verbale Halluzinationen entwickeln können (vgl. Fuchs 2015).

Ich fasse zusammen: In der Schizophrenie ist die Transparenz des Leibes so beeinträchtigt, dass er nicht mehr als Medium der Zuwendung zur Welt fungieren kann. Die Störung des basalen Selbsterlebens entfremdet die Person ihrer leiblichen Vollzüge, und die »vermittelte Unmittelbarkeit« der Beziehung zur Welt zersetzt sich. Es kommt zu einer »Entkörperung«, einer pathologischen Explikation der selbstverständlichen, impliziten Funktionen des Leibes. Vergeblich versuchen die Patienten, dies durch zwanghafte Selbstbeobachtung, ritualisierte Selbstvergewisserung und Hyperreflexivität zu kompensieren. Am Ende steht eine Auflösung des intentionalen Bogens, dessen Bruchstücke dem Patienten als fremde, verdinglichte Fragmente von Empfindungen, Gedanken oder Bewegungen gegenübertreten.

Statt als transparentes Medium des In-der-Welt-Seins zu fungieren, verzerrt somit die leibliche Organisation des Schizophrenen zunehmend die wahrgenommene Realität und verstrickt ihn schließlich in eine wahnhafte Sicht auf sich selbst. Der gelebte Leib wird zu einer entfremdeten, äußerlichen Körpermaschine, die am Ende nicht mehr vom Patienten selbst, sondern von anonymen und fremden Kräften gesteuert erscheint. Was es heißt, ein inkarniertes, verkörpertes Wesen zu sein, können wir wohl nirgends so deutlich erkennen wie an der Schizophrenie, in der das Selbst in seinem Leib nicht mehr zu Hause ist.[8]

Fazit

Wir haben damit einige Erscheinungsformen der Psychopathologie der Hyperreflexivität kennen gelernt. Ihnen ließen sich weitere Beispiele an die Seite stellen, etwa das auf die Vergangenheit zurückgerichtete Grübeln und die quälenden Selbstvorwürfe depressiver Patienten. Doch die dargestellten Formen sollen genügen, um einige allgemeine Schlussfolgerungen zu ziehen:

(1) Psychische Krankheiten stellen Störungen des auf die Welt und in die Zukunft gerichteten Lebensvollzugs dar. Als solche gehen sie zumeist einher mit vermehrter Selbstbeobachtung und -bewertung, mit einer Einengung der Aufmerksamkeit auf die eigene Person, die erlebten Defizite oder Symptome, und mit einer Rückwendung des Denkens auf das bereits Getane oder Geschehene. Diese Phänomene lassen sich im Begriff der *Hyperreflexivität* zusammenfassen.

(2) Die Störung des Lebensvollzugs manifestiert sich andererseits in einer Auflösung der Gewohnheiten, Gestalteinheiten

---

[8] Therapeutische Möglichkeiten zur Behandlung dieser Entfremdung seien hier nur angedeutet: Dabei geht es vor allem darum, etwa durch bewegungs-, tanz- oder kunsttherapeutische Verfahren die Erfahrung von Selbstwirksamkeit und die Verankerung in leiblichen Vollzügen zu fördern (Martin et al. 2016; Galbusera et al. 2019).

und impliziten Koppelungen, die der Intentionalität des Leibes zugrunde liegen. Übergreifende intentionale Bögen von Wahrnehmung und Handlung lösen sich auf, so dass Einzelelemente störend in den Vordergrund treten. Diese Phänomene habe ich als *Hyperexplikation des Impliziten* bezeichnet.
(3) Hyperreflexivität und Hyperexplikation bedingen und verstärken einander wechselseitig. Bislang Selbstverständliches wird fragwürdig, Vertrautes entfremdet sich, doch die dadurch ausgelöste grüblerische Selbstreflexion trägt noch zusätzlich zu dieser Störung bei. Es entstehen Teufelskreise von Selbstbeobachtung und Selbstentfremdung.

Die anthropologische Grundlage dieser Phänomene lässt sich in der Labilisierung verorten, die der Lebensvollzug durch das personale Selbstverhältnis erfährt: Die »exzentrische Position«, die der Mensch zu sich selbst einnimmt, indem er sich von außen und mit den Augen der anderen sehen kann, enthält immer schon eine Komponente der Selbstentfremdung. Sie manifestiert sich besonders in der ambivalenten Struktur der Leiblichkeit, insofern wir unsere leibliche Natur nicht nur sind, sondern auch haben.

Ebenso bedeutet psychische Krankheit mehr als das einfache Erleiden bestimmter Zustände oder Symptome. Sie impliziert immer auch eine Selbst-Entfremdung oder »Selbst-Entzweiung« der Person. Etwas *in mir selbst* tritt mir gegenüber, entzieht sich meiner Verfügung oder beherrscht mich, während ich vergeblich versuche, die Souveränität wiederzugewinnen – sei es ein Angstanfall, eine depressive Verstimmung, ein Zwangsimpuls oder laut werdende Gedanken. Bislang integrierte Funktionen oder Impulse verselbständigen oder *partikularisieren* sich und entgleiten meiner Kontrolle. Psychisches Kranksein erfasst die Person zentral, nämlich in ihrem Selbstverhältnis.

Aus diesem Grund stellt das Selbstverhältnis des Patienten auch eine ständig wirksame Komponente des Krankheitsverlaufs dar. Jeder psychopathologische Zustand ist durch eine bestimmte Haltung charakterisiert, die der Betroffene zu ihm einnimmt – er kann ihn passiv erleiden, ihm nachgeben, ihn ausagieren, über ihn nachgrübeln, gegen ihn kämpfen usw. Diese unterschiedlichen Weisen des Sich-Verhaltens sind selbst maßgebliche Merkmale einer Erkrankung. Die wohl radikalste Manifestation des Selbstverhältnisses (und als solche eine nur dem Menschen gegebene Möglichkeit) stellt der Suizid dar, insofern er eine letzte Stellungnahme des Patienten zu seiner Situation bedeutet.

Freilich soll darüber nicht vergessen werden, dass auch zentrale Möglichkeiten der Selbstregulierung ebenso wie der therapeutischen Behandlung auf dem personalen Selbstverhältnis beruhen. Die bewusste Aufmerksamkeit kann z. B. erforderlich sein, um überschießende, aus der Leiblichkeit aufsteigende Impulse zu hemmen, etwa bei Borderline-Störungen oder auch bei Pädophilen, die durch eine normative, reflexiv vermittelte Orientierung ihre sexuellen Impulse zu kontrollieren lernen müssen. Die Explikation des Impliziten ist auch notwendig, wenn es um die therapeutische Veränderung pathogener Verhaltens- und Beziehungsmuster geht; denn dazu müssen sie in der Therapie erst bewusst gemacht, also aus dem unwillkürlichen Modus herausgelöst werden. Mit zunehmender Bewusstheit lassen sich diese Muster nach und nach durch geeignetere Verhaltensweisen ersetzen. Zur Therapie gehört nicht zuletzt auch die Reflexion auf den eigenen Lebensweg, auf die Ziele, Aufgaben und die Beziehungen zu anderen, die dem Leben Sinn verleihen. Sofern die Reflexion also in die therapeutische Beziehung eingebettet ist und nicht um sich selbst kreist, kann sie klärend, befreiend und heilsam wirken.

Eine besondere Form des nicht-reflektierenden Bewusstseins hat allerdings in den letzten Jahren zu Recht immer mehr therapeutische Bedeutung erlangt, nämlich die *Achtsamkeit*. Gerade das wache, nicht wertende oder eingreifende Achten auf den eigenen Gefühlszustand und die leiblichen Empfindungen führt zu einer Haltung des Sein-Lassens, die diesen Zustand ertragen lässt und unter der Hand verändert. Es ist kein prüfendes Beobachten des Körpers als Funktionsapparat wie in der Hypochondrie, sondern ein spürendes Erkunden des leiblichen Befindens. In der Achtsamkeit geht es gewissermaßen um die Wiedervereinigung des Getrennten, nämlich von Bewusstsein und Leiblichkeit, in der lebendigen Gegenwart. Die Polarität von Implizitem und Explizitem, die aus dem personalen Selbstverhältnis resultiert, birgt somit Potenziale zur Krankheit ebenso wie zur Heilung.

Literatur

Blankenburg, W. (1971). *Der Verlust der natürlichen Selbstverständlichkeit. Ein Beitrag zur Psychopathologie symptomarmer Schizophrenien.* Stuttgart: Enke.

Bürgy, M. (2003). Zur Phänomenologie der Verzweiflung bei der Schizophrenie. *Zeitschrift für klinische Psychologie, Psychiatrie und Psychotherapie, 51,* 1–16.

Chapman, J. (1966). The early symptoms of schizophrenia. *The British Journal of Psychiatry, 112,* 225–251.

De Haan, S. & Fuchs, T. (2010). The ghost in the machine: Disembodiment in schizophrenia. Two case studies. *Psychopathology, 43,* 327–333.

Frankl, V. E. (2007). *Theorie und Therapie der Neurosen. Einführung in die Logotherapie und Existenzanalyse* (9. Aufl.). München: Ernst Reinhardt.

Fuchs, T. (2005a). Corporealized and disembodied minds. A phenomenological view of the body in melancholia and schizophrenia. *Philosophy, Psychiatry & Psychology, 12,* 95–107.

Fuchs, T. (2005b). Delusional mood and delusional perception – A phenomenological analysis. *Psychopathology, 38,* 133–139.

Fuchs, T. (2015). From self-disorders to ego disorders. *Psychopathology, 48,* 324–331.

Fuchs, T. & Schlimme, J. E. (2009). Embodiment and psychopathology: A phenomenological perspective. *Current Opinion in Psychiatry, 22,* 570–575.

Galbusera, L., Fellin, L. & Fuchs, T. (2019). Toward the recovery of a sense of self: An interpretative phenomenological analysis of patients' experience of body-oriented psychotherapy for schizophrenia. *Psychotherapy Research, 29,* 234–250.

Graf, A. (1986). *Die Suppenkasperin. Geschichte einer Magersucht.* Frankfurt am Main: Fischer Taschenbuch Verlag.

Hegel, G. W. F. (1812/1979). *Wissenschaft der Logik.* Werke Bd. 5. Frankfurt am Main: Suhrkamp.

Hesnard, A.-L. M. (1909). *Les troubles de la personnalité dans les états d'asthénie psychique. Etude de psychologie clinique.* Bordeaux: Université de Bordeaux.
James, W. (1890/1950). *The Principles of Psychology.* Bd. 2. New York: Dover Publications.
Jaspers, K. (1973). *Allgemeine Psychopathologie* (9. Aufl.). Berlin Heidelberg New York: Springer.
Jung, M. (2009). *Der bewusste Ausdruck: Anthropologie der Artikulation.* Berlin: De Gruyter.
Kaplan, L. (1988). *Abschied von der Kindheit: Eine Studie über die Adoleszenz.* Stuttgart: Klett-Cotta.
Kleist, H. von (1967). Über das Marionettentheater. In ders., *Das Erdbeben in Chili, Das Bettelweib von Locarno, Die heilige Cäcilie, Über das Marionettentheater und andere Prosastücke* (S. 56–65). Stuttgart: Reclam.
Klosterkötter, J. (1988). *Basissymptome und Endphänomene der Schizophrenie.* Berlin Heidelberg New York: Springer.
Leder, D. (1990). *The Absent Body.* Chicago: University of Chicago Press.
Marcinski, I. (2014). *Anorexie – Phänomenologische Betrachtung einer Essstörung.* Freiburg München: Alber.
Martin, L. M., Koch, S. C., Hirjak, D. & Fuchs, T. (2016). Overcoming disembodiment: The effect of movement therapy on negative symptoms in schizophrenia – A multicenter randomized controlled trial. *Frontiers in Psychology, 7*, Artikel 483.
Merleau-Ponty, M. (1945/1962). *Phenomenology of Perception* (übers. v. C. Smith). London: Routledge.
Minkowski, E. & Targowla, R. (1927/2001). A contribution to the study of autism: The interrogative attitude. *Philosophy, Psychiatry & Psychology, 8*, 271–278.
Parnas, J. (2000). The self and intentionality in the pre-psychotic stages of schizophrenia. In D. Zahavi (Hrsg.), *Exploring the Self: Philosophical and Psychopathological Perspectives on Self-Experience* (S. 115–147). Amsterdam: John Benjamins.
Parnas, J. & Handest, P. (2003). Phenomenology of anomalous self-experience in early schizophrenia. *Comprehensive Psychiatry, 44*, 121–134.
Platon (1994). *Gorgias.* Übersetzung und Kommentar (v. J. Dalfen). Platon Werke. Bd. VI-3. Göttingen: Vandenhoeck & Ruprecht.
Polanyi, M. (1967). *The Tacit Dimension.* New York: Anchor Books.
Sass, L. A. (1992). Schizophrenia, delusions, and Heidegger's »Ontological Difference«. In M. Spitzer, F. Uehlein, M. A. Schwartz & C. Mundt (Hrsg.), *Phenomenology, Language, and Schizophrenia* (S. 126–143). Berlin Heidelberg New York: Springer.
Sass, L. A. & Parnas, J. (2003). Schizophrenia, consciousness, and the self. *Schizophrenia Bulletin, 29*, 427–444.

Shusterman, R. (2008). *Body Consciousness. A Philosophy of Mindfulness and Somaesthetics.* New York: Cambridge University Press.

Stanghellini, G. (2004). *Disembodied Spirits and Deanimated Bodies: The Psychopathology of Common Sense.* Oxford: Oxford University Press.

Waldenfels, B. (2002). *Bruchlinien der Erfahrung. Phänomenologie – Psychoanalyse – Phänomenotechnik.* Frankfurt am Main: Suhrkamp.

Depression, Leiblichkeit, Zwischenleiblichkeit

Einleitung

Depressionen zählen nach herrschender Klassifikation (ICD 10; DSM-V) zu den affektiven Erkrankungen. Danach besteht ihr Kern in einer Störung der allgemeinen Affektlage und Emotionsregulation, typischerweise verbunden mit negativen Kognitionen, Selbstbewertungen und Emotionen, insbesondere Angst-, Insuffizienz- und Schuldgefühlen. Fakultativ können sich nach dieser Konzeption somatisch-vegetative Begleiterscheinungen einstellen; dann erhält die Diagnose den Zusatz »mit somatischem Syndrom« (ICD 10). Andererseits basieren die vorherrschenden psychologischen und psychotherapeutischen Ansätze auf kognitiven Modellen: Sie betrachten den Kern der Depression als eine Kombination aus fehlerhafter Informationsverarbeitung und verzerrtem Denken (Clark & Beck 1989; Beck & Alford 2009). Die kognitive Verhaltenstherapie gilt daher als Psychotherapie der Wahl (Beck et al. 1979).

Beiden Ansätzen ist gemeinsam, dass sie Depression als eine ›innere‹, d. h. innerpsychische und individuelle Störung betrachten. Der herrschenden Anschauung zum Trotz sind die affektiven und kognitiven Symptome der Depression keineswegs bei allen Kranken zu finden. Stattdessen klagen sie über konstante Erschöpfung, Übelkeit, Taubheit, verschiedene Formen von Schmerzen oder andere körperliche Missempfindungen. Man behilft sich dann mit Bezeichnungen wie ›larvierte‹ oder ›somatisierte‹ Depression, so als handele es sich dennoch um eine primär affektive Störung. Transkulturelle Forschungen, so die großangelegte WHO-Vergleichsstudie von 1997 (Gureje et al. 1997), weisen jedoch darauf hin, dass das Kernsyndrom der Depression keineswegs »psychologischer« Natur ist. Vitalitäts- und Antriebsverlust, Abgeschlagenheit, Schmerzen, Appetit-, Schlaf- und andere biologische Rhythmusstörungen rangieren als Beschwerden weit vor depressiver Stimmung oder Schulderleben. Bereits 1920 hat Kurt Schneider den Begriff der *Vitalstörungen* zur Bezeichnung der leibnahen depressiven Symptome eingeführt (Schneider 1920). Dazu gehören lokalisierte körperliche Missempfindungen ebenso wie die allgemeine Störung des Lebensgefühls, die »vitale Baisse«, die »vitale Traurigkeit« oder die »leere und inhaltslose Angst« als »spezifisch zyklothyme Leibgefühle« (Schneider 1992).

Diese frühen Einsichten haben sich nicht in einer entsprechenden Konzeption der Erkrankung niedergeschlagen. Doch konsultieren weltweit deutlich über die Hälfte der depressiven Patienten den Arzt mit somatischen Beschwerden: In der Türkei, in Griechenland, Nigeria, China und Indien sind es über 85 %, nur in Frankreich und Italien liegt der Anteil unter 60 % (Kirmayer & Groleau 2001). Bereits in früheren Studien fanden sich in Afrika und Südamerika vorwiegend somatische Symptome und eine psychomotorische Hemmung (Binitie 1975; Mezzich & Raab 1980; Escobar et al. 1983). Daraus lässt sich schließen, dass Depressionen in der Mehrheit der Kulturen primär als *vital-leibliche Störung* erfahren und nicht erst sekundär in den somatischen Bereich verschoben oder projiziert werden (Pfeiffer 1984; Kleinman & Good 1985).

Dabei kann die überwiegende Mehrzahl der Patienten bei Nachfragen jedoch durchaus psychische Symptome benennen und aktuelle Belastungen als Ursachen in Betracht ziehen. Sie klagen auch vorwiegend über die Unfähigkeit, ihren Aufgaben nachzukommen und am sozialen Leben teilzunehmen (Kleinman & Good 1985; Kirmayer 2001). Somatisches und psychosoziales Krankheitserleben bilden offenbar in unterschiedlichsten Kulturen eine integrale Einheit, der Leib fungiert als das primäre Ausdrucksfeld interpersoneller Konflikte: Leiblichkeit und Beziehungssituation sind so eng miteinander verknüpft, dass man geradezu von einer »Soziosomatik« (Kirmayer 2001) anstelle der ›Psychosomatik‹ sprechen kann.

Die Spaltung zwischen somatisch-äußerlichen und psychisch-innerlichen, eigentlichen Symptomen erscheint somit als das Produkt einer spezifisch westlichen Kulturentwicklung. Sie setzt eine sowohl gegenüber dem Körper als auch gegenüber der sozialen Umwelt abgegrenzte Psyche, d. h. einen zentralen personalen Innenraum voraus, dem der Leib nur als eine Art Projektionsfeld anhängt. ›Somatisierung‹ bedeutet dann die Verschiebung psychischer Inhalte in den sekundären körperlichen Bereich – eine Sichtweise, die sich häufig mit dem Konzept der Alexithymie verknüpft, also der mangelnden Fähigkeit, eigene Gefühle wahrzunehmen. Dies führt zu der eurozentrisch geprägten Vorstellung, Angehörige nicht-westlicher Kulturen hätten nur ungenügende psychische oder sprachliche Möglichkeiten, Gefühle in reifer Form wahrzunehmen und auszudrücken, weshalb sie zum Somatisieren neigten.

Die westliche Psychopathologie sieht psychische Krankheit primär als einen Prozess im Inneren des Subjekts, der nur sekundär mit dem leiblichen und mit dem sozialen Raum zu tun hat. Ganz andere Konzepte finden sich in Kulturen, deren Mitglieder sich weniger als separierte Individuen, sondern als Teile sozialer Gemeinschaften oder auch transzendenter Zusammenhänge erleben. Störungen der Stimmung und des Befindens werden dann weniger als individuelle, intrapsychische Erfahrung, sondern vielmehr als leibliches, interpersonelles oder auch atmosphärisches Geschehen erlebt. So gelten in der traditionellen japanischen oder chinesischen Psychopathologie das Klima oder bestimmte soziale *Atmosphären* wie das *Ki* oder *Qi* geradezu als Träger psychischer Störungen (Kimura 1995; Kitanaka 2012), dies spiegelt sich in den Schilderungen und Klagen der Patienten wieder (Lee et al. 2007). *Ki* bedeutet »Luft«, »Atem«, aber auch »Stimmung« oder »Atmosphäre« und bildet so das intersubjektive ›Zwischen‹, das als Ursprung leibseelischer ›Verstimmungen‹ angesehen wird.

Die phänomenologische Psychopathologie steht solchen Auffassungen seit jeher nahe, besonders insofern sie ihren Ausgangspunkt von leibphänomenologischen Konzeptionen wie denen von Maurice Merleau-Ponty (1965) oder Hermann Schmitz (1965, 1989) nimmt. In ihnen wird der Leib nicht nur als der primäre Raum des Selbsterlebens, des Befindens und der Gestimmtheit aufgefasst, sondern auch als Medium des Elementarkontakts mit der Umwelt, des primären Zur-Welt-Seins. Der Leib ist auch immer schon auf andere leibliche Wesen ausgerichtet, er ist von frühester Kindheit an durch Begehren und Empathie mit ihnen verbunden. Die leibliche Resonanz der Mimik, Gestik und der Affekte vermittelt die Einstimmung mit anderen und damit grundlegende Atmosphären wie Wärme, Behaglichkeit, Vertrautheit oder im negativen Fall Kälte, Spannung, Missstimmung oder Misstrauen. Der Leib ist, mit einem Begriff Merleau-Pontys (2003, 256), eingebettet in eine Sphäre der »*Zwischenleiblichkeit*«, die die Individuen umgibt und verbindet, und als solcher wird der Leib auch zum Medium der *Interaffektivität*. Aus dieser Sicht erscheinen psychische Krankheiten eher als Veränderungen des gelebten Leibs, des gelebten Raums und der Beziehungen mit anderen. »The patient is ill; this means, *his world* is ill«, wie der niederländische Psychiater van den Berg (1972, 46) treffend formulierte. Bevor ich mich der Depression unter diesen Aspekten zuwende, will ich die Phänomene von Zwischenleiblichkeit und Interaffektivität noch etwas näher betrachten.

Interkorporalität und Interaffektivität

In der westlichen Intellektualkultur ist es üblich geworden, Gefühle als ›mentale‹ Phänomene anzusehen, während die Welt als solche von allen affektiven Qualitäten frei sein soll. Diese Introjektion der Gefühle in einen psychischen Innenraum ist eine fortwirkende Erbschaft des platonischen und später des cartesianischen Dualismus. Tatsächlich leben wir ja nicht in einer rein physikalischen Welt, sondern der erlebte Raum ist immer erfüllt von affektiven Qualitäten. Wir fühlen etwas in der Luft liegen oder spüren eine heitere oder feierliche Atmosphäre; Gefühle gehen von Situationen, Personen oder Objekten aus, sie ziehen uns an oder stoßen uns ab. All dies affiziert uns über das Medium unseres Leibes, der auf die verschiedenen Gefühle und Atmosphären mit der Resonanz von subtilen Empfindungen, Regungen und

Bewegungsanmutungen reagiert, auch wenn wir dessen oft nicht gewahr werden. Angst zu empfinden, ist nicht möglich ohne ein zumindest unterschwelliges Gefühl von Spannung, ein Zittern, Herzklopfen, stockenden Atem oder die Tendenz, sich zurückzuziehen oder zu fliehen. Vermittels dieser Leibempfindungen sind wir auf die bedrohliche Situation gerichtet und nehmen sie als solche wahr. Ähnlich verhält es sich mit allen anderen Gefühlen: Der Leib ist gewissermaßen der *Resonanzkörper* des Gefühls- oder Stimmungsraums (vgl. Fuchs 1996, 2013a).

Eine bedeutsame Komponente dieser Resonanz sind die Kinästhesen. Gefühle sind dynamische Kräfte, die uns motivieren und bewegen, sie induzieren Bewegungstendenzen nach vorne, hinten, oben, unten oder in anderer Weise. Gefühle sind insofern primär verkörperte Handlungsmotivationen (Sheets-Johnstone 1999). Als solche werden sie aber nicht nur innerlich empfunden, sondern auch im Ausdruck und Verhalten sichtbar, oft als Rudimente oder Vorzeichen von Handlungen. Der mimische und gestische Haltungsausdruck von Gefühlen ist Teil der leiblichen Resonanz, die eine Rückwirkung auf das erlebte Gefühl selbst hat, aber auch eine *zwischenleibliche Resonanz* induziert (Fuchs & De Jaegher 2009; Froese & Fuchs 2012). Der Leib wird vom Ausdruck anderer affiziert; wir empfinden die Kinetik, Intensität und Dynamik ihrer Gefühle durch unsere eigenen angedeuteten Kinästhesen. Zwischenleiblichkeit wird so zur Basis von Interaffektivität und Empathie.

Dies lässt sich besonders in der frühen Kindheit erkennen. Auch hier sind Gefühle primär keine innerpsychischen Zustände des Säuglings, sondern immer von Mutter und Kind geteilte Regungen, in denen die leibliche Resonanz beider Partner sichtbar wird. Daniel Stern (1998) hat die zeitlich-dynamischen Muster (sog. Vitalitätsaffekte, Ausdruckskonturen und -intensitäten) betont, die von Mutter und Kind geteilt werden, und sie mit einem gemeinsamen Tanz verglichen. Säuglinge nehmen Emotionen in Form der intermodalen Eigenschaften von rhythmischen, melodischen, vokalen, mimischen und gestischen Äußerungen wahr (z. B. ›crescendo‹ oder ›decrescendo‹, ›accelerando‹ oder ›ritardando‹, ›explosiv‹ oder ›verblassend‹ usw.). Diese intermodalen

Konturen bilden eine der maßgeblichen Brücken des Gefühlsverstehens. Das schließt die Tendenz ein, den Ausdruck, die Vokalisierungen, Bewegungen und Haltungen des anderen nachzuahmen (Condon 1979; Hatfield et al. 1994). All dies lässt sich in den Begriffen der *Affektabstimmung* (*affect attunement*; Stern 1998) oder *Interaffektivität* zusammenfassen: Gefühle sind primär im ›Zwischen‹, in der Intersubjektivität beheimatet, und erst mit zunehmender Kontrolle des Affektausdrucks lassen sie sich vor anderen verbergen.

Die Verknüpfung von Leib und Welt charakterisiert auch die Phänomenologie der *Stimmungen*. Sie durchdringen und färben einerseits das gesamte Erlebnisfeld, weshalb wir ja auch von einer heiteren, unheimlichen oder düsteren Stimmung sprechen können, die eine Situation charakterisiert. Auf der anderen Seite schließen Stimmungen leibliche Hintergrundgefühle ein, etwa Leichtigkeit oder Frische in den gehobenen Stimmungen und Schwere, Dumpfheit oder Trägheit in den gedrückten Stimmungen. Das Wort ›Stimmung‹ impliziert bereits eine Metaphorik, die an das Stimmen von Instrumenten angelehnt ist – es geht gewissermaßen um die Einstimmung von Leib, Selbst und Welt auf einen gemeinsamen Grundton oder auf eine übergreifende Tonalität wie Dur oder Moll (Fuchs 2013b).

Darüber hinaus verknüpfen Stimmungen das leibliche Hintergrundempfinden mit den *Potenzialen* einer gegebenen Situation. Die Bedeutsamkeit, die die Dinge und Situationen für uns haben, gründet Heidegger zufolge

in der Befindlichkeit, als welche sie die Welt zum Beispiel auf Bedrohbarkeit hin erschlossen hat. Nur was in der Befindlichkeit des Fürchtens, bzw. der Furchtlosigkeit ist, kann umweltlich Zuhandenes als Bedrohliches entdecken. […] Ein reines Anschauen […] vermöchte nie so etwas zu entdecken wie Bedrohliches. (Heidegger 1927/1986, 137 f.)

Stimmungen sind somit gleichermaßen leibliche Hintergrundgefühle wie auch Formen des In-der-Welt-Seins. Sie zeigen an, wie es um unser Leben steht, wie wir grundsätzlich disponiert sind, auf die gegenwärtige Situation zu reagieren, ob wir z. B. zu etwas ›aufgelegt‹, ›in der Stimmung sind‹ oder nicht.

Zusammengefasst: Im Gegensatz zu den gängigen kognitivistischen Konzepten, die mentale Zustände im Inneren des Kopfes lokalisieren, betrachtet die Phänomenologie Gefühle und Stimmungen als eingebettet in unsere leiblichen Beziehungen zur Welt und zu den anderen. Es sind Formen des In-der-Welt-Seins, die uns im Stimmungsraum erfassen, die den momentanen Stand unserer Beziehungen, Interessen und Konflikte anzeigen und die sich als Haltungen und Ausdrucksformen unseres Leibes manifestieren. Diese Sichtweise ist im Übrigen auch unter Ethnologen geläufig: Zahlreiche ethnographische Studien, vor allem aus dem Pazifik und aus Afrika, zeigen, dass Gefühle in indigenen Kulturen nicht als Innenzustände aufgefasst werden, sondern in erster Linie soziale Beziehungen anzeigen und aus der Interaffektivität der Beteiligten erwachsen. Dementsprechend gelten in diesen Kulturen zumeist Ungleichgewichte und Störungen des sozialen Systems als Quelle emotionaler Störungen oder psychischer Krankheiten (Lutz & White 1986; Lindholm 2007).

Depression als zwischenleibliche und interaffektive Erkrankung

Vor diesem Hintergrund werde ich nun die Depression als eine primär leibliche, zwischenleibliche und interaffektive Erkrankung beschreiben. Thesenhaft formuliert: In der Depression kapselt sich der subjektive Leib von den lebendigen Kontakten mit der Umwelt ab. Statt als Medium der Zuwendung zur Welt zu fungieren, verdichtet und verdinglicht er sich zum Körperobjekt, das allen nach außen gerichteten Impulsen Widerstand entgegensetzt. Zugleich versagt die zwischenleibliche Resonanz, über die sich der elementare Kontakt zu den anderen herstellt. Es kommt zu einer Abwandlung der existenziellen Grundgefühle im Sinne eines generellen Empfindens der Getrenntheit, Ausgrenzung oder sogar des Ausgestoßenseins aus dem sozialen Verband. Damit manifestieren sich in der Leiblichkeit auch die Trennungs- und Verlusterfahrungen, die die typischen depressions*auslösenden* psychosozialen Situationen kennzeichnen. Diese Konzeption will ich in mehreren Schritten entwickeln.

a) *Leibraum*

Die leibliche Grundverfassung in der Depression lässt sich als eine *konstante beengende Spannung* oder *Konstriktion* beschreiben: als ein Erstarren in der leiblichen Enge. Die Konstriktion kann sich auf einzelne Leibinseln konzentrieren (Panzer- oder Reifengefühl über der Brust, Globus im Hals, Druck im Kopf) oder in diffuser, grundloser *Angst* als generalisierter leiblicher Enge äußern. Diese vitale, elementare Angst der Depression unterscheidet sich von der normalpsychologischen Angst nicht nur durch ihren fehlenden Anlass, sondern vor allem durch die *Fixierung* der Enge. Die Schwere der Glieder und der Widerstand des Brustkorbs bei der Inspiration, sonst im Lebensvollzug aufgehoben und damit unbewusst, machen sich hemmend und einengend bemerkbar. Die lokale oder generalisierte Konstriktion verdichten den fluiden Leib zum kompakten Körper, der allen expansiven Richtungen Widerstand entgegensetzt. Damit tritt die sonst ausgeblendete Materialität des Körpers in den Vordergrund; man kann die Depression insofern auch als eine »*Korporifizierung des Leibes*« beschreiben (Fuchs 2002, 2005).

Die Enge wird nicht nur innerleiblich erlebt, sie versperrt auch den Austausch von Leib- und Umraum. Dies manifestiert sich in beengter Atmung, Appetitlosigkeit und Obstipation, im Verlust von Libido, Antrieb und Spontaneität, in fehlendem Elan und anhaltender Erschöpfung. Charakteristisch ist auch die Unfähigkeit, sich im Weinen zu lösen, denn Weinen bedeutet eine spontane Aufweichung leiblicher Rigidität, die dem Depressiven verschlossen bleibt. Die Lebendigkeit des Leibes weicht einer mehr oder minder ausgeprägten Reduktion der vitalen Dynamik: Das vorgealterte Aussehen der Patienten, die blasse und welke Haut, bei schwerster Depression schließlich die Abmagerung bis zur Kachexie – all dies bedeutet auch eine ›Korporifizierung‹, nämlich im Sinne einer Annäherung an den *corpus* (lat. = Körper,

Leichnam), gipfelnd in der Erstarrung des melancholischen Stupors.

b) Sensomotorischer Raum

Auf den Umraum bezogen führt die Konstriktion zu einer Hemmung von Wahrnehmung, Bewegung und damit der Fähigkeit, sinnlich, fühlend und handelnd an der Welt zu partizipieren. In der *Wahrnehmung* ist oft das sympathetische Empfinden beeinträchtigt: Die Patienten berichten dann von einem Verlust des Geschmacks, von einer Blässe der Farben oder von einem gedämpften Hören wie aus weiter Entfernung. Es mangelt der Wahrnehmung an Intensität und Vigilanz. Der Blick wirkt müde, leer und erloschen; Interesse und Aufmerksamkeit erlahmen, sodass die Patienten schließlich nur noch passiv aufnehmen, was von außen in sie eindringt.

Die leibliche Konstriktion resultiert andererseits in *psychomotorischer Hemmung*. Die motorischen und sprachlichen Äußerungen sind auf das Notwendigste reduziert; Gesten und Bewegungen werden nur noch mechanisch und kraftlos vollzogen. In der gebeugten Haltung, dem gesenkten Kopf, der Schwere der Arme und Beine dominieren die abwärts gerichteten Kräfte. Die Patienten müssen sich selbst zu geringfügigen Aufgaben erst durchringen und bei jeder Handlung die Hemmung überwinden, indem sie mittels einer Willensanstrengung kompensieren, was der Leib nicht mehr von selbst leistet. Damit verändert sich auch die gelebte Räumlichkeit, die für den Gesunden immer von vorweggenommenen Möglichkeiten oder *Protentionen* erfüllt ist. Der Depressive kann nicht mehr im Blicken oder Begehren vorweg bei den Dingen sein. Ihre Attraktivität, ihr grundsätzlicher Aufforderungscharakter geht verloren, sie rücken von ihm ab und schließen sich nicht mehr als Greif- oder Handlungsziele dem Leib an. Sie sind, in Heideggers (1927/1986) Terminologie, nicht mehr selbstverständlich »zuhanden«, sondern nur noch »vorhanden«. Damit schrumpft der Möglichkeitsraum auf die nächste Umgebung des Kranken.

c) Leiblicher Resonanzverlust

Nun ist der Leib nicht nur das Zentrum des sensomotorischen Raums, sondern auch das Medium unserer affektiven Weltbeziehung, das Zentrum des *Stimmungsraums*. In der Depression verliert der korporifizierte, verfestigte Leib jedoch die Fähigkeit zur emotionalen Resonanz. Die depressive Verstimmung lässt sich insofern als ein Versagen der ›Einstimmung‹ in den Stimmungsraum interpretieren, als ein *Verlust der sympathetisch-partizipierenden Weltbeziehung*.

Im Umgang mit dem Kranken manifestiert sich dieser Verlust als eine Störung der zwischenleiblichen Kommunikation, die durch spärliche oder fehlende Resonanz charakterisiert ist. Die mangelnde Schwingungsfähigkeit lässt sich als eine subtile Erscheinungsform der generellen leiblichen Konstriktion begreifen. Die Patienten selbst erleben diese Resonanzstörung als Freudlosigkeit und Anhedonie, mit zunehmender Schwere der Depression dann als quälende Gefühlslähmung. Sie können von Gefühlen und Atmosphären – mit Ausnahme der vitalen Angst – nicht mehr ergriffen, von Situationen und Menschen nicht mehr emotional bewegt werden. Schneider hat dies so beschrieben, dass »die vitalen Gefühlsstörungen so hochgradig sind, dass seelische Gefühle nicht wirklich in Erscheinung treten können« (1920, 285). Stattdessen breitet sich eine leere, öde Stimmung aus, die einerseits als leibliche Ermattung und Schwere empfunden wird, sich andererseits als trüber Schleier über den gesamten Umraum legt. Wie in einer Wüste zeichnen sich im entleerten Stimmungsraum keine Richtungen und Wege mehr ab, die interessante Ziele verheißen und die Mühe des Aufbruchs lohnen würden. Die Depression lähmt durch die alles erfassende Atmosphäre der Vergeblichkeit. Eine Patientin Tellenbachs hat dies mit folgenden Worten beschrieben:

Man ist oder fühlt sich wie ein einzelner kleiner Stein verloren in endloses Grau zerfließender Landschaft. [...] Wird man gesund, so bleibt aus diesem Erlebnis des Isoliertseins das Bewusstsein, wie wenig wir aus uns selbst zu leben vermögen, wie sehr wir auf Zusammenhänge angewiesen sind. [...] Das Gefühl der Kleinheit, Unsicherheit und Verlorenheit kann so groß werden, dass man etwas wie ein Weltraumgefühl hat, in dem man selbst ein preisgegebener Punkt ist. (Tellenbach 1956, 290 f.)

Die affektive Seite der Erkrankung besteht also in der schmerzlich erlebten Unfähigkeit, Gefühle wie Trauer, Freude oder Heiterkeit leiblich noch spüren zu können. Der Depressive fühlt sich nicht traurig, sondern leer, stumpf oder versteinert. Die leibliche Konstriktion als Grundphänomen der schweren Depression äußert sich demnach nicht nur in gespürter Beklemmung, Angst, Schwere und Hemmung, sondern auch subtiler in einem Verlust der sympathetischen Resonanz. Daher beginnt die Genesung auch typischerweise mit dem Nachlassen der Hemmung und einer Wiederkehr des Antriebs, während das partizipierende Gefühlsempfinden noch fehlt, da die motorische Aktivität einer gröberen, die emotionale Schwingungsfähigkeit aber einer feineren Beweglichkeit der innerleiblichen Dynamik bedarf.

d) Depersonalisation und Wahn

Da der vitale, sympathetische Kontakt mit der Umwelt auch für das Selbsterleben essenziell ist, bedeutet die Störung der leiblichen Resonanz in der schweren Depression immer auch einen gewissen Grad an Entfremdung und Selbstentfremdung. In der Entfremdungsdepression (Petrilowitsch 1956) im engeren Sinn erweitert sich das Unvermögen, Gefühle leiblich spüren zu können, auf das Empfindungsvermögen überhaupt. Das sinnlich Wahrgenommene bleibt abstrakt und vermag keine synästhetischen Mitempfindungen mehr auszulösen. Eine rote Fläche ist dann nicht mehr rot im Sinn von ›warm‹, ›anziehend‹ oder ›grell‹, sondern nur noch ›rot‹; der Patient sieht die Sonne, aber sie scheint ihm nicht. Mit dem Verlust der Resonanz mit der Umgebung kommt es schließlich auch zu den verstörenden Erfahrungen räumlicher Entleerung, wie sie Patienten von Gebsattels (1954) oder Tellenbachs (1956) geschildert haben: Die Welt erscheint fern, unwirklich, nicht mehr greifbar, durch einen Abgrund vom Patienten getrennt. Die leere, farblose

Weite des Umraums spaltet sich ab von der beklemmenden Enge des Leibes.

Die Selbstentfremdung kann in unterschiedlicher Weise zutage treten, entweder in einem subjektiv geäußerten Fremdheitserleben oder aber im melancholischen *Wahn*. Alfred Kraus hat in mehreren Studien (1991, 2002) herausgearbeitet, dass sich der Wahn in der Depression mit unterschiedlichen Dimensionen des Selbsterlebens befasst: Der Insuffizienzwahn mit dem Selbstwert, der Schuldwahn mit dem Selbst in Verpflichtung gegenüber anderen, der hypochondrische Wahn mit dem leiblichen Selbstsein. Insofern lässt sich die These vertreten, dass die Lähmung der Lebensvollzüge mit dem Übergang in den Wahn die Person in ihrem Selbstsein erfasst, oder mit anderen Worten, dass der wahnhaft Depressive vollständig mit seinem momentanen Zustand des Selbstverlusts identifiziert ist. Die schwere, melancholische Depression lässt sich dann als eine spezifische, nämlich *leiblich-affektive Form der Depersonalisation* beschreiben. Ich möchte dies am Beispiel des Schuldwahns und des nihilistischen Wahns darstellen.

1) Schuldwahn

Wie zu Beginn erwähnt, stellen Schuldgefühle und Schuldideen zwar aus transkultureller Sicht eher westliche Sonderentwicklungen des depressiven Erlebens dar. Gleichwohl haben auch sie ihre Grundlage in der depressiven Leiblichkeit. Bereits Weitbrecht (1948, 64) hob das »elementare, im Beginn oft gegenstandslose, gleichsam kreatürliche Schuldgefühl« des Depressiven hervor, das sich dann erst die Erlebniskomplexe aussuche, an denen es sich konkretisiere. Solche primären Schuldgefühle entspringen dem Zustand der leiblichen Konstriktion, der Abtrennung von der atmosphärisch-zwischenleiblichen Verbindung mit den anderen. Denn das elementare Schulderleben lässt sich auch als ein *Verworfen- oder Ausgestoßensein* aus der Gemeinschaft beschreiben. Die verschiedenen Formen von Sanktionen, an denen sich das Schuldgefühl in der Kindheit herausbildet, implizieren in der Regel Liebesentzug, Missbilligung oder Strafe, d. h. ein Abgeschnitten- und Auf-sich-Zurückgeworfensein, das als leibliche Enge, also als Verlust-, Trennungs- oder Straf*angst* erfahren wird.

Die Erstarrung des Depressiven in leiblicher Enge, die vitale Angst und der Verlust der lebendigen Beziehung zur Welt sind nun geeignet, diese primären Erfahrungen von elementarer Schuld zu reaktivieren: die Trennung von den lebensnotwendigen Bindungen, die Angst vor Strafe und Verstoßung. Gerade für den Typus Melancholicus sind die emotionalen Bindungen zur Mitwelt tatsächlich ›lebensnotwendig‹. Schuldigwerden heißt für ihn in besonderem Maße, aus der mitmenschlichen Geborgenheit herauszufallen (Tellenbach 1983). In der Depression erfährt er nun gerade die leibliche Konstriktion als ein elementares Abgetrennt- und Verworfensein, das ein archaisches, strafendes Gewissen und ein vernichtendes Schulderleben aktiviert.

Die entscheidende Voraussetzung für den Wahn ist dabei der Verlust der Selbstdistanzierung, der zur vollständigen Identifikation der Person mit ihrem gegenwärtigen Zustand führt. Von seiner leiblichen Verfassung überwältigt, muss der Wahnhaft-Depressive *sein Selbst mit seinem aktuellen Erleben gleichsetzen*. Das gegenwärtige Erleben aber bedeutet Auf-sich-Zurückgeworfensein, Verworfensein und Verfall. Ein anderes Selbstsein ist buchstäblich nicht mehr denkbar. Das reflektierende Bewusstsein, gefangen in der leiblichen Erstarrung, tritt in den Dienst des unmittelbaren Erlebens und gestaltet es zum Wahn aus. Der Melancholische ist daher so mit seinem Schuldigsein identifiziert, dass es ihn ganz erfüllt und er *an sich* schuldig ist. Es gibt keine Vergebung, keine Reue oder Wiedergutmachung, denn die Schuld ist nicht eingebettet in eine interpersonale Sphäre, die dies zuließe. Der Schuldwahn resultiert im Gegenteil aus der Unterbrechung aller interpersonalen Beziehungen auf der elementaren Ebene der Zwischenleiblichkeit.

2) Nihilistischer Wahn

Selbstentfremdung und Selbstverlust kulminieren im *nihilistischen Wahn*, in dem der Kranke sein eigenes Dasein oder die Existenz der Welt bestreitet (Cotard 1880; Enoch & Trethowan 1991).

Diese seltene Wahnform lässt sich als ein Extrem der affektiven Depersonalisation auffassen: Die Kranken spüren ihren Leib, ihre Arme und Beine nicht mehr, alles fühle sich abgestorben und tot an; Schmecken, Riechen, Tasten, selbst Wärme- und Schmerzempfindungen seien nicht mehr vorhanden. Daraus schließen sie, dass sie schon gestorben seien und begraben werden müssten. Auch die Menschen und Dinge der Umgebung erscheinen ihnen hohl und unwirklich, die ganze Welt sei leer oder existiere überhaupt nicht mehr.

Auf diesem Erlebnis der Derealisation basiert eine seltene Ausgestaltung des nihilistischen Wahns, nämlich in Form eines *Capgras-Syndroms*: Die Patienten sind der wahnhaften Überzeugung, ihnen nahestehende Personen seien durch Attrappen ersetzt worden (Young et al. 1994). Dieses Phänomen weist auf die atmosphärische Basis der zwischenleiblichen Kommunikation hin: Die Wahrnehmung eines anderen Körpers als ›beseelter Leib‹ ist abhängig von der eigenleiblichen Resonanz. Wir nehmen die anderen nur als Mitmenschen wahr, wenn sie uns in einer gemeinsamen interpersonalen Atmosphäre begegnen. Der vollständige Verlust der empathisch-leiblichen Wahrnehmung hingegen lässt die anderen als bloße Hüllen oder Attrappen erscheinen, die dem Kranken ein täuschendes Theater vorführen. Dies hat der Psychiater Piet Kuiper aus der eigenen Erfahrung einer wahnhaften Depression beschrieben:

> Jemand, der meiner Frau glich, ging neben mir, und meine Freunde besuchten mich. […] Alles ist genauso, wie es sein würde, wenn es normal wäre. Die Gestalt, die meine Frau darstellte, erinnerte mich ständig daran, wie ich ihr gegenüber versagt, sie lächerlich gemacht […] und ihr vergällt hatte, was ihr Freude machte. Was wie das normale Leben aussieht, das ist es nicht. Ich befand mich auf der anderen Seite. Und nun wurde mir auch klar, wie das mit der Todesursache gewesen war und wie sich das Begräbnis abgespielt hatte. Ich war gestorben, aber Gott hatte dieses Geschehen meinem Bewusstsein entzogen, so dass ich nicht wusste, wie ich diese Grenze überschritten hatte. Eine härtere Strafe kann man sich kaum vorstellen. Ohne zu wissen, dass man gestorben ist, befindet man sich in einer Hölle, die bis in alle Einzelheiten der Welt gleicht, in der man gelebt hat, und so lässt Gott einen sehen und fühlen, dass man nichts aus seinem Leben gemacht hat. (Kuiper 1991, 136)

Für einen Menschen in diesem Zustand äußerster Entfremdung gibt es kein Kriterium mehr, das ihn von der Realität dessen, was er sieht, überzeugen könnte; denn sein ›Sehen‹ ist in der Tat kein lebendiges Wahrnehmen mehr. Zwar ist er offenbar noch in der Lage, über seinen Zustand zu reflektieren, aber Descartes' »*cogito ergo sum*« erweist hier seine Unzulänglichkeit. Einem nur denkenden, nicht leiblich fühlenden Menschen fehlt das lebendige Existieren, das dem Selbstsein zugrunde liegt. Die Bewegung der Existenz, die ein fortwährendes In-Beziehung-Treten und Partizipieren bedeutet, ist zum Stillstand gekommen. Das ›Gestorbensein‹, von dem die Patienten sprechen, ist wohl die naheliegendste Bezeichnung eines solchen Zustandes. Der depressive Wahn erscheint, zusammengefasst, als Ausdruck einer verloren gegangenen Teilhabe am gemeinsamen interaffektiven Raum und einer daraus resultierenden, äußersten Isolation des Subjekts.

Zusammenfassung

In der Depression verliert der Leib seine Funktion als Medium der Weltzuwendung und wird korporifiziert, verdinglicht zum Körper-Objekt. Dies manifestiert sich in einer lokalisierten und generellen leiblichen Konstriktion, in der Dominanz der Materialität und Schwere, schließlich in der Hemmung zentrifugaler Impulse und Handlungsvollzüge. Im Stimmungsraum führt die Korporifizierung zum Versagen der Einstimmung, in der Sphäre der Zwischenleiblichkeit zum Verlust der sympathetischen Resonanz. Die Trennung von der Welt und den Anderen reaktiviert elementare Erfahrungen des *Verworfenseins*, die mit Gefühlen von Scham und Schuld verbunden sind. Da der Leib die Basis des Selbstseins ist, bedeutet die Korporifizierung schließlich auch immer eine unterschiedlich ausgeprägte Selbstentfremdung. Die schwere, melancholische Depression lässt sich dann als eine spezifische, nämlich *leiblich-affektive Form der Depersonalisation* beschreiben. Die autistische Abschließung gipfelt im depressiven Wahn, insofern die Wahninhalte den Verlust der Weltbeziehung zugleich thematisieren und verabsolutieren: Der hypochondrische Wahn die leibliche Konstriktion; der Schuldwahn die Verstoßung aus der mitmenschlichen Gemeinschaft; der nihilistische Wahn das Absterben der lebendigen Existenz selbst.

Damit manifestieren sich in der Sphäre der Leiblichkeit letztlich auch die Erfahrungen, die die depressionsauslösenden Situationen kennzeichnen. Es sind Grunderfahrungen der Trennung, wie sie sich schon in der anaklitischen Depression depravierter Säuglinge äußern, später dann vor allem den Verlust wichtiger Bezugspersonen betreffen; es sind Erfahrungen des Zurückbleibens, der Niederlage, der blockierten Lebensbewegung und des Verlusts von tragenden sozialen Rollen.

Auf diese Trennungserfahrungen reagiert der Depressive als Person, d. h. als leibseelische, psychisch-organische Einheit. Die Depression ist insofern zweifellos eine leibliche Erkrankung auch im biologischen Sinn: Sie geht mit einer Vielzahl von neurobiologischen und gesamtorganismischen Funktionsstörungen einher, mit Dysregulationen des Hormonsystems und der Biorhythmik, metabolischen und immunologischen Veränderungen (Glannon 2002; Kraus 2002). Diese Störungen bedeuten auch auf der biologischen Ebene eine partielle Abkoppelung und Desynchronisierung von Organismus und Umwelt (Fuchs 2001). Doch zugleich sind all diese biologischen Störungen, die in ihrer Gesamtheit die leibliche Konstriktion der Depression ergeben, der sinnhafte Ausdruck einer Störung der Zwischenleiblichkeit und der interpersonalen Beziehungen, die sonst von einem gemeinsamen Stimmungsraum getragen sind. An diesem Stimmungsraum partizipieren wir durch eine leiblich-emotionale Einstimmung und Resonanz. In der Depression versagt diese Einstimmung, und der subjektive Leib schrumpft gleichsam auf den physischen Körper zusammen. Wenn wir die Depression daher als eine affektive Erkrankung bezeichnen, so sollten wir diesen Begriff nicht im Sinne eines innerpsychischen, womöglich nur im Gehirn lokalisierbaren Zustands verstehen. Die Depression ist keine innere, psychologische oder mentale Störung, sondern in erster Linie eine *Verstimmung* im Sinne des Wortes – nämlich eine misslingende Einstimmung in den gemeinsamen atmosphärischen Raum der Zwischenleiblichkeit.

Literatur

Beck, A. T. & Alford, B. A. (2009). *Depression: Causes and Treatment.* Philadelphia, PA: University of Pennsylvania Press.
Beck, A. T., Rush, A. J., Shaw, B. F. & Emery, G. (1979). *Cognitive Therapy of Depression.* New York: Guilford Press.
Berg, J. H. van den (1972). *A Different Existence. Principles of Phenomenological Psychopathology.* Pittsburgh, PA: Duquesne University Press.
Binitie, A. (1975). A factor analytic study of depression across cultures. *British Journal of Psychiatry, 127,* 559–563.
Clark, D. A. & Beck, A. T. (1989). Cognitive theory and therapy of anxiety and depression. In P. C. Kendall & D. Watson (Hrsg.), *Anxiety and Depression: Distinctive and Overlapping Features* (S. 379–411). San Diego, CA: Academic Press.
Condon, W. S. (1979). Neonatal entrainment and enculturation. In M. Bullowa (Hrsg.), *Before Speech* (S. 131–148). Cambridge: Cambridge University Press.
Cotard, J. (1880). Du délire hypocondriaque dans une forme grave de la mélancolie anxieuse. *Annales médico-psychologiques, 4,* 168–174.
Enoch, M. D. & Trethowan, W. H. (1991). *Uncommon Psychiatric Syndromes* (3. Aufl.). Bristol: John Wright.
Escobar, J., Gomez, J. & Tuason, V. D. (1983). Depressive phenomenology in North and Southamerican Patients. *American Journal of Psychiatry, 140 (1),* 147–151.
Froese, T. & Fuchs, T. (2012). The extended body: A case study in the neurophenomenology of social interaction. *Phenomenology and the Cognitive Sciences, 11 (2),* 205–235.
Fuchs, T. (1996). Leibliche Kommunikation und ihre Störungen. *Zeitschrift für Klinische Psychologie, Psychopathologie und Psychotherapie, 44,* 415–428.
Fuchs, T. (2001). Melancholia as a desynchronization. Towards a psychopathology of interpersonal time. *Psychopathology, 34 (4),* 179–186.
Fuchs, T. (2002). The phenomenology of shame, guilt and the body in body dysmorphic disorder and depression. *Journal of Phenomenological Psychology, 33 (2),* 223–243.
Fuchs, T. (2005). Corporealized and disembodied minds. A phenomenological view of the body in melancholia and schizophrenia. *Philosophy, Psychiatry & Psychology, 12 (2),* 95–107.
Fuchs, T. (2013a). The phenomenology of affectivity. In K. W. M. Fulford, M. Davies, G. Graham, J. Sadler & G. Stanghellini (Hrsg.), *The Oxford Handbook of Philosophy and Psychiatry* (S. 612–631). Oxford: Oxford University Press.

Fuchs, T. (2013b). Zur Phänomenologie der Stimmungen. In F. Reents & B. Meyer-Sickendiek (Hrsg.), *Stimmung und Methode* (S. 17–31). Tübingen: Mohr Siebeck.

Fuchs, T. & De Jaegher, H. (2009). Enactive intersubjectivity: Participatory sense-making and mutual incorporation. *Phenomenology and the Cognitive Sciences, 8 (4)*, 465–486.

Gebsattel, E. von (1954). *Prolegomena einer medizinischen Anthropologie*. Berlin: Springer.

Glannon, W. (2002). Depression as a mind-body problem. *Philosophy, Psychiatry, & Psychology, 9 (3)*, 243–254.

Gureje, O., Simon, G. E. & Üstün, T. B. (1997). Somatization in cross-cultural perspective: A world health organization study in primary care. *American Journal of Psychiatry, 154 (7)*, 989–995.

Hatfield, E., Cacioppo, J. & Rapson, R. L. (1994). *Emotional Contagion*. New York: Cambridge University Press.

Heidegger, M. (1927/1986). *Sein und Zeit* (16. Aufl.). Tübingen: Niemeyer.

James, W. (1884). What is an emotion? *Mind, 9 (34)*, 188–205.

Kimura, B. (1995). *Zwischen Mensch und Mensch. Strukturen japanischer Subjektivität*. Darmstadt: Wissenschaftliche Buchgesellschaft.

Kirmayer, L. J. (2001). Cultural variations in the clinical presentation of depression and anxiety: Implications for diagnosis and treatment. *Journal of Clinical Psychiatry, 62, Suppl. 13*, 22–28.

Kirmayer, L. J. & Groleau, D. (2001). Affective disorders in cultural context. *Psychiatric Clinics of North America, 24 (3)*, 465–478.

Kitanaka, J. (2012). *Depression in Japan: Psychiatric Cures for a Society in Distress*. Princeton, NJ: Princeton University Press.

Kleinman, A. & Good, B. (1985). *Culture and Depression*. Berkeley, CA: University of California Press,.

Kraus, A. (1991). Der melancholische Wahn in identitätstheoretischer Sicht. In W. Blankenburg (Hrsg.), *Wahn und Perspektivität* (S. 68–80). Stuttgart: Enke.

Kraus, A. (2002). Melancholie: Eine Art von Depersonalisation? In T. Fuchs & C. Mundt (Hrsg.), *Affekt und affektive Störungen* (S. 169–186). Paderborn: Schöningh.

Kuiper, P. C. (1991). *Seelenfinsternis. Die Depression eines Psychiaters*. Frankfurt am Main: Fischer.

Lee, D. T., Kleinman, J. & Kleinman, A. (2007). Rethinking depression: An ethnographic study of the experiences of depression among Chinese. *Harvard Review of Psychiatry, 15 (1)*, 1–8.

Lindholm, C. (2007). An anthropology of emotion. In C. Casey & R. B. Edgerton (Hrsg.), *A Companion to Psychological Anthropology: Modernity and Psychocultural Change* (S. 30–47). Oxford: Blackwell Publishing Ltd.

Lutz, C. & White, G. M. (1986). The anthropology of emotions. *Annual Review of Anthropology, 15,* 405–436.
Merleau-Ponty, M. (1965). *Phänomenologie der Wahrnehmung.* Berlin: De Gruyter.
Merleau-Ponty, M. (2003). *Das Auge und der Geist. Philosophische Essays.* Hamburg: Meiner.
Mezzich, J. & Raab, E. (1980). Depressive symptomatology across the Americas. *Archives of General Psychiatry, 37 (7),* 818–823.
Petrilowitsch, N. (1956). Zur Psychopathologie und Klinik der Entfremdungsdepression. *Archiv für Psychiatrie und Zeitschrift für die gesamte Neurologie, 194 (3),* 289–301.
Pfeiffer, W. M. (1984). Transkulturelle Aspekte der Depression. *Nervenheilkunde, 3,* 14–17.
Schmitz, H. (1965). *System der Philosophie. Bd. II/1: Der Leib.* Bonn: Bouvier.
Schmitz, H. (1989). *Leib und Gefühl. Materialien zu einer philosophischen Therapeutik.* Paderborn: Junfermann.
Schneider, K. (1920). Die Schichtung des emotionalen Lebens und der Aufbau der Depressionszustände. *Zeitschrift für die gesamte Neurologie und Psychiatrie, 59,* 281–286.
Schneider, K. (1992). *Klinische Psychopathologie* (14. Aufl.). Stuttgart: Thieme.
Sheets-Johnstone, M. (1999). Emotion and movement. A beginning empirical-phenomenological analysis of their relationship. *Journal of Consciousness Studies, 6 (11–12),* 259–277.
Stern, D. N. (1998). *Die Lebenserfahrung des Säuglings* (6. Aufl.). Stuttgart: Klett-Cotta.
Tellenbach, H. (1956). Die Räumlichkeit der Melancholischen. I. und II. Mitteilung. *Nervenarzt, 27 (1),* 12–18; *27 (7),* 289–298.
Tellenbach, H. (1983). *Melancholie. Problemgeschichte, Endogenität, Typologie, Pathogenese, Klinik* (4. Aufl.). Berlin Heidelberg New York: Springer.
Weitbrecht, H.-J. (1948). *Beiträge zur Religionspsychopathologie, insbesondere zur Psychopathologie der Bekehrung.* Heidelberg: Scherer.
Young, A. W., Leafhead, K. M. & Szulecka, T. K. (1994). The Capgras and Cotard delusions. *Psychopathology, 27 (3–5),* 226–231.

Selbst und Schizophrenie

Einleitung

Dann geschieht etwas Merkwürdiges. Mein Bewusstsein (meiner selbst, meines Vaters, des Raums, der physikalischen Realität um uns herum) wird mit einem Mal verschwommen. [...] Ich glaube, ich löse mich auf. Ich fühle mich [...] wie eine Sandburg, deren ganzer Sand in die zurückweichende Brandung abrutscht. [...] Das Bewusstsein verliert nach und nach seine Kohärenz. Das eigene Zentrum gibt nach. Das Zentrum hält nicht mehr. Das »Ich« wird zu einem Schleier, und das feste Zentrum, von dem aus man die Realität erlebt, zerbricht. [...] Es gibt keinen stabilen Standpunkt mehr, von dem man Ausschau halten, die Dinge aufnehmen und einschätzen könnte, was geschieht. Kein Kern hält die Dinge noch zusammen oder bildet die Linse, durch die wir sonst die Welt sehen. (Saks 2007, 12 f.)[1]

Dieser Bericht einer Patientin von ihren ersten Krankheitserfahrungen im 7. Lebensjahr macht deutlich, wie die Schizophrenie das Selbsterleben im Kern erfassen kann. Zwar sind Phänomene der Selbstentfremdung oder Depersonalisation nicht auf die Schizophrenie beschränkt: Ein Sich-selbst-Fremdwerden im weiteren Sinn ist vielmehr so charakteristisch für psychische Krankheiten, dass bereits der Psychiater Wilhelm Griesinger (1861) die Entfremdung als ihr Grundmerkmal ansah, und die französische Psychiatrie bezeichnete sie insgesamt mit dem Begriff der *aliénation*. Doch allein die Schizophrenie stellt auch die Selbstzugehörigkeit der eigenen Empfindungen, Gedanken und Handlungen in Frage und bedroht schließlich die Person bei vollem Bewusstsein mit der Selbstauflösung. Für ein Verständnis dieser Erkrankung, das über

---

[1] Dieses und alle weiteren englischen Zitate wurden vom Autor ins Deutsche übersetzt.

die bloße Symptombeschreibung hinausgeht, ist insofern eine philosophisch fundierte Psychopathologie unabdingbar. Umgekehrt müssen die schizophrenen Störungen des Selbsterlebens für jede Philosophie der Subjektivität von zentralem Interesse sein, die ihre Konzepte von Selbstbewusstsein, Personalität oder Intersubjektivität an empirischen Phänomenen überprüfen will.

Die zentrale Rolle des Selbsterlebens für die schizophrenen Psychosen war von Psychiatern bereits zu Beginn des 20. Jahrhunderts betont worden. Kraepelin (1913, 668) charakterisierte die Schizophrenie als »eigenartige Zerstörung des inneren Zusammenhanges der psychischen Persönlichkeit« und als »Zersplitterung des Bewusstseins« (»Orchester ohne Dirigent«). Bleuler, der der Krankheit den heutigen Namen gab, sah ihre »elementarsten Störungen in einer mangelhaften Einheit, in einer Zersplitterung und Aufspaltung des Denkens, Fühlens und Wollens und des subjektiven Gefühles der Persönlichkeit« (Bleuler 1983, 411). Die Krankheit sei durch eine Dissoziation psychischer Vorgänge bestimmt, die zu einer »Spaltung der Persönlichkeit« führe und das Ich nie »ganz intakt« lasse (Bleuler 1911, 58). Berze nahm wenig später eine »basale Veränderung des Selbstbewusstseins« und eine »Hypotonie des Bewusstseins« an (Berze 1914). Jaspers schließlich resümierte die von verschiedenen Autoren genannten Grundstörungen der Schizophrenie in den Begriffen von »Inkohärenz, Spaltungen, Zerfall des Bewusstseins, [...] Schwäche der Apperzeption, Insuffizienz der psychischen Aktivität, Störung der Assoziationsspannung« und fügte selbst das Erlebnis des von außen »Gemachten« hinzu, das die Gedanken, Wahrnehmungen oder Handlungen der Kranken erfasse (Jaspers 1973, 484, 486).

Die phänomenologisch orientierte Psychopathologie der letzten Jahrzehnte hat diese Konzepte durch subtile Analysen des basalen, präreflexiven Selbst- und Welterlebens erweitert, das bei den Patienten meist schon vor dem Ausbruch der Krankheit in der akuten Psychose tiefgreifend verändert ist (Blankenburg 1971; Fuchs 2000, 2005; Sass & Parnas 2003; Stanghellini 2004). Entscheidend für das Verständnis der Erkrankung ist demnach aus phänomenologischer Sicht weniger die sogenannte ›produktive‹

Symptomatik der akuten Phase (d. h. Wahnideen und Halluzinationen) als vielmehr die schleichende Aushöhlung des leiblichen Selbsterlebens, Wahrnehmens und Handelns, die in unauffälligen Vorstadien häufig bis in die Kindheit der Patienten zurückreicht. Diese Abwandlungen des Erlebens angemessen zu beschreiben, erfordert zunächst eine Differenzierung des Selbstbegriffes, die gerade präreflexive Erfahrungsschichten zu erfassen vermag. Ich werde eine solche Unterscheidung kurz skizzieren, um dann auf dieser Grundlage die Störungen des Selbsterlebens in der Schizophrenie zu analysieren.

Selbst und Selbsterleben

Bezug nehmend auf neuere phänomenologische, entwicklungspsychologische und neurowissenschaftliche Konzepte unterscheide ich im Folgenden zwei grundlegende Formen des Selbsterlebens, nämlich (a) das basale, präflexive oder leibliche Selbst und (b) das erweiterte, reflexive oder personale Selbst (vgl. Damasio 1999; Zahavi 1999; Gallagher 2000; Rochat 2004).

(a) Basales oder leibliches Selbst

Ein basales Selbsterleben ist allen Bewusstseinsprozessen inhärent. Es lässt sich weiter differenzieren in die Dimensionen des (1) primären leiblichen Selbst, (2) des ökologischen Selbst und (3) des sozialen Selbst.

(1) Das basale Selbst ist zunächst charakterisiert durch ein *implizites, präreflexives Selbstgewahrsein*, das in jeder Erfahrung mitgegeben ist, ohne eine explizite Introspektion oder Reflexion zu erfordern. Jedes Erlebnis schließt auch das Erleben ein, »wie es ist«, es zu haben, d. h., es ist unmittelbar und ohne eigene Zuschreibung als »meinhaft« gegeben (Nagel 1994; Zahavi 1999). Sehe ich z. B. eine Wohnung, so sehe ich nicht nur Gegenstände vor mir, sondern bin mir zugleich implizit meines Sehens und

meiner Gegenwart inne. Dieses Innesein ist nicht etwa ein zusätzliches Bewusstsein im Hintergrund, sondern das allgemeine *Medium*, in dem sich jede Erfahrung artikuliert. Michel Henry (1963) bezeichnet diese elementare, nicht objektivierende Selbstgegebenheit in aller Erfahrung als *Ipseität*: Wir können nur von der Welt affiziert werden, insofern wir uns selbst bereits präreflexiv gegeben, selbst-affiziert sind. Damit überhaupt etwas zur Erfahrung gelangen, sich im Bewusstsein manifestieren kann, muss ein elementares Selbstempfinden beteiligt sein: »Selbst-Manifestation ist das Wesen der Manifestation« (»l'auto-manifestation est l'essence de la manifestation«; Henry 1963, 173).

Andererseits ist dieses basale Selbsterleben nicht als eine nur formale oder transzendentale Voraussetzung der Erfahrung zu denken, als entkörpertes ›Ich‹. Es schließt vielmehr die Dimensionen der Selbstaffektion, der Leiblichkeit und der Zeitlichkeit ein, das heißt die Selbstgegenwart eines leiblich und zeitlich verfassten Subjekts. Ipseität ist an ein elementares Leib- oder Lebensgefühl gebunden, d.h. an die Selbstaffektion des Leibes, die sich weiter in viszerale, propriozeptive und kinästhetische Empfindungen differenziert. Ipseität schließt auch eine basale zeitliche Selbstkohärenz und -kontinuität ein, wie sie von Husserl in der *Phänomenologie des inneren Zeitbewusstseins* analysiert wurde (Husserl 1969). Diese Selbstkontinuität ist bereits mit der protentional-retentionalen Verknüpfung des Bewusstseinsstroms als solcher gegeben, ohne dass es dazu einer expliziten Rückerinnerung oder eines reflexiven Selbstkonzeptes bedürfte. Daher bleibt das basale Selbsterleben auch beim Verlust des autobiographischen Gedächtnisses erhalten, wie etwa bei globalen Amnesien oder Demenzerkrankungen.

(2) Das primäre Erleben ist aber nicht reines Selbsterleben, sondern schließt auch eine sensomotorische *Beziehung* zwischen erlebendem Subjekt und Umwelt ein, die durch den Leib und seine habituellen Vermögen vermittelt ist (Merleau-Ponty 1966). Über seine Sinne, Glieder und Vermögen ist der Leib eingebettet in den Umraum, der sich ihm seinerseits als Feld von Möglichkeiten und Valenzen präsentiert. Durch die strukturelle Koppelung des sub-

jektiven Leibes mit einer komplementären Umgebung erweitert sich das basale Selbst zu einem leibräumlichen oder »*ökologischen Selbst*« (Neisser 1988). Diese verkörperte Dimension des Selbsterlebens ist so eng an die Interaktion mit der Umwelt gebunden, dass seine Grenzen nicht einmal notwendig mit denen des Körpers zusammenfallen: Beim geschickten Umgang mit Gegenständen, etwa beim Klavierspielen oder Autofahren, schließen sich die Instrumente an das Körperschema an und werden zu Teilen des fungierenden Leibes; daher spürt der Blinde den Boden an der Spitze seines Stocks, nicht in seiner Hand.

Entwicklungspsychologisch reichen die bisher beschriebenen Dimensionen des Selbsterlebens bis in die Pränatalzeit zurück. Bereits ab dem 3. Monat steht der Fetus in vielfältigem sensomotorischen Kontakt mit seiner Umgebung, erkennbar an zunehmend geordneten Bewegungsmustern und Reaktionen auf Tast- oder Hörreize (Schindler 1987; Nickel 1993). Durch fortschreitende Integration der propriozeptiven, kinästhetischen und sensorischen Modalitäten bilden sich frühe Strukturen des Selbst aus, die sich als sensomotorische *Selbstkohärenz* bezeichnen lassen. Damit verknüpft sind vermutlich elementare Erfahrungen der *Selbst-Urheberschaft (self-agency)*, d. h. der Erfahrung, die Quelle von Spontaneität und Aktivität zu sein und so Veränderungen in der Umgebung (z. B. Widerstand) hervorrufen zu können (Stern 1998).

(3) So wie sich das ökologische Selbst in der sensomotorischen Interaktion mit der Umwelt allgemein konstituiert, so entwickelt sich das *soziale Selbst* in den zwischenleiblichen Interaktionen der ersten Lebensmonate. Babys sind schon bald nach der Geburt in der Lage, mimische Bewegungen von Erwachsenen wie Mundöffnen, Zungezeigen oder Stirnrunzeln zuverlässig und nicht nur reflexhaft nachzuahmen (Meltzoff & Moore 1977, 1989). Sie verfügen also bereits über ein intermodales Körperschema, dass die an anderen wahrgenommene Mimik in die eigenen, kinästhetisch empfundenen Körperbewegungen umsetzt. Der eigene Körper und der des anderen werden von vornherein als miteinander verwandt erfahren.

Über die zunächst nur körperliche Nachahmung entwickelt sich zunehmend auch eine emotionale Resonanz mit den Bezugspersonen. Bereits mit 6–8 Wochen zeigen sich in Mutter-Kind-Dyaden sogenannte Proto-Konversationen, d. h. fein abgestimmte Koordinationen von Gestik, Vokalisierungen und Affekten (Trevarthen 1998). In ihrem Verlauf erwirbt das Kind spezifische affektiv-interaktive Schemata, die sich mit Stern (1998) als »implizites Beziehungswissen« beschreiben lassen – ein präreflexives Wissen, wie man mit anderen umgeht, Gefühle austauscht, Aufmerksamkeit erregt, Ablehnung vermeidet, Kontakt wiederherstellt usw. Es entspricht dem, was Merleau-Ponty (2003, 256) als »Zwischenleiblichkeit« (*intercorporéité*) bezeichnet hat – ein wechselseitiges Verstehen auf der Basis von leiblicher Kommunikation und Empathie. Durch diese leiblich-affektive Resonanz lernt der Säugling sich selbst im anderen kennen; er entwickelt ein *Selbst-mit-anderen* oder ein soziales Selbst.

(b)   Erweitertes, reflexives oder personales Selbst

Das primäre Selbsterleben entsteht mithin weder aus einer Selbstreflexion noch aus einer sozialen Zuschreibung; es ist vielmehr in jeder Erfahrung mitgegeben. In ersten Stufen erscheint es bereits in der Pränatalzeit, um sich im 1. Lebensjahr weiter zu differenzieren. Erst vom 2. bis 4. Lebensjahr entwickelt sich das *reflexive oder personale Selbst*, erkennbar an der Fähigkeit, sich selbst im Spiegel zu erkennen, sich mit ›ich‹ zu bezeichnen und von anderen abzugrenzen und schließlich sich selbst als in einer zeitlichen Kontinuität stehend zu erfassen. Die Differenz von Selbst und anderem, die vorher nur implizit gegeben war, wird nun als solche bewusst, und das Kind erkennt sich als eine Person unter anderen. Einen zentralen Schritt auf diesem Weg bilden ab dem 9. Lebensmonat Situationen gemeinsamer Aufmerksamkeit (*joint attention*): Das Kind lernt, auf ein Objekt zu zeigen, damit die Aufmerksamkeit der Mutter zu lenken und sich durch Rückblicke ihrer Aufmerksamkeit zu vergewissern. Damit beginnt es, die Mutter als Wesen mit einer eigenen Intentionalität zu erfassen, d. h. mit einer Perspektive, die von seiner eigenen verschieden ist (Tomasello 2002; Fuchs 2012b).

Diese Perspektive der anderen wird in der Folge verinnerlicht zum reflexiven Selbstbewusstsein: Das Kind betrachtet nicht mehr nur äußere Objekte, sondern auch sich selbst mit den Augen anderer und wird sich so zum Objekt, d. h. der eigene Leib wird zum »Körper-für-andere« (Sartre 1962). Diese Perspektivenübernahme ist allerdings nicht nur eine kognitive Leistung, sondern schließt eine Reihe von ›selbstreflexiven Emotionen‹ ein wie Scham, Verlegenheit, Stolz oder Schuldgefühl, die auf einem internalisierten, bewertenden ›Blick des anderen‹ beruhen.

Somit ist das personale Selbst durch eine Reihe von eng miteinander verknüpften Fähigkeiten charakterisiert:

– durch die Fähigkeit, andere als intentionale Agenten zu verstehen und ihre Perspektive nachzuvollziehen (*Perspektivenübernahme*);
– durch ein höherstufiges Bewusstsein der eigenen Zustände und Erlebnisse (*introspektives oder reflexives Selbstbewusstsein*);
– durch die Fähigkeit, die eigenen Erfahrungen zu verbalisieren und zu kohärenten Geschichten zu verknüpfen (*narrative Identität*);
– schließlich durch ein begriffliches und autobiographisches Wissen von sich selbst (*Selbstkonzept*).

In all diesen Aspekten weist das personale Selbst eine inhärent *intersubjektive* und reziproke Struktur auf: Es konstituiert sich durch die fortwährende Beziehung zu anderen, in der Verknüpfung einer primär leib-zentrierten und einer sekundär allozentrischen Perspektive, die von einer übergeordneten *exzentrischen Position* aus integriert werden (Plessner 1975). So ist auch die narrative Identität an aktuelle oder potenzielle Zuhörer gebunden, ja die anderen sind immer auch Ko-Autoren unserer Lebensgeschichte (Carr 1986). Trotz dieser komplexen und dialektischen Struktur aber bleibt das erweiterte Selbst abhängig vom präreflexiven Selbstgewahrsein. Nur ein Wesen mit einem primären

Selbsterleben ist in der Lage, sich selbst auch aus der Sicht der anderen zu sehen, Geschichten von sich zu erzählen und ein Selbstkonzept zu entwickeln. Daher betreffen Störungen des basalen Selbst immer auch das erweiterte oder personale Selbst.

Schizophrenie als Selbststörung

Wenden wir uns nun auf dieser Grundlage der Schizophrenie zu. Wie bereits erwähnt, betrachten neuere phänomenologische Ansätze die Schizophrenie als eine grundlegende Störung des basalen Selbsterlebens oder der Ipseität (Parnas 2003; Sass & Parnas 2003). Die damit verknüpfte Entfremdung von der eigenen Leiblichkeit lässt sich auch im Begriff des *disembodiment* zusammenfassen (Stanghellini 2004; Fuchs 2005; Fuchs & Schlimme 2009). Er nimmt Bezug auf die Konzeptionen von verkörperter Subjektivität (*embodiment*), die sich gegenwärtig vor allem in den Kognitionswissenschaften verbreiten (Varela et al. 1991; Gallagher 2005; Thompson 2007; Fuchs 2012a).

Die Grundstörung umfasst folgende Aspekte:

a) eine Schwächung des basalen leiblichen Selbsterlebens;
b) eine Störung der impliziten Funktionen des Leibes, mit der Folge einer Entfremdung des Wahrnehmens und Handelns (ökologisches Selbst);
c) eine Störung des zwischenleiblichen Kontakts mit anderen (soziales Selbst);
d) dazu tritt schließlich eine Störung auf der Ebene des personalen Selbst, die die *exzentrische Position* (Plessner 1975) und damit die Abgrenzung von Ich und Anderem betrifft.

Das Verständnis der Schizophrenie als *disembodiment* beruht auf dem grundlegenden Zusammenhang des präreflexiven Selbstseins mit der Leiblichkeit: Der gelebte Leib ist implizit oder stillschweigend in allen Gefühlen, Wahrnehmungen und Handlungen gegenwärtig; er trägt und vermittelt das alltägliche In-der-Welt- und Mit-anderen-Sein. Diese selbstverständliche leibliche Einbettung in die Welt geht in der Schizophrenie verloren. Man könnte sagen, die Patienten ›bewohnen‹ ihren Leib nicht mehr, eben im Sinne des vertrauten und gewohnten Lebensvollzugs, der an das Medium des Leibes gebunden ist. Damit wird die Schizophrenie *zu einer fundamentalen Störung der Person in ihrem Vermögen, sich durch ihre Leiblichkeit hindurch auf die gemeinsame Welt zu richten und an ihr teilzunehmen.*

a) *Primäres leibliches Selbst*

Die Störung des basalen Selbsterlebens manifestiert sich zunächst in einem oft schwer beschreibbaren Gefühl der mangelnden Lebendigkeit, der Leere, der fehlenden Anwesenheit und der Fremdheit in der Welt bis hin zur ausgeprägten Depersonalisation. Bereits Minkowski (1927) sah dementsprechend die Grundstörung der Schizophrenie in einem »Verlust des vitalen Kontakts mit der Realität«. Dies kann sich auch in Klagen über eine mangelnde Klarheit oder Durchsichtigkeit des Bewusstseins äußern (›wie in einem Nebel‹). Die Störung des grundlegenden Selbst- und Lebensgefühls durchdringt alle Bereiche des Erlebens und kann reflexiv nicht kompensiert werden:

Es ist, als wäre ich kein Teil dieser Welt mehr […] als wäre ich von einem anderen Planeten. Ich bin wie nicht existent. (Parnas et al. 2005, 245)

Oft überkommt mich ein Gefühl von völliger Leere, als ob ich aufgehört hätte zu existieren. (Ebd.)

Ich empfinde gegenüber allem eine zunehmende Taubheit, denn ich werde zu einem Objekt, und Objekte haben keine Gefühle. (McGhie & Chapman 1961, 109)

Häufige Folge dieses Selbstverlusts ist eine zwanghafte Selbstbeobachtung oder *Hyperreflexivität* (Sass 2000)[2] im Bemühen, die verlorene primäre Selbstgewissheit zu kompensieren:

---

[2] Vgl. den Aufsatz »Psychopathologie der Hyperreflexivität« in diesem Band.

Ich muss mich ständig fragen, wer ich eigentlich bin. […] Darüber denke ich so viel nach, dass ich zu nichts anderem mehr komme. Es ist nicht leicht, wenn man sich von Tag zu Tag verändert. Als wenn man plötzlich eine völlig andere Person wäre. (de Haan & Fuchs 2010, 329)

b) Ökologisches Selbst

Die basale Störung des Selbsterlebens erfasst auch die leibräumliche oder ökologische Dimension, also die über den Leib vermittelte, sensomotorische Verbindung von Subjekt und Umwelt. Es kommt zu einer Entfremdung selbstverständlicher Handlungsvollzüge und Wahrnehmungen, die sich auch als *pathologische Explikation* bezeichnen lässt (Fuchs 2001, 2011).

Die Explikation des Selbstverständlichen ist an sich eine häufige Erfahrung. Wenn man eine Wahrnehmungsgestalt in ihre Einzelelemente auflöst, also diese Elemente expliziert, sieht man sozusagen den Wald vor lauter Bäumen nicht mehr. Betrachtet man z. B. die Merkmale eines Gesichts einzeln oder aus zu großer Nähe, so geht die Wahrnehmung des Gesichtsausdrucks insgesamt verloren. Wiederholt man ein Wort mehrere Male und achtet dabei auf die einzelnen Silben, so wird es bald hohl klingen und seine gewohnte Bedeutung verlieren. Sucht man einen Druckfehler, kann man kaum gleichzeitig auf den Sinn des Textes achten. Ähnlich verhält es sich im Handeln: Fokussiert man sich dabei zu sehr auf ein Körperteil, so fungiert dieses nicht mehr als Komponente des impliziten Könnens. Ein Musiker, der auf seine einzelnen Finger achtet, wird leicht einen Fehler machen. Allgemein gesprochen führt also die Rückwendung der Aufmerksamkeit vom Sinn zum Sinnträger oder vom Ziel zum Mittel häufig zu einer Entfremdung und Desintegration gewohnter Vollzüge.

In der Schizophrenie geschieht nun eine pathologische Explikation. Gerade das Selbstverständliche, Gewohnte und Alltägliche wird unvertraut oder fremd; sonst unbeachtete Details oder unbewusste Handlungsabläufe treten irritierend in den Vordergrund. Diese Explikation erfasst zunehmend zentrale Lebensvollzüge, bis diese als gänzlich ich-fremd, ja schließlich als von außen gesteuert erlebt werden. Bevor wir diese Phänomene an Beispielen näher betrachten, wollen wir die Frage stellen, wie sie sich mit der Grundstörung der Ipseität in Zusammenhang bringen lassen.

Die sensomotorische Vermittlungsfunktion des Leibes ist an die Meinhaftigkeit der leiblichen Empfindungen und Bewegungen gebunden. Eine Störung der basalen Selbstaffektion muss daher zu einer Opazität des leiblichen Mediums führen. Um dies an einem alltäglichen Beispiel zu verdeutlichen: Verliert man aufgrund der Kompression eines Nervs vorübergehend die Empfindung in der eigenen Hand, so fühlt sie sich nicht nur taub oder kribbelnd an, sondern dient auch nicht mehr als geeignetes Medium des Tastens. Statt für die Struktur und Gestalt der betasteten Oberfläche ›durchlässig‹ zu sein, werden ihre Tastbewegungen ungelenk, und ihre Empfindungen lassen den Betroffenen nur noch die Hand selbst als fremdes, verdinglichtes Objekt erleben – als Hindernis statt als Medium. Somit können wir sagen: Die Meinhaftigkeit der vermittelnden leiblichen Komponenten (etwa der taktilen, akustischen, kinästhetischen Empfindungen) macht sie für die intentionalen Akte des Wahrnehmens und Handelns transparent; ein Verlust der Meinhaftigkeit hingegen resultiert in einer zunehmenden Opazität und Verdinglichung des Mediums. Damit aber treten die vermittelnden Komponenten einzeln, störend und entfremdet hervor.

(1) Im *Handeln* äußert sich dies in einer zunehmenden Desintegration von leiblichen Gewohnheiten und automatischen Abläufen. In vielen Situationen gelingt es den Patienten nicht mehr, einen geschlossenen Handlungsbogen auszuführen und sich dabei auf selbstverständliche Weise ihres Leibes zu bedienen. Stattdessen müssen sie sich künstlich, durch Vorsätze oder Rituale zu bestimmten Aktionen veranlassen:

Seit einiger Zeit muss ich immer zuerst denken, wie ich etwas mache, bevor ich es dann mache. Wenn ich mich z. B. hinsetzen will, muss ich mir das erst überlegen und förmlich vorstellen, bevor ich es tue. Genauso ist es mit anderen Dingen wie Waschen, Essen und sogar Anziehen – alles was ich sonst gemacht habe, ohne mich überhaupt darum zu kümmern.

[...] Ich brauche viel mehr Zeit, weil ich mir ständig bewusst bin, was ich tue. (McGhie & Chapman 1961, 107)

Wenn ich etwas tun will wie etwa Wasser trinken, dann muss ich das im Detail durchgehen – einen Becher finden, hinübergehen, den Hahn aufdrehen, den Becher auffüllen, trinken. (Chapman 1966, 239)

Die selbsttätigen, synthetischen Leistungen des Leibes zerfallen und müssen durch bewusste Planung und Ausführung ersetzt werden. Selbst geringfügige Handlungen bedürfen dann oft einer gezielten Willenstätigkeit und Anstrengung. Die stillschweigende mediale Funktion des Leibes, vermittels deren sich das Subjekt sonst auf die Welt richtet, zersetzt sich.

(2) In der *Wahrnehmung* manifestiert sich die Entfremdung der Leiblichkeit in einer Störung der Fähigkeit, vertraute Gestalten und Muster zu erkennen, verbunden mit einer Fragmentierung des Wahrgenommenen und einer Überfülle von Details. Auch hier kommt es also zu einer pathologischen Explikation:

Ich muss mir die Dinge im Kopf zusammensetzen. Wenn ich meine Uhr anschaue, sehe ich die Uhr, das Uhrband, das Zifferblatt, die Zeiger usw., und dann muss ich das zu einem Ganzen zusammensetzen. (Chapman 1966, 229)

Alles ist wie zerstückelt, und man muss ein Bild daraus machen, wie ein Foto, das in Teile zerrissen ist und wieder zusammengesetzt wird. [...] Wenn ich mich bewege, dann ist es wieder ein neues Bild, das ich zusammensetzen muss. (McGhie & Chapman 1961, 106)

Ich bemerke so viel mehr von den Dingen und muss sie die ganze Zeit anschauen. Nicht nur die Farbe der Dinge fasziniert mich, sondern alle kleinen Details wie etwa die Kratzer auf einer Oberfläche ziehen meine Aufmerksamkeit auf sich. (Ebd., 105)

Die Auflösung von Gestaltzusammenhängen resultiert in einem Verlust vertrauter Bedeutsamkeiten und führt so zu einer grundlegenden Fragwürdigkeit der wahrgenommenen Welt:

Manchmal dachte ich auch über Worte nach, warum jetzt »Stuhl« »Stuhl« heißt zum Beispiel, oder solche Dinge. (Patient der eigenen Klinik)

Ein Patient denkt über selbstverständliche Dinge nach: Warum ist das Gras grün, warum haben die Ampeln drei Farben? (Parnas et al. 2005, 250)

Alle existenziellen Fragen verwirren sich in meinem mentalen System. Ich verstehe das Leben nicht. So viele Fragen, so wenig Erklärungen! Warum leben wir überhaupt? (Patient der eigenen Klinik)

Mit zunehmender Entfremdung der Wahrnehmung von ihrem intentionalen Gehalt kann schließlich das Wahrnehmen als solches zu Bewusstsein kommen, und der Patient wird gleichsam zum Zuschauer seines eigenen Sehens:

Ich merke, wie meine Augen die Dinge sehen. (Stanghellini 2004, 113)

Ich sah alles wie durch eine Filmkamera. (Sass 1992, 132)

Es war, wie wenn meine Augen Kameras wären, und mein Gehirn war zwar immer noch in meinem Körper, aber so als wäre mein Kopf riesengroß, so groß wie das Universum, und ich war ganz hinten und die Kameras vorne. So extrem weit weg von den Kameras. (de Haan & Fuchs 2010, 229 f.)

Statt zu den Dingen selbst zu gelangen, bleibt die Wahrnehmung gleichsam hinter sich selbst zurück; sie präsentiert nicht mehr reale Objekte, sondern nur noch ›Bilder‹ oder ›Filme‹, ähnlich wie in einem *Point-of-View-Shot*.[3] Wird diese Entfremdung des Wahrnehmens von den Patienten nicht mehr als autochthone Störung erkannt, so führt dies schließlich zur paranoiden Externalisierung, d.h. die Veränderung der wahrgenommenen Welt wird fremden oder imaginären Agenten wahnhaft zugeschrieben. Einen Übergang dazu zeigt das folgende Beispiel:

Es kam mir immer unwirklicher vor, wie ein fremdes Land. […] Dann kam also die Idee, das ist doch gar nicht mehr deine alte Umgebung […] es könnte ja gar nicht mehr unser Haus sein. Irgend jemand könnte mir das als Kulisse einstellen. Eine Kulisse, oder man könnte mir ein Fernsehspiel einspielen. […] Dann hab ich die Wände abgetastet. […] Ich habe geprüft, ob das wirklich eine Fläche ist. (Klosterkötter 1988, 64 f.)

---

[3] Dies ist eine Kamera-Einstellung, die dem Zuschauer einen Blick durch die Augen einer Figur in der Filmszene ermöglicht.

c) Soziales Selbst

Wie bereits erwähnt, vermittelt der Leib auch die praktischen Fähigkeiten des Umgangs mit anderen, die intuitiven Formen des sozialen Verstehens und Verhaltens vor dem Hintergrund der gemeinsamen Situationen. Dieses implizite Beziehungswissen ist auch die Grundlage des *Common Sense*, d.h. des praktischen Sinns für das in einer Kultur oder Gesellschaftsschicht Übliche, Angemessene und Schickliche – ein Sinn, der nicht durch explizites Regellernen, sondern im Zuge zwischenleiblicher Interaktionen als Habitus erworben wird.

Wenn nun in der Schizophrenie die leibliche Einbettung in die Welt verloren geht, muss sich dies auch in einer grundlegenden Entfremdung der Intersubjektivität äußern. An die Stelle des Mitseins mit anderen tritt ein Grundempfinden der Getrenntheit. Statt am Fluss der alltäglichen Interaktionen teilzunehmen, bleiben die Patienten in einer isolierten Beobachterposition und haben Schwierigkeiten, die Bedeutungen und Sinnbezüge der gemeinsamen Lebenswelt zu erfassen. Eine schizophrene Patientin Blankenburgs hat diese subtile Entfremdung als »Verlust der natürlichen Selbstverständlichkeit« beschrieben:

Jeder Mensch muss wissen, wie er sich verhält, hat eine Bahn, eine Denkweise. Sein Handeln, seine Menschlichkeit, seine Gesellschaftlichkeit, alle diese Spielregeln, die er ausführt: Ich konnte sie bis jetzt noch nicht so klar erkennen. Mir haben die Grundlagen gefehlt. – Mir fehlt eben, dass, was ich weiß, dass ich das auch im Verkehr mit anderen Menschen – so selbstverständlich [...] weiß. Das kann ich dann eben nicht. Da ist mir vieles fremd. [...] Und auch ebenso die Denkarten, so das Einfache, das Einfachste. Jeder Mensch ist doch etwas. Jeder bewegt sich doch in einer Bahn. Das ist eben bei mir nicht der Fall. Einfach um das Leben geht es, um ein richtiges Leben-Führen, dass man nicht [...] so außerhalb der Gesellschaft, so ausgestoßen ist und so. (Blankenburg 1971, 42 f.)

Wiederum vermag also das explizite »*Wissen, dass ...*« das implizite »*Wissen, wie ...*« nicht zu ersetzen. Der Verlust der natürlichen Selbstverständlichkeit »macht sich vor allem [...] in den unzähligen kleinen Verrichtungen des Alltags bemerkbar, ergreift aber darüber hinaus die gesamte Lebensorientierung« (ebd., 80).

Er ist letztlich gleichbedeutend mit einer Störung der intersubjektiven Konstitution der Lebenswelt, die in Ansätzen bis die Kindheit zurückreichen kann:

> Als ich klein war, beobachtete ich immer meine kleinen Cousinen, um zu verstehen, wann der richtige Moment zum Lachen war, oder wie sie es anstellten zu handeln, ohne vorher darüber nachzudenken. […] Seit meiner Kindheit versuche ich zu verstehen, wie die anderen funktionieren, und bin daher gezwungen, den *kleinen Anthropologen* zu spielen. (Stanghellini 2004, 115)

Den Patienten drängt sich gerade das als unabweisbares Problem auf, was der Gesunde *vergessen* hat, weil er es schon gewohnt war, bevor er danach fragen konnte: wie es möglich ist, mit anderen umzugehen, zu handeln, zu leben. Es mangelt ihnen an dem impliziten Beziehungswissen, das von der frühen Kindheit an den Umgang mit anderen leitet (Fuchs 2001). Stattdessen müssen sie die Beziehungen zu anderen durch bewusste Anstrengungen herstellen, was zu einer ständigen Überlastung und schließlich zu autistischem Rückzug führt.

d) Personales Selbst

Die Störung des basalen Selbsterlebens wirkt sich auch auf die Ebene des personalen Selbst aus, das sich mit der Internalisierung der Perspektive der anderen auf das primäre leibliche Selbst herausbildet. Denn sowohl die Konstitution des personalen Selbst als auch seine Abgrenzung von den anderen, die das Individuum gleichfalls als Personen mit ihrer je eigenen Bewusstseinssphäre erfasst, bleiben an die Verankerung in der eigenen Leiblichkeit gebunden. Daher resultieren aus der primären Beeinträchtigung des leiblichen Selbsterlebens auch Störungen der Ich-Demarkation oder der Abgrenzung von Selbst und Anderen, die Bleuler (1911) auch als *Transitivismus* bezeichnet hat:

> Wenn ich jemanden ansehe, ist meine Persönlichkeit in Gefahr. Ich erlebe eine Umwandlung, und mein Selbst beginnt sich aufzulösen. (Chapman 1966, 232)

Wenn ich in der Bahn fahre, haben die Blicke der Menschen so etwas Durchdringendes, [...] und es ist dann so, wie wenn um mich herum ein Bewusstsein meiner Person entsteht; [...] sie können in mir lesen wie in einem Buch. Ich weiß dann nicht mehr, wer ich überhaupt bin. (Fuchs 2000, 172)

Offenbar wird das ›Bewusstsein des Bewusstseins anderer‹ für die Patienten zu einer Bedrohung des eigenen Selbst, das sie in der Begegnung nicht mehr behaupten können. Betrachten wir ein weiteres Beispiel:

Wenn ich in einen Spiegel sehe, weiß ich nicht mehr, ob ich hier mich dort im Spiegel sehe oder ich dort im Spiegel mich hier sehe. [...] Sehe ich einen anderen im Spiegel, so vermag ich ihn nicht mehr von mir zu unterscheiden. In einem schlechteren Befinden geht auch der Unterschied zwischen mir selbst und einem wirklichen anderen verloren. [...] Ich weiß nicht, ob sich das Innere nach außen kehrt oder das Äußere nach innen. [...] Ob es nicht zwei Ichs gibt? (Kimura 1994, 194)

Hier ist es gerade die Virtualität des Spiegelbildes, die das Selbst aus seiner Verankerung wirft. Für den Patienten gibt es keinen Unterschied mehr zwischen dem leiblichen Selbst, das *hier* in den Spiegel sieht, und seinem virtuellen Bild, das er *dort* im Spiegel sieht. Er kann seine Zentrierung im Leib nicht mehr aufrechterhalten, und dies überträgt sich vom Spiegelbild auf die Wahrnehmung anderer. Er wird aus seinem Zentrum gerückt oder ›verrückt‹.

Diese Verrückung lässt sich mit dem Begriff der *exzentrischen Positionalität* verstehen, durch den Helmuth Plessner die spezifisch menschliche oder personale Weise des Umweltbezugs im Unterschied zu dem des Tieres beschrieb (Plessner 1975). Personen sind danach Wesen, die einander als Zentren einer subjektiven, um ihren Leib zentrierten Welt erkennen und die doch gerade durch diese Erkenntnis aus diesem Zentrum heraustreten – in einer virtuellen exzentrischen Bewegung. Das geschieht schon in der Kommunikation der Blicke: Ich sehe den anderen mich sehen, und er sieht mich ihn sehen. Ich bin mir dessen bewusst, dass ich Teil seiner Welt bin und dass er wiederum von diesem meinem Bewusstsein weiß. Dieser oszillierende Wechsel zwischen zwei Perspektiven kennzeichnet auch jedes alltägliche Gespräch, wo wir der Perspektive des anderen bewusst werden und dabei dennoch bei uns selbst bleiben. Dies misslingt jedoch dem schizophrenen Patienten im folgenden Fall:

Ein junger Mann war in Gesprächen oft verwirrt, da er nicht mehr zwischen sich und dem Gesprächspartner unterscheiden konnte. Er begann, den Sinn dafür zu verlieren, wessen Gedanken von wem stammten, und hatte das Gefühl, als ob der andere irgendwie in ihn »eindringe«. (Parnas 2003, 232)

Wie Blankenburg einmal treffend bemerkte, impliziert jede Perspektivenübernahme schon einen potenziellen Selbst-Verlust, der aber *in statu nascendi* aufgehoben wird (Blankenburg 1965). Jede Begegnung und Interaktion mit anderen beruht auf der Fähigkeit, zwischen der eigenen, verkörperten Perspektive und der virtuell eingenommenen Perspektive des anderen zu wechseln und *zugleich zu unterscheiden,* also sich selbst gegenüber dem anderen zu behaupten. Diese Flexibilität und Sicherheit des Perspektivenwechsels zu erwerben, ist ein entscheidender Schritt der kindlichen Entwicklung im 2. und 3. Lebensjahr. Das Kind erlangt damit die exzentrische Position, die die primäre, leibzentrierte und die sekundäre, dezentrierte Perspektive in Spannung zueinander bestehen lässt und zugleich integriert.

Es ist nun diese dialektische Spannung der exzentrischen Positionalität, die der schizophrene Patient in der Begegnung mit anderen nicht mehr aufrechterhalten kann. Er verliert seine Verankerung im leiblichen Zentrum und damit seine Selbstbehauptung; die beiden Perspektiven werden nicht mehr *integriert,* sondern *konfundiert.* Damit geraten die Patienten in eine entkörperte, imaginäre und wahnhafte Perspektive, die von außen oder von den anderen her auf sie selbst gerichtet ist. Alle scheinen von ihnen zu wissen, alles scheint sich auf sie zu beziehen, weil sie sich selbst nur noch von außen her sehen – gleichsam verloren auf einer exzentrischen Umlaufbahn. Gerade weil sie ihr leibliches Zentrum verlieren, werden sie zum vermeintlichen Zentrum aller fremden Blicke und Intentionen. Der ›Kurzschluss‹ der beiden Perspektiven kann auch zum Wahn der *Gedankenausbreitung* führen: Alle Gedanken des Patienten scheinen den anderen schon bekannt zu sein, denn zwischen seinem eigenen Bewusstsein und dem der anderen besteht kein Unterschied mehr.

Wie sich zeigt, liegt die Voraussetzung für die Störung der Ich-Demarkation in der dialektischen Struktur der Intersubjektivität. Andere als intentionale Wesen oder Personen zu erkennen *und* sich seiner selbst als abgegrenzter Person bewusst zu sein – beides beruht gleichermaßen auf der exzentrischen Position. Geht aber die leibliche Verankerung des Selbst verloren, so kann die Spannung dieser Position nicht aufrechterhalten werden; es kommt zu einer Vermischung der beiden Perspektiven und damit zu einer Auflösung der Grenzen von Ich und Anderem.

Daher manifestiert sich die Erkrankung zum ersten Mal häufig in Situationen sozialer Exponierung oder emotionaler Öffnung gegenüber anderen Menschen, wenn es also in besonderer Weise darum geht, den Perspektivenwechsel ohne Selbstverlust durchzuhalten und die eigene Intentionalität zu behaupten – etwa beim Auszug aus dem Elternhaus, beim Beginn einer ersten intimen Beziehung oder beim Eintritt ins Berufsleben. In diesen Situationen können die Patienten ihre primäre Eigenperspektive einbüßen und sich nach und nach von allen Seiten beobachtet, verfolgt oder beeinflusst erleben. Damit ist es gerade die zentrale Fähigkeit des Menschen, die Perspektive des anderen einzunehmen, die ihn anfällig macht für den Verlust seines personalen Selbst in der Schizophrenie.[4]

Dieser Verlust hat im weiteren Verlauf zwei hauptsächliche psychopathologische Folgen: Zum einen ist der *schizophrene Autismus* wesentlich mitbedingt durch einen Rückzug aus der be-

---

[4] Aus sozialpsychiatrischer Sicht ist es von Bedeutung, dass auch ein *Mangel an Anerkennung* durch die soziale Umgebung die Selbstbehauptung unterminieren kann. Nach neueren epidemiologischen Studien sind soziale Marginalisierung, Minderheitenstatus, Migration und andere Ausschlusserfahrungen bedeutsame Risikofaktoren für eine Schizophrenie und führen zu signifikant erhöhten Inzidenzen in den betroffenen Populationen (Cantor-Graae & Selten 2005; Fearon et al. 2006; Zammit et al. 2010; Bourque et al. 2011). Obgleich eine Störung der exzentrischen Positionalität von psychologischen Problemen der Selbstbehauptung und des Selbstwerts unterschieden werden muss, kann die Infragestellung des Selbstseins doch auch durch Erfahrungen der sozialen Exklusion, Diskriminierung oder Deprivation verschärft werden.

drohlichen Sphäre der Intersubjektivität in eine eigenweltliche persönliche Nische. Zum anderen lässt sich auch der *schizophrene Wahn* als eine idiosynkratisch gebildete und zugleich erstarrte Sichtweise auffassen, die den Patienten davor bewahrt, von der Übermacht der fremden Intentionalität überwältigt zu werden.[5] In beiden Fällen kann sich das Selbst nur um den Preis einer massiven Einschränkung und Deformation der Intersubjektivität erhalten.

Resümee und therapeutischer Ausblick

Die Grundstörung der Schizophrenie lässt sich als eine Schwächung des basalen Selbstgewahrseins beschreiben, die zunächst das präreflexive, selbstverständliche In-der-Welt-Sein erfasst. Die sonst durch den Leib stillschweigend vermittelten Lebensvollzüge verlieren ihre Meinhaftigkeit und damit ihre Transparenz. Es kommt zu einer ›Entkörperung‹, d.h. zu einer pathologischen Explikation der sonst impliziten Funktionen des Leibes. Die »vermittelte Unmittelbarkeit« (Hegel) und damit Selbstverständlichkeit der Beziehung zur Welt geht verloren. Gewohnte Handlungssequenzen zersetzen sich und müssen nun eigens geplant oder ›gemacht‹ werden. Integrale Wahrnehmungsgestalten lösen sich auf, störende Details treten in den Vordergrund, und die wahrgenommene Welt verliert zunehmend ihre vertrauten Sinnbezüge. Schließlich werden auch die Beziehungen zu den anderen fragwürdig, und die fraglose Teilnahme an der gemeinsamen Lebenswelt und ihrem *Common Sense* misslingt. Im Gegenteil, die sozialen Interaktionen mit anderen können für die Patienten bedrohlich werden, wenn sie nämlich ihr personales Selbst gegenüber den anderen nicht mehr zu behaupten und abzugrenzen vermögen. Vergeblich versuchen sie, diese verschiedenen Formen von Entfremdung und Selbstverlust durch zwanghafte Selbstbeobachtung, Hyperreflexivität und bewusste Steuerung des eigenen Tuns zu kompensieren.

---

[5] Vgl. den Aufsatz »Wahn, Realität, Intersubjektivität« in diesem Band.

Selbst und Schizophrenie

Der zunehmende Rückzug des Selbst aus der medialen Sphäre der Leiblichkeit lässt, wie wir sahen, entfremdete Wahrnehmungs- und Handlungsfragmente zurück, die nicht mehr vom Subjekt ›bewohnt‹ sind. Die Patienten stehen gewissermaßen außerhalb ihrer eigenen Wahrnehmungen und Handlungen, während diese sich zunehmend zersetzen. In der akuten Psychose – dies kann hier nur noch angedeutet werden – steigert sich die zuvor noch schleichende Entfremdung zum Erlebnis vollständiger Selbstentmächtigung. Nun treten den Patienten die entfremdeten Bruchstücke des eigenen Wahrnehmens, Denkens und Handelns wie von außen gegenüber, als scheinbar von anonymen Mächten ausgelöste Empfindungen, gesteuerte Bewegungen oder eingegebene Gedanken:

Zuerst habe sie nur Schwierigkeiten bei der Hausarbeit bemerkt. Da sei ihr dauernd etwas dazwischengekommen, andere Gedanken, aber auch störende Bewegungen. So sei sie sich mitten beim Kochen plötzlich mehrmals hintereinander mit der Hand an die Stirn gefahren. [...] Die Bewegungen seien ganz von selbst abgelaufen, sie habe überhaupt keine Gewalt darüber gehabt. [...] Von da an habe sie jede ihrer Bewegungen genauestens beobachtet und dabei bemerkt, dass sie wirklich »wie ein Roboter« herumgelaufen sei. (Klosterkötter 1988, 163)

Sie sei inzwischen überzeugt, dass außerirdische Mächte in der Lage seien, sie zu kontrollieren und dabei auch ihre Bewegungen zu steuern. [...] Sie sei [...] unter diesen Einflüssen richtig zu einer »Marionette« geworden. (Ebd.)

Mit der Abspaltung des basalen Selbst vom eigenen Leib wird er zu einem äußerlichen, verdinglichten Apparat, der schließlich als von fremden Kräften und Wesen gesteuert erscheint. Das gleiche gilt für die Gedanken, wenn sie nicht mehr in die Selbstaffektion des Erlebens eingebettet sind: Sie tauchen als eingegebene, gemachte Gedanken auf.

Ich konnte nicht mehr denken, wie ich wollte. [...] Es war, wie wenn einer gar nicht mehr selber denkt, an seinem eigenen Denken gehindert wird. Ich hatte den Eindruck, dass alles, was ich denke, [...] überhaupt nicht zu mir gehört. [...] Ich fing an zu überlegen, bin ich das noch oder bin ich eine ausgetauschte Person. (Ebd., 110 f.)

Bei noch weitergehender Entfremdung gehen die gemachten Gedanken in akustische Halluzinationen über, d. h., sie werden zu ›Stimmen‹. Die so genannten produktiven Symptome der akuten Psychose (Ich-Störungen, Beeinflussungswahn, Halluzinationen) stellen somit Externalisierungen vollständig entfremdeter und als solcher nicht mehr erkannter Eigentätigkeiten dar, die sich den Patienten von außen her entgegenstellen.

Das Konzept des leiblichen oder verkörperten Selbst erlaubt es, die vielfältigen und zunächst heterogen anmutenden Symptome der Schizophrenie wie dargestellt unter einem integrierenden Blickwinkel zu betrachten. Es kann als Paradigma für eine Psychopathologie dienen, welche die Beziehungen der Person zu ihrer Welt auf allen Ebenen als durch das Medium des Leibes vermittelt auffasst. Unter dieser Voraussetzung lassen sich psychische Krankheiten nicht mehr in einem individuellen Innenraum, sei es der Psyche oder des Gehirns, lokalisieren. Sie sind vielmehr Störungen der leiblichen und zwischenleiblichen Existenz – Störungen des In-der-Welt- und Mit-anderen-Seins.

Aus dieser Sichtweise lassen sich jedoch auch bedeutsame *therapeutische Ansätze* ableiten, die die leibliche, expressive und emotionale Erfahrung der Patienten ansprechen. Es geht darum, dass sich schizophrene Patienten wieder in ihrem Leib, in ihren Sinnen, in ihrem *sensus communis* verankern. Dazu geeignet sind verschiedene Therapieverfahren, die abschließend kurz genannt seien (vgl. auch Gühne et al. 2012):

- *Bewegungs- und Tanztherapie* unterstützen durch Melodie und Rhythmus die Einübung von harmonischen Bewegungsgestalten und können so die Verankerung im Leiblichen fördern – denken wir daran, dass Stern (1998) die frühe Affektabstimmung zwischen Mutter und Kind mit einem *Tanz* verglichen hat (Wilke 2007).
- *Körperorientierte Therapien* zur Förderung der Leibwahrnehmung und Zwischenleiblichkeit sind in den letzten Jahren u. a. in London und Heidelberg erfolgreich erprobt worden (vgl. Röhricht & Priebe 2006; Martin et al. 2016; Galbusera et al. 2018, 2019). Durch das Spüren des Getragenseins vom

Boden (*grounding*), durch Zentrierung in der Leibmitte und die achtsame Erfahrung von Bewegung können die Patienten das Gefühl der Meinhaftigkeit des Leibes wieder erfahren und verankern. Solche Therapien haben sich besonders für die Behandlung der Negativsymptomatik als wirksam erwiesen, einer für die Prognose der Erkrankung zentralen Beeinträchtigung, die notorisch resistent gegen psychopharmakologische Therapie ist.

– *Theatertherapie* kann den Patienten zu mehr Ausdrucksfähigkeit verhelfen, weil sie im Schutz der vorgegebenen Rolle oft Hemmungen abzuwerfen vermögen, die sonst den sozialen Kontakt mit anderen erschweren (Bielańska et al. 1991).

– *Musiktherapie* kann die sinnlich-emotionale Resonanzfähigkeit fördern, gerade auch über die propriozeptiven und viszeralen leiblichen Resonanzen, die sie auslöst (Tang et al. 1994; Ulrich et al. 2007).

– *Kunsttherapie* schließlich vermag in besonderer Weise die Spontaneität, die Ausdrucksfähigkeit und die emotionale Selbstwahrnehmung der Patienten zu unterstützen (Richardson et al. 2007).

All diese Verfahren haben gemeinsam, dass sie weder an einer zugrunde liegenden biologischen Dysfunktion noch an kognitiven Defiziten ansetzen, sondern an der primären, leiblichen und zwischenleiblichen Erfahrung der Patienten. Gerade weil sie nicht dem vorherrschenden, kausal orientierten Paradigma zugehören, belegt ihre unbestreitbare Wirksamkeit, dass die phänomenale Erfahrung eben nicht nur ein Epiphänomen von Substratprozessen darstellt, sondern selbst ihre eigene Bedeutung und Wirkung hat. Die Phänomenologie ist in der Lage, solchen oft aus praktisch-klinischer Erfahrung abgeleiteten Therapieverfahren nicht nur eine geeignete Sprache zur Verfügung zu stellen, sondern auch die notwendige theoretische Begründung zu liefern.

Literatur

Berze, J. (1914). *Die primäre Insuffizienz der psychischen Aktivität: Ihr Wesen, ihre Erscheinungen und ihre Bedeutung als Grundstörung der Dementia praecox und der Hypophrenien überhaupt*. Leipzig Wien: Deuticke.

Bielańska, A., Cechnicki, A. & Budzyna-Dawidowski, P. (1991). Drama therapy as a means of rehabilitation for schizophrenic patients: Our impressions. *American Journal of Psychotherapy*, 45, 566–575.

Blankenburg, W. (1965). Zur Differentialphänomenologie der Wahnwahrnehmung. *Nervenarzt, 36 (7)*, 285–298.

Blankenburg, W. (1971). *Der Verlust der natürlichen Selbstverständlichkeit. Ein Beitrag zur Psychopathologie symptomarmer Schizophrenien*. Stuttgart: Enke.

Bleuler, E. (1911). *Dementia praecox oder Gruppe der Schizophrenien*. Leipzig Wien: Deuticke.

Bleuler, E. (1983). *Lehrbuch der Psychiatrie* (15. Aufl., bearbeitet von M. Bleuler). Berlin Heidelberg: Springer.

Bourque, F., van der Ven, E., & Malla, A. (2011). A meta-analysis of the risk for psychotic disorders among first- and second-generation immigrants. *Psychological Medicine, 41 (5)*, 897–910.

Cantor-Graae, E., & Selten, J.-P. (2005). Schizophrenia and migration: A meta-analysis and review. *American Journal of Psychiatry, 162 (1)*, 12–24.

Carr, D. (1986). *Time, Narrative, and History*. Bloomington, IN: University of Indiana Press.

Chapman, J. (1966). The early symptoms of schizophrenia. *The British Journal of Psychiatry, 112 (484)*, 225–251.

Damasio, A. R. (1999). *The Feeling of What Happens*. San Diego, CA: Harcourt.

De Haan, S. & Fuchs, T. (2010). The ghost in the machine: Disembodiment in schizophrenia – Two case studies. *Psychopathology, 43 (5)*, 327–333.

Fearon, P., Kirkbride, J. B., Morgan, C., Dazzan, P., Morgan, K., Lloyd, T., Hutchinson, G., Tarrant, J., Fung, W. L., Holloway, J., Mallett, R., Harrison, G., Leff, J., Jones, P. B. & Murray, R. M. (2006). Incidence of schizophrenia and other psychoses in ethnic minority groups: Results from the MRC AESOP Study. *Psychological Medicine, 36 (11)*, 1541–1550.

Fuchs, T. (2000). *Psychopathologie von Leib und Raum*. Darmstadt: Steinkopff.

Fuchs, T. (2001). The tacit dimension. Commentary to W. Blankenburg's »Steps towards a psychopathology of common sense«. *Philosophy, Psychiatry & Psychology, 8 (4)*, 323–326.
Fuchs, T. (2005). Corporealized and disembodied minds. A phenomenological view of the body in melancholia and schizophrenia. *Philosophy, Psychiatry & Psychology, 12 (2)*, 95–107.
Fuchs, T. (2011). Psychopathologie der Hyperreflexivität. *Deutsche Zeitschrift für Philosophie, 59 (4)*, 565–576.
Fuchs, T. (2012a). *Das Gehirn – ein Beziehungsorgan. Eine ökologisch-phänomenologische Konzeption* (4. Aufl.). Stuttgart: Kohlhammer.
Fuchs, T. (2012b). The phenomenology and development of social perspectives. *Phenomenology and the Cognitive Sciences, 12 (4)*, 655–683.
Fuchs, T. & Schlimme, J. (2009). Embodiment and psychopathology: A phenomenological perspective. *Current Opinion in Psychiatry, 22 (6)*, 570–575.
Galbusera, L., Fellin, L. & Fuchs, T. (2019). Toward the recovery of a sense of self: An interpretative phenomenological analysis of patients' experience of body-oriented psychotherapy for schizophrenia. *Psychotherapy Research, 29 (2)*, 234–250.
Galbusera, L., Finn, M. & Fuchs, T. (2018). Interactional synchrony and negative symptoms: An outcome-study of body-oriented psychotherapy for schizophrenia. *Psychotherapy Research, 28 (3)*, 457–469.
Gallagher, S. (2000). Philosophical conceptions of the self: Implications for cognitive science. *Trends in Cognitive Science, 4 (1)*, 14–21.
Gallagher, S. (2005). *How the Body Shapes the Mind*. Oxford: Oxford University Press.
Griesinger, W. (1861). *Pathologie und Therapie der psychischen Krankheiten*. Stuttgart: Krabbe.
Gühne, U., Weinmann, S., Arnold, K., Ay, E. S., Becker, T. & Riedel-Heller, S. (2012). Künstlerische Therapien bei schweren psychischen Störungen. *Der Nervenarzt, 83 (7)*, 855–860.
Henry, M. (1963). *L'essence de la manifestation*. Paris: Presses Universitaires de France (PUF).
Husserl, E. (1969). *Vorlesungen zur Phänomenologie des inneren Zeitbewusstseins (1893–1917)*. Husserliana X (hrsg. v. R. Boehm). Den Haag: Nijhoff.
Jaspers, K. (1973). *Allgemeine Psychopathologie*. (9. Aufl., nach der unveränderten 4. Auflage von 1946). Berlin Heidelberg: Springer.
Kimura, B. (1994). Psychopathologie der Zufälligkeit oder Verlust des Aufenthaltsortes beim Schizophrenen. *Daseinsanalyse, 11 (3)*, 192–204.
Klosterkötter, J. (1988). *Basissymptome und Endphänomene der Schizophrenie*. Berlin Heidelberg: Springer.
Kraepelin, E. (1913). *Klinische Psychiatrie, Teil 2* (8. Aufl.). Leipzig: Barth.

Martin, L. M., Koch, S. C., Hirjak, D. & Fuchs, T. (2016). Overcoming disembodiment: The effect of movement therapy on negative symptoms in schizophrenia – A multicenter randomized controlled trial. *Frontiers in Psychology, 7*, Artikel 483.

McGhie, A. & Chapman, J. (1961). Disorders of attention and perception in early schizophrenia. *British Journal of Medical Psychology, 34 (103)*, 103–116.

Meltzoff, A. N. & Moore, M. K. (1977). Imitation of facial and manual gestures by human neonates. *Science, 198 (4312)*, 74–78.

Meltzoff, A. & Moore, M. K. (1989). Imitation in newborn infants: Exploring the range of gestures imitated and the underlying mechanisms. *Developmental Psychology, 25 (6)*, 954–962.

Merleau-Ponty, M. (1966). *Phänomenologie der Wahrnehmung* (übers. v. R. Boehm). Berlin: De Gruyter.

Merleau-Ponty, M. (2003). *Das Auge und der Geist* (hrsg. v. C. Bermes). Hamburg: Meiner.

Minkowski, E. (1927). *La schizophrenie*. Paris: Payot.

Nagel, T. (1994). Wie es ist, eine Fledermaus zu sein. In M. Frank (Hrsg.), *Analytische Theorien des Selbstbewusstseins* (S. 135–152). Frankfurt am Main: Suhrkamp.

Neisser, U. (1988). Five kinds of self-knowledge. *Philosophical Psychology, 1 (1)*, 35–39.

Nickel, H. (1993). Pränatale und perinatale Entwicklungsforschung auf der Grundlage ökologisch-systemischer Entwicklungstheorien. In H. Nickel (Hrsg.), *Psychologie der Entwicklung und Erziehung* (S. 6–14). Pfaffenweiler: Centaurus.

Parnas, J. (2003). Self and schizophrenia: A phenomenological perspective. In T. Kircher & A. David (Hrsg.), *The Self in Neuroscience and Psychiatry* (S. 217–241). Cambridge: Cambridge University Press.

Parnas, J., Moeller, P., Kircher, T., Thalbitzer, J., Jansson, L., Handest, P. & Zahavi, D. (2005). EASE: Examination of Anomalous Self-Experience. *Psychopathology, 38 (5)*, 236–258.

Plessner, H. (1975). *Die Stufen des Organischen und der Mensch*. Berlin: De Gruyter.

Richardson, P., Jones, K., Evans, C., Stevens, P. & Rowe, A. (2007). Exploratory RCT of art therapy as an adjunctive treatment in schizophrenia. *Journal of Mental Health, 16 (4)*, 483–491.

Rochat, P. (2004). The emergence of self-awareness as co-awareness in early child development. In D. Zahavi, T. Grünbaum & J. Parnas (Hrsg.), *Advances in Consciousness Research. The Structure and Development of Self-Consciousness* (S. 1–20). Amsterdam: John Benjamins Publishing.

Röhricht, F. & Priebe, S. (2006). Effect of body-oriented psychological therapy on negative symptoms in schizophrenia: A randomized controlled trial. *Psychological Medicine, 36 (5)*, 669–678.

Saks, E. R. (2007). *The Center Cannot Hold. My Journey through Madness.* New York: Hyperion.

Sartre, J.-P. (1962). *Das Sein und das Nichts. Versuch einer phänomenologischen Ontologie.* Reinbek: Rowohlt.

Sass, L. A. (1992). *Madness and Modernism. Insanity in the light of modern art, literature, and thought.* New York: Basic Books.

Sass, L. A. (2000). Schizophrenia, self-experience, and so-called negative symptoms. In D. Zahavi (Hrsg.), *Exploring the Self: Philosophical and Psychopathological Perspectives on Self-Experience* (S. 149–182). Amsterdam: John Benjamins.

Sass, L. A. & Parnas, J. (2003). Schizophrenia, consciousness, and the self. *Schizophrenia Bulletin, 29 (3)*, 427–444.

Schindler, S. (1987). Das Bild vom Ungeborenen. Zum Konzept einer Entwicklungspsychologie der Pränatalzeit. In P. Fedor-Freybergh (Hrsg.), *Pränatale und Perinatale Psychologie und Medizin* (S. 1–14). München: Saphir.

Stanghellini, G. (2004). *Disembodied Spirits and Deanimatied Bodies: The Psychopathology of Common Sense.* Oxford: Oxford University Press.

Stern, D. N. (1998). *Die Lebenserfahrung des Säuglings* (6. Aufl.). Stuttgart: Klett-Cotta.

Tang, W., Yao, X. & Zheng, Z. (1994). Rehabilitative effect of music therapy for residual schizophrenia: A one-month randomized controlled trial in Shanghai. *British Journal of Psychiatry, 165 (Suppl. 24)*, 38–44.

Thompson, E. (2007). *Mind in Life. Biology, Phenomenology, and the Sciences of Mind.* Cambridge, MA: Harvard University Press.

Tomasello, M. (2002). *Die kulturelle Entwicklung des menschlichen Denkens. Zur Evolution der Kognition.* Darmstadt: Wissenschaftliche Buchgesellschaft.

Trevarthen, C. (1998). Language development: Mechanisms in the brain. In G. Adelman & B. Smith (Hrsg.), *Encyclopedia of Neuroscience* (2. Aufl.) (S. 1018–1026). Amsterdam: Elsevier.

Ulrich, G., Houtmans, T. & Gold, C. (2007). The additional therapeutic effect of group music therapy for schizophrenic patients: A randomized study. *Acta Psychiatrica Scandinavica, 116 (5)*, 362–370.

Varela, F., Thompson, E. & Rosch, E. (1991). *The Embodied Mind: Cognitive Science and Human Experience.* Cambridge, MA: MIT Press.

Wilke, E. (2007). *Tanztherapie. Theoretische Kontexte und Grundlagen der Intervention.* Bern: Huber.

Zahavi, D. (1999). *Self-Awareness and Alterity. A Phenomenological Investigation.* Evanston: Northwest University Press.

Zammit, S., Lewis, G., Rasbash, J., Dalman, C., Gustafsson, J. E. & Allebeck, P. (2010). Individuals, schools, and neighborhood: A multilevel longitudinal study of variation in incidence of psychotic disorders. *Archives of General Psychiatry, 67 (9)*, 914–922.

Being a Psycho-Machine

Zur Phänomenologie der Beeinflussungsmaschinen

Einleitung

Wahnvorstellungen von technischen Apparaturen und Fernwirkungen, von denen sich die Betroffenen manipuliert und geschädigt fühlen, sind ein weit verbreitetes Phänomen psychotischer Erkrankungen. Die Geschichte der Psychopathologie zeigt, dass jeweils die neuesten Technologien Eingang in solche technomorphen Wahnideen fanden. Wie ist die besondere Affinität schizophrener Patienten zum technischen Wahn, zur Maschine zu verstehen? Dieser Frage will ich im Folgenden nachgehen und die Analogien zwischen Technik und schizophrenem Erleben unter psychiatriehistorischen und phänomenologischen Gesichtspunkten untersuchen. Dabei werden sich vier Aspekte als bedeutsam erweisen:

(1) Wirkung aus dem Verborgenen,
(2) magische Grenzauflösung,
(3) Virtualisierung des Realen und
(4) Reifizierung des Psychischen.

Wir werden sehen, dass diese Analogien zur Sphäre der Technik es schizophrenen Patienten ermöglichen, ihre Erfahrungen mit Hilfe der jeweils zeitgenössischen Technologien zu verbalisieren und sie zugleich sich und anderen erklärlich zu machen.

Der »Air-loom« und die Wissenschaften um 1800

Ich beginne mit einer kurzen Fallvignette aus der eigenen Klinik:

Eine 46-jährige Patientin berichtet, sie werde von elektronischen Geräten Tag und Nacht überwacht und durch die Wand hindurch bestrahlt. Das merke sie an den Stromstößen, die nachts durch ihren Rücken liefen. Sie habe vergeblich versucht, sich durch Isolierungen ihrer Wände gegen die Strahlen zu schützen. Man habe ihr dann ohne ihr Wissen einen Mikrochip ins Gehirn implantiert, um so ihre Gedanken zu steuern und Schmerzen zu erzeugen, die sie am ganzen Körper spüre. Zugleich kontrolliere man damit ihre Bewegungen, sodass sie häufig mit den Händen über den Tisch streiche, ohne es zu wollen. Wer dahinter stecke, wisse sie nicht sicher, vermutlich handele es sich aber um Agenten eines ausländischen Geheimdienstes, die sie zur willenlosen Marionette ihrer Pläne machen wollten.

Was diese Patientin schildert, ist in der Psychiatrie seit etwa 200 Jahren als ›technischer Beeinflussungswahn‹ bekannt. Im Jahre 1810 nämlich veröffentlichte John Haslam, Psychiater am Londoner Bethlem Hospital, die *Illustrations of Madness*, einen Fallbericht über seinen Patienten James Tilly Matthews, der sich von 1798 bis 1813 in dem Hospital befand (vgl. Haslam 1810/1988). Der Bericht enthält die erste psychiatrische Beschreibung einer ›Beeinflussungsmaschine‹, also einer fiktiven technischen Apparatur, auf deren verborgene Einwirkung Matthews seine Erlebnisse der Fremdsteuerung zurückführte. Seither tauchten in psychiatrischen Krankengeschichten und Lehrbüchern mehr und mehr solcher Maschinerien auf. Wurden Beeinflussungserlebnisse von psychotischen Patienten in vorindustrieller Zeit noch als magische, dämonische oder teuflische Wirkungen gedeutet, so nahmen technikbezogene Wahnvorstellungen seit der Industrialisierung bis heute immer mehr zu. Dabei fanden die jeweils avanciertesten Technologien Eingang in die schizophrene Wahnthematik: vom Elektromagnetismus über Telegrafie, Film, Radio, Laser bis zum Computer und Internet (vgl. Kranz 1955; Lenz 1964; Jaspers 1973, 614; Steinebrunner & Scharfetter 1976; Podoll et al. 2000). So treffen wir in der Psychopathologie auf ein skurriles Abbild des naturwissenschaftlich-technischen Fortschritts.

John Haslams paradigmatische Schilderung einer Beeinflussungsmaschine entstammt einer Übergangsperiode, in der ältere, magisch oder religiös geprägte Wahnvorstellungen allmählich in den Hintergrund traten. James Tilly Matthews' phantastische Maschine, von ihm selbst »Air-loom« oder »Luftwebstuhl« benannt und akribisch gezeichnet, bestand aus einer Kombination mechanischer, pneumatischer, hydraulischer und elektromagnetischer Elemente (Hebel-, Röhren- und Ventilmechanismen, Batterien, Strahlen, Gaszylinder u. a.). Sie spiegelt den modernsten Stand der Technik und Wissenschaften um 1800 wider, insbesondere der mechanisierten Textilindustrie und der mit Namen wie Priestley oder Lavoisier verbundenen pneumatischen Chemie.

Dieser Apparatur bediente sich nach Matthews' Überzeugung eine Verschwörerbande, um über feine Drähte mittels eines magnetischen Fluidums die davon ›imprägnierten‹ Gehirne ihrer Opfer aus der Ferne auf verschiedenste Weise zu beeinflussen. Allerdings schillern die Begriffe, die Matthews zur Beschreibung dieser Wirkungen gebraucht, noch vielfach zwischen naturwissenschaftlichen und magischen Bedeutungen (z. B. »impregnation«, »sympathy«, »sympathetic communication«, »effluvia«).[1] Darin spiegelt sich die Tatsache, dass die Naturwissenschaften und insbesondere die Medizin selbst gerade erst dabei waren, sich von begrifflichen Relikten anthropomorpher Anschauungen zu reinigen, um fortan jegliche magische oder teleologische Wirkung mit dem Bann der ›Unwissenschaftlichkeit‹, des ›Aberglaubens‹ oder des ›Okkultismus‹ zu belegen.

---

[1] Dazu folgende Auszüge: »*[B]rain-sayings* [Hirnsprechen], which may be defined a sympathetic communication of thought, in consequence of both parties being impregnated with magnetic fluid« (Haslam 1810/1988, 38); »the warp [Webstuhlkette] of the magnetic-fluid [...] which being a multiplicity of fine wires of fluid, forms the sympathy, streams of attraction, repulsion etc.« (ebd., 48); »so great is the attraction between the human body and this [magnetic] fluid, that the party becomes certainly impregnated, and is equally bound by the spell« (ebd., 53). – Auch die im »Air-loom« eingesetzten Stoffe erinnern vielfach an magische oder alchemistische Konzepte: »Seminal fluid, male and female – Effluvia of copper – ditto of sulphur – the vapours of vitriol and aqua fortis – ditto of nightshade and hellebore – effluvia of dogs [...] – gaz from the anus of the horse [...] – vapour and effluvia of arsenic« etc. (ebd., 28).

Gerade der Magnetismus, das wichtigste Wirkprinzip von Matthews' Maschine, war vor seiner naturwissenschaftlichen Erforschung noch ein zentrales Element der *magia naturalis* gewesen, die etwa Paracelsus, Agrippa von Nettesheim oder Johan Baptista van Helmont im 16. und 17. Jahrhundert aus der Volksmedizin in die akademische Medizin eingeführt hatten. Auf der Grundlage des magischen Korrespondenzprinzips, der ›Sympathie‹ und ›Antipathie‹ wandten sie ›magnetische Kuren‹ an, die auch *Fernwirkungen* von Heilmitteln oder ärztlichen Manipulationen einschlossen, wobei man freilich um eine natürliche Erklärung bemüht war: Van Helmont etwa sprach von einem magnetischen Fluidum und von feinsten Ausdünstungen *(effluvia)* des Heilmittels, die natürlicherweise zu ihrem Ursprung zurückkehrten und dort eine Heilung bewirkten. Auch Fernwirkungen seien daher im Grunde durchaus natürliche Vorgänge, frei von Aberglauben oder Zauberei (vgl. Rothschuh 1978, 134–151).

Die Entdeckung der künstlichen Elektrizität ab der Mitte des 18. Jahrhunderts, insbesondere ihre Einführung in die Neurophysiologie durch Luigi Galvani (1737–1798), führte schließlich zu einer sukzessiven naturwissenschaftlichen Umdeutung magischer Wirkprinzipien. Als ein Übergangsphänomen kann der von dem Wiener Arzt Franz Anton Mesmer (1734–1815) begründete *Mesmerismus* betrachtet werden, ein im Grunde auf Suggestions- und Hypnosewirkungen aufbauendes Heilsystem, das die Wiener, Pariser und Londoner Öffentlichkeit seit 1780 in Bann hielt (vgl. Mesmer 1779/1985). Er selbst schrieb seine Erfolge dem sogenannten ›tierischen Magnetismus‹ zu, basierend auf einem äußerst feinen, den ganzen Kosmos durchdringenden Fluidum, das mit bestimmten Techniken akkumuliert und vom Magnetiseur auf den Kranken übertragen werden könne. 1784 untersuchte jedoch eine Kommission der Pariser Akademie der Wissenschaften den ›tierischen Magnetismus‹ und führte die ihm zugeschriebenen Phänomene ausschließlich auf die suggestive Wirkung des Magnetiseurs und die Einbildungskraft der Patienten zurück. Von nun an wurden Suggestion, Imagination oder Hypnose als rein *psychische* Phänomene streng von der physischen Welt geschieden. Der Siegeszug der naturwissenschaftlichen Medizin im

19. Jahrhundert bedeutete zugleich den systematischen Ausschluss aller ›okkulten‹ Kräfte und Begriffe wie Lebenskraft, Sympathie, Magnetismus, Seele oder Geist aus der Wissenschaft.

James Tilly Matthews war im Rahmen einer politischen Mission in Paris in den Jahren 1792/93 auch mit dem Mesmerismus in Kontakt gekommen, und Elemente dieser Anschauungen lassen sich in seinem Wahnsystem unverkennbar wiederfinden (Porter 1988, xvi). Freilich sind die magnetisch-elektrischen Wirkungen auf die Psyche darin ganz physikalisch gedacht – gegen die Annahme rein suggestiver Kräfte oder gar einer Wirkung seiner eigenen Einbildungskraft hätte sich Matthews zweifellos verwahrt. Der *Air-loom* ist vielmehr ein höchst elaborierter Mechanismus, der auch nur von einem technisch gebildeten Zeitgenossen so konzipiert werden konnte. Matthews reagierte also mit seinen technomorphen Wahnideen auf eine Entwicklung der zeitgenössischen Wissenschaften, die konsequent von ›übernatürlichen‹ zu rein physikalischen Erklärungsprinzipien überzugehen bestrebt waren. Damit stellt sich die Frage, was Matthews – und viele psychotische Menschen nach ihm – dazu veranlasste, sein Beeinflussungserleben in dieser technischen Form zu beschreiben, statt auf die magisch-mythischen Wahnformen früherer Zeiten zurückzugreifen.

Zur Affinität von Technik und Schizophrenie

Für eine Antwort auf diese Frage müssen wir uns einige phänomenologische Grundmerkmale der Technik vergegenwärtigen. Es wird sich zeigen, dass sie in besonderer Nähe zum schizophrenen Beeinflussungserleben stehen, sodass wir geradezu von einer *strukturellen Analogie* von technischen Prozessen und psychotischer Erfahrung sprechen können. Das gilt insbesondere für die elektronischen Techniken und Medien des postindustriellen Zeitalters, die durch Entmaterialisierung, Aufhebung räumlicher Distanzen und instantane Informationsübertragung charakterisiert sind – also durch eine quasi-magische Wirksamkeit noch des Entferntesten.

(1) Wirkung aus dem Verborgenen

Grundsätzlich realisieren technische Apparaturen eine dem Menschen rein körperlich nicht mögliche Leistung, allerdings meist auf eine nicht mehr anschauliche Weise. Ihre Resultate stellen sich daher dem Unkundigen oft als erstaunlich, ja als Wunder oder Zauberei dar: Es scheint hier nicht mit rechten Dingen zuzugehen. Die eigentlichen Antriebskräfte und Mechanismen der Apparate bleiben meist unsichtbar – ein historisches Beispiel des 17. Jahrhunderts waren etwa die vielbewunderten, von verborgenen hydraulischen Röhrenwerken angetriebenen Automaten in den Versailler Gärten. Dieser ebenso faszinierende wie kryptische Charakter der Technik hat sie seit jeher in den Nähe des Geheimnisses, der Täuschung oder gar des Betrugs gerückt: Der Techniker oder der Ingenieur galt als einer, der um die Geheimnisse der Natur weiß und sie zu manipulieren versteht. Techniker und Magier waren nicht immer deutlich unterscheidbar, zumal bei den *virtuosi* der Renaissance wie Leonardo da Vinci oder Girolamo Cardano und ihren Nachfolgern der Barockzeit (vgl. Berman 1985, Kap. 3 f.).

Diese Zwiespältigkeit kommt bereits in der Etymologie zum Ausdruck: Das griechische *téchnē* bedeutet ›Kunstfertigkeit‹, aber auch ›List‹. Ähnlich sind Maschine und Mechanik abgeleitet von griech. *mēchanē*, lat. *machina*, d. i. die ›künstliche Vorrichtung‹ (vornehmlich die Theatermaschine, daher auch der *deus ex machina*), des Weiteren dann der ›Kunstgriff‹, der ›Betrug‹ oder ›Schein‹. Lateinisch *machinari* heißt dementsprechend ›künstlich ersinnen, im Schilde führen‹. James Tilly Matthews selbst beschuldigte in einem Brief die politischen Feinde Englands geheimer »Machinationen«, noch bevor sich aus diesen Verdächtigungen dann der Wahn einer konspirativen »Maschinerie« entwickelte.[2] Schon in seiner Etymologie zeigt das Technische somit ein Doppelgesicht – es schillert zwischen faszinierender

---

[2] Engl. »machinations«; vgl. den offenbar schon auf der Grundlage paranoider Verdächtigungen verfassten Brief Matthews' an Lord Liverpool vom 6.12.1796 (Porter 1988, xxiii).

Künstlichkeit einerseits und hinterlistiger Täuschung andererseits.

Dieser hintergründige Charakter der Technik entspricht nun der *Anonymität*, Verborgenheit und Undurchschaubarkeit der Einflüsse, denen sich Schizophrene ausgesetzt wähnen. Die Beeinflussungsapparaturen werden von ihnen zwar in vielfältigsten Gestalten geschildert, sind aber bezeichnenderweise selbst nie zu entdecken. Die intimsten Grenzverletzungen erfolgen aus unerreichbarer Ferne, die keine Identifizierung des Feindes, keine Gegenaktion zulässt. Die Konstrukteure der Maschinerie agieren im Dunkeln, heimtückisch und mit überlegenem Wissen – so auch bei Matthews:

> These assassins are so superlatively skillfull in every thing which relates to pneumatic chemistry, physiology, nervous influence, sympathy, human mind, and the higher metaphysic, that whenever their persons shall be discovered, and their machine exhibited, the wisest professors will be astonished at their progress [...] the gang proudly boasts of their contempt for the immature science of the present aera. (Haslam 1810/1988, 57)

Die Technik bildet im Wahn also die Chiffre für eine überlegene, anonyme Intelligenz, die sich der konkreten Präsenz entzieht und gerade aus dem Verborgenen heraus eine umso überwältigendere Wirkung entfaltet.

(2) Magische Grenzauflösung

Seit sich die Technik über die einfache Mechanik hinaus der unsichtbaren Kräfte der Physik zu bedienen lernte, namentlich des Magnetismus und der Elektrizität, trat sie selbst das Erbe der Magie an. Denn diese Kräfte und Felder erzeugten eine Wirkung über jede Distanz hinweg, ja eine *Simultaneität des räumlich Entferntesten*, wie es für die Magie charakteristisch war. Ein Komitee des amerikanischen Kongresses zur Untersuchung von Samuel Morses erstem Telegraphen kam 1838 zu dem Ergebnis, die Erfindung bedeute eine almost instantaneous communication of intelligence between the most distant points of the country, and simultaneously. Space will be, to all practical purposes of information, completely annihilated between the States of the Union, as also between the individual citizens thereof. (Zit. nach Neumann 2004, 206)

In der Folge realisierten Funk, Radar, Satelliten- und Telekommunikation nach und nach eine weltumspannende Gleichzeitigkeit. Die Techniken der unsichtbaren Kräfte lösten die Grenzen auf, die der durchmessene Raum, die ablaufende Zeit und die Festigkeit der Körper einmal gebildet hatten, und erzeugten einen homogenen Raum der Simultan- und Fernwirkungen. Mehr noch: Sie drangen in Gestalt von Telefon, Fernsehen, Video- und Web-Kameras zunehmend in die Privatwelt des Einzelnen vor.

Im gleichen Zug mit dem Ausschluss des Magischen aus der Wissenschaft wurde die moderne Technik damit selbst immer ›magischer‹. Denn das Gemeinsame von Technik und Magie liegt in der Möglichkeit zur Projektion von Macht, Information, ja Bewusstsein über alle Grenzen hinweg. In der elektronischen Kommunikation wird Psychisches buchstäblich in ein ›Fluidum‹ namens *Information* transformiert und als solches beliebig transportiert. Bereits 1964, noch lange vor der Entstehung des Internet, interpretierte Marshall McLuhan die Medientechnologien konsequent als Extensionen des menschlichen Gehirns:

In den Jahrhunderten der Mechanisierung hatten wir unseren Körper in den Raum hinaus ausgeweitet. Heute, nach mehr als einem Jahrhundert der Technik der Elektrizität, haben wir sogar das Zentralnervensystem zu einem weltumspannenden Netz ausgeweitet und damit, soweit es unseren Planeten betrifft, Raum und Zeit aufgehoben. (McLuhan 1964/1968, 9)

Psychisches und Stoffliches werden als digitalisierte Information frei konvertierbar und nahezu beliebig transportabel.

Spätestens hier ist die Konvergenz von ›magischer Technik‹ und psychotischem Erleben unschwer zu erkennen. Die technische Auflösung der Grenzen, die die Intimität des Subjekts abschirmen, die Projektion physischer und geistiger Macht durch Energie- und Informationsübertragung stehen in Analogie zur Beeinflussung aus der Ferne und zur Überwältigung durch ein fremdes Bewusstsein, die schizophrene Patienten erleben. Wenn Matthews seine Erlebnisse der Gedankenbeeinflussung oder des Stimmenhörens als »brain-sayings« bezeichnet, als »a sympathetic communication of thought, in consequence of both parties being impregnated with the magnetic fluid [...] rendered more powerful by the action of the electrical machine« (Haslam 1810/ 1988, 38 f.), dann lässt sich dies durchaus als Telekommunikation *avant la lèttre* bezeichnen. Aber auch die Funk- und Radarwellen, Röntgen-, Laser- und anderen Strahlen, die spätere schizophrene Patienten fühlten, die ihren Körper unter Strom setzen, Vibrationen, Hitze- oder sexuelle Empfindungen verursachen, ja sogar ihren Willen beeinflussen, entsprechen dem Prinzip der technischen Projektion von Macht. Die Technik liefert also passende Metaphern und Erklärungen für die »Auflösung der Ich-Umwelt-Grenzen«, die schon der Psychiater Kurt Schneider als Charakteristikum der schizophrenen Erlebnisstörungen bezeichnete (Schneider 1971, 65).

(3) Virtualisierung des Realen

Damit eng verwandt ist ein weiterer Aspekt, der die Technik in die Nähe psychotischen Erlebens rückt, nämlich die Möglichkeit, Schein oder *Virtualität* zu erzeugen. Wie die *machina* des antiken Theaters kann sich Technik ›hinter der Bühne‹ verbergen und eine eigenständige Realität vortäuschen, wo in Wahrheit nur mechanische oder elektronische Apparaturen am Werk sind. Das gilt natürlich besonders für die Medientechnologien, deren Prinzip geradezu darin besteht, illusionäre und virtuelle Welten zu erzeugen, leibhaftige Präsenz durch Repräsentationen zu ersetzen, also eine fortwährende *Gegenwart des Nicht-Gegenwärtigen* herzustellen. Abbildung und Fiktion, Manipulation und Wirklichkeit lassen sich dabei immer weniger unterscheiden. Günther Anders sprach bereits 1956 von einer »Phantomisierung« der Welt, die sich immer mehr hinter ihren medialen Abbildern verbirgt – Abbilder, die ihren Bildcharakter selbst verschleiern (vgl. Anders 1956, 1; Fuchs 2002, 191–210).

Zur Affinität von Technik und Schizophrenie

Diese Virtualisierung des Realen entspricht wiederum dem Erleben des *Paranoiden*, für den alles Unauffällige im Hintergrund verdächtig und alles Vordergründige zu Schein oder Täuschung wird. Namentlich in der beginnenden Psychose entsteht oft der überwältigende Eindruck, die umgebende Wirklichkeit sei nur eine von anonymen Mächten inszenierte Vorstellung, und der Kranke stehe auf einer Art Bühne, um von anderen insgeheim beobachtet oder getestet zu werden:

> [W]o man auch hinguckt, sieht alles schon so unwirklich aus. Die ganze Umgebung, alles wird wie fremd, und man bekommt wahnsinnige Angst. […] [I]rgendwie ist plötzlich alles für mich da, für mich gestellt. Alles um einen bezieht sich plötzlich auf einen selber. Man steht im Mittelpunkt einer Handlung wie unter Kulissen. (Klosterkötter 1988, 69)

> Es kam mir immer unwirklicher vor, wie ein fremdes Land. […] Dann kam also die Idee, das ist doch gar nicht mehr deine alte Umgebung […] es könnte ja gar nicht mehr unser Haus sein. Irgend jemand könnte mir das als Kulisse einstellen. Eine Kulisse, oder man könnte mir ein Fernsehspiel einspielen. […] Dann hab ich die Wände abgetastet. […] Ich habe geprüft, ob das wirklich eine Fläche ist. (Ebd., 64f.)

Die vertraute Realität scheint sich als abgründige Täuschung zu offenbaren, und schließlich fällt den Kranken ›wie Schuppen von den Augen‹, was hinter der Inszenierung steckt – weshalb Conrad (1992, 21) dieses Erlebnis als »Apokalyptik« (»Entschleierung«, »Offenbarung«) bezeichnete. Medientechnologien können dann als geeignete Erklärungen dienen: Manche Patienten haben wie in der obigen Kasuistik den Verdacht, man spiele ihnen eine Art dreidimensionalen Film vor, und tasten die Wände ab, um ihre Echtheit zu prüfen (Fuchs 2000, 129). Andere wähnen sich von verborgenen Videokameras beobachtet oder glauben, dem Fernsehen geheime Botschaften entnehmen zu können, die für sie bestimmt sind. Nicht selten verweisen schizophrene Patienten, um ihre Situation zu beschreiben, sogar auf den Film *Die Truman-Show* von Peter Weird (1988), in dem ein kleinstädtischer Versicherungsangestellter ohne sein Wissen von einem Medienkonzern als Hauptdarsteller einer Fernsehserie benutzt wird: Er ist nur von Schauspielern umgeben und wird von verborgenen Kameras Tag und Nacht beobachtet (Fusar-Poli et al. 2008).

Dass heute auch das Internet häufig zum Gegenstand des Verfolgungswahns wird, ist nicht überraschend, wenn man bedenkt, dass selbst manche Medientheoretiker diesem Medium ein »globales Bewusstsein« zusprechen (vgl. de Rosney 1997; Rötzer 1998). Schon für den psychisch Gesunden kann sich der Computer bekanntlich in ein quasi-personales Gegenüber verwandeln, dem er widrigenfalls Vorsätzlichkeit oder gar Heimtücke unterstellt. Ein schizophrener Patient führte den Absturz seines Programms allerdings auf den direkten Einfluss von Bill Gates zurück, der ihn über das Internet abhöre und Computerviren auf ihn angesetzt habe (vgl. Podoll et al. 2000). Eine andere Patientin fühlte sich durch eine Webkamera aus ihrem Bildschirm heraus beobachtet; später entwickelte sie den Wahn, man habe einen Chip in ihr Gehirn implantiert, über den alle ihre Wahrnehmungen digitalisiert und im Internet verbreitet würden (Schmidt-Siegel et al. 2004, 84–85).

Die genannten Beispiele zeigen, dass sich die psychotische Derealisierung auf die eigene Wahrnehmung insgesamt erstrecken kann, die dann als ›Theatervorstellung‹, als ›Film‹ erlebt oder auch digitalisiert und verbreitet werden kann. Manche schizophrene Patienten erleben sich sogar selbst als Filmkamera:

Ich war selbst eine Kamera. Der Anblick der Leute, den ich durch meine Augen erhielt, wurde anderswo aufgenommen, um eine Art dreidimensionalen Film herzustellen. (Sass 1996, 286; eig. Übers.)

Es war, wie wenn meine Augen Kameras wären [...] als wäre mein Kopf riesengroß, so groß wie das Universum, und ich war ganz hinten und die Kameras vorne. (de Haan & Fuchs 2010, 329 f.; eig. Übers.)

Der Wahn bezieht sich dann nicht länger auf einzelne täuschende Objekte in der Welt, sondern bringt eine Störung der Wahrnehmung selbst und damit der *Konstitution von Realität* zum Ausdruck: Die Wahrnehmung ist nicht mehr transparent für die Welt, sondern erscheint radikal subjektiviert: Man sieht sich selbst beim Sehen zu, ja schließlich sieht man wie auf einen Film oder wie durch eine Kamera. Die Welt wird zu einer Vorführung, zu einer Hohlwelt des isolierten Bewusstseins. Mediale Wahnvorstellungen sind dann die Äquivalente für eine materialisierte oder verdingliche Subjektivität, die nicht mehr ›nach außen‹ dringt und mit der Welt verbunden ist, sondern in ein solipsistisches Erleben eingekapselt bleibt.

(4) Reifizierung des Psychischen

Dies führt uns zur letzten und wohl wichtigsten Analogie von Technik und Schizophrenie: Der technische Wahn wird zum Ausdruck der *Mechanisierung und Verdinglichung* des Psychischen selbst. In der Schizophrenie verlieren, wie wir noch sehen werden, lebendige und seelische Prozesse ihre Einheitlichkeit und nehmen einen synthetischen, mechanischen Charakter an, der von sich aus eine ›Mechanisierung der Seele‹ nahelegt. Die Beeinflussungsmaschine ist insofern Ausdruck einer Selbstverdinglichung, in der das sonst von selbst Geschehende und Selbstverständliche zu einem Künstlichen und von außen ›Gemachten‹ wird.

Eine analoge Tendenz zur Verdinglichung wohnt auch dem naturwissenschaftlich-technischen Denken inne. Die Geschichte der Automaten und Androiden in der Literatur und Technik seit der Neuzeit illustriert das hartnäckige Bestreben des Menschen, Maschinen zu ersinnen und zu erschaffen, die ihm ähnlich sind – die zunächst seinen Leib, dann seinen Geist, zuletzt auch seine Gefühle imitieren. Er spiegelt sich in seinen eigenen Maschinen (vgl. Meyer-Drawe 1996). Um 1630 entwarf René Descartes zum ersten Mal eine konsequent mechanistische Physiologie des Körpers und verglich ihn mit den schon erwähnten Automaten der Versailler Gärten:

Und tatsächlich kann man die Nerven der Maschine, die ich beschreibe, sehr gut mit den Röhren bei diesen Fontänen vergleichen, ihre Muskeln und Sehnen mit den verschiedenen Vorrichtungen und Triebwerken, die dazu dienen, sie in Bewegung zu setzen, ihre *spiritus animales* mit dem Wasser, das sie bewegt, wobei das Herz ihre Quelle ist und die Kammern des Gehirns ihre Verteilung bewirken. (Descartes 1632/1969, 56 f.)

Descartes sah im Automaten noch ein Modell der Körperfunktionen, also nur des Lebens, nicht der Seele. Doch 120 Jahre später erklärte Julien Offray de la Mettrie den Menschen insgesamt zu einer Maschine, die auch sein Verhalten steuert, sodass »im Leben [...] ein jeder die Rolle spielt, die ihm von den Triebfedern einer von ihm nicht konstruierten Maschine (mit Denkvermögen) vorgeschrieben wird« (La Mettrie 1748/1985, 12). Auch die Seele ist nur ein »empfindlicher materieller Teil des Gehirns« (La Mettrie 1747/1990, 111). 1818 schließlich, wenige Jahre nach John Haslams *Illustrations of Madness*, erscheint Mary Shelleys Roman *Frankenstein oder Der moderne Prometheus*, in dem die Elektrizität einen künstlichen Menschen zum Leben erweckt. In den kybernetischen Androiden und Cyborgs des Science-Fiction-Films oder in den Robotern der KI-Forschung finden diese Ideen ihre zeitgemäße Fortsetzung.

Die Materialisierung der Seele schreitet fort in den gegenwärtigen Versuchen, Geist und Bewusstsein zu naturalisieren, als Produkt oder Epiphänomen neurobiologischer Prozesse zu begreifen. Wahrnehmungen, Denken und Gefühle scheinen sich mit bildgebenden Techniken im Gehirn lokalisieren und so verdinglichen zu lassen. Das Subjekt wird entlarvt als ein Konstrukt, eine Illusion des Gehirns: Die in unserem Rücken operierende neuronale Maschinerie erzeugt nur das Trugbild eines handelnden Selbst. Wir mögen wohl glauben, dass wir selbst unsere Gedanken lenken; tatsächlich werden sie von neuronalen Generatorsystemen entworfen und uns zugespielt wie ein Film, auf den wir keinen Einfluss haben (Fuchs 2003).

All diese Tendenzen zu einer Mechanisierung des Lebendigen und einer Materialisierung des Seelischen konvergieren offensichtlich mit dem Erleben schizophrener Patienten, nämlich der Verdinglichung ihres Leibes und ihres Selbsterlebens insgesamt:

– Zum einen verlieren die Patienten das selbstverständliche Zuhausesein in ihrem Leib, der sich ihnen entfremdet, und dessen unwillkürliche Vollzüge sie oft durch bewusst ›gemachte‹, synthetische Bewegungen oder Rituale ersetzen müssen: Der eigene Körper mutiert zu einer Maschine oder einem Roboter, die Glieder zu mechanischen Werkzeugen, die Augen zu Scannern oder Kameras (Fuchs 2000, 120f., 2005). Interozeptive Empfindungen werden zu *Coenästhesien*, d. h. fremdartigen, irritierenden Zuständen von Spannung, Zug, Druck oder Strom, die mehr und mehr von einer äußeren Macht manipuliert erscheinen.

– Zum anderen wird die *Subjektivität* des Patienten insgesamt für ihn zu einem quasi-materialen Objekt, verräumlicht im Gehirn und manipulierbar durch physikalische Einwirkungen. Gedanken verwandeln sich in Dinge, die sich in das Gehirn wie in einen Behälter transportieren oder aus ihm entfernen lassen (Kraus 1994). Empfindungen, Überzeugungen, Willensakte und Bewegungen des Patienten werden durch ›Hebel‹ oder ›Knöpfe‹ von außen bedient.[3] Selbst Gefühlsbeziehungen nehmen die Patienten konkretistisch als physikalische Felder wahr, etwa Feindseligkeit als elektrische Spannung oder sexuelle Anziehung als Magnetfeld.

Im schizophrenen Beeinflussungserleben werden die Patienten von außen gepeinigt, bearbeitet, gelenkt, doch all dies geschieht in mechanischer, entfremdeter Form: Der andere ist nicht spürbar oder sichtbar gegenwärtig, sondern nur aus der Anonymität heraus, hinter einer Apparatur tätig. Ein Patient des japanischen Psychiaters Kimura fasste das Erlebnis der Fernsteuerung in dem Satz zusammen: »*I am a psycho-machine*« (Kimura 2001, 331).

Die Selbstentfremdung und Verdinglichung als Grundlage des technischen Wahns wird auch in einer anderen klassischen Darstellung der Beeinflussungsmaschine deutlich. Viktor Tausk beschrieb 1919 den Fall der 31-jährigen Patientin Natalija A., die

---

[3] Ein Beispiel findet sich auch bei Matthews: »[T]he assailants have a method by which they contrive to elongate the brain. The effect produced by this process is a distortion of any idea in the mind, whereby that which had been considered as most serious becomes an object of ridicule. All thoughts are made to assume a grotesque interpretation; and the person assailed is surprised that his fixed and solemn opinions should take a form which compels him to distrust their identity, and forces him to laugh at the most important subjects« (Haslam 1810/1988, 33). Hier führt also eine »Dehnung« des Gehirns buchstäblich zu einer Verzerrung des Denkens!

sich seit Jahren von einem Apparat mit der Gestalt ihres eigenen Körpers beeinflusst fühlte, dessen Inneres aus elektrischen Batterien bestehe (Tausk 1983). Alle Manipulationen an diesem Körperduplikat vollzögen sich gleichzeitig an ihr selbst: »Wenn in den Apparat hineingestochen wird, dann fühlt sie einen Stich an der entsprechenden Stelle des eigenen Körpers« (ebd., 256). Die Missetäter, die ihn handhaben, verursachen dadurch bei ihr ekelhafte Gerüche, Träume, Gedanken, Gefühle und sexuelle Empfindungen.

Hier erscheint die Maschine als Verdoppelung des eigenen Körpers, der technomorph verdinglicht und nach außen projiziert wird. Die entfremdeten eigenleiblichen Empfindungen und Regungen werden nun durch eine ›magische Technik‹ produziert. Das eigene Leben vollzieht sich nicht mehr spontan und von selbst, sondern hat sich in eine extern betriebene Apparatur verwandelt. Louis Sass deutet Natalijas Beeinflussungsmaschine dementsprechend als

Spätsymptom einer Art Introversion, als Kristallisierung einer erlebten Welt, in der sich die explizite Aufmerksamkeit auf innere Empfindungen und Körperbild-Erlebnisse fixiert, die für gewöhnlich latent bleiben, während die äußere Welt die Aufmerksamkeit auf sich zieht. Nach dieser Interpretation wäre die Beeinflussungsmaschine eine Projektion nicht des physischen, sondern des subjektiven Körpers – des gelebten Leibs, der gewissermaßen nach außen gestülpt, verfestigt und durch die Intensität eines selbstbezogenen Blicks verdinglicht wird. (Sass 1996, 227; eig. Übers.)[4]

---

[4] Auch Tausk selbst sieht Natalijas Beeinflussungsapparat als Endstück einer Entwicklungsreihe an, die von Entfremdungserlebnissen in Bezug auf den eigenen Körper, die Gedanken oder Gefühle fortschreite zum Erlebnis des Gemachten, weiter zur Erklärung durch Annahme einer feindlichen Macht und schließlich zum technischen Wahn (Tausk 1983, 248f.). Eine verwandte Selbstentfremdung schilderte Roland Kuhn (1952) bei einer schizophrenen Patientin: Sie glaubte sich zunächst von einem Radioapparat bestrahlt und elektrisiert, es werde auch ein Film von ihr gedreht. Später gab sie an, sie könne sich nicht mehr selbst bewegen, sondern werde von einem grauen Kran bewegt, der hinter ihr stehe, *oft auch in ihr selbst sei* und dann nur noch mit Haut überspannt erscheine. Die schrittweise Mechanisierung und Reifizierung der Selbsterfahrung wird hier deutlich erkennbar.

Der entscheidende Grund der Affinität von Schizophrenie und Technik ist damit deutlich geworden: Die Maschine ist die geeignete Metapher für eine Subjektivität, die sich selbst äußerlich und zu einem synthetischen Objekt oder Apparat geworden ist. *Die Mechanisierung des Psychischen geht dem technischen Erklärungswahn voraus*: Was sich in der Beeinflussungsmaschine widerspiegelt, ist nur die Entfremdung und Verdinglichung der Subjektivität der Patienten selbst.

Resümee

In unserer Untersuchung haben sich vier Aspekte gezeigt, die eine strukturelle Analogie von Technik und schizophrenem Erleben begründen:

(1) Wirkung aus dem Verborgenen,
(2) magische Grenzauflösung,
(3) Virtualisierung des Realen,
(4) Mechanisierung des Lebendigen und Reifizierung des Psychischen.

Diese Analogien machen die Technik zur naheliegenden Folie einer Selbstbeschreibung schizophrener Patienten, die auch Komponenten eines Erklärungswahns besitzt. Daher haben sich in ihren Wahnvorstellungen seit der Industrialisierung die jeweils neuesten technischen Errungenschaften niedergeschlagen, insbesondere Techniken der Fernwirkung und der Virtualisierung. Die verschiedenen Formen von Beeinflussungsmaschinen lassen sich somit als Projektionen einer entfremdeten, verdinglichten Subjektivität in eine anonyme äußere Apparatur auffassen.

Werfen wir vor diesem Hintergrund noch einen abschließenden Blick auf die technologische Kultur. Der technische Beeinflussungswahn liefert eine aufschlussreiche Parallele zum Projekt der Moderne, dessen Grundtendenz man mit Gernot Böhme darin sehen kann, »alles Gegebene in ein Gemachtes zu transformieren« (Böhme 2001, 2–6). Der zu Beginn beschriebene Prozess der wissenschaftlichen Reinigung der Natur von allen subjektiven, anthropomorphen Anteilen fördert eine Art Skelett der Realität zutage, das sich leichter zerlegen und manipulieren lässt als die noch nicht ›entzauberte‹ Wirklichkeit. In der *Hypermoderne* wendet sich der wissenschaftlich-technische Fortschritt auf den Menschen selbst zurück: Sein Leib und sein Geist erscheinen immer mehr als eine komplexe Maschinerie biologischer und neuronaler Prozesse, die sich manipulieren oder auch umkonstruieren lassen. Lebensweltliche Selbstverständlichkeiten lösen sich auf, und an ihre Stelle treten technisch verfügbare Konstrukte. Dazu gehört die biomedizinische Technisierung des Körpers ebenso wie das neurowissenschaftliche *Enhancement* der Psyche.

Dies führt zu einer Konvergenz des Fortschrittsprozesses mit Erlebnisformen Schizophrener und ihrem *Verlust der natürlichen Selbstverständlichkeit* (Blankenburg 1971). Schizophrene sind in gewissem Sinne hypermodern, insofern sie das Psychische verdinglicht erleben und zu einer rationalistisch-mechanistischen Sicht des Lebens und der interpersonalen Beziehungen neigen. Auch für sie verwandelt sich alles natürlich Gegebene in ein künstlich Gemachtes – gemachte Gedanken, gemachte Gefühle, gemachte Handlungen. Und so wie James Tilly Matthews die drahtlose Kommunikation antizipierte, so nehmen heutige schizophrene Patienten in ihren technischen Wahnvorstellungen eine Hypermoderne vorweg, in der selbst noch das Bewusstsein als programmierbare Software ausgegeben wird und Gefühle sich in manipulierbare biochemische Stoffe verwandeln. Ihr Wahn verweist damit auf die entfremdende Wirkung einer Anthropotechnik, in der die Maschine nicht mehr der Naturbeherrschung dient, sondern sich auf den Menschen selbst zurückwendet und so am Ende tatsächlich zur ›Beeinflussungsmaschine‹ werden könnte.

Literatur

Anders, G. (1956). *Die Antiquiertheit des Menschen. Band I: Über die Seele im Zeitalter der zweiten industriellen Revolution.* München: Beck.
Berman, M. (1985). *Die Wiederverzauberung der Welt.* Reinbek: Rowohlt.

Blankenburg, W. (1971). *Der Verlust der natürlichen Selbstverständlichkeit*. Stuttgart: Enke.
Böhme, G. (2001). *Einführung in die Philosophie. Weltweisheit – Lebensform – Wissenschaft*. Frankfurt am Main: Suhrkamp.
Conrad, K. (1992). *Die beginnende Schizophrenie* (6. Aufl.). Stuttgart: Thieme.
De Haan, S. & Fuchs, T. (2010). The ghost in the machine: Disembodiment in schizophrenia – Two case studies. *Psychopathology, 43 (5)*, 327–333.
De Rosney, J. (1997). *Homo symbioticus*. München: Gerling Akademie.
Descartes, R. (1632/1969). *Über den Menschen (1632) sowie Beschreibung des menschlichen Körpers (1648)* (dt. Übers. v. K. E. Rothschuh). Heidelberg: Schneider.
Fuchs, T. (2000). *Psychopathologie von Leib und Raum*. Darmstadt: Steinkopff.
Fuchs, T. (2002). Cinematographische Anmerkungen zum Verschwinden der Wirklichkeit. In ders., *Zeit-Diagnosen. Philosophisch-psychiatrische Essays* (S. 191–210). Kusterdingen: Graue Edition.
Fuchs, T. (2003). Kosmos im Kopf? Zur Kritik des Cerebrozentrismus. *Scheidewege. Jahresschrift für skeptisches Denken, 33*, 350–366.
Fuchs, T. (2005). Corporealized and disembodied minds. A phenomenological view of the body in melancholia and schizophrenia. *Philosophy, Psychiatry & Psychology, 12 (2)*, 95–107.
Fuchs, T. (2006). Being a Psycho-Machine. Zur Phänomenologie der Beeinflussungsmaschinen. In T. Röske & C. Brand-Claussen (Hrsg.), *Air Loom. Der Luftwebstuhl und andere gefährliche Beeinflussungsmaschinen* (S. 24–41). Heidelberg: Wunderhorn.
Fusar-Poli, P., Howes, O., Valmaggia, L. & McGuire, P. (2008). ›Truman‹ signs and vulnerability to psychosis. *British Journal of Psychiatry, 193 (2)*, 168.
Haslam, J. (1810/1988). *Illustrations of Madness*. London New York: Routledge.
Jaspers, K. (1973). *Allgemeine Psychopathologie* (9. Aufl.). Berlin Heidelberg: Springer.
Kimura, B. (2001). *Cogito* and I: A bio-logical approach. *Philosophy, Psychiatry & Psychology, 8 (4)*, 331–336.
Klosterkötter, J. (1988). *Basissymptome und Endphänomene der Schizophrenie*. Berlin Heidelberg: Springer.
Kranz, H. (1955). Das Thema des Wahns im Wandel der Zeit. *Fortschritte der Neurologie und Psychiatrie, 23*, 58–72.
Kraus, A. (1994). Phenomenology of the technical delusions in schizophrenics. *Journal of Phenomenological Psychology, 25 (1)*, 51–69.
Kuhn, R. (1952). Über magische und technische Wahninhalte. *Monatsschrift für Psychiatrie und Neurologie, 115 (2–3)*, 73–84.

La Mettrie, J. O. de (1747/1990). *Die Maschine Mensch* (dt. Übers. v. C. Becker). Hamburg: Meiner.
La Mettrie, J. O. de (1748/1985). *Über das Glück, oder Das höchste Gut (»Anti-Seneca«)* (dt. Übers. v. B. Laska). Nürnberg: LSR-Verlag.
Lenz, H. (1964). *Vergleichende Psychiatrie. Eine Studie über die Beziehung von Kultur, Soziologie und Psychopathologie.* Wien: Maudrich.
McLuhan, M. (1964/1968). *Die magischen Kanäle. Understanding Media.* Düsseldorf Wien: Econ.
Mesmer, F. A. (1779/1985). *Abhandlung über die Entdeckung des thierischen Magnetismus.* Tübingen: Edition Diskord.
Meyer-Drawe, K. (1996). *Menschen im Spiegel ihrer Maschinen.* München: Fink.
Neumann, J. (2004). The media's impact on international affairs, then and now. In D. S. Alberts & D. S. Papp (Hrsg.), *The Information Age. An Anthology of Its Impact and Consequences* (S. 206–216). Honolulu, HI: University Press of the Pacific.
Podoll, K., Habermeyer, E., Nöller, B., Ebel, H. & Saß, H. (2000). Internet als Wahnthema bei paranoider Schizophrenie. *Nervenarzt, 71 (11)*, 912–914.
Porter, R. (1988). Introduction. In J. Haslam, *Illustrations of Madness* (S. xi–xlvii). London New York: Routledge.
Rothschuh, K.-E. (1978). *Konzepte der Medizin in Vergangenheit und Gegenwart.* Stuttgart: Hippokrates.
Rötzer, F. (1998). *Digitale Weltentwürfe.* München: Hanser.
Sass, L. (1996). *Madness and Modernism.* Cambridge, MA: Harvard University Press.
Schmidt-Siegel, B., Stompe, T. & Ortwein-Swoboda, G. (2004). Being a webcam. *Psychopathology, 37 (2)*, 84–85.
Schneider, K. (1971). *Klinische Psychopathologie* (9. Aufl.). Stuttgart: Thieme.
Steinebrunner, E. & Scharfetter, C. (1976). Wahn im Wandel der Geschichte. Eine historisch-vergleichende Studie. *Archiv für Psychiatrie und Nervenkrankheiten, 222 (1)*, 47–66.
Tausk, V. (1983). Über die Entstehung des ›Beeinflussungsapparates‹ in der Schizophrenie. In ders., *Gesammelte psychoanalytische und literarische Schriften* (S. 245–286). Wien Berlin: Medusa.

Leiblichkeit und personale Identität in der Demenz

Einleitung

Demenzielle Erkrankungen wirken in besonderer Weise beunruhigend und bedrohlich, denn sie stellen in Frage, was wir als die Grundlage unseres Selbstseins ansehen: unsere kognitiven Fähigkeiten. Eine Person im vollen Sinn zu sein, ist in westlichen Kulturen entscheidend gebunden an die Intaktheit dieser Funktionen, also an Überlegung, Rationalität und Gedächtnis. Beeinträchtigungen, die mit einem demenziellen Prozess einhergehen, müssen daher in Konflikt mit zentralen Werten unserer Kultur geraten. Die Demenz wird zur Bedrohung der Person und wirkt mehr als alle anderen psychischen Erkrankungen stigmatisierend: Der Verlust der Rationalität und des autobiographischen Gedächtnisses scheint in den fortgeschrittenen Stadien der Krankheit nur noch einen fassadenartigen Körper zurückzulassen, dessen Äußerungen allenfalls noch Fragmente der früheren Person zu erkennen geben. Für utilitaristische Ethiker wie Singer (1979) oder McMahan sind Menschen mit schwerer Demenz konsequenterweise auch keine Personen mehr, sondern allenfalls noch »Quasi-Personen« oder »Post-Personen« (McMahan 2003, 46 ff., 55).

Doch diese Identifizierung unseres Selbstseins mit Kognition, Rationalität und Gedächtnis beruht letztlich auf einem dualistischen Konzept der Person: auf einem Menschenbild, in dem der Körper nur als der Trägerapparat für den Geist bzw. für das Gehirn gilt. Der Kortex und das Denken werden damit zum Sitz der menschlichen Personalität, während der Rest des Körpers ebenso wie die verkörperten Gefühle ohne die kognitiven Erkenntnis- und Steuerungsleistungen nur noch ein Schattendasein führen.

Dieser Sichtweise will ich im Folgenden eine andere Auffassung von Personalität gegenüberstellen, die ihre Grundlage in der Leibphänomenologie hat. Danach ist Selbstsein wesentlich lebendig und leiblich. Leibsein aber ist etwas anderes, als einen Körper zu haben; der Leib, das sind wir selbst. Nur als Leib kann der Mensch sich spüren, sich ausdrücken, anderen Menschen und der Welt begegnen. Alles Wahrnehmen, Denken, Tun vollzieht sich durch dieses Medium des Leibes: Die Augen sehen, die Ohren hören, die Hände greifen und die Zunge spricht, ohne dass wir sie beachten. Was immer wir auch bewusst planen oder tun – wir leben aus einem leiblichen Grund heraus, den wir nie vollständig bewusst zu machen vermögen.

Der Leib hat aber auch eine eigene Geschichte. Seit der frühesten Kindheit haben sich seine Erfahrungen in unseren Gewohnheiten und Fähigkeiten niedergeschlagen, fühlend, wahrnehmend und handelnd mit den Dingen und mit anderen Menschen umzugehen. All diese Gewohnheiten und Erfahrungen lassen sich zusammenfassend als *Leibgedächtnis* bezeichnen. Es weist auf eine Kontinuität der Person hin, die nicht in ihren biographischen Erinnerungsbeständen verankert ist, sondern in einer im Leib sedimentierten Erfahrung. Diese Form des Gedächtnisses ist erst in jüngster Zeit für das Verständnis und die Behandlung der Demenz fruchtbar gemacht worden (vgl. Kontos 2004; Fleischman et al. 2005; Golby et al. 2005; Harrison et al. 2007). Und doch ist es ein Gedächtnis, das noch bis in späteste Stadien der Erkrankung erhalten bleibt und in dem sich die Lebensgeschichte eines Patienten manifestiert.

Die folgenden Überlegungen gelten zunächst dem herrschenden kognitiven oder rationalistischen Verständnis von personaler Identität und stellen ihm eine leibfundierte Konzeption *verkörperter Personalität* gegenüber. Anschließend stelle ich das Leibgedächtnis in seinen wichtigsten Aspekten dar, um dann zu fragen, welche Rolle es in der Demenzerkrankung, insbesondere für die Aufrechterhaltung der personalen Identität spielt.

Personale Identität

Die kognitivistische Konzeption der Person hat eine Geschichte, die bis in die europäische Neuzeit zurückreicht und von der zunehmenden Trennung des personalen Subjekts von seiner Leiblichkeit und Lebendigkeit geprägt ist. Das dualistische und rationalistische Personenverständnis bei Descartes (1642/1954) oder Locke (1690/2006) ist an Selbstbewusstsein, Erinnerung und vernünftige Reflexion gebunden, denn das moderne Subjekt will seiner selbst gewiss, souverän und autonom sein. Allerdings ist diese Gewissheit des *cogito* immer nur als instantanes Selbstbewusstsein möglich. Nicht länger eingebettet in seine Leiblichkeit, muss das Ich fortwährend denken, um zu existieren, und sich selbst reflektieren, um seiner gewiss zu sein. Doch was tut die *res cogitans*, das denkende Ding, wenn es einmal nicht denkt, wenn es sich dem Leib, dem Schlaf oder dem Vergessen überlassen soll? Was ermöglicht dann die fortdauernde Kontinuität der Person? – Dies hatte bereits John Locke als Problem des cartesianischen Subjekts erkannt:

> Was Schwierigkeiten zu bereiten scheint, ist die Tatsache, dass dieses Bewusstsein stets durch Zustände des Vergessens unterbrochen wird. [...] In allen diesen Fällen, in denen [...] wir unser vergangenes Ich aus den Augen verlieren, erheben sich Zweifel, ob wir dasselbe denkende Ding, das heißt dieselbe Substanz sind oder nicht. (Locke 1690/2006, 420)

Lockes bis heute maßgebliche Lösung war die folgende: Es ist das Selbstbewusstsein und sein Gedächtnis, das es der Person ermöglicht, sich über die Gegenwart hinaus in der Zeit zu erstrecken:

> Soweit nun dieses Bewusstsein rückwärts auf vergangene Taten oder Gedanken ausgedehnt werden kann, so weit reicht die Identität dieser Person. (Ebd., 420)

Das Gedächtnis also bildet die rettende Brücke: Die Einheit und Identität der Person ist gebunden an die Möglichkeit der bewussten Erinnerung. Mit ihrer Hilfe lassen sich vergangene Episoden des Lebens aneignen und in das gegenwärtige Selbst integrieren. Das aber heißt, dass ich nur so lange ich selbst bleibe, als ich mich an meine früheren Zustände erinnern und sie mir zuschreiben kann. Lockes Auffassung setzt sich fort bis zu den heutigen psychologischen Konzeptionen personaler Persistenz:[1] Die Identität der Person reicht nur so weit wie ihre Erinnerung an sich selbst. Das hat allerdings die kontraintuitive Konsequenz, dass wir uns im Grunde weder Zustände des Schlafes noch unsere Pränatal- oder Säuglingszeit selbst zuschreiben können. Mehr noch: Unter dieser Voraussetzung muss am anderen Ende des Lebenswegs eine Demenzerkrankung die Person in ihrem Kern bedrohen, sobald sie sich nicht mehr an ihre früheren Erlebnisse zu erinnern vermag.

Doch ist es tatsächlich so, dass unser Selbstsein, unsere Identität ausschließlich von unserem Gedächtnis und Wissen über uns selbst abhängt? Keineswegs – denn diesem Wissen von sich selbst, dem *Selbst-als-Objekt*, liegt das *Selbst-als-Subjekt* voraus, ein kontinuierliches präreflexives Selbsterleben, das nicht explizit gemacht oder in Worte gefasst werden muss. Die meiste Zeit des Tages machen wir uns nicht bewusst, wer wir sind, denken nicht über uns nach und müssen keine autobiographischen Erinnerungen aufrufen, um doch auf selbstverständliche Weise unserer selbst inne zu sein. Wir sind immer schon mit uns selbst vertraut, und diese Selbstvertrautheit ist etwas leiblich Gespürtes, nichts Gewusstes.

Hätten wir dieses basale Selbsterleben nicht, so würde uns alles biographische Wissen nichts nützen, denn wir kämen uns selbst auf elementare Weise abhanden. So bedeutsam der mögliche Zugriff auf jenes Wissen für unsere narrative Identität sein mag, Selbstsein in einem grundlegenden Sinn ist nicht an biographisches Erinnern oder Wissen über die eigene Person gebunden. Es ist vielmehr eine intrinsische Qualität jeder Erfahrung, eine Eigenschaft des kontinuierlichen Bewusstseinsstroms selbst (Zahavi 1999, 2006; Dainton 2008). Die präreflexiv gelebte Leiblichkeit vermittelt damit eine Kontinuität des Selbstseins, die letztlich die subjektive Seite des Lebensprozesses selbst darstellt und keine reflexive Form der Selbstidentifizierung erfordert (Fuchs 2017a).

---

[1] Hauptvertreter sind etwa Shoemaker (1970, 1999), Lewis (1976), Parfit (1976, 1984) oder Garrett (1998).

Wir werden noch sehen, dass ein solches basales Selbsterleben auch in späten Stadien der Demenz erhalten bleibt.

Die Phänomenologie des leiblichen Subjekts lässt sich erweitern zu einer Konzeption *verkörperter Personalität*, die hier nur kurz skizziert werden kann (für eine ausführlichere Darstellung siehe Fuchs 2012a, 2013, 2017b): Dem Paradigma der *embodied cognition* zufolge ist Bewusstsein nicht ein bloßes Produkt des Gehirns, sondern vielmehr eine übergreifende Aktivität des gesamten Organismus in Beziehung zu seiner Umwelt. Nur ein mit einem fühlenden, wahrnehmenden und beweglichen Körper verbundenes Gehirn ist in der Lage, als zentrales Vermittlungsorgan für psychische Prozesse zu dienen, denn nur durch die fortlaufenden Interaktionen von Gehirn, Körper und Umwelt entstehen und stabilisieren sich die Formen bewussten Erlebens. Personalität ist insofern eine Manifestation des Lebensprozesses eines menschlichen Organismus und damit verkörpert in den Fähigkeiten und Tätigkeiten des Leibes.

Das Leibgedächtnis

Die Gewissheit des Bei-sich-Seins, die das cartesianische Subjekt in der Selbstbeobachtung und Erinnerung zu finden glaubte, liegt, wie wir sahen, diesen reflektierenden Akten immer schon voraus. Nun könnte man einwenden, es handele sich dabei nur um ein »minimales Selbst« (Zahavi 2006), das kaum unseren Erwartungen an Individualität und Personalität genügt. Damit jedoch würde man die *Geschichte des Leibes* vernachlässigen, die ihn im Laufe der Biographie immer mehr zum Medium unserer individuellen Existenz werden lässt. Denn alle Lebensvollzüge gehen in das leibliche Gedächtnis ein und bleiben als Erfahrungen und Bereitschaften darin aufgehoben: Der Leib ist »geronnene Existenz«, und umgekehrt »die Existenz unaufhörliche Verleiblichung« (Merleau-Ponty 1966, 199). Betrachten wir diese Geschichte des Leibes etwas näher.

Das explizite Gedächtnis, das Locke im Auge hatte, ist keineswegs die einzige und primäre Form von Kontinuität, die sich in unserem Leben über die Zeit hinweg herstellt. Das meiste von dem, was wir erfahren und erlernt haben, wird uns gar nicht im Rückblick, sondern vielmehr im praktischen Lebensvollzug zugänglich: Durch Wiederholung und Übung haben sich Gewohnheiten gebildet, die von selbst aktiviert werden; eingespielte Bewegungsabläufe sind uns ›in Fleisch und Blut‹ übergegangen – etwa der aufrechte Gang, das Sprechen oder Schreiben, der Umgang mit Gegenständen wie einem Fahrrad oder einem Klavier. Als *implizites* oder *leibliches Gedächtnis* können wir nun die Gesamtheit der sedimentierten Erfahrungen bezeichnen, die über das Medium des Leibes aktualisiert werden, ohne dass wir uns dazu an frühere Situationen erinnern müssen (Schacter 1987; Fuchs 2012b). Dieses bereits von Maine de Biran (1953) und Henri Bergson (1991) identifizierte Gedächtnis vergegenwärtigt die Vergangenheit nicht im Rückblick, sondern enthält sie vielmehr als gewachsene und gegenwärtig wirksame Erfahrung in sich. Es ist unsere *gelebte Vergangenheit*.

Dieses implizite Gedächtnis tritt in verschiedenen Erscheinungsformen auf (Fuchs 2008, 2012b), von denen ich vier kurz beschreiben möchte:

(1) Als *prozedurales Gedächtnis* können wir die bereits beschriebenen *sensomotorischen* Fähigkeiten des Leibes bezeichnen: eingespielte Gewohnheiten, den geschickten Umgang mit Instrumenten ebenso wie die Vertrautheit mit Wahrnehmungsmustern. Durch Wiederholung und Übung gehen Bewegungsfiguren ebenso in das prozedurale Gedächtnis ein wie wiederkehrende Gestalten der Sinneswahrnehmung. Es entlastet damit unsere Aufmerksamkeit von einer Überfülle an Details und ermöglicht den unreflektierten Lebensvollzug. Statt einzelner Äste und Blätter sehen wir den ganzen Baum. Das Handeln wird erleichtert, indem wir uns statt den einzelnen Bewegungen den Handlungszielen zuwenden können, etwa der Melodie, die wir spielen möchten, und nicht den separaten Bewegungen unserer Finger.

(2) Als *situatives Gedächtnis* ermöglicht das Leibgedächtnis, räumliche Situationen wiederzuerkennen und sich in ihnen

zurechtzufinden, etwa in der Wohnung, der Nachbarschaft oder der Heimat. Leibliche Erfahrungen verbinden sich in besonderer Weise mit Innenräumen, und je öfter dies geschieht, desto mehr wird dieser Raum erfüllt von einer vertrauten Atmosphäre. *Wohnen* und *Gewohnheit* sind gleichermaßen im Leibgedächtnis begründet. Ein Beispiel von Gaston Bachelard verdeutlicht dies:

> [Ü]ber die Erinnerungen hinaus ist das Elternhaus physisch in uns eingezeichnet. Es besteht aus einer Gruppe von organischen Gewohnheiten. Aus einem Abstand von zwanzig Jahren […], würden wir noch die Reflexe jener »frühesten Treppe« wiedererkennen, über eine bestimmte, etwas zu hohe Stufe würden wir nicht stolpern. Das ganze Sein des Hauses würde sich entfalten, unserem eigenen Sein treu geblieben. (Bachelard 1960, 47)

(3) Auch die intuitive, non-verbale Kommunikation mit anderen einschließlich des empathischen Ausdrucksverstehens beruht auf leiblichen Vermögen, nämlich auf dem *zwischenleiblichen Gedächtnis*, das bis in die früheste Kindheit zurückreicht. Schon im ersten Lebensjahr erlernt der Säugling Muster von sozialen Interaktionen mit anderen, die sich seinem Leibgedächtnis einprägen, lange bevor sich das autobiographische Gedächtnis im zweiten Lebensjahr entwickelt. In der Säuglingsforschung spricht man auch vom *impliziten Beziehungswissen* (Stern et al. 1998): ein leibliches Wissen, wie man mit anderen umgeht – wie man mit ihnen Vergnügen hat, Freude ausdrückt, Ablehnung vermeidet usw. Eine andere Form des zwischenleiblichen Gedächtnisses finden wir bei gut aufeinander eingespielten Tanzpartnern, deren Hände und Körper ohne gezielte Blickführung miteinander interagieren.

(4) Schließlich gehören zum Leibgedächtnis auch die individuellen Haltungen, Ausdrucks- und Verhaltensweisen, die einem Menschen in Fleisch und Blut übergegangen und so zu seiner *leiblichen Persönlichkeitsstruktur* geworden sind (Fuchs 2006). Die unterwürfige Haltung etwa eines selbstunsicheren Menschen, seine Nachgiebigkeit und Ängstlichkeit gehören einem einheitlichen Haltungs- und Ausdrucksmuster an,

das seine Persönlichkeit ausmacht. Auch Bourdieus soziologischer Begriff des *Habitus* hat hier seinen Ort: Die kultur- und klassenspezifische Sozialisation in der frühen Kindheit geht mit in das Leibgedächtnis und die Umgangsformen eines Menschen ein: »Als einverleibte, zur Natur gewordene und damit vergessene Geschichte ist der Habitus wirkende Präsenz der gesamten Vergangenheit, die ihn erzeugt hat« (Bourdieu 1987, 101).

Wir sehen, wie die kontinuierliche Verleiblichung der Existenz eine Form des Gedächtnisses erzeugt, die die Vergangenheit einer Person in ihre je gegenwärtige leibliche Verfassung integriert. Weit davon entfernt, nur eine anonyme präreflexive Existenz zu gewährleisten, bildet der habituelle Leib immer einen Auszug der persönlichen Geschichte. Dies entspricht Merleau-Pontys Konzeption der Kontinuität des leiblichen Subjekts:

[U]nd so bin auch ich keine Reihe psychischer Akte, noch auch übrigens ein zentrales Ich, das diese in einer synthetischen Einheit versammelte, sondern eine einzige, von sich selber untrennbare Erfahrung, ein einziger »Zusammenhang des Lebens«. (Merleau-Ponty 1966, 463)

Das rationalistische und kognitivistische Verständnis der Person knüpft die Bedingungen für Personalität an die explizite, bewusste Erinnerung. Ein hochgradig demenzieller Patient wäre danach keine Person mehr, da er sich nicht mehr an seine früheren Zustände erinnern kann. Doch dieses Personenverständnis trennt das Selbstsein vom Leib ab. Die grundlegende Kontinuität der Person ergibt sich nicht aus dem Bestand expliziten Wissens über die eigene Biographie, aus deren Vergegenwärtigung in der Erinnerung oder aus der Einheit einer erzählbaren Geschichte. Sie beruht vielmehr zum einen auf der leiblichen Selbstvertrautheit des Subjekts: dem präreflexiven Selbstempfinden, das uns nie ganz verlässt. Zum anderen beruht sie auf dem leiblichen Gedächtnis, d. h. auf einer *gewachsenen, im Leibgedächtnis sedimentierten und als solcher implizit immer gegenwärtigen Geschichte.*

Leibgedächtnis und Demenz

Diese Konzeption verkörperter Personalität und Geschichte ist auch in der Lage, unser Bild der Demenz zu verändern. An die Stelle einer gehirn- und kognitionszentrierten Perspektive tritt eine Sicht auf den Patienten in seiner je individuellen Leiblichkeit, die ihrerseits in eine soziale Umwelt eingebettet ist (Fuchs 2010; Summa 2011a, b). Wichtiger als die kognitiven Leistungen und die meist reduzierten oder fragmentierten sprachlichen Äußerungen werden die leiblichen Ausdrucks- und Verhaltensweisen. Dies betrifft auch das leibliche Gedächtnis. Zwar ist der fortschreitende Verlust des autobiographischen und semantischen Gedächtnisses eines der frühesten und markantesten Symptome der Alzheimer-Krankheit. Hingegen bleiben weite Bereiche des Leibgedächtnisses noch in späten Stadien der Erkrankung unbeeinträchtigt; dies lässt sich etwa durch entsprechende motorische oder visuelle Lernaufgaben belegen. Selbst Walzertanzen und ähnliche Fertigkeiten können sich Demenzkranke noch aneignen (vgl. Rösler et al. 2002; Eldridge et al. 2002; Fleischman et al. 2005; Harrison et al. 2007).[2]

Dementsprechend lassen sich noch gut erhaltene Fähigkeiten in allen oben beschriebenen Ausprägungen des Leibgedächtnisses finden, deren Realisierung freilich in der Regel an geeignete, komplementäre Umgebungsbedingungen gebunden ist. So bleibt etwa der *prozedurale Umgang* mit Gegenständen (Besteck, Zahnbürste o. ä.) noch lange möglich, auch wenn deren Namen und Funktionen nicht mehr genannt werden können. Ebenso zugänglich bleiben spezifisch persönliche Anteile des impliziten Gedächtnisses: vertraute Umgebungen, Stimmen, Melodien, Gerüche mit ihren Konnotationen und korrespondierenden Atmosphären. Diese Anteile wecken nicht nur entsprechende Emotionen, son-

---

[2] Diese noch erhaltenen Lernprozesse entsprechen der primär kortikalen Lokalisierung der meisten Demenzen. Prozedurale und andere Formen des Leibgedächtnisses sind überwiegend in *subkortikalen* Arealen des Gehirns (Basalganglien, Kleinhirn, Amygdala u. a.) verankert und bleiben daher über lange Zeit von der Erkrankung unbeeinträchtigt (Schacter 1992; Squire 2004).

dern oft auch zugehörige autobiographische Erinnerungen, die sich sonst dem unmittelbaren Zugriff entziehen.

Wie wir sahen, bildet das *situative Leibgedächtnis* ein ›Habitat‹, eine ökologische Nische der Vertrautheit von Dingen und Situationen. Die gewohnten Schemata des leiblichen ›Zur-Welt-Seins‹ stellen daher auch für den Demenzkranken Elemente der Sicherheit und Unterstützung dar. Sie immer wieder bestätigt zu finden, fördert das Selbstvertrauen in seine verbliebenen Fähigkeiten. Eine der wichtigsten Aufgaben der Betreuung und Pflege besteht daher in der Aufrechterhaltung einer passenden räumlichen Umgebung, im besten Fall auf möglichst natürliche Weise in der eigenen Wohnung. Auch in Pflegeheimen lassen sich aber persönliche Wohnräume schaffen, die eine Atmosphäre der Geborgenheit vermitteln.

Die leibliche Orientierung im Umraum ist grundlegender als die üblicherweise im psychopathologischen Befund erfasste Orientierung in Raum und Zeit: Diese nämlich stellt die Fähigkeit dar, aus der Unmittelbarkeit des aktuellen Erlebens herauszutreten, um sich selbst in den objektiven geographischen oder zeitlichen Zusammenhang der Welt einzuordnen – eine Fähigkeit, deren Verlust für die Demenz charakteristisch ist. Dagegen folgt die leibliche Orientierung den primären Richtungen und Beziehungen, die der Leib von selbst zur Welt herstellt, etwa den Grundrichtungen von oben/unten, vorne/hinten oder den Verhältnissen von Nähe und Ferne. Sie folgt weiter den vertrauten Angeboten der Dinge (*affordances*, Gibson 1979): Ein Stuhl dient ›zum Sitzen‹, eine Tür ›zum Hindurchgehen‹, ein Bett ›zum Ausruhen‹ usw. Sich auf diese Weise in der Umgebung zurechtzufinden, ist für den Kranken wichtiger als die abstrakte Orientierung aus einer geographisch objektivierten Perspektive heraus.

Das individuelle Habitat, die persönliche Nische bildet sich über die ganze Lebensspanne hinweg. Daher erlaubt die möglichst detaillierte Kenntnis der Biographie, der persönlichen Neigungen und Gewohnheiten des Kranken es den Angehörigen und Pflegenden, in seinem Dasein Kontinuität und Vertrautheit herzustellen. Bekannte Spazierwege oder Urlaubsorte haben oft auch dann noch eine beruhigende und stabilisierende Wirkung, wenn der Kranke nicht mehr über erkennbare Erinnerungen an sie verfügt. Bestimmte Sinnesreize können Atmosphären, Gefühle und sogar Fähigkeiten wecken, die mit vergangenen Lebensabschnitten verknüpft sind, selbst wenn die Erinnerung daran schon verblasst ist (Sung & Chang 2005). Ein Beispiel aus der eigenen Praxis mag dies veranschaulichen:

> Ein 78-jähriger Patient mit fortgeschrittener Demenz vermochte seine Verwandten meist nicht mehr wiederzuerkennen. Er wirkte lethargisch, zurückgezogen, körperlich hinfällig und war kaum noch in der Lage, sich selbständig fortzubewegen. Eines Tages besuchten ihn seine beiden Enkelkinder und spielten vor dem Haus Fußball. Der Patient hatte als Jugendlicher selbst lange in einem Verein gespielt; nun stand er plötzlich auf und spielte mit den beiden Jungen. Im Kontakt mit dem Ball erschien er wie verwandelt und verjüngt, er zeigte ihnen seine Dribbelkünste, demonstrierte verschiedene Tricks mit dem Ball und gab dazu fachmännische Erklärungen. Für eine halbe Stunde war von der Erkrankung nichts mehr zu erkennen.

Die Kontinuität des basalen leiblichen Selbsterlebens in der Demenz wird durch solche impliziten Aktualisierungen der Lebensgeschichte eindrucksvoll belegt (vgl. auch Kontos & Naglie 2009). Der einmal erworbene Habitus etwa einer beruflichen oder sportlichen Tätigkeit wird durch eine passende Situation und ihre *affordances* aufgerufen, ohne eine autobiographische Erinnerung oder explizite Koordination zu erfordern. Freilich sind auch die prozeduralen Fähigkeiten des Leibgedächtnisses auf die Dauer gegen die Erkrankung nicht resistent. Viele Patienten verlieren im späteren Verlauf der Krankheit nicht nur die autobiographischen Erinnerungen, sondern in der sogenannten *Apraxie* auch alltägliche Fertigkeiten, sodass selbst eine Zahnbürste zu einem rätselhaften Gegenstand werden kann.

Neben den sinnlich-räumlichen und praktischen Dimensionen des Leibgedächtnisses bildet daher die *Zwischenleiblichkeit* die wichtigste Quelle aufrechterhaltener Kontinuität. Der Verlust verbal-kognitiver Leistungen lässt die non-verbale, emotionale und leibliche Kommunikation und das *knowing how* der alltäglichen Umgangsformen umso bedeutsamer werden. Selbst in fortgeschrittenen Stadien der Erkrankung vermag der mimische und gestische Ausdruck der Patienten noch differenzierte Auskunft über ihr Befinden und ihre Wünsche zu geben (Hallberg & Norberg 1995; Becker et al. 2006; Kruse 2008). Umgekehrt sind Demenzkranke besonders empfänglich für die affektive und atmosphärische Dimension des Kontakts. Sie verfügen über eine differenzierte Gefühlswelt, über Humor und mitunter überraschende Schlagfertigkeit, nicht zuletzt auch über ein starkes soziales Bindungsvermögen.

Die Interaktionen der Patienten werden dabei weniger durch ihre bewussten Überlegungen oder die explizite Beachtung externer Normen bestimmt als durch die selbstverständliche, präreflexive Natur ihres verkörperten sozialen Habitus. Zu Unrecht werden solche Verhaltensrepertoires oft als ›aufrechterhaltene Fassade‹ diskreditiert. Die vertrauten Umgangsformen erlauben es den Patienten vielmehr, die affektive Beziehung mit anderen herzustellen und in rational unverständlichen Situationen auf die basale zwischenleibliche Orientierung zurückzugreifen. Es ist zugleich ihre Weise, sich selbst zu realisieren und sich in ihrer Existenz als Personen zu bestätigen.

Gerade dieses Bedürfnis nach Selbstbestätigung belegt noch einmal das auch in fortgeschrittener Demenz erhaltene Selbsterleben. Was den Patienten verloren geht, ist die *Reflexivität*, also die höherstufige Fähigkeit, sich auf das eigene Erleben oder die momentane Situation zu beziehen und dazu aus einer übergeordneten Perspektive Stellung zu nehmen. Doch das präreflexive Selbst ist davon nicht betroffen: Die Patienten erleben durchaus ihr leibliches Hier-jetzt-Sein ebenso wie ihr Mitsein mit anderen, und zwar vor allem in emotionaler Hinsicht (Summa 2011b). Dies manifestiert sich etwa in der Scham, die sie über Misserfolge oder Unvermögen wie auch über ihre körperliche Entblößung vor anderen empfinden, und ebenso in ihren Gefühlen von Stolz und Freude bei Erfolg und Anerkennung. Nicht zuletzt belegen die nicht seltenen Konflikte, dass die Patienten in der Lage sind, ihre Eigensphäre von anderen abzugrenzen und ihre Wünsche auch mit Heftigkeit zu artikulieren.[3] Die Kontinuität des basalen und

---

[3] Einen weiteren Hinweis auf das erhaltene Selbsterleben stellt der kom-

durchaus persönlich geprägten Selbsterlebens erlaubt es daher nicht, von einem Verlust des Selbst in der Demenz zu sprechen.

Resümee

Das Gedächtnis des Leibes enthält eine andere, untergründige Geschichte des Selbst. Ihre Zeitlichkeit folgt nicht dem linearen Fortschritt der autobiographischen Lebensgeschichte, auf die wir gezielt zurückgreifen können. Im Leibgedächtnis setzt sich die Vergangenheit vielmehr als gewachsene, sedimentierte fort und wird in unseren persönlichen Formen des Wahrnehmens, Verhaltens und Umgangs wirksam, ohne dass wir uns ihrer Herkunft im Einzelnen bewusst sind.

Wenn wir Selbstsein als primär leiblich verstehen, dann werden wir auch zu einer anderen Wahrnehmung des Demenzkranken gelangen: Wir sehen in ihm nicht mehr einen Menschen, der seine Rationalität und damit Personalität eingebüßt hat, sondern einen Menschen, der sein Personsein gerade als leiblich-zwischenleibliches zu realisieren vermag, solange er in der zu ihm passenden räumlichen, atmosphärischen und sozialen Umgebung leben kann. Sein Selbstsein erhält sich in der Affinität seines Leibes zur natürlichen und sozialen Mitwelt.

Ein Begriff der Person, der sich allein auf Rationalität und Reflexionsfähigkeit gründet, muss Menschen mit kognitiven Defiziten zwangsläufig stigmatisieren. Für einen an der Zwischenleiblichkeit orientierten Personbegriff hingegen wird die Resonanz- und Beziehungsfähigkeit eines Menschen zu einer wesentlichen Grundlage seiner Personalität – etwa die Fähigkeit, Freude, Dankbarkeit, Trauer oder Furcht zum Ausdruck zu bringen, wie es auch schwer demenzkranke Menschen noch können.

Die auf Descartes und Locke zurückgehenden, rationalistisch orientierten Konzepte der Person haben in der Debatte über den

---

petente Gebrauch von Erste-Person-Pronomina ebenso wie der Selbstbezug durch Sprache, Mimik und Gestik dar, der sich bis in späte Krankheitsstadien nachweisen lässt (Fazio & Mitchell 2009).

Status von Demenzkranken auch von anderer Seite Kritik erfahren. Für Vertreter sozialkonstruktivistischer oder narrativistischer Personauffassungen (Sabat & Harré 1992; Kitwood 1997; Radden & Fordyce 2006) ist Personalität gebunden an soziale Beziehungen und daraus resultierende Zuschreibungen und Anerkennungsformen.[4] Das Selbst oder die personale Identität des Demenzkranken, so folgern diese Autoren, erhält sich in der Anerkennung, die die anderen ihm entgegenbringen, und in der narrativen Fortschreibung seiner Identität, die sie an seiner Stelle leisten.

Doch so bedeutsam die Intersubjektivität für den Begriff der Person ist, ohne eine Verankerung in der Subjektivität des Patienten selbst bleiben solche Zuschreibungen, narrativen Ersatzkonstrukte oder stellvertretenden Interessenwahrnehmungen doch ohne hinreichende Basis. Sie haben sicher ihre Bedeutung für eine personzentrierte Pflege, werden jedoch erst getragen und gestützt von den Verhaltens- und Ausdrucksformen, in denen sich die personale Identität und das Selbstsein der Patienten noch bis zum Schluss manifestiert. Denn die grundlegende Kontinuität der Person besteht im einheitlichen Zusammenhang ihres Lebens, in der ununterbrochenen Zeitlichkeit ihres Leibes.

Literatur

Bachelard, G. (1960). *Poetik des Raumes*. München: Hanser.
Becker, S., Kaspar, R. & Kruse, A. (2006). Die Bedeutung unterschiedlicher Referenzgruppen für die Beurteilung der Lebensqualität demenzkranker Menschen. *Zeitschrift für Gerontologie und Geriatrie, 39 (5)*, 350–357.
Bergson, H. (1991). *Materie und Gedächtnis. Eine Abhandlung über die Beziehung zwischen Körper und Geist* (übers. v. J. Frankenberger). Hamburg: Meiner.

---

[4] So lautet Kitwoods Definition von Personalität: »[A] position or social relationship that is bestowed on one human being by ›others‹, in the context of relationship and social being« (Kitwood 1997, 8). Eine ähnliche Position vertreten auf der Basis narrativer Identitätskonzepte Radden und Fordyce: »The very self-awareness required to possess an identity depends upon and grows out of the contribution, and particularly the recognition, of other persons« (Radden & Fordyce 2006, 72).

Bourdieu, P. (1987). *Sozialer Sinn. Kritik der theoretischen Vernunft*. Frankfurt am Main: Suhrkamp.

Dainton, B. (2008). *The Phenomenal Self*. Oxford: Oxford University Press.

Descartes, R. (1642/1954). *Meditationen über die Grundlagen der Philosophie. Mit sämtlichen Einwänden und Erwiderungen* (übers. v. A. Buchenau). Hamburg: Meiner.

Eldridge, L. L., Masterman, D. & Knowlton, B. J. (2002). Intact implicit habit learning in Alzheimer's disease. *Behavioral Neuroscience, 116 (4)*, 722–726.

Fazio, S. & Mitchell, D. B. (2009). Persistence of self in individuals with Alzheimer's disease. Evidence from language and visual recognition. *Dementia, 8 (1)*, 39–59.

Fleischman, D. A., Wilson, R. S., Gabriele, J. D., Schneider, J. A., Bienias, J. L. & Bennett, D. A. (2005). Implicit memory and Alzheimer's disease neuropathology. *Brain, 128 (Pt 9)*, 2006–2015.

Fuchs, T. (2006). Gibt es eine leibliche Persönlichkeitsstruktur? Ein phänomenologisch-psychodynamischer Ansatz. *Psychodynamische Psychotherapie, 5*, 109–117.

Fuchs, T. (2008). Das Gedächtnis des Leibes. In ders., *Leib und Lebenswelt. Neue philosophisch-psychiatrische Essays* (S. 37–64). Kusterdingen: Die Graue Edition.

Fuchs, T. (2010). Das Leibgedächtnis in der Demenz. In A. Kruse (Hrsg.), *Lebensqualität bei Demenz. Zum gesellschaftlichen und individuellen Umgang mit einer Grenzsituation im Alter* (S. 231–242). Heidelberg: Akademische Verlagsgesellschaft.

Fuchs, T. (2012a). Person und Gehirn. In C. R. Bartram, M. Bobbert, D. Dölling, T. Fuchs, G. Schwarzkopf & K. Tanner (Hrsg.), *Der (un-)durchsichtige Mensch. Wie weit reicht der Blick in die Person?* (S. 33–45). Heidelberg: Winter.

Fuchs, T. (2012b). The phenomenology of body memory. In S. Koch, T. Fuchs, M. Summa & C. Müller (Hrsg.), *Body Memory, Metaphor and Movement* (S. 9–22). Amsterdam: John Benjamins.

Fuchs, T. (2013). Leiblichkeit und personale Identität. In I. Römer & M. Wunsch (Hrsg.), *Person. Anthropologische, phänomenologische und analytische Perspektiven* (S. 171–188). Münster: Mentis.

Fuchs, T. (2017a). Self across time: The diachronic unity of bodily existence. *Phe-nomenology and the Cognitive Sciences, 16 (2)*, 291–315.

Fuchs, T. (2017b). *Das Gehirn – ein Beziehungsorgan. Eine phänomenologisch-ökologische Konzeption* (5. Aufl.). Stuttgart: Kohlhammer.

Garrett, B. (1998). *Personal Identity and Self-Consciousness*. London: Routledge.

Gibson, J. J. (1979). *The Ecological Approach to Visual Perception*. Boston, MA: Houghton Mifflin.

Golby, A., Silverberg, G., Race, E., Gabrieli, S., O'Shea, J., Knierim, K., Stebbins, G. & Gabrieli, J. (2005). Memory encoding in Alzheimer's disease: An fMRI study of explicit and implicit memory. *Brain, 128 (Pt 4)*, 773–787.

Hallberg, I. R. & Norberg, A. (1995). Nurses' experiences of strain and their reactions in the care of severely demented patients. *International Journal of Geriatic Psychiatry 10*, 757–766.

Harrison, B. E., Son, G. R., Kim, J. & Whall, A. L. (2007). Preserved implicit memory in dementia: A potential model of care. *American Journal of Alzheimer's Disease & Other Dementias, 22 (4)*, 286–293.

Kitwood, T. (1997). *Dementia Reconsidered: The Person Comes First*. Buckingham, UK: Open University Press.

Kontos, P. C. (2004). Ethnographic reflections on selfhood, embodiment and Alzheimer's disease. *Ageing & Society, 24 (6)*, 829–849.

Kontos, P. C. & Naglie, G. (2009). Tacit knowledge of caring and embodied selfhood. *Sociology of Health and Illness, 31 (5)*, 688–704.

Kruse, A. (2008). Der Umgang mit demenzkranken Menschen als ethische Aufgabe. *Archiv für Wissenschaft und Praxis der sozialen Arbeit, 39*, 14–21.

Lewis, D. (1976). Survival and identity. In A. Rorty (Hrsg.), *The Identities of Persons* (S. 17–40). Berkeley, CA: University of California Press.

Locke, J. (1690/2006). *Versuch über den menschlichen Verstand. Band 1: Buch I und II* (hrsg. v. R. Brandt). Hamburg: Meiner.

Maine de Biran, F.-P.-G. (1953). *Influence de l'habitude sur la faculté de penser*. Paris: PUF.

McMahan, J. (2003). *The Ethics of Killing. Problems at the Margins of Life*. Oxford: Oxford University Press.

Merleau-Ponty, M. (1966). *Phänomenologie der Wahrnehmung*. Berlin: De Gruyter.

Parfit, D. (1976). Lewis, Perry, and what matters. In A. Rorty (Hrsg.), *The Identities of Persons* (S. 91–108). Berkeley, CA: University of California Press.

Parfit, D. (1984). *Reasons and Persons*. Oxford: Clarendon Press.

Radden, J. & Fordyce, J. M. (2006). Into the darkness: Losing identity with dementia. In J. C. Hughes, S. J. Louw & S. R. Sabat (Hrsg.), *Dementia: Mind, Meaning, and the Person* (S. 71–87). Oxford: Oxford University Press.

Rösler, A., Seifritz, E., Kräuchi, K., Spoerl, D., Brokuslaus, I., Proserpi, S. M., Gendre, A., Savaskan, E. & Hofmann, M. (2002). Skill learning in patients with moderate Alzheimer's disease: A prospective pilot-study of waltz-lessons. *International Journal of Geriatric Psychiatry, 17 (12)*, 1155–1156.

Sabat, S. R. & Harré, R. (1992). The construction and deconstruction of self in Alzheimer's disease. *Ageing and Society, 12 (4)*, 443–461.

Schacter, D. L. (1987). Implicit memory: History and current status. *Journal of Experimental Psychology: Learning, Memory and Cognition, 13 (3)*, 501–518.

Schacter, D. L. (1992). Understanding implicit memory: A cognitive neuroscience approach. *American Psychologist, 47 (4)*, 559–569.

Shoemaker, S. (1970). Persons and their pasts. *American Philosophical Quarterly, 7 (4)*, 269–285.

Shoemaker, S. (1999). Self, body, and coincidence. *The Aristotelian Society Supplementary Volume, 73 (1)*, 287–306.

Singer, P. (1979). *Practical Ethics*. Cambridge: Cambridge University Press.

Squire, L. R. (2004). Memory systems of the brain: A brief history and current perspective. *Neurobiology of Learning and Memory, 82 (3)*, 171–177.

Stern, D. N., Bruschweiler-Stern, N., Harrison, A. M., Lyons-Ruth, K., Morgan, A. C., Nahum, J. P., Sander, L. & Tronick, E. Z. (1998). The process of therapeutic change involving implicit knowledge: Some implications of developmental observations for adult psychotherapy. *Infant Mental Health Journal, 19 (3)*, 300–308.

Summa, M. (2011a). Das Leibgedächtnis. Ein Beitrag aus der Phänomenologie Husserls. *Husserl Studies, 27 (3)*, 173–196.

Summa, M. (2011b). Zwischen Erinnern und Vergessen. Implizites Leibgedächtnis und das Selbst am Beispiel der Demenz-Erkrankungen. *Phänomenologische Forschungen, 2011*, 155–174.

Sung, H. & Chang, A. M. (2005). Use of preferred music to decrease agitated behaviours in older people with dementia: A review of the literature. *Journal of Clinical Nursing, 14 (9)*, 1133–1140.

Zahavi, D. (1999). *Self-Awareness and Alterity. A Phenomenological Investigation*. Evanston, IL: Northwestern University Press.

Zahavi, D. (2006). *Subjectivity and Selfhood. Investigating the First-Person Perspective*. Cambridge, MA: MIT Press.

Raum und Zeit

Die Welt als Innenraum

Kafkas »Bau« als Paradigma paranoider Räumlichkeit

Einleitung

Das besondere Weltverhältnis des psychotisch erkrankten Menschen ist in der Psychopathologie u. a. mit Begriffen wie *Unfähigkeit zum Überstieg* oder *Perspektivenwechsel* (Conrad 1958; Blankenburg 1991), *Subjektzentrismus* (Bilz 1967), *Entgrenzung* und *Standverlust* (Zutt & Kulenkampff 1958), *Diffusion der Ich-Grenzen* (Scharfetter 1991) oder *gesteigerte Umweltkohärenz* (Janzarik 1967) beschrieben worden. Von den unterschiedlichen Implikationen dieser Begriffe abgesehen, fällt als eine Gemeinsamkeit ihr *räumlicher Charakter* auf, der auch dem zugehörigen Abwehrmechanismus der ›Projektion‹ eignet. Zunächst scheint es sich dabei nur um *metaphorisch*-raumbezogene Termini zu handeln, deren wir uns zur Beschreibung intra- oder intersubjektiver, relationaler Sachverhalte notgedrungen bedienen müssen. Aber lässt sich das paranoide Erleben wirklich vom konkreten Raum, in dem es sich ereignet, von seinen Ordnungen und Richtungen abstrahieren? Wenn nicht, dann müssten sich phänomenologisch typische Strukturen veränderter Räumlichkeit aufweisen lassen, in denen sich dieses Erleben vollzieht.

    Nun gibt es eine Form paranoider Psychosen, die sich tatsächlich durch ihre enge Beziehung zur nächsten räumlichen Umgebung, zur Wohnung und Nachbarschaft der Patienten auszeichnet, nämlich die ›Paraphrenien‹ des höheren Lebensalters. Das paranoide Erleben konkretisiert sich hier in einer tiefgreifenden Veränderung des Charakters und der Grenzen des Umraums, in einem veränderten Verhältnis von Eigen- und Fremdraum, von Innen und Außen. Die Beschränkung des Lebensradius im Alter, aber auch der meist systematische, geschlossene Charakter des

Wahnaufbaus der Spätpsychosen dürften in erster Linie für diese konkret-räumliche Ausgestaltung des Alterswahns verantwortlich sein. Doch wäre es auch denkbar, dass aufgrund dieser Besonderheiten eine Grundstruktur paranoider Räumlichkeit hier deutlicher zutage tritt, die in den diffuser ausgreifenden, inhaltlich weniger strukturierten Psychosen jüngerer Erwachsener nur schwerer erkennbar, gleichwohl aber präsent ist.

Im Folgenden soll die an der Wohnung und ihren Grenzen sich konkretisierende ›paranoide Räumlichkeit‹ in ihren Grundstrukturen nachgezeichnet werden. Als ein Paradigma dafür bietet sich eine Erzählung Franz Kafkas mit dem Titel *Der Bau* an, deren Inhalt und Erzählperspektive, wie sich zeigen wird, in überraschender Verwandtschaft zum Erleben paranoider Alterspatienten stehen. Zunächst jedoch soll eine typische Kasuistik einige Charakteristika dieser Patienten vergegenwärtigen.

Kasuistik eines Altersparanoids

Eine 78-jährige Patientin stellt sich in der Toxikologischen Abteilung des Klinikums vor, da sie sich durch in ihre Wohnung gesprühte Chemikalien vergiftet glaubt. Sie stammt aus einer schlesischen Kaufmannsfamilie und wurde bei Kriegsende 1945 auf der Flucht von ihrer Familie getrennt. Eine spätere Ehe wurde nach vier Jahren auf ihren Wunsch kinderlos geschieden; danach war sie als Postangestellte tätig, gewohnt und stolz darauf, für sich selbst zu sorgen. Seit ihrer Berentung vor 16 Jahren lebt die Patientin allein in einem großen Wohnblock. Im Gespräch mit ihr fällt eine leichte Schwerhörigkeit auf.

Vor zwei Jahren, so berichtet sie, sei in eine leerstehende Wohnung über ihr jemand eingezogen. Der Hausmeister habe dies auf ihre Nachfrage zwar bestritten, sie habe es an Schritten und Klopfgeräuschen jedoch eindeutig gemerkt. Dann habe sie festgestellt, dass auch in den als Zweitwohnung meist unbenutzten Räumen nebenan sich ein Ausländerpärchen illegal einquartiert habe; sie höre sie durch die hellhörigen Wände Unverständliches miteinander tuscheln. Schließlich habe sie erkannt, dass der Mieter über ihr durch sein Klopfen dem Pärchen Nachrichten über sie gebe, insbesondere wenn sie nach einem Ausgang in ihre Wohnung zurückkomme. Nach und nach hätten die drei einen regelrechten Lärmterror gegen sie entfacht, indem sie ihr nachts verschiedenste Tonbandgeräusche vorspielten. Einer von ihnen habe ihre Wohnung einmal mit dem Fernglas beobachtet. Nachts habe man sie in ihrem Schlafzimmer mit Autoscheinwerfern zu stören versucht. Sie lasse jetzt die Fensterläden meist auch tagsüber geschlossen, habe ihre Wohnung mit einem Spezialschloss gesichert und zur Nachbarwohnung eine zusätzliche Lärmschutzwand einziehen lassen. Ihre Gegner hätten aber die Geräusche nur umso lauter abgespielt, um sie als alte Frau aus ihrer Wohnung zu vertreiben.

Seit einem halben Jahr sei sie noch massiveren Attacken ausgesetzt. Durch Fensterritzen und feine Löcher in der Wand, die sie vergeblich zu verstopfen suche, sprühe man übelriechendes Gift in ihre Wohnung, dass ihr den Atem raube und sie nicht mehr schlafen lasse. In ihrer Abwesenheit dringe man in die Wohnung ein und präpariere die Einrichtung mit Giftspritzern, die sich nicht mehr abwischen ließen. Im Badezimmer werde sie durch den Auslass an der Decke hindurch beobachtet, so dass sie nur noch im Badeanzug duschen könne. Alle ihre Gegenmaßnahmen hätten die Verfolger nur noch mehr provoziert. Das Schlimmste sei nun, dass sich einer von ihnen in Hohlräumen hinter den Wänden ihrer Wohnung aufhalte und von dort auf sie ziele; sie höre sein Scharren in der Wand und das Knacken seines Gewehrs beim Spannen. Aus Angst vor einem Schuss trage sie den ganzen Tag ein schweres Polster mit sich herum, hinter dem sie ihren Kopf verberge. Sie traue sich kaum noch aus dem Haus aus Angst, man könne in der Zwischenzeit die Wohnung verwüsten oder ihr dort eine Falle stellen.

In dieser Kasuistik finden sich mehrere typische Komponenten des Altersparanoids:

– eine langanhaltende Vereinsamung und anonyme Wohnsituation, in der die vermeintlichen Gegner gewissermaßen die einzig »nahestehenden« Personen darstellen (Janzarik 1973);
– Schwerhörigkeit, Kinderlosigkeit und das frühere Trauma der Vertreibung aus der Heimat als prädisponierende Faktoren (Kay & Roth 1961; Cooper et al. 1974; Fuchs 1993, 1999);
– ein schleichender, von der Umgebung meist unbemerkter Übergang von misstrauischer Grundhaltung zum manifesten Wahn;

- an die Wohngrenzen und die Nachbarschaft gebundene Beeinträchtigungsideen mit akustischen und olfaktorischen Illusionen bzw. Halluzinationen;
- schließlich das feindliche Vordringen durch die »hintereinander gestaffelten Grenzen des Wohnbereichs und der Leibsphäre« (Janzarik 1973) mit der Besonderheit, dass *sonst physikalisch undurchdringliche Barrieren, v. a. Wände und Decken für die Angreifer permeabel werden.*

Herbert und Jacobson (1967) haben dieses letztere Phänomen unter dem Terminus »*partition delusions*« (wörtl. »Trennwand-Wahn«) erstmals beschrieben; nach Howard und Kollegen (1992) kann es als charakteristisch für die paranoiden Alterspsychosen gelten. Meist versuchen die Betroffenen vergeblich, durch verschiedenste Sicherungsmaßnahmen die verlorene Geborgenheit in der Wohnung wiederherzustellen (Schlösser, Isolierungen, Verhängen der Fenster, geheime Telefonnummer etc. [Fuchs & Haupt 1994]). Nicht selten erscheint ihnen der Wohnungswechsel als letzter Ausweg.

Vor dem damit skizzierten Hintergrund altersparanoider Wahninhalte wollen wir uns nun Kafkas *Bau* zuwenden.

Kafkas Erzählung *Der Bau*

Die Erzählung *Der Bau* ist in Kafkas Todesjahr 1924 entstanden (Kafka 1970). Zusammen mit anderen späten Erzählungen (*Eine kleine Frau, Forschungen eines Hundes, Josefine die Sängerin*) kann sie als Ausdruck der radikalen Vereinzelung am Ende von Kafkas künstlerischer Existenz gelten. Die Welt erscheint in diesen Erzählungen nur noch in der einsamen Reflexion eines monologisch vortragenden Ich; die hermetisch abgeschlossene, subjektivistische Erzählperspektive erlaubt auch dem Leser keinen ›Überstieg‹ mehr – ein Phänomen, das in dieser Radikalität wohl eine Besonderheit von Kafkas Werk darstellt (Krusche 1978).

Aspektfigur der Erzählung ist, wie in mehreren Texten Kafkas, ein nicht näher bezeichnetes »Tier«. Es lebt in einem weitverzweigten, unterirdischen Höhlenbau, an dessen Errichtung es offenbar einen Großteil seiner Lebenszeit verwendet hat. Mit einem blind endenden Scheinzugang, einem weit davon entfernten, moosverdeckten Eingangsloch, einem nachfolgenden Höhlenlabyrinth und einem zentralen, besonders befestigten »Burgplatz« im Inneren ist der Bau »so gesichert, wie eben überhaupt auf der Welt etwas gesichert werden kann« (Kafka 1970, 359). Welche Umstände das Tier einmal zur Anlage des Baus und zum weitgehenden Rückzug in ihn veranlasst haben, bleibt im Dunkeln. Jedenfalls gibt es draußen »viele Feinde und noch mehr Helfershelfer der Feinde« [367][1], deren Angriffe das Tier bereits beim Graben antizipiert hatte: »Hier ist der Eingang zu meinem Haus, sagte ich damals ironisch zu den unsichtbaren Feinden und sah sie schon sämtlich in dem Eingangslabyrinth ersticken« [365].

Als ein Motiv für den Höhlenbau wird auch die *Altersvorsorge* deutlich: »Schön ist es für das nahende Alter, einen solchen Bau zu haben, sich unter Dach gebracht zu haben, wenn der Herbst beginnt« [361]. Immer wieder versucht das Tier, das Gefühl völliger Sicherheit und Geborgenheit wachzurufen, das der Bau einmal in ihm erweckt hat: »Es gab glückliche Zeiten, in denen ich mir fast sagte, daß die Gegnerschaft der Welt vielleicht aufgehört oder sich beruhigt habe oder daß die Macht des Baus mich heraushebe aus dem bisherigen Vernichtungskampf« [367].

An manchen Stellen wird ein geradezu libidinös gefärbtes Verhältnis des Tiers zu seinem Höhlenbau erkennbar: Es liebt seine »Stille« [361], »meine Burg, die auf keine Weise jemand anderem angehören kann und die so sehr mein ist«, die Gänge, »die ganz genau für mich berechnet sind, für wohliges Strecken, kindliches Sichwälzen, träumerisches Daliegen, seliges Entschlafen [...] sie umfangen mich friedlich und warm, wie kein Nest seinen Vogel umfängt« [372]. Der Bau wird zum *Außenleib* des Tiers – »seine Verletzungen schmerzen mich, als wären es die meinen« [384] –, ja seine Plätze und Gänge förmlich zum *Gesprächspartner*: »Was kümmert mich die Gefahr, jetzt, da ich bei euch bin. Ihr

---

[1] Die Seitenangaben in eckigen Klammern beziehen sich im Folgenden alle auf Kafka (1970).

gehört zu mir, ich zu euch, verbunden sind wir, was kann uns geschehen. [...] Und mit seiner Stummheit und Leere begrüßt nun auch mich der Bau und bekräftigt, was ich sage« [374].

Doch mit diesen Beschwörungen kann das Tier das latent stets gegenwärtige Gefühl der Gefahr nicht bannen: »Das weiß ich wohl, und mein Leben hat selbst jetzt auf seinem Höhepunkt keine völlig ruhige Stunde« [360]. »[R]egelmäßig von Zeit zu Zeit schrecke ich auf aus tiefem Schlaf und lausche, lausche in die Stille« [361]. Die Gefahr verschärft sich mit dem Bewusstsein des Alterns: »[I]ch werde alt, es gibt viele, die kräftiger sind als ich und meiner Gegner gibt es unzählige« [360]. Dabei imaginiert das Tier neben den Feinden der Oberwelt auch solche im Inneren der Erde: »Ich lebe im Innersten meines Hauses in Frieden und inzwischen bohrt sich langsam und still der Gegner von irgendwoher an mich heran« [ebd.].

Besonders prekär gestalten sich die seltenen, aber der Jagd wegen unvermeidlichen Exkursionen, in denen das Tier zur vorübergehenden Preisgabe des Baus genötigt ist. Wiederum erfährt es geradezu leibhaft den Verlust der Geborgenheit: »Gehe ich nur in der Richtung zum Ausgang, [...] glaube ich schon in die Atmosphäre einer großen Gefahr zu geraten, mir ist manchmal als verdünne sich mein Fell, als könnte ich bald mit bloßem, kahlen Fleisch dastehen« [365 f.]. Draußen, wo übergangslos die »Fremde« beginnt [366], wird das Tier vom Gedanken an den leerstehenden Bau geplagt; bald kehrt es zurück und belauert aus einem Versteck den Höhleneingang »[D]iesmal von außen – tage- und nächtelang. Man mag es töricht nennen, es macht mir eine unsagbare Freude, und es beruhigt mich. *Mir ist dann, als stehe ich nicht vor meinem Haus, sondern vor mir selbst, während ich schlafe,* und hätte das Glück, gleichzeitig tief zu schlafen und dabei mich scharf bewachen zu können« [367; Hvhb. T. F.]. Erst nachträglich wird dem Tier bewusst, dass es damit selbst bereits die Perspektive des Feindes eingenommen hat: »[E]s ist fast schon so, als sei ich der Feind, und spionierte die passende Gelegenheit aus, um mit Erfolg einzubrechen« [370].

Damit aber ist das eigentliche Dilemma nur hinausgezögert, nämlich die »Prozedur des Hinabsteigens«, ohne zu wissen, was

»hinter meinem Rücken und dann hinter der wiedereingefügten Falltür geschehen wird« [368], und mit der Gefahr, ungewollt einem etwaigen Späher das Geheimnis des Zugangs zu offenbaren. Zögernd und ratlos umkreist das Tier den Eingang, imaginiert einen möglichen Konkurrenten, »irgend jemand von meiner Art, einen Kenner und Schätzer von Bauten, [...] aber ein wüster Lump, der wohnen will, ohne zu bauen« [369]. Um die Situation kontrollieren zu können, wünscht es ihn geradezu herbei: »Wenn er doch jetzt käme, wenn er doch mit seiner schmutzigen Gier den Eingang entdeckte, [...] damit ich endlich in einem Rasen hinter ihm her [...] ihn anspringen könnte, ihn zerbeißen, zerfleischen, zerreißen und austrinken [...] könnte. [...] *Aber es kommt niemand, und ich bleibe auf mich allein angewiesen*« [369 f.; Hvhb. T. F.].

In diesem Dilemma gefangen, denkt das Tier für einen Augenblick an einen »Vertrauensmann«, der ihm von seinem Beobachtungsposten aus beim Hinabsteigen Rückendeckung geben könnte. Aber der damit implizierte Autonomieverlust und das In-der-Schuld-Stehen werden sofort wieder verworfen: »Denn wird er nicht eine Gegenleistung verlangen, wird er nicht wenigstens den Bau ansehen wollen? [...] Und wie ist es mit dem Vertrauen? Kann ich dem, welchem ich Aug in Aug vertraue, noch ebenso vertrauen, wenn ich ihn nicht sehe und wenn die Moosdecke uns trennt? Es ist verhältnismäßig leicht, jemandem zu vertrauen, wenn man ihn gleichzeitig [...] überwachen kann, [...] aber aus dem Inneren des Baues, *also einer anderen Welt heraus*, jemandem außerhalb völlig zu vertrauen, ich glaube, das ist unmöglich. [...] *Vertrauen aber kann ich nur mir und dem Bau*« [370; Hvhb. T. F.]. Mit anderen Worten: Der Bau selbst als Raum fensterloser, monadischer Innerlichkeit macht Vertrauen *a limine* unmöglich.

Von einem seiner Ausgänge zurückgekehrt, wird das Tier von einem leisen Geräusch geweckt. Es ist »ein leichtes Zischen, in langen Pausen nur hörbar, ein Nichts« [379], »gewissermaßen nur mit dem Ohr des Hausbesitzers hörbar« [375], aber rätselhafterweise gleichbleibend an allen Orten, ubiquitär im Raum des Baus gegenwärtig. Das Tier versucht zunächst, sich zu beruhigen: »Nun, es ist ein Geräusch, erzeugt durch die Grabungen irgendwelcher nichtiger Tiere« [376]. Doch die Hypothese wird verworfen: »Was ich nie gehört habe, obwohl es immer vorhanden war, kann ich doch nicht plötzlich zu hören anfangen. [...] Aber vielleicht, auch dieser Gedanke schleicht sich bei mir ein, handelt es sich hier um ein Tier, das ich noch nicht kenne. Möglich wäre es« [378].

Durch ausgedehnte Probegrabungen versucht das Tier, die Geräuschquelle zu lokalisieren, um »wenigstens Gewißheit« zu haben [379] – vergeblich. Es gerät in immer größere Unruhe, zumal das Geräusch sich zu verstärken scheint: »Und dieses Stärkerwerden scheint ein Näherkommen, noch viel deutlicher als man das Stärkerwerden hört, sieht man förmlich den Schritt, mit dem es näher kommt. Man springt von der Wand zurück« [381]. Schließlich konkretisiert sich unter dem Druck der angstgeleiteten Phantasie das Bild des Feindes: »Aber was helfen alle Mahnungen zur Ruhe, die Einbildungskraft will nicht stillstehen und ich halte tatsächlich dabei zu glauben – es ist zwecklos, sich das selbst abzuleugnen –, das Zischen stamme von einem Tier und zwar nicht von vielen und kleinen, sondern von einem einzigen großen«, einem »über alle Vorstellbarkeit hinaus gefährlichen« [383].

Aufgrund der rasenden Geschwindigkeit, mit der er sich durch die Erde gräbt, muss dieser »Zischer« schon von weitem und überall zu hören sein. »Es liegt [...] ein Plan vor, dessen Sinn ich nicht durchschaue, ich nehme nur an, dass das Tier [...] mich einkreist« [383]. In Panik hastet das Tier durch die Gänge seines Baus, »alles ringsherum scheint mir erregt, scheint mich anzusehen« [386]. Nur einen Moment erwägt es die Möglichkeit einer Verständigung mit dem Feind, »vielleicht verzichtet das Tier angesichts der ungeheuren Möglichkeiten, die es bei seiner Arbeitskraft zu haben scheint, auf die Ausdehnung seines Baus in der Richtung gegen den meinen« [387]. Doch zugleich weiß es, dass es »etwas derartiges nicht gibt«, dass es stattdessen zu einem tödlichen Kampf der »Krallen und Zähne gegeneinander« kommen wird. Doch »ich bin [...] ein alter Baumeister, und was ich an Kräften noch habe, versagt mir, wenn es zur Entscheidung kommt« [386].

Die Erzählung bleibt unvollendet, ohne eine tatsächliche Begegnung mit der Außenwelt. Nur der Duktus und die Dynamik des Textes signalisieren, dass es sich beim Kampf des Tieres mit dem Eindringling um seinen imaginierten Endkampf handelt.

Interpretation

1. Der Charakter der Wohnung

Der Bau weist, als eine Art Parabel genommen, auf drei Charakteristika menschlichen Wohnens hin, die beim Paranoiden in typischer Weise verändert bzw. verzerrt erscheinen:

(a) Wie der »Bau« hat auch die menschliche Wohnung, topologisch gesehen, »*Höhlencharakter*«, deutlich erkennbar etwa in einem großen Wohnblock (Bollnow 1963): Von einem Eingang im Flur aus stülpt sie sich in das Innere des Hauses vor und verzweigt sich zu blind endenden Räumen, die durch normalerweise undurchdringliche Wände vom Umraum abgeschlossen werden. Was dahinter geschieht oder geschehen könnte, bleibt im Raumerleben verborgen und tritt gewöhnlich gar nicht ins Bewusstsein. Zur angrenzenden Wohnung zu gelangen, erfordert einen komplizierten Umweg. Der bewohnte Raum ist somit kein geometrisch-homogener, sondern ein subjektiv-perspektivischer (Zutt 1953), oder mit einem Begriff Lewins (1934), ein »*hodologischer*« Raum (griech. *hodós* = Weg), in dem die kürzesten Verbindungen nicht geometrisch, sondern durch Wege, Barrieren und menschliche Gewohnheiten bestimmt sind.

Für das Tier wird nun, durch die »Feinde aus dem Inneren der Erde«, gerade der an sich tote *Umraum* zur eigentlichen Bedrohung. Seine ausgeklügelten Sicherheitsvorkehrungen am Höhleneingang werden durch den sich heranbohrenden »Zischer« unterlaufen, von dem es seinen Bau eingekreist sieht. Auch für die paranoiden Ideenbildungen ist es charakteristisch, dass die sonst abgeschatteten Um-

und Hohlräume der Wohnung, die Keller-, Speicher- und Nachbarräume auf bedrohliche Weise aktualisiert und (wie in der dargestellten Kasuistik) mit Angreifern bevölkert werden. An die Stelle des »hodologischen«, bergenden Raums tritt damit der geometrische Raum, nämlich ein zentripetal gerichtetes, die Barrieren von allen Seiten her durchdringendes und damit zunehmend homogenes Bedrohungsfeld.

(b) Die Wohnung hat weiter einen bergenden, magisch sichernden, »*apotropäischen*« Charakter: Sie scheidet eine ›Umfriedung‹ von äußerer Gefahr, Geborgenheit von Ausgesetztheit, Eigenraum von Fremdraum, Privates von Öffentlichem. Wohnen bedeutet immer auch eine Behauptung von ›Territorium‹ gegenüber andrängenden natürlichen oder menschlichen Gewalten, gegenüber Wind und Wetter, Blicken und Stimmen. Doch diese Abgrenzung behält eine *Ambivalenz*: Die Grenze als ›Rand des Draußen‹ ist diesem schon ausgesetzt; nicht umsonst schleicht sich die Sorge in Goethes *Faust* gerade »durchs Schlüsselloch ein«. Jede Bemühung um zusätzliche Grenzsicherheit erfordert, wie im Bau des Tiers, komplexere Vorrichtungen oder lässt an neue Schwachstellen denken, erhöht also wiederum die Verwundbarkeit: »Eben als Besitzer dieses großen empfindlichen Werkes bin ich wohlverstanden gegenüber jedem ernsteren Angriff wehrlos« [384].

Wo aber der schutzgewährende Innenraum der Wohnung gänzlich zur »Burg« oder zur Festung wird, können seine Grenzen nicht mehr frei ins Äußere überschritten werden und offen bleiben für den Austausch mit der Welt; ja sie *verbergen* nun selbst die Außenwelt, die damit nur umso bedrohlicher ›unmittelbar vor der Tür steht‹. *Isolierende Grenzen bedeuten Exponiertheit.* So schlägt die Sicherheit der Wohnung dialektisch in Unheimlichkeit um, ihre Geborgenheit in Gefangenschaft. Indem der Paranoide seine Grenzen immer mehr abzusichern sucht, glaubt er, seine Gefährdung zu verringern, steigert aber tatsächlich nur die wahrgenommene Bedrohlichkeit der Außenwelt.

(c) »Aber der Bau ist eben nicht nur ein Rettungsloch« [372]. Die Wohnung ist auch das Vertraute und ›Gewohnte‹, sie ist Heimat, Ort der Verwurzelung, der Behaglichkeit und Wärme. Das gilt in besonderem Maße für den alten Menschen, dem sie oft als einziges Element einer sich wandelnden Lebenssituation Stabilität und das Gefühl der persönlichen Identität vermittelt (›einen alten Baum verpflanzt man nicht‹). So steht die Angst vor dem Verlust des autonomen Wohnens auch im Vordergrund der Sorgen älterer Menschen (Kruse 1992).

Dass die emotionale Beziehung des Tiers zu seinem Bau noch darüber hinaus bis zur Identifikation und libidinösen Verschmelzung geht, wurde bereits deutlich. Aber auch die Besorgnis und Erregung altersparanoider Patienten vermitteln den Eindruck, dass die Verletzungen ihres Hausfriedens sie schmerzen, als wären es die ihren [384], dass also die Wohnung für sie zu einer Art ›Außenleib‹, zum ›*Gehäuse*‹ geworden ist. Es liegt nahe, diese besondere Sensibilität für das eigene Territorium auf eine erhöhte Angstbereitschaft zurückzuführen und sie als eine *Vorverlagerung der Ich-Grenzen aufgrund einer latent empfundenen Vulnerabilität* zu interpretieren.

Über deren Ursachen lassen sich einige Vermutungen anstellen. Die Häufigkeit von Entwurzelungserfahrungen und anderen Traumata, wie es etwa die Vertreibung aus der Heimat darstellt (Gurian et al. 1992; Fuchs 1999), dürfte für die basale Vulnerabilität altersparanoider Patienten mitverantwortlich sein. Wenige oder fehlende intime Beziehungen und die häufige Kinderlosigkeit der Patienten – bzw. häufiger Patientinnen – weisen auf einen Mangel an Vertrauensbereitschaft und emotionaler Öffnung hin (Kay & Roth 1961; Post 1966). Die Patienten waren gewohnt, ihr Leben weitgehend selbstständig und alleine zu führen. Wie für Kafkas »Tier«, stellen schließlich die Anzeichen des Alterns, körperliche Fragilität und nachlassende Sinneskräfte gerade für die autonomiebedürftigen paranoiden Patienten eine besondere Bedrohung dar und werden nicht zufällig oft auf die feindlichen Angriffe zurückgeführt, also wahnhaft nach außen projiziert. Eine wesentlich auch *leiblich-räumlich erlebte Ich-Schwäche* mit dem *Grundgefühl der »Ausgesetztheit«*, so lassen sich diese Überlegungen zusammenfassen, bedingt demnach die Überidentifikation mit dem Territorium der Wohnung als einem *Surrogat der Ich-Grenzen*, einem äußeren ›Gehäuse‹. Dieses materialisierte Surrogat ermöglicht – im Gegensatz zu den Ich-Grenzen selbst – auch praktisch-technische Schutzmaßnahmen (Abriegelungen, Abdichtungen u.a.), die das Sicherheitsbedürfnis der Patienten zunächst noch befriedigen.

Die veränderten Charakteristika des Wohnens im paranoiden Erleben, wie sie nun beschrieben wurden, lassen zusammengenommen *die Grenze des bewohnten Raums überbetont hervortreten*: zum einen durch die *Vorverlagerung* der Leib- und Ich-Sphäre an die Front des eigenen Territoriums, zum anderen durch das *Zurückweichen* im Lebens- und Aktivitätsradius vor einer als feindlich erlebten Außenwelt, durch ein Leben ›hinter der Grenze‹. In ihrem Gehäuse bleiben die Patienten ja ortsgebunden, es lässt sich nicht ›mitnehmen‹ wie die eigene Leibsphäre, die wir der Welt entgegen- oder in sie hineintragen können. Es verhält sich ähnlich wie bei Kafkas Tier, das sich bereits mit dem Verlassen seines Baus übergangslos »in der Fremde« fühlt [376], also keinen Umraum heimatlicher Nachbarschaft und abgestufter Vertrautheit kennt. Ebenso wenig gelingt es ihm, den Außenraum aktiv und ausgreifend in seinen Lebensraum einzubeziehen und damit auch im größeren Raum der Welt *zu wohnen*, zu Hause zu sein. Das Misstrauen engt seinen Eigenraum ein und beschränkt ihn auf die nächste Umgebung: »Vertrauen aber kann ich nur mir und dem Bau« [370].

Die für das menschliche Wohnen grundlegend vorausgesetzte Spannung zwischen dem bergenden Innen- und dem bedrohten Außenraum, die es immer neu nach außen hin *zu überwinden gilt*, bleibt für den Paranoiden unaufgelöst. Dieser Spannung aber sind die Grenzen der Wohnung auf Dauer nicht gewachsen; und am Ende fällt auch der bergende Innenraum der Bedrohung anheim.

2. Stufen der Grenzauflösung

Gestützt auf die Literatur (vgl. Kay & Roth 1961; Janzarik 1967; Pearlson et al. 1989; Naguib & Levy 1991) und meinen eigenen Überblick über gut 40 Fälle (Fuchs 1999), lassen sich in der schrittweisen Grenzauflösung und Überwältigung des Innenraums mehrere Stufen differenzieren, ohne dass diese freilich alle bzw. nacheinander durchlaufen werden müssten.

Zu Beginn wird das Misstrauen der Patienten häufig durch Vorgänge in der *Peripherie* des Wohnbereichs geweckt: Der Einzug eines neuen Hausbewohners, verdächtige Vorgänge im Keller oder Speicher, Zettel im Briefkasten, Telefonanrufe ohne Teilnehmermeldung u. ä. rufen zunehmende Beunruhigung hervor. Dann sind es meist *Geräusche* – ein Klopfen, Knacken, Schritte, Tuscheln, einzelne Wortfetzen –, die bereits die Wohngrenzen durchdringen und als Störung oder Bedrohung interpretiert werden. Akustische Illusionen und Halluzinationen bis hin zu kommentierenden Stimmen finden sich in 70–90 % der Fälle. Begünstigt werden sie durch die Anspannung der Aufmerksamkeit – sie seien »hellhörig geworden«, berichten die Patienten oft – und durch die sensorische Deprivation der meist alleinlebenden bzw. schwerhörigen Betroffenen (Fuchs 1993). Auch in Kafkas Erzählung bereiten die lautlose Stille des Baus und das gespannte Horchen des Tieres »gewissermaßen mit dem Ohr des Hausbesitzers« den Boden für das rätselhaft-ubiquitäre »Zischen«. Durch die Eindringlichkeit, mit der das Akustische sich von seiner Schallquelle löst und diffus im Raum ausbreitet, sich nicht ohne Weiteres ›feststellen‹, lokalisieren und distanzieren lässt wie das optisch Wahrgenommene, wird es zum vorrangigen Medium paranoider Räumlichkeit.

Demgegenüber spielt das *optische Medium* zunächst eher eine geringere Rolle. Das von Kulenkampff (1956) betonte paranoide »Erblicktwerden« ist nämlich naturgemäß meist auch mit einem »Erblicken« verknüpft, während es im Erleben des »Tiers« ebenso wie der Patientin unserer Kasuistik charakteristischerweise gar nicht zu einer Begegnung, zum ›Kreuzen der Blicke‹ mit dem Feind kommt. Immerhin zeigt sich in der Rolle der *Fens-*

ter die Umkehr der Blickrichtung im paranoiden Raumerleben: Während sie sonst die ›Augen des Hauses‹ darstellten, durch die man sah, ohne gesehen zu werden, dienen sie nun den Gegnern als Schneisen zur Beobachtung der Wohnung, zur Belästigung mittels Scheinwerfern o. ä., und müssen auch tagsüber durch Läden verschlossen werden.

Die nächste Stufe, der *Geruch* von eindringenden Gasen oder Giften, steht einerseits noch dem Atmosphärischen, dem »unheimlich in der Luft Liegenden« nahe (Tellenbach 1968), andererseits materialisiert sich darin bereits das Penetrierende und rückt den Patienten bedrohlich zu Leibe. Olfaktorische Halluzinationen treten in etwa einem Drittel der Fälle auf; vielfach werden aber auch Missempfindungen der Atemwege, Beklemmungen, Schwindel, Jucken oder andere körperliche Symptome auf Gifteinwirkungen zurückgeführt. Mit dem Eindringen von Stoffen beginnen die materiellen Wohngrenzen permeabel zu werden. Aber auch vor menschlichen Angreifern, die sich – vorläufig noch in der Abwesenheit der Patienten – in der Wohnung zu schaffen machen, gibt es nun trotz Sicherheitsschlössern und anderen Vorkehrungen keinen wirksamen Schutz mehr. Schließlich kommt es zu einem regelrechten Belagerungszustand: Die Gegner lauern den Verfolgten von allen Seiten her auf, bedrohen sie aus dem verborgenen Umraum der Wohnung und beobachten sie in ihrer Intimsphäre, wobei oft gerade die Bettstatt als Intimsphäre bloßgelegt wird. Mit dem Eindringen von Menschen oder Tieren durch die förmlich entmaterialisierten Wände hindurch nimmt die Grenzauflösung am Ende phantastische Züge an (Kay & Roth 1961; Fuchs & Haupt 1994).

Die letzte Stufe ist, nach dem Verlust des bergenden Gehäuses, die Überwältigung der verletzlichen Leibgrenzen des Ich: Die Patienten werden durch die Wände hindurch angestrahlt, unter Strom gesetzt, telepathisch fremdbeeinflusst, manipuliert oder sexuell erregt. Die zentripetal voranschreitende Destruktion der hierarchisch geordneten Ich-Grenzen hat den Eigenraum ganz im Fremdraum aufgehen lassen.

Über zwei Drittel der altersparanoiden Patienten leiden unter Wahnvorstellungen von der Durchlässigkeit sonst undurchdringlicher Wohngrenzen (»*partition delusions*«, Howard et al. 1992). Doch behalten die Wände und Decken, trotz ihrer Permeabilität, gerade als brüchige *Fassaden* eine wesentliche Funktion im paranoiden Erleben: Misstrauen und Bedrohungsgefühl speisen sich ja gerade aus dem, was *hinter* den Dingen, *unter* der Oberfläche, ›*zwischen* den Zeilen‹ verborgen ist, ohne sich jemals wirklich zu offenbaren (auch das apophäne ›Durchschauen‹ der Oberfläche lässt sie immer noch als solche bestehen!). Das Fortbestehen der Fassade, die ›Doppelbödigkeit‹ des Umgebenden ist geradezu notwendig für den Wahn, der sich durch ›Nicht-Begegnung‹ aufrechterhält und umgekehrt durch wirkliche Begegnung mit dem Hintergrund in Frage gestellt würde. In paradoxer Weise erfüllen so die durchlässigen Wohngrenzen immer noch eine Schutzfunktion: Sie verbergen nun dem Wahnkranken das Nicht-Vorhandensein des Gewähnten und stabilisieren damit den Wahn.

3. *Die Außenwelt und der Andere*

An verschiedenen Stellen von Kafkas Erzählung – etwa wenn das Tier sich in Größenphantasien von einem »ganz vollkommenen Bau« ergeht [371], seine Feinde darin ersticken sieht, sich lustvoll im Bau wälzt usw. – wird das Hochgefühl der erlangten Autonomie und Unverwundbarkeit, der Genuss der eigenen, inkommensurablen Subjektivität erkennbar. Und doch bleibt die Mitwelt des Tieres ständig präsent – nur eben als *Gegenwelt*, in den Fiktionen von Gefahr, Angriff, Verteidigung und tödlichem Kampf, zuletzt personifiziert in dem »über alle Vorstellbarkeit hinaus gefährlichen Zischer«, dem dämonisierten *Gegen-Tier*, dem Nicht-Ich schlechthin. In den imaginierten Vernichtungskämpfen erreicht das emotionale Erleben des Tiers seine höchste Intensität, es kämpft »mit einem neuen anderen Hunger« [387], wie in einem Rausch, ja es sehnt diesen Kampf geradezu herbei, um dann doch zu realisieren: »Aber es kommt niemand, und ich bleibe auf mich allein angewiesen« [370].

Gerade die Angstlust dieser Phantasien lässt erkennen, wie das Hochgefühl unzugänglicher Geborgenheit in Isolation und die

Grandiosität absoluter Autonomie in die Sehnsucht nach dem Anderen umschlägt. Denn noch in der erbittertsten Feindschaft des Tieres macht sich das latent erhaltene Urbedürfnis nach *Aufmerksamkeit und Begegnung* geltend, die gleichwohl nur noch als feindlich gesinntes Interesse und gnadenloser Kampf vorstellbar sind. So wird auch in der ängstlich-faszinierten Erregung, mit der die paranoiden Patienten über ihren unermüdlichen Abwehrkampf, gerade auch über sexuell getönte Attacken ihrer Gegner berichten, für den Zuhörer noch spürbar, was Schulte (1924) als Bildung eines »Surrogat-Wir« bezeichnet hat, Cameron (1943) als »paranoide Pseudo-Gemeinschaft« und Janzarik (1973) als »Restitution der verlorenen Mitwelt in pervertierter Form«.

So gilt alles Interesse des Tieres eigentlich seinen Feinden, und trotz aller Abschottung ist es doch nie wirklich bei sich, sondern *draußen*, bei ihnen. Nie wird dies deutlicher als bei seinem tagelangen Wachehalten vor dem eigenen Bau, in dem es sich selbst zugleich schlafend imaginiert [367]. In der »unsagbaren Freude« der illusionären Kontrolle über Innen- und Außenwelt *hat es bereits die Perspektive des Feindes eingenommen*, den Bau und damit sich selbst in den Brennpunkt möglicher Angriffe gesetzt. *Mit der Verinnerlichung der Feind-Perspektive aber ist umgekehrt der Feind auch immer schon im Inneren des Baus.* Wie das Tier seine Attacken antizipiert, so weiß auch der Feind seinerseits letztlich alles vom Tier, er durchschaut die Schwächen des Baus, alle Abwehrmaßnahmen sind ihm bekannt und daher vergeblich: Wie ein Schachspieler, der gegen sich selbst spielt, ist das Tier in der Falle seiner eigenen Projektionen gefangen.

Die zentripetale Grenzauflösung des Umraums hat ihre Wurzel letztlich darin, dass das Tier zugleich »drinnen« und »draußen« ist: Es durchschaut und durchdringt von außen seine eigenen Barrieren; durch seine antizipierenden Projektionen zerstört es selbst die bergende Macht der Wohnung. Das paranoide ›Erblicktwerden‹ beruht, wie sich zeigt, auf der Fähigkeit, sich von außen, mit den Augen des Anderen zu sehen.

Dieses Ergebnis scheint zunächst überraschend. Bedeutet Wahn nicht gerade die *Unfähigkeit* zum Überstieg, zum Wechsel der Perspektive? Kann sich der Paranoide also doch in ›den Anderen‹ hineinversetzen? Dass Kafka als Subjektfigur ein *menschenartiges Tier* gewählt hat, legt es nahe, die Antwort in einer Gegenüberstellung zu suchen. Ein Tier verwandelt das Begegnende in seine ›Umwelt‹, indem es ihm Bedeutsamkeit im Rahmen der eigenen Selbsterhaltung und -behauptung verleiht, es als ›förderlich‹ oder ›gefährlich‹ erkennt. Das ›Andere‹ als das *Für-sich-Seiende*, gegen es selbst Gleichgültige und Bewandtnislose existiert für das Tier gar nicht; es wird nicht Bestandteil seiner Umwelt, wird ihm nicht wirklich. Tierisches Leben heißt insofern Zentriertheit in sich, Bezogenheit des Begegnenden auf die eigene organische Mitte. Dennoch ist das Tier natürlich nicht paranoid – es erkennt wohl ›Beute‹ oder ›Feind‹, übernimmt dabei aber nicht deren Perspektive.

Der Mensch hingegen in seiner »exzentrischen Positionalität« (Plessner 1975) transzendiert diesen Subjektzentrismus. Als Mensch realisiere ich den Anderen *als Anderen*, nämlich als eigenständiges Zentrum einer zur meinen divergenten Weltsicht, in deren Rahmen ich für ihn eine Bewandtnis haben, *ihm aber auch gleichgültig sein kann*. Sich wirklich in den Anderen hineinzuversetzen, heißt auch von sich selbst absehen können; ich realisiere den Blick des Anderen, den auf mich gerichteten, aber auch den unbeteiligten. Der Paranoide hingegen vermag zwar mit den Augen des Anderen zu sehen, ja er tut dies, wie wir sahen, sogar in exzessiver Weise; aber er sieht dabei ›zurückblickend‹ *nur sich selbst*, gefährdet und ausgesetzt. Die »Exzentrizität« verkehrt sich dann zu einer zentripetal gerichteten Überwältigung. In einer nur dem Menschen möglichen Defizienz verschränkt sich in der *Anastrophé* (Conrad 1958), in der Eigenbezüglichkeit alles Wahrgenommenen, die menschliche Fähigkeit zum Überstieg mit der in reiner Selbstbehauptung befangenen Zentralität des Tiers. Das paranoide Erleben steht gewissermaßen zwischen dem Weltbezug des Tieres und dem des Menschen; es erweist sich somit als eine auf halbem Wege steckengebliebene Selbsttranszendenz, als eine dem Subjektzentrismus verhaftet gebliebene und damit letztlich immer nur fiktive Perspektivenübernahme.

Die vollendete Selbsttranszendenz hingegen wäre die *Liebe*. In ihr versetzen wir uns in den Anderen nicht um unserer selbst willen, sondern um das *ihm* Zuträgliche zu erfassen, um seine Selbsterhaltung und -verwirklichung zu fördern; und in der Gegenliebe erfahren wir seine Blicke *wohlwollend* auf uns ruhen. Dann entsteht ein gemeinsamer, gegen den Anderen nicht mehr abgegrenzter Raum heimatlicher Geborgenheit. Dass paranoide ältere Menschen so häufig ehe- oder kinderlos geblieben sind und diese Erfahrung selten in ihrem Leben gemacht haben, mag insofern der tiefste Grund für ihren verzweifelten Kampf um den eigenen Raum sein.

Literatur

Bilz, R. (1967). Der Wahn in ethologischer Sicht. Anthropologische Erörterungen über das Wahn-Problem. *Studium Generale, 20,* 650–660.

Blankenburg, W. (1991). Perspektivität und Wahn. In ders., *Wahn und Perspektivität: Störungen im Realitätsbezug des Menschen und ihre Therapie* (4–28). Stuttgart: Enke.

Bollnow, O. F. (1963). *Mensch und Raum.* Stuttgart: Kohlhammer.

Cameron, N. (1943). The paranoid pseudo-community. *American Journal of Sociology, 49 (1),* 32–38.

Conrad, K. (1958). *Die beginnende Schizophrenie. Versuch einer Gestaltanalyse des Wahns.* Stuttgart: Thieme.

Cooper, A. F., Curry, A. R., Kay, D. W. K. & Garside, R. F. (1974). Hearing loss in paranoid and affective psychoses of the elderly. *The Lancet, 304 (7885),* 851–854.

Fuchs, T. (1993). Wahnsyndrome bei sensorischer Beeinträchtigung – Überblick und Modellvorstellungen. *Fortschritte der Neurologie und Psychiatrie, 61 (8),* 257–266.

Fuchs, T. (1999). Life events in late paraphrenia and depression. *Psychopathology, 32 (2),* 60–69.

Fuchs, T. & Haupt, M. (1994). Schutzmächte bei Altersparaphrenien. *Nervenarzt, 65 (5),* 345–349.

Gurian, B. S., Wexler, D. & Baker, E. H. (1992). Late-life paranoia: Possible association with early trauma and infertility. *International Journal of Geriatric Psychiatry, 7 (4),* 277–284.

Herbert, M. E. & Jacobson, S. (1967). Late paraphrenia. *British Journal of Psychiatry, 113 (498),* 461–469.

Howard, R., Castle, D., O'Brien, J., Almeida, O. & Levy, R. (1992). Permeable walls, floors, ceilings and doors. Partition delusions in late paraphrenia. *International Journal of Geriatric Psychiatry, 7 (10),* 719–724.

Janzarik, W. (1967). Der Wahn in strukturdynamischer Sicht. *Studium Generale, 20*, 628–638.

Janzarik, W. (1973). Über das Kontaktmangelparanoid des höheren Alters und den Syndromcharakter schizophrenen Krankseins. *Nervenarzt, 44*, 515–526.

Kafka, F. (1970). *Der Bau.* In ders., *Sämtliche Erzählungen* (S. 359–388). Frankfurt am Main: Fischer.

Kay, D. W. K. & Roth, M. (1961). Environmental and hereditary factors in the schizophrenias of old age (»late paraphrenia«) and their bearing on the general problem of causation in schizophrenia. *Journal of Mental Science, 107 (449)*, 649–686.

Krusche, D. (1978). *Kommunikation im Erzähltext. Band 1.* München: Fink.

Kruse, A. (1992). Die neue Sicht des Alters in der Gerontologie. *18. Psychiatrie-Symposion an der Pfalzklinik Landeck*, Klingenmünster, 27.11.1992.

Kulenkampff, C. (1956). Blicken und Erblickt-werden. Das Für-Andere-Sein (J.-P. Sartre) in seiner Bedeutung für die Anthropologie der paranoiden Psychosen. *Nervenarzt, 27*, 2–12.

Lewin, K. (1934). Der Richtungsbegriff in der Psychologie. Der spezielle und allgemeine Hodologische Raum. *Psychologische Forschung, 19 (1)*, 246–299.

Naguib, M. & Levy, R. (1991). Paranoid states in the elderly and late paraphrenia. In R. Jacoby & C. Oppenheimer (Hrsg.), *Psychiatry in the Elderly* (S. 758–778). Oxford: Oxford University Press.

Pearlson, G. D., Kreger, L., Rabins, P. V., Chase, G. A., Cohen, B., Wirth, J. B., Schlaepfer, T. B. & Tune, L. E. (1989). A chart review study of late-onset and early-onset schizophrenia. *American Journal of Psychiatry, 146 (12)*, 1568–1574.

Plessner, H. (1975). *Die Stufen des Organischen und der Mensch.* Berlin: De Gruyter.

Post, F. (1966). *Persistent Persecutory States of the Elderly.* Oxford: Pergamon.

Scharfetter, C. (1991). *Allgemeine Psychopathologie.* Stuttgart: Thieme.

Schulte, H. (1924). Versuch einer Theorie der paranoischen Eigenbeziehung und Wahnbildung. *Psychologische Forschung, 5*, 1–23.

Tellenbach, H. (1968). *Geschmack und Atmosphäre. Medien menschlichen Elementarkontaktes.* Salzburg: Otto Müller.

Zutt, J. (1953). Über Daseinsordnungen. Ihre Bedeutung für die Psychiatrie. *Nervenarzt, 24*, 177–187.

Zutt, J. & Kulenkampff, C. (Hrsg.) (1958). *Das paranoide Syndrom in anthropologischer Sicht. Symposion auf dem 2. Internationalen Kongress für Psychiatrie im September 1957 in Zürich.* Berlin Heidelberg: Springer.

Das Unheimliche als Atmosphäre

Einleitung

Was ist das Unheimliche? – Zu Beginn des 20. Jahrhunderts haben die Psychologen Ernst Jentsch (1906) und Sigmund Freud (1919/ 1970) dieses Phänomen aufzuklären versucht. Jentsch sah die Grundlage des Unheimlichen in der Verunsicherung, die uns angesichts des Fremden und Unvertrauten befällt. In besonderem Maße gelte dies aber für den »Zweifel an der Beseelung eines anscheinend lebendigen Wesens und umgekehrt darüber, ob ein lebloser Gegenstand nicht etwa beseelt sei« (Jentsch 1906, 197): so etwa die dunklen Gestalten an einem nächtlichen Waldweg, die Wachsfiguren im gleichnamigen Kabinett, ein Mensch, der sich als Automat entpuppt wie in E. T. A. Hoffmanns Erzählungen, schließlich der Leichnam, der Vampir oder der Untote. Das Schwanken des Eindrucks zwischen dem Lebendigen und dem Toten erzeugt einen charakteristischen Schauder, ein Grauen: Die verlässlichen Grenzen zwischen den beiden Reichen beginnen zu verschwimmen.

Freud seinerseits zitiert in seiner Studie eine Definition Schellings – »Unheimlich nennt man alles, was im Geheimnis, im Verborgenen […] bleiben sollte und hervorgetreten ist« (Schelling 1857/1990, 649) – und sieht selbst im Unheimlichen »jene Art des Schreckhaften, welche auf das Altbekannte, längst Vertraute zurückgeht« (Freud 1970, 244). Dies sind nach Freuds Auffassung häufig verdrängte infantile Komplexe wie etwa der Kastrationskomplex oder die Mutterleibsphantasie. In Hoffmanns Erzählung *Der Sandmann* etwa sei es die Vorstellung des Herausreißens der Augen, die im Leser eine verdrängte Kastrationsangst auslöse. Diese Interpretation verallgemeinert Freud zu einer

Theorie des Unheimlichen als »Wiederkehr des Verdrängten«: Schaudern erweckt das längst überwunden Geglaubte und unbewusst Gewordene, dem wir unversehens wieder begegnen und das uns »die Idee des Verhängnisvollen, Unentrinnbaren aufdrängt, wo wir sonst nur von ›Zufall‹ gesprochen hätten« (ebd., 260).

Das Unheimliche hat somit in Freuds Konzeption enge Beziehungen zum *Wiederholungszwang*, der aber hier nicht als innerer Zwang erscheint, sondern dem Subjekt aus der Außenwelt entgegentritt – als das »Andere seiner selbst«. Das Fremde erweist sich als zweideutig und lässt das verborgene Eigene aufscheinen. Unheimlich ist daher, so Freud, auch die Begegnung mit sich selbst und der eigenen Vergangenheit, also

das Doppelgängertum, [...] die Identifizierung mit einer anderen Person, so dass man an seinem eigenen Ich irre wird oder das fremde Ich an die Stelle des eigenen versetzt, also Ich-Verdoppelung, Ich-Teilung, Ich-Vertauschung – und endlich die beständige Wiederkehr des Gleichen, die Wiederholung der nämlichen Gesichtszüge, Charaktere, Schicksale, verbrecherischen Taten, ja der Namen durch mehrere aufeinanderfolgende Generationen. (Ebd., 257 f.)

Jentschs und Freuds Interpretationen schließen einander nicht aus. Fassen wir sie zusammen, so liegt das Unheimliche zum einen in der Macht des Todes, die das Leben bedroht, und zum anderen in der Macht der Vergangenheit, die sich unserer Freiheit entgegenstellt und als Verhängnis die Offenheit der Zukunft aufhebt – insbesondere in der Wiederkehr des Gleichen, das die Einmaligkeit der Lebensgeschichte negiert. Unheimlich ist somit das Tote und Mechanische ebenso wie das Vergangene und Blind-Notwendige, das unvermittelt im Lebendigen, Gegenwärtigen und Spontanen zum Vorschein kommt.

So aufschlussreich diese Analysen für die Situationen und Motive sein mögen, in denen sich das Unheimliche äußert, sie überspringen doch in ihrem konkretisierenden Zugriff die feinere phänomenologische Analyse des Phänomens, das zweifellos primär im Atmosphärischen beheimatet ist. Ich werde im Folgenden eine solche Analyse in Grundzügen skizzieren und mich dann paradigmatisch einem besonderen Phänomen des Unheimlichen zuwenden, nämlich der Wahnstimmung in der beginnenden Schizophrenie. Daran möchte ich abschließend die Frage knüpfen, ob und inwiefern der Atmosphäre des Unheimlichen eine quasi-objektive Existenz in bestimmten Räumen und Situationen zugesprochen werden kann.

Zur Phänomenologie des Unheimlichen

Das Unheimliche als Zweideutigkeit

Das Unheimliche erleben wir dann, wenn eine bislang vertraute Umgebung oder ein gewohnter Gegenstand einen fremdartigen, hintergründigen und nicht deutlich durchschaubaren Charakter annehmen. Ausgehend von der Etymologie können wir auch sagen, dass das ›Heimliche‹ im Sinne des ›Heimischen‹ (also das zum eigenen Heim Gehörige und Vertraute) eine ›un-heimliche‹ Verwandlung erfährt und zu einem fremden, gespenstisch anmutenden Ort wird.[1] Es entsteht eine Atmosphäre des geahnten Unheils, der Bedrohlichkeit, die sich allerdings zu keiner umschriebenen, gegenständlichen Gefahr konkretisieren will. Die Situation verbleibt in einem ambivalenten Status zwischen Normalität und Verfremdung, wodurch aber gerade ihr unheilsschwangerer Charakter erzeugt wird.

Das Unheimliche liegt also in einem besonderen, nämlich uneindeutig schwankenden Verhältnis von Vorder- und Hintergrund: Das Bedrohliche tritt nicht als solches hervor, sondern lässt sich nur durch eine Doppelbödigkeit, eine *Ambiguität* des Vordergrundes hindurch erahnen oder vorwegnehmen. Daher tritt das Phänomen bevorzugt in unscharfen, verschwimmenden Strukturen des Wahrnehmungsfeldes auf, wie etwa in der Dämmerung, der Dunkelheit oder im Nebel, in denen sich Uneindeutigkeit und

---

[1] Das Wort ›heimlich‹ hat ausgehend vom Heimisch-Vertrauten nach und nach die Bedeutung des Privaten, Geheimen, der Öffentlichkeit Verborgenen erhalten und ist damit nahe an das ›Unheimliche‹ herangerückt. Diese Doppelsinnigkeit ist, wie sich noch deutlicher zeigen wird, charakteristisch für die Phänomenologie des Unheimlichen: »Unheimlich ist irgendwie eine Art von heimlich« (Freud 1919/1970, 250).

Hintergründigkeit besonders leicht einnisten können. Klaus Conrad hat in einer gestaltpsychologischen Studie über die beginnende Schizophrenie beschrieben, wie das Unheimliche einen nächtlichen Waldspaziergänger erfasst:

> Im Dunkel, wo man es nicht sehen kann, und hinter den Bäumen lauert »es« – man fragt nicht, was Es ist, was da lauert. Es ist ein ganz Unbestimmbares, es ist das Lauern selber. Die *Zwischenräume* zwischen dem Sichtbaren und das *Dahinter*, all dieses Ungreifbare ist nicht mehr geheuer, und der Hintergrund selbst, vor dem sich die greifbaren Dinge abheben, hat seine Neutralität verloren. Nicht der Baum oder der Strauch, den man sieht, das Rauschen der Wipfel oder das Schreien des Kauzes, das man hört, ist es, das uns beben macht, sondern alles Hintergründige, der ganze Umraum, aus dem Baum und Strauch, Rauschen und Krächzen sich herauslösen, eben *das Dunkel und der Hintergrund selbst* sind es. (Conrad 1958/1992, 41)

Weil die Dinge zwischen Vorder- und Hintergründigkeit irrlichtern und die unheimliche Bewandtnis, die es mit ihnen hat, nicht dingfest zu machen ist, nehmen sie oft einen schemenhaften, unwirklichen Charakter an. Erfasst dieser Charakter die gesamte Umwelt, so kann sich ein generelles Derealisationserleben entwickeln, wie es in der schizophrenen Wahnstimmung häufig der Fall ist:

> Wo man auch hinguckt, sieht alles schon so unwirklich aus. Die ganze Umgebung, alles wird wie fremd, und man bekommt wahnsinnige Angst [...] irgendwie ist plötzlich alles für mich da, für mich gestellt. Alles um einen bezieht sich plötzlich auf einen selber. Man steht im Mittelpunkt einer Handlung wie unter Kulissen. (Klosterkötter 1988, 69)

Psychopathologisch und phänomenologisch ist diese unheimliche *Ver*fremdung des Vertrauten allerdings zu unterscheiden von einer *Ent*fremdung, etwa in der schweren Depression: Hier verblassen die Ausdruckscharaktere, die Dinge erscheinen stumpf, farb- und wesenlos, und die sympathetische leibliche Resonanz mit der Umgebung geht verloren. Dies erzeugt nicht die für die Schizophrenie typische, beängstigende Atmosphäre vieldeutiger Unheimlichkeit, sondern vielmehr Leere, Leblosigkeit und den Verlust aller Bedeutsamkeit. Wir werden auf die psychopathologische Analyse noch zurückkommen.

Die unheimliche Atmosphäre

Dass das Unheimliche eine besondere Form der raumerfüllenden Atmosphären darstellt, ist in den bisherigen Überlegungen bereits deutlich geworden. In der Terminologie von Hermann Schmitz lässt sich die Atmosphäre des Unheimlichen auch als eine »zentripetale Erregung« beschreiben. Zu ihrer Bezeichnung führt Schmitz das Wort »Bangnis« ein, um sie von der Furcht als intentionalem Gefühl und der Angst als primär leiblicher Regung zu unterscheiden. Bangnis ist dann das »atmosphärisch umgreifende, ungeteilte Ganze des Unheimlichen«, das zentripetal auf das Subjekt vorrückt (Schmitz 1981, 283). Dabei stellt sich die Atmosphäre nicht abrupt, sondern zumeist schleichend ein, denn das Unheilvolle schimmert zunächst nur undeutlich durch das Vertraute hindurch. Bangnis wird jedoch zum *Grauen*, wenn sich die unheimliche Atmosphäre um bestimmte Gegenstände verdichtet und zugleich dem Subjekt bedrohlich zu Leibe rückt, sich also mit *Angst* verbindet. Das Grauen ist demnach eine »zwiespältige Erregung, bei der atmosphärisch zerfließende […] Bangnis mit isolierender, fixierender, ins Enge treibender Angst gleichrangig zusammenwirkt« (ebd., 288).

Die Scheu oder Bangigkeit vor dem Unheimlichen ist mit typischen leiblichen Regungen verbunden, vor allem mit Schaudern, Beben oder Frösteln, bei dem es einem ›eiskalt den Rücken hinunterläuft‹ oder ›sich die Haare sträuben‹. Haut und Wärmesinn, also die empfindliche Oberfläche des Leibes, sind somit besondere Resonanzorgane für die unheimliche Atmosphäre. Eng damit verknüpft ist die intermodale sensorische Wahrnehmung, mit der auch die *Witterung* oder das *Klima* empfunden wird, weshalb man auch von einem ›Spüren‹, ›Wittern‹ oder ›Riechen‹ des Unheimlichen spricht.[2]

---

[2] Im Wahrnehmen einer bestimmten Witterung vereinigen sich visuelle und akustische Eindrücke (z. B. Klarheit oder Dunst, Rauschen des Windes oder Stille), olfaktorische und thermisch-taktile Empfindungen (Geruch, Wärme, Feuchtigkeit und Geschmeidigkeit der Luft) sowie gesamtleibliche Regungen (belebende Frische, drückende Schwüle) zu einem atmosphärischen Ganzen. Gleiches gilt für Atmosphären wie die eines heiteren Mittelmeertages, einer

Die Ambiguität oder das Schwanken der Situation zwischen Vertrautheit und Fremdheit begünstigt eine weitere Reaktion, nämlich die *Faszination*: Das Unheimliche wird häufig mit einer Mischung aus Entsetzen und Neugier erlebt. Der Fluchttendenz der Angst steht eine Komponente erwartungsvoller Spannung gegenüber, die es dem Betroffenen schwer macht, sich von dem unheimlichen Eindruck loszureißen. Es ist nicht unbedingt erforderlich, diese Faszination durch verdrängte infantile Triebwünsche zu erklären, die sich in der Faszination durch das Unheimliche Bahn brechen, so als ob der Sich-Gruselnde das schreckliche Geschehen insgeheim herbeiwünschte. Eher mag der gestaltpsychologische Vergleich mit einem Vexierbild oder einem schwer lösbaren Rätsel weiterhelfen, welches das Kohärenzstreben der Wahrnehmung stimuliert und die Aufmerksamkeit aufs Äußerste anspannt. So wollen wir auch angesichts des Unheimlichen wissen, was ›dahinter steckt‹, und dieses Klärungsbedürfnis ist größer als die Angst vor dem konkretisierten Schrecken.[3] Hinzu kommt aber auch eine lustvolle Komponente der Faszination, die sich leibphänomenologisch verständlich machen lässt: Die Angstlust, der ›Thrill‹ oder das ›Gruseln‹, das beim Betrachten einschlägiger Filme oder in jugendlichen Mutproben gesucht wird, entspricht in Schmitz' Konzeption der leiblichen Ökonomie einem Kitzel, d. h. einem Antagonismus leiblicher Regungen von Abstoßung und Anziehung, die sich wechselseitig zur Intensität ängstlich-wollüstigen Schauderns emportreiben (Schmitz 1981, 293 f.).

Die Intentionalität des Unheimlichen

Was aber ist es nun, was im Unheimlichen geargwöhnt, erahnt oder schon befürchtet wird? – Das Unsichtbare und Verhüllte ist

---

romanischen Kathedrale oder eines tobenden Fußballstadions. Bereits etymologisch kommt die besondere Nähe der Oralsinne (Geruch und Geschmack) zum Erleben von Atmosphären zum Ausdruck (Wetter – wittern); vgl. hierzu die Studie von Tellenbach (1968).
[3] Im Englischen lautet das Sprichwort: »Better the devil that you know than the devil that you don't.«

Das Unheimliche als Atmosphäre

seinem Wesen nach nicht neutral; es trägt letztlich immer den Charakter einer verborgenen und sich verbergenden Intentionalität, einer bedrohlichen, den Umkreis erfüllenden *Macht*, deren schließliches Erscheinen und Wirken antizipiert wird. Sie kann als übermenschlich-numinose Macht erlebt und so zu einem Kern der Erfahrung des Dämonischen oder Göttlichen werden, wie es Rudolf Otto als »Mysterium tremendum« beschrieben hat: »[V]on diesem irgend wann einmal in erster Regung durchgebrochenen Gefühle eines ›Unheimlichen‹, das fremd und neu in den Gemütern der Urmenschheit auftauchte, ist alle religionsgeschichtliche Entwicklung ausgegangen« (Otto 1917/1997, 16). Das Unheimliche kann sich aber auch in Gestalt mythischer Figuren konkretisieren: Für den *Knaben im Moor* in Annette von Droste-Hülshoffs Ballade werden die nächtlichen Schemen zu Gestalten seiner Sagenwelt, dem »gespenstigen Gräberknecht«, der »Spinnlenor« oder »verdammten Margret«. In Maupassants *Horla* wird der Protagonist zum Opfer einer sich zunehmend verdichtenden Atmosphäre des Grauens, die nach und nach die Gestalt eines Inkubus annimmt:

> Plötzlich überkam mich ein Schauer, kein Kälteschauer, sondern ein seltsamer Schauer des Entsetzens. Ich ging schneller, weil ich mich fürchtete, im Walde allein zu sein, ängstlich ohne Grund, in der tiefen Stille. Plötzlich war es mir, als ob mir jemand folgte, als ob jemand hinter mir her herginge, ganz nahe, ganz nahe, und mich beinahe berührte. Ich drehte mich schnell um. Ich war allein. Hinter mir sah ich nichts als die gerade und breite Allee, öde, hoch, grausig leer, und vor mir dehnte sie sich ebenso aus, so weit das Auge reichte, furchtbar. (Maupassant 1887/1952, 10f.)

Die Leere wirkt hier nicht etwa beruhigend, sondern umso entsetzlicher, als sich der gespürte Verfolger dem Blick entzieht: Das Unheimliche ist in der Lage, sich selbst an den leeren Raum zu heften, und triumphiert so über das Sichtbare. Ja, die Unheimlichkeit steigt mit der unsichtbar-ubiquitären Präsenz, die der anonymen Macht umso mehr zuwächst, als sie sich selbst verbirgt und ihr eigentliches Wesen, ihre tatsächlichen Absichten im Ungewissen lässt. Insofern ist Schellings Formulierung – »Unheimlich nennt man alles, was im Geheimnis, im Verborgnen […] bleiben sollte und hervorgetreten ist« (1857/1990, 649) – nicht ganz zutreffend: Das einmal *hervorgetretene* Schreckliche mag Furcht, Schrecken oder Entsetzen auslösen, doch hat es im Offenbarwerden den Charakter des Unheimlichen bereits abgestreift. Das Unheimliche ist das Verborgene, Ungreifbare, das *Namenlose*. Dementsprechend wird das Numinose in der Religionsgeschichte auch meist durch Tabus, Namen- oder Bilderverbote geschützt, die seine Aura dem verdinglichenden Zugriff entziehen sollen.

Das Motiv der verborgenen Intentionalität einer überpersönlichen Macht liegt auch der von Freud beschriebenen Form des Unheimlichen zugrunde, die nicht der Atmosphäre einer Umgebung, sondern der schicksalhaften Verkettung von Umständen entspringt. Unheimlich in diesem Sinn ist die Koinzidenz von Ereignissen, die den Anschein der Absichtlichkeit erzeugt – etwa wenn ein mit Verwünschungen bedachter Rivale kurz darauf bei einem Unfall ums Leben kommt (Freud 1970, 262) oder die auffällige Wiederkehr des Gleichen, die uns, wie Freud schreibt, »die Idee des Verhängnisvollen, Unentrinnbaren aufdrängt, wo wir sonst nur von ›Zufall‹ gesprochen hätten« (ebd., 260). Auch hier beruht die unheimliche Wirkung auf einer Uneindeutigkeit: Das Geschehen oszilliert im Erleben zwischen der vordergründig-kontingenten *Faktizität* und einer latenten *Intentionalität*, die gleichsam ›zwischen‹ den Ereignissen zum Vorschein kommt. Das Verhängnisvolle ist dann nicht mehr blindes Schicksal, sondern es wird zu etwas Intendiertem, etwa zur Wirkung einer Verwünschung oder eines Fluchs.

Zur Psychogenese des Unheimlichen

Das letztgenannte Beispiel verweist schließlich noch auf ein weiteres, für das Unheimliche charakteristische Schwanken, nämlich zwischen verschiedenen Stufen der psychogenetischen Entwicklung, wie es auch Freud in seiner Analyse hervorhebt (ebd., 263, 271). Das Auftreten von irritierenden Koinzidenzen stellt die errungene rationale Weltsicht in Frage, die den *Zufall* als zentrales Prinzip zur Neutralisierung solcher Bedeutsamkeiten etabliert hat. Mit ihr konkurriert eine doch nicht gänzlich überwundene animistische Sicht, die noch von der Allmacht der Gedanken, der Existenz magischer Zusammenhänge und der Wirksamkeit dämonischer Kräfte bestimmt ist. Die romantische Literatur, vor allem E. T. A. Hoffmanns Werk, ist deshalb besonders reich an unheimlichen Motiven, weil sie selbst am Übergang von einem noch magisch-mythischen zum rationalen Weltbild des Aufklärungszeitalters angesiedelt ist.[4] Begeben wir uns hingegen zurück in die Welt des Märchens, so entfällt die unheimliche Wirkung der Wunscherfüllungen, geheimen Kräfte und Wiederholungen. Denn das Märchen hat, wie Freud schreibt, »den Boden der Realität von vorneherein verlassen und sich offen zur Annahme der animistischen Überzeugungen bekannt« (ebd., 272). In einer Welt voller Wunder hat das Unheimliche keinen Platz, denn es speist sich aus einer *kognitiven Dissonanz*, einer Ambiguität der Bedeutungen – darin gleicht es einem zunächst entgegengesetzt erscheinenden Phänomen, nämlich dem Witz, der gleichfalls aus dem plötzlichen Kippen der Bedeutung seine Wirkung bezieht.

Die Bangnis vor dem Unheimlichen gilt somit auch der Gefährdung eines Weltbildes, in dem die Rationalität verlässliche Ordnungsstrukturen gegen das Dunkle, Chaotische und Zerfließende der mythisch-animistischen Welt errichtet hat. Schauder erweckt die Wiederkehr des bereits überwunden Geglaubten, das sich ebenso bedrohlich wie faszinierend in den Zwischenräumen der Welt konstanter, distinkter Gegenstände und berechenbarer Kausalbeziehungen eingenistet hat. Auch das von Jentsch paradigmatisch herangezogene Schwanken des Eindrucks zwischen dem Lebendigen und dem Toten bezieht seine unheimliche Wir-

---

[4] Hier könnte eine Psychohistorie des Unheimlichen anknüpfen. Einen entsprechenden Hinweis gibt auch das englische Äquivalent des Unheimlichen, nämlich das Wort *uncanny*, das in der Bedeutung von »übernatürlich« erstmals 1773 nachgewiesen ist (vgl. Merriam-Webster Dictionary, https://www.merriam-webster.com). Etymologisch stammt es von der angelsächsischen Wurzel *ken* (= Wissen, Erkennen; dazu *canny* = klug, gewitzt); das Unheimliche ist also das, was über das rationale, naturwissenschaftlich fundierte Begreifen hinausgeht, sobald sich dieses einmal als dominante Weltsicht etabliert hat.

kung aus der drohenden Auflösung der Grenzen, die wir im Verlauf unserer frühkindlichen Entwicklung zwischen der beseelten und der unbeseelten Welt gezogen haben. Unheimlich ist schließlich auch die Begegnung mit einem Wahnkranken, da er nicht mehr Herr seiner selbst ist: Eine fremde, dämonische Macht scheint von ihm Besitz ergriffen zu haben, die ihm seine Rationalität geraubt hat und nun gewissermaßen durch ihn spricht.

Das Unheimliche verweist immer auf eine Ambivalenz und Labilität in uns selbst. Das Zweideutige und Abgründige, das uns aus der Welt entgegentritt, spiegelt einen inneren Zwiespalt, der aus der latenten Fortdauer animistischen Denkens unter der Oberfläche des rationalen Weltbildes resultiert. Auch die einmal errungene Vernunft, Autonomie und Selbstkontrolle bleiben gefährdet, ja vom Selbstverlust bedroht. In Robert Louis Stevensons *Dr. Jekyll and Mr. Hyde*, einem Nachkömmling der Romantik, sehen wir das Unheimliche als Kippfigur von Licht- und Schattenseite konsequent in den Protagonisten selbst verlegt, der gerade durch einen Triumph wissenschaftlicher Rationalität – er erfindet eine Droge, die das Böse vom Guten trennen soll – sein nächtlich-triebhaftes Alter Ego erzeugt, einen unheimlichen Doppelgänger, dem er schließlich selbst zum Opfer fällt.

Das Unheimliche in der Wahnstimmung

Nach dieser Analyse will ich im zweiten Abschnitt die Bedrohung des Selbst durch die beginnende Psychose als eines der prägnantesten Phänomene des Unheimlichen untersuchen. Karl Jaspers hat diese charakteristische »Wahnstimmung« zu Beginn der Schizophrenie folgendermaßen beschrieben:

Alles hat eine neue Bedeutsamkeit. Die Umgebung ist anders, nicht etwa grobsinnlich – die Wahrnehmungen sind der sinnlichen Seite nach unverändert –, vielmehr besteht eine feine, alles durchdringende und in eine ungewisse, unheimliche Beleuchtung rückende Veränderung. Ein früher indifferenter und freundlicher Wohnraum wird jetzt von einer undefinierbaren Stimmung beherrscht. Es liegt etwas in der Luft, der Kranke kann sich davon keine Rechenschaft geben, eine misstrauische, unbehag-

Das Unheimliche als Atmosphäre

liche, unheimliche Spannung erfüllt ihn. [...] Diese allgemeine Wahnstimmung ohne bestimmte Inhalte muß ganz unerträglich sein. Die Kranken leiden entsetzlich, und schon der Gewinn einer bestimmten Vorstellung ist wie eine Erleichterung. (Jaspers 1913/1973, 82)

Jaspers schildert zwar eindrucksvoll die atmosphärische Veränderung, ohne sie aber phänomenologisch näher zu analysieren. Zum Zweck einer solchen Analyse gebe ich im Folgenden zunächst die Schilderung einer meiner Patientinnen vom Beginn ihrer Psychose wieder.

Seit einiger Zeit habe sie eine verstörende Veränderung ihrer Umgebung erlebt. Alles sei ihr immer unwirklicher vorgekommen, wie in einem fremden Land. »Ich bekam das Gefühl, es sei gar nicht mehr meine frühere Umgebung ... als wenn man das Ganze für mich aufgestellt hätte wie eine Kulisse oder eine Show. Öfter betastete ich die Wände, um zu sehen, ob sie wirklich echt waren.« Auf der Straße, so schien es ihr, gingen die Leute wie in einem Marionettentheater. Manche hätten sie auch vielsagend angesehen, als ob sie ihr etwas damit andeuten wollten. Auf dem Rasen vor ihrem Haus seien die Blätter in einer bestimmten Weise angeordnet gewesen, so dass sie auf den Gedanken kam, man habe eine Art Magnetfeld unter dem Rasen installiert, um ihr Signale zu geben. Es sei ihr alles nicht mehr geheuer vorgekommen. Vor einer Woche sei sie dann beim Einkaufen immer mehr in Angst geraten:

»Draußen sah alles sonderbar und irgendwie unheimlich aus – wie wenn bald ein Krieg ausbräche. Auf dem Wochenmarkt wurden die Billigangebote kaum mehr nachgefragt, was ich sehr auffällig fand. Ich untersuchte das Innere parkender Autos, es sah aus wie eine Inszenierung mit verschiedenen Requisiten. Ständig fuhren Autos vorbei, als ob sie vor etwas auf der Flucht wären; alles machte mir große Angst. Die KFZ-Schilder waren Signale für etwas, das ich erst noch entschlüsseln musste. Ich suchte nach einer Art Code ... es musste doch einen festen Punkt in dem Ganzen geben. Auf einmal fielen mir die roten Autos mehr auf als die andersfarbigen: Die Reihenfolge rot – blau – rot ist ja mit den Arterien und Venen vergleichbar. Auch die gelben Autos waren wichtig wegen der Farbe der Nerven. Weiße Autos standen für die Zellen im Gehirn. Da fiel es mir wie Schuppen von den Augen: Meinem Freund musste etwas Schreckliches passiert sein. Man wollte mir mitteilen, dass er im Krankenhaus ist, vielleicht hatte er einen Schlaganfall ...«

In der Folge entwickelte die Patientin Wahnvorstellungen von einer feindlichen Macht, die das Land infiltriere und sie selbst und andere Menschen einer Gehirnmanipulation unterzogen hätte, um sie zu gefügigen

Werkzeugen zu machen. Sie plante bereits, sich deshalb das Leben zu nehmen, wurde aber von Freunden rechtzeitig in die psychiatrische Klinik gebracht.

Hier treffen wir auf die typischen Charakteristika der unheimlichen Atmosphäre, wie sie bereits beschrieben wurden. Die an sich unauffällige Situation hat sich befremdlich verändert, sie erhält eine unbestimmte, mysteriöse Bedeutsamkeit, eine bedrohliche Physiognomie. Alles erscheint äußerlich unverändert und doch ›anders‹, nämlich unwirklich, hintergründig und gestellt, ja es scheint geradezu für die Patientin inszeniert zu sein. Zufällige Zusammenhänge oder Anordnungen wie die Blätter auf dem Rasen verknüpfen sich zu vielsagenden Mustern, und das Prinzip des Zufalls, das diese Zusammenhänge neutralisieren könnte, ist außer Kraft gesetzt.

Die Patientin gerät in eine zunehmende Erwartungsspannung, etwas Ungeheuerliches scheint bevorzustehen. Alles verweist auf ein ›dahinter‹: auf eine verborgene Absicht, die sich nicht zu erkennen gibt, auf Signale, die erst zu dechiffrieren sind. Der Straßenverkehr mit den ständig neu auftauchenden und das Wahrnehmungsfeld kreuzenden (Sinn-)Richtungen steigert die Verwirrung. In ihrer Not sucht die Patientin nach einem ›archimedischen Punkt‹, an dem sie sich orientieren, der ihr wieder Boden unter den Füßen geben könnte. Da tritt plötzlich die Signalfarbe Rot hervor und verbindet sich nahezu schlagartig mit einer Kette von neuen Bedeutungen – man will ihr ein ihrem Freund geschehenes Unheil signalisieren. Diese Sinn- oder Kohärenzbildung erlebt die Patientin wie ein Menetekel mit unmittelbarer Evidenz, als ›Wahnwahrnehmung‹; sie wird zur Basis der weiteren Entwicklung des Verfolgungswahns.

Auch wenn diese Beschreibung der Wahnstimmung zutrifft – es fällt schwer, sich das Erleben der Patientin verständlich zu machen. Nehmen wir an, wir würden sie auf ihrem Weg begleiten: Wir gelangen an einen lebhaften, urbanen Platz im hellen Sonnenlicht, der Verkehr strömt vorbei, Leute laufen, winken, unterhalten sich. Währenddessen wird die Patientin immer ängstlicher, und auf unsere Nachfrage meint sie, dass hier etwas nicht

Das Unheimliche als Atmosphäre

stimme, etwas Schreckliches gehe vor sich, und unsere Versicherung, dass wir gar nicht wüssten, was sie meine, wird die Patientin nur davon überzeugen, dass wir bestenfalls ahnungslos, wenn nicht selbst in das mutmaßliche Komplott verwickelt sind. Die unheimliche, zentripetal gerichtete Atmosphäre, in die sie geraten ist, können wir nicht nachvollziehen. Und doch bedeutet sie für die Patientin nicht weniger als die Infragestellung ihrer eigenen Existenz.

Offensichtlich hat eine Veränderung ihres Erlebens stattgefunden, die mit normalpsychologischen Begriffen nicht mehr erfassbar ist. Auch die Annahme, die Patientin müsse unter einer besonders ausgeprägten Ängstlichkeit oder Panik leiden, führt nicht weiter, denn der Verlauf ihrer Erkrankung ebenso wie der beginnenden Psychose allgemein zeigt deutlich, dass die rätselhaft-befremdliche Veränderung der wahrgenommenen Umwelt den zunehmenden Angst- und Bedrohungsgefühlen *vorausgeht*. Die Stimmung und Atmosphäre des Unheimlichen muss daher umgekehrt auf eine veränderte Struktur der Wahrnehmung selbst zurückgehen – eine Veränderung, die sich als *Subjektivierung und Fragmentierung* beschreiben lässt (Fuchs 2005).

Ich greife dazu auf die Husserl'sche Analyse der Wahrnehmung zurück, an der er als zentrale Merkmale die Gestaltbildung und die Überwindung der bloßen Perspektivität hervorhebt (Husserl 1950, 1952). Betrachten wir z. B. einen Tisch, so sehen wir nicht etwas Farbiges, so und so Konfiguriertes, also einzelne Strukturen oder Fragmente, aus denen wir dann einen Tisch zusammensetzen. Vielmehr ist die Gesamtgestalt des Tischs das primär Gegebene, und erst sekundär können wir am wahrgenommenen Ding einzelne Details oder Eigenschaften herausheben. Ferner sehen wir den Tisch immer nur unter einem bestimmten Aspekt, und es ließe sich daher annehmen, dass nur einzelne Bilder oder Perspektiven zur Gegebenheit kommen; tatsächlich sehen wir aber *den Tisch selbst*. Jeder neue Aspekt gibt mir nicht einen neuen, sondern immer den gleichen Gegenstand, da ich in jeder einzelnen Wahrnehmung doch ihn selbst intendiere und die anderen Aspekte (etwa seine Rückseite) implizit mitsehe oder in Husserls Terminologie »appräsentiere«. Es ist diese intentionale

Tätigkeit der Wahrnehmung, die es erlaubt, den Gegenstand *als solchen* – und nicht nur als Abbild oder Schein – zu erfassen. Wahrnehmung überwindet ihre eigene Perspektivgebundenheit, indem sie den Gegenstand durch seine Aspekte hindurch intendiert. Das aber bedeutet: Das Wahrgenommene wird nicht etwa passiv ins Bewusstsein aufgenommen, sondern durch den Akt des Wahr*nehmens* konstituiert. Dieser intentionalen Leistung verdanken wir es, dass die Wahrnehmung die Dinge selbst präsentiert und nicht nur ihre Bilder oder Scheinbilder.

Mit Heidegger können wir diese Analyse noch weiterführen: Es ist die Intentionalität der Wahrnehmung, die auch die Funktion und den *Sinn* des Gegenstandes ›Tisch‹ im Kontext der jeweiligen Situation mitsehen lässt. Man sieht nicht erst einen Tisch, Teller und Speisen je für sich, um sie dann zu verknüpfen und als ein zubereitetes Mittagessen zu interpretieren, sondern die Sinneinheit ›zum Essen gedeckter Tisch‹ ist das primär Gegebene. Dieser Sinn des Wahrgenommenen ist immer bezogen auf ein Vertrautsein mit der Welt insgesamt, auf den »Bewandtniszusammenhang« (Heidegger 1927, 359 f.) aller vertrauten Dinge, in den auch der Sinn des Tisches eingebettet ist. Zugleich bin ich selbst als Wahrnehmender in diesen Sinnzusammenhang einbezogen: An den Tisch kann ich mich setzen, die Mahlzeit ist für mich bereitet, ich komme zu spät, oder dergleichen. Wahrnehmend richte ich mich auf den Gegenstand und bin dabei zugleich eingefasst in eine Beziehung zu ihm. *Die intentionale Wahrnehmung konstituiert Sinneinheiten im Ganzen einer immer schon vertrauten Welt.*

Auf dieser Grundlage können wir nun die Destruktion der Wahrnehmung analysieren, die sich bei der Patientin vollzieht. Hinsichtlich ihres formalen Aufbaus ist die Wahrnehmung zwar adäquat – die sensorische Gestaltbildung bleibt in der Regel unbeeinträchtigt, alles ›sieht so aus wie immer‹. Gestört ist jedoch die durch seine Aspekte hindurch auf den Gegenstand selbst gerichtete Intentionalität. Sein Anblick gibt nicht mehr ihn selbst; mit dem Verlust des Appräsentierten, ›Mitgesehenen‹ wird der Gegenstand stattdessen zur bloßen Oberfläche – zu einem Scheinbild, einer *Kulisse*. Nicht dass das Gesehene aus ›psychologischen‹ Gründen unwirklich erschiene – etwa weil es so ungewohnt, fremdartig, unverständlich wäre. Vielmehr hat *die Wahrnehmung selbst* ihr wirklichkeitskonstitutives Moment verloren. Sie erscheint subjektiviert und erreicht den Gegenstand nicht mehr als einen objektiven: Man sieht wie auf einen Film oder wie durch eine Kamera.[5] Die Wahrnehmung dringt nicht mehr ›nach außen‹, sondern bleibt in ein solipsistisches Erleben eingekapselt.

Wie verhält es sich unter diesen Bedingungen mit dem Sinnbezug, der Bedeutsamkeit des Wahrgenommenen? Die Dinge und Personen haben ihren primären und vertrauten Sinn verloren. Sie stehen nicht mehr in einem einheitlichen Bewandtniszusammenhang, sondern bilden lauter Singularitäten, gleichsam isolierte ›erratische Blöcke‹. Die Gestalteinheiten und Sinnkontexte zerfallen, die Wahrnehmung erscheint fragmentiert. Einzelne, unzusammenhängende Details und Fragmente heben sich aus dem Feld heraus und treten irritierend in den Vordergrund, ohne sich zu einem Sinnganzen zu fügen. Die Patientin selbst hat ihren Sinnbezug zur Situation verloren und versucht verzweifelt, die vermeintlichen ›Signale‹ zu entschlüsseln.

Denn gerade weil die Dinge ihren vertrauten Sinn eingebüßt haben, müssen sie auf rätselhafte Weise ›etwas anderes‹ bedeuten. Da sie nicht mehr in einem gewohnten Bewandtniszusammenhang stehen, ›hat es mit ihnen eine unheimliche Bewandtnis‹. Ihr Sinn kann nicht mehr in ihnen selbst liegen, sondern sie verweisen auf etwas, was sie *nicht* sind. Bei all ihrer scheinbaren Harmlosigkeit drängt sich der Patientin der Eindruck auf, dass hier ›etwas ganz anderes gemeint‹ oder beabsichtigt ist, und dieses andere richtet sich *auf sie selbst*. Die Ratlosigkeit der Wahnstimmung beruht auf diesem Erlebnis einer ›Bedeutsamkeit an sich‹,

---

[5] Manche schizophrene Patienten beschreiben ihre entfremdete Wahrnehmung buchstäblich als Sehen durch eine Filmkamera: »I saw everything I did like a film camera.« – »I was myself a camera. The view of people that I obtained through my eyes were being recorded elsewhere to make some kind of three-dimensional film« (Sass 1996, 286). – »For me it was as if my eyes were cameras, and my brain would still be in my body, but somehow as if my head were enormous, the size of a universe, and I was in the far back and the cameras were at the very front. So extremely far away from the cameras« (de Haan & Fuchs 2010, 329 f.).

die von allen vertrauten Sinnbezügen losgelöst ist und sich nur zu einer ubiquitären, zentripetalen Bedrohung verdichten kann.

Die Störung der Gestalt- und Sinnwahrnehmung betrifft häufig auch die Mitmenschen, deren Verhalten, Mimik und Gestik den Patienten in unheimlicher Weise auffällig, rätselhaft und inszeniert erscheinen. Statt zum Anderen selbst zu gelangen, präsentiert die Wahrnehmung nur einen von ihm losgelösten, verselbständigten Ausdruck, der dadurch einen unwirklich-gestellten Charakter erhält. Darauf beruht die häufig anzutreffende schizophrene *Personenverkennung*: Das zuvor vertraute Gesicht eines Angehörigen oder Bekannten erscheint als Maske oder Fratze; nicht selten glaubt der Patient, es mit Schauspielern oder Doppelgängern zu tun zu haben. Umgekehrt können auch unbekannte Gesichter dem Kranken als Bekannte erscheinen; ja die ganze Umgebung kann in einem Déjà-vu-Erleben den Eindruck erwecken, als sei er in seine frühere Heimat versetzt (Matussek 1952, 309). Diese Identifikation oder ›Scheinvertrautheit‹ beruht aber gleichfalls auf einer Verfremdung: Von der intentionalen Wahrnehmung losgelöst, beginnen die Umgebungseindrücke rätselhaft zu schillern und verbinden sich durch hervortretende Ähnlichkeiten mit früheren Erinnerungen.

Die unheimliche Verfremdung der Welt in der Wahnstimmung resultiert also, so das Ergebnis der Analyse, aus einer *Subjektivierung und Fragmentierung der Wahrnehmung selbst*, deren Scheincharakter sich in den wahrgenommenen Situationen, Dingen und Personen mitteilt. Sie scheinen vordergründig zu sein, was sie sind, und dementieren dies zugleich. Die für das Unheimliche charakteristische Ambiguität besteht nicht zwischen Lebendigem und Totem, Natürlichem und Übernatürlichem, Rationalem und Irrationalem, sondern zwischen dem Wirklichen und dem Unwirklichen, dem Alltäglichen und dem Inszenierten oder Gemachten. Jeder Ausdruck wird zu dem einer Maske, jede Situation zu einer gestellten Kulisse. Daher verweist alles auf eine verborgene Absicht, eine anonyme Intentionalität, die sich nicht zu erkennen gibt, in deren Zentrum aber immer der Patient selbst steht. Alles scheint ihm zu gelten, alles auf ihn zuzulaufen: ›*Tua res agitur*‹ ist die einzige Bedeutung, die alle Situationen angenommen haben.

Das Unheimliche als Atmosphäre

Die Situation des Schizophrenen ist mit der eines Menschen vergleichbar, der, ohne es zu merken, in ein fremdes Land versetzt wurde und die Sprache seiner Umgebung nicht mehr versteht: Er wird nicht nur Ausdruck und Gestik der Sprechenden intensiver wahrnehmen, sondern vor allem rätselhafte Bedeutsamkeiten des ›Kauderwelschs‹, die sich wie von selbst auf ihn zu beziehen scheinen, weil er sie nicht entschlüsseln und dadurch neutralisieren kann. So kann auch der Verlust des intentionalen Sinnbezugs zum Wahrgenommenen in der Wahnstimmung keine ›neutralen‹ Dinge zurücklassen: Wo die Wahrnehmung selbst die Gegenstände nicht mehr intendiert, da müssen die Dinge umgekehrt den Wahrnehmenden ›meinen‹, anblicken, ansprechen. Es ist nicht nur die Bedrohung durch eine antizipierte Gefahr, sondern die bereits gegenwärtige Überwältigung durch ein anonymes ›Erblicktwerden‹, die den Kern der psychotischen Angst ausmacht und sich in der Folge in Wahnwahrnehmungen konkretisiert. Die zentripetal gerichtete Atmosphäre der Wahnstimmung resultiert gewissermaßen aus einer *Inversion der Intentionalität*: Gerade weil der Schizophrene nicht in eine aktive Beziehung zum Wahrgenommenen zu treten vermag, bezieht sich umgekehrt alles Wahrgenommene auf ihn. Er wird zur »passiven Mitte der Welt« (Conrad 1958/1992, 77).

Betrachten wir abschließend noch den Übergang zum manifesten Wahn, wie er sich auch in der Kasuistik zeigte. Wie ein Rätsel, das vom Betrachter seine Auflösung fordert, erzeugt die Wahrnehmungsabwandlung in der beginnenden Psychose eine massive Verstörung, Spannung und Angst. Der Druck zu irgendeiner Form der Konsistenz- und Sinnbildung wird übermächtig. Schließlich stellt sich – oft abrupt – eine neue Konsistenz her: Die sich aufdrängende Eigenbezüglichkeit wird zur Gewissheit der Bedrohung oder Verfolgung durch die anderen, häufig anonyme Organisationen, die den Patienten als ohnmächtiges Werkzeug für ihre finsteren Zwecke missbrauchen. Die Enträtselung hat für den Patienten den Charakter einer Enthüllung oder ›Enttarnung‹; die verborgene, auf ihn gerichtete Bedeutsamkeit wird mit einem Schlag offengelegt. Das Rätselhafte erhält einen neuen, wahnhaften Sinn, der sich in der zentripetal auf den Patienten gerichteten Intentionalität des Unheimlichen schon angekündigt hat.

Im Wahn wird die existenzielle, ja man könnte sagen, die ›ontologische‹ Bedrohung des Selbst, die der Patient erlebt, nun in die ›ontische‹ Sphäre innerweltlicher Bedrohungen, Intrigen und Machenschaften projiziert und damit vermeintlich durchschaubar. Treffend hat Conrad (1958/1992) diesen Übergang zum Wahn als Apophänie und Apokalyptik, d. h. als »Offenbarung« bezeichnet. Es ist charakteristisch für die unhintergehbare Evidenz der neuen, wahnhaften Deutung, dass die erlangte Gewissheit die äußerste Anspannung des Zweifels, der Ratlosigkeit und Angst schlagartig sinken lässt. Nun werden alle folgenden Situationen und Begegnungen im geschlossenen Bezugssystem des Wahns gedeutet, und noch die harmloseste Äußerung kann als besonders raffiniert getarnte Feindseligkeit interpretiert werden. Die starre, kristalline Struktur des Wahnschemas ersetzt so den verlorenen Sinn der wahrgenommenen Welt. Freilich vermag die neu gewonnene Kohärenz die unbefangene Beziehung zu den anderen nicht mehr wiederherzustellen; sie bringt den Kranken vielmehr in eine grundsätzliche Gegenstellung zur Umwelt. In der äußersten Bedrohung kann das Selbst sich nur noch um den Preis des Verlusts der reziproken intersubjektiven Beziehungen erhalten, nämlich im *ídios kósmos*, in der Eigenwelt des Wahns.

Resümee

Das Unheimliche kann phänomenologisch als eine Atmosphäre der Verfremdung beschrieben werden, die den Betroffenen mit überwältigender, zentripetaler Wirkung erfasst und die ihn gerade durch ihre Ungreifbarkeit und Ambiguität in eine existenzielle Verunsicherung, in Bangnis, Angst und Grauen versetzt. Sie erscheint zugleich als Wirkung einer verborgenen Intentionalität, einer anonymen, überpersönlichen oder numinosen Macht, deren schließliches Erscheinen und Wirken antizipiert wird. Ich habe verschiedene Situationen und Motive beschrieben, in denen sich diese Atmosphäre bilden und verdichten kann. Uneindeutige, hintergründige und undurchschaubare Situationen oder Gegenstände sind besonders geeignet, den Eindruck des Unheimlichen zu erzeugen und zu nähren. Im äußersten Fall – in der zitierten Passage des *Horla* ebenso wie in der Kasuistik der Wahnstimmung – ist es jedoch gerade die vollständige Normalität und Unauffälligkeit der Umgebung, die einen abgründigen, grauenerregenden Charakter annimmt.

Abschließend kann man die Frage aufwerfen, welcher ontologische Status der Atmosphäre des Unheimlichen zukommt. Handelt es sich nur um ein rein subjektives, ›innerseelisches‹ Erleben oder können wir dieser Atmosphäre auch eine von entsprechend ›empfänglichen‹ Personen unabhängige, quasi-objektive Existenz zusprechen? Letzteres entspricht der Auffassung von Hermann Schmitz, der damit die gängige Introjektion von Gefühlen, Stimmungen und Atmosphären in eine psychische Innenwelt zu überwinden sucht.[6] In der Tat kennen wir viele Atmosphären, die in Räumen, Landschaften und Situationen so verankert sind, dass sie uns nicht nur von außen her erfassen, sondern auch von den meisten Menschen in der gleichen Umgebung in ähnlicher Weise erlebt werden. Doch wie verhält es sich mit der Wahnstimmung der Patientin auf dem belebten Platz in der beschriebenen Kasuistik? Eine von der besonderen, psychotischen Verfassung der Patientin unabhängige Existenz könnten wir der unheimlichen Atmosphäre nur zuschreiben, wenn wir die simultane Gegenwart ganz verschiedenartiger, ja entgegengesetzter Atmosphären an diesem Ort annähmen – nämlich einerseits der von den meisten Menschen empfundenen, stimulierenden Atmosphäre eines beschwingt-quirligen großstädtischen Treibens, andererseits der unheimlichen Atmosphäre einer rätselhaften, wie von einer geheimen Regie geführten Inszenierung, in der aus dem Harmlos-Unauffälligen eine abgründige Bedrohung aufsteigt.

Man wäre zunächst geneigt, die eine Atmosphäre dem Um-

---

[6] Vgl. Schmitz (1981, 102 ff., 137) oder Schmitz (1995, 292 ff.) sowie den Briefwechsel des Autors mit H. Schmitz über das Thema (Schmitz 2003, 175–204).

raum, die zweite hingegen nur der krankhaft veränderten Wahrnehmung der Patientin zuzuschreiben. Fassen wir jedoch Atmosphären und Stimmungen als Formen des In-der-Welt-Seins auf, so können wir nicht der einen Atmosphäre gegenüber der anderen einen ontologischen Vorrang geben. In der Konsequenz käme das Unheimliche, das die Patientin erlebt, nur ihrer idiosynkratischen Verfassung zu, während wir anderen uns auf ein mehr oder minder gemeinsames atmosphärisches Erleben einigen und diesem einen unabhängigen, quasi-objektiven Status zuschreiben könnten. Doch wenngleich unterschiedliche Räume und Situationen jeweils bestimmte Atmosphären begünstigen und daher im Allgemeinen in ähnlicher Weise erlebt werden, so ist doch die verstörende, existenzielle Abgründigkeit der Umwelt ein für alle Menschen grundsätzlich mögliches Erleben jeder Situation, in die sie geraten. Diese Möglichkeit besteht aber nur für Wesen, die ihre Umgebung in einer ganzheitlichen, für sie relevanten Bedeutsamkeit erleben und insofern immer in Atmosphären leben, in denen ein für sie jeweils spezifisches, vital bedeutsames Verhältnis zu ihrer Umwelt zum Ausdruck kommt. Wo diese notwendige Einstimmung mit dem Umraum misslingt, entsteht daher keine Nicht-Atmosphäre, sondern die Atmosphäre des Unheimlichen. Auch in dieser Atmosphäre manifestiert sich aber eine bestimmte Weise der Beziehung zwischen dem Subjekt und seiner Umwelt.

Die Existenz von Atmosphären ist insofern gebunden an das Dasein und jeweilige Sosein von lebendigen Subjekten oder Lebewesen. Diese These einer Daseins- und Soseinsrelativität der Atmosphären verlegt sie nicht etwa in eine psychische Innenwelt, verwandelt sie also nicht in bloße Projektionen psychologisch zu beschreibender und aufzuklärender Komplexe. Sie stellt allerdings eine Konzeption dar, in der Atmosphären und Gefühle nicht gleichsam unabhängig von lebendigen Subjekten bereitliegen, um sie bei bestimmten Gelegenheiten oder unter der Voraussetzung einer für sie geeigneten Empfänglichkeit heimzusuchen. Vielmehr begreift diese These Atmosphären und Stimmungen als das je umgreifende Ganze einer bestimmten, vital bedeutsamen Bezogenheit von Lebewesen und Umwelt dergestalt, dass darin dem Lebewesen diese Beziehung in der Weise affektiven Betroffenseins, als Ergriffenheit oder Erschütterung aufgeht. Fassen wir diese vitale Beziehung als einen objektiv bestehenden Zusammenhang auf, so können wir den Atmosphären durchaus ein in diesem Sinne objektives Sein in der Welt zusprechen, ohne sie von der Existenz lebendiger Wesen abgekoppelt zu denken.

Literatur

Conrad, K. (1958/1992). *Die beginnende Schizophrenie. Versuch einer Gestaltanalyse des Wahns* (6. Aufl.). Stuttgart: Thieme.
De Haan, S. & Fuchs, T. (2010). The ghost in the machine: Disembodiment in schizophrenia. Two case studies. *Psychopathology, 43*, 327–333.
Freud, S. (1919/1970). Das Unheimliche. In ders., *Studienausgabe, Bd. IV* (S. 241–274). Frankfurt am Main: Fischer.
Fuchs, T. (2005). Delusional mood and delusional perception. A phenomenological analysis. *Psychopathology, 38*, 133–139.
Heidegger, M. (1927). *Sein und Zeit*. Tübingen: Niemeyer.
Husserl, E. (1950). *Ideen zu einer reinen Phänomenologie und phänomenologischen Psychologie. Erstes Buch: Allgemeine Einführung in die reine Phänomenologie*. Husserliana III (hrsg. v. W. Biemel). Den Haag: Nijhoff.
Husserl, E. (1952). *Ideen zu einer reinen Phänomenologie und phänomenologischen Psychologie. Zweites Buch: Phänomenologische Untersuchungen zur Konstitution*. Husserliana IV (hrsg. v. M. Biemel). Den Haag: Nijhoff.
Jaspers, K. (1913/1973). *Allgemeine Psychopathologie* (9. Aufl.). Berlin Heidelberg New York: Springer.
Jentsch, E. (1906). Zur Psychologie des Unheimlichen. *Psychiatrisch-Neurologische Wochenschrift, 8 (22)*, 195–198; *8 (23)*, 203–205.
Klosterkötter, J. (1988). *Basissymptome und Endphänomene der Schizophrenie*. Berlin Heidelberg New York: Springer.
Matussek, P. A. (1952). Untersuchungen über die Wahnwahrnehmung. 1. Mitteilung. Veränderungen der Wahrnehmungswelt bei beginnendem, primären Wahn. *Archiv für Psychiatrie und Nervenkrankheiten, 189 (4)*, 279–319.
Maupassant, G. de (1887/1952). *Der Horla. Novelle* (übers. v. G. v. Ompteda). Heidelberg: Verlag Hermann Meister.
Otto, R. (1917/1997). *Das Heilige. Über das Irrationale in der Idee des Göttlichen und sein Verhältnis zum Rationalen*. München: Beck.

Sass, L. A. (1996). *Madness and Modernism*. Cambridge, MA: MIT Press.
Schelling, F. W. J. (1857/1990). *Philosophie der Mythologie. Band 2* (Unveränderter reprograf. Nachdruck der aus dem handschriftl. Nachlass hrsg. Ausgabe von 1857). Darmstadt: WBG.
Schmitz, H. (1981). *System der Philosophie. Band III: Der Raum. 2. Teil: Der Gefühlsraum* (2. Aufl.). Bonn: Bouvier.
Schmitz, H. (1995). *Der unerschöpfliche Gegenstand* (2. Aufl.). Bonn: Bouvier.
Schmitz, H. (2003). *Was ist Neue Phänomenologie?* Rostock: Koch.
Tellenbach, H. (1968). *Geschmack und Atmosphäre*. Salzburg: Müller.

Depression als Desynchronisierung

Ein Beitrag zur Psychopathologie der intersubjektiven Zeit

Einleitung

Der holländische Psychiater Piet Kuiper, der mit 60 Jahren an einer schweren Melancholie erkrankte, schreibt in seiner Selbstschilderung:

> Was geschehen ist, kann man nicht ungeschehen machen. Nicht nur die Dinge vergehen, sondern auch die Möglichkeiten verstreichen ungenutzt. Wenn man etwas nicht zur rechten Zeit tut, tut man es niemals mehr. [...] Das eigentliche Wesen der Zeit ist untilgbare Schuld. (Kuiper 1991, 58)

Zwei depressive Patienten meiner Klinik schilderten ihre Zeiterfahrung folgendermaßen:

> Ich sitze zuhause und merke, wie die Zeit sich quälend langsam voranschiebt. Wieder ein Moment, wieder ein Moment. [...] Ich warte nur noch darauf, dass endlich wieder ein Tag zu Ende geht – ein sinnloser Tag, nur ein weiterer Schritt auf dem Weg zu meinem Tod.

> Meine innere Uhr ist stehengeblieben, während die Uhr der anderen weiterläuft. In allem, was ich tun müsste, komme ich nicht voran, ich bin wie gelähmt. Ich falle hinter meine Pflichten zurück. Ich stehle Zeit.

Solche Berichte machen deutlich, wie die Zeit in der Depression zu einer eigenständigen Macht, ja zu einer tyrannischen Herrscherin wird, der sich der Patient ohnmächtig ausgesetzt fühlt. »Saturn und Melancholie« – seit der Antike wurde die Depression als eine Erkrankung angesehen, die unter der Herrschaft des Chronos oder Saturn stand und damit auch als eine Störung der Zeitlichkeit (Klibansky et al. 2006). Dürers berühmte Darstellung der Melancholie von 1514 bringt den Stillstand der Zeit und die Erstarrung der Welt in der schwer melancholischen Gemütsverfassung zum Ausdruck. Die anthropologische Psychiatrie hat dem

Zusammenhang von Zeit- und Schulderleben in der Depression seit jeher besondere Aufmerksamkeit gewidmet. Hubertus Tellenbach (1983) sah die »Remanenz« als Charakteristikum des Typus Melancholicus, des Menschen, der zur endogenen Depression veranlagt ist. Remanenz, das ist das Zurückbleiben hinter seinen rigiden Selbstansprüchen an Pflichterfüllung und Ordentlichkeit, ein zeitliches Zurückbleiben ebenso wie ein Schuldigbleiben.

Erwin Straus (1960) und Victor Emil von Gebsattel (1954) haben die Störung des Zeiterlebens in der melancholischen Depression auf eine »Hemmung des vitalen Werdens« zurückgeführt. Nach Straus kommt die »erlebnisimmanente« Zeit der eigenen Lebensbewegung in der Depression ins Stocken; gleichzeitig läuft aber die Weltzeit weiter und vergeht, ohne dass der Kranke noch aktiv in sie eingreifen könnte. Das Stocken der inneren Zeit erlaubt ihm kein Fortschreiten in die Zukunft mehr; damit kann er aber auch negative Erlebnisse nicht mehr abschließen und hinter sich lassen. »Mit dem Verlangsamen, Stocken, schließlich Stillstehen der wachsenden inneren Zeit verändert sich auch die Struktur des Vergangenen« (Straus 1960, 132). »Je mehr sich die Hemmung verstärkt, das Tempo der inneren Zeit verlangsamt, um so deutlicher wird die determinierende Gewalt der Vergangenheit erlebt« (ebd., 137). Das Geschehene bleibt als Verfehlung oder Versäumnis, als ständig wachsende Schuld im Bewusstsein. In der Depression verwandelt sich Zeit fortwährend in Schuld, die nicht mehr abgetragen werden kann.

Diese Analysen sind bis heute wegweisend für eine Psychopathologie der Zeitlichkeit. Allerdings waren sie stark an der Lebensphilosophie Bergsons und seinem *élan vital* orientiert, einem vitalen Prinzip des Werdens im Individuum, und betrachteten die gelebte Zeit daher primär monadisch, ohne Bezug zur *intersubjektiven* Zeit. Die Zeitpathologie der Depressiven erschien damit als eine rein individuelle Werdensstörung oder -hemmung, die erst sekundär gegenüber der Weltzeit zurückbleibt. Anknüpfend an die Zeitanalysen der anthropologischen Psychiatrie, werde ich im Folgenden die Zeitpathologie der Depression nicht nur als individuelle Hemmung auffassen, sondern als Störung einer sonst *synchronisierten Beziehung*, d. h. als Desynchronisierung. Meine

Depression als Desynchronisierung

These lautet: *Depression bedeutet eine Desynchronisierung oder partielle zeitliche Entkoppelung von Organismus und Umwelt bzw. von Individuum und Sozietät.*

Diese Konzeption erlaubt es, (1) chronobiologische und psychosoziale Ansätze in einen Zusammenhang zu bringen. Sie eröffnet (2) die Möglichkeit, auch die Auslösung depressiver Phasen und nicht nur ihre Psychopathologie als eine Störung der Zeitlichkeit zu begreifen; und sie erweitert (3) den Blickwinkel über das Individuum hinaus auf das Verhältnis von individueller und sozialer Zeit. Dies scheint gerade unter dem Aspekt einer permanenten Beschleunigung und Revolutionierung der Lebenswelt in der gegenwärtigen Gesellschaft bedeutsam. Denn angesichts dieser Entwicklungen stellt sich auch die Frage, inwieweit dies noch eine Pathologie des Einzelnen ist, der sich diesem Tempo nicht mehr gewachsen sieht, oder ob sie nicht auch in einer Art kollektiver Manie zu suchen ist (Fuchs 2002, 2018).

Ich untersuche im Folgenden zunächst die Synchronisierungsprozesse, die unser Leben auf biologischer und psychosozialer Ebene kennzeichnen. Dazu gehören, wie sich zeigen wird, wesentlich Regenerationsvorgänge, in denen gewissermaßen Rückstände aufgearbeitet, kompensiert und Desynchronisierungen wieder aufgehoben werden. Im zweiten Teil beschreibe ich dann die Depression als ein Versagen der Synchronisierungsprozesse, als eine Entkoppelung von innerer und äußerer Zeit.

Leben als Synchronisierungsprozess

Biologische Systeme verändern sich in der Zeit, allerdings nicht linear, sondern meist in Form von Zyklen. Dabei besteht eine Resonanz zwischen organismischen und exogenen Rhythmen oder Zeitgebern, also eine Synchronisierung mit der kosmischen Periodik von Tag, Monat, Jahr. So ist der 24-stündige Schlaf-Wach-Rhythmus das Ergebnis einer Synchronisierung zwischen endogenen und exogenen Zeitgebern. Der freilaufende Rhythmus, wie er sich bei Experimenten mit mehrwöchiger Bunker-Isolation einstellt, beträgt etwa 25 Stunden, die innere Uhr geht also ›nach‹ und wird durch äußere Zeitgeber ständig vorgestellt.

Dabei ist die Periodik selbst die Weise des Organismus, seine innere Ordnung gegenüber den Zerfallsprozessen der anorganischen Natur aufrechtzuerhalten. Die Homöostase ist kein statischer Zustand, sondern gekennzeichnet durch den periodischen Wechsel von Aufnahme und Ausscheidung, von Verausgabung und Regeneration, Wachen und Schlafen oder ergotropen und trophotropen Phasen; aber auch durch Störungen, Mangelzustände und entsprechende Gegenregulationen. Diese periodisch auftretenden Imbalancen manifestieren sich im subjektiven Erleben in Form von Drang- oder Unlustzuständen: als Triebbedürfnis in Appetit, Hunger oder Geschlechtstrieb, als Müdigkeit, Erschöpfung, Schmerz oder Krankheitsgefühl – Zustände, die auf ihre Aufhebung durch ein geeignetes Verhalten gegenüber der Umwelt drängen. In Mangel und Schmerz, Aufwand und Mühe besteht gleichsam der Preis, den das Leben für seine Innenordnung gegenüber der physikalischen Welt entrichtet.

Damit verbunden ist nun aber auch das ursprüngliche Zeiterleben, das primär auf die Zukunft gerichtet ist (Scheler 1928/1976, 227 f.). Die Pflanze lebt in unmittelbarem Austausch mit der Umwelt, ohne zeitliche Diskrepanzen. Das Tier aber erlebt Ungleichzeitigkeiten, es erleidet die Trennung von Trieberleben sowie Befriedigung und erfährt den Mangel als ›Noch-nicht‹. Mit dieser Diskrepanz entsteht jeweils eine appetitive Gespanntheit, ein ›Aussein auf etwas‹ (die noch nicht ergriffene Beute, den noch nicht erreichten Geschlechtspartner u. a.). Die Triebspannung begründet auch eine ›Zeitspanne‹, ein ursprüngliches Zeitdifferential im Modus des ›Noch-nicht-Habens‹. Janzarik (1965) hat dafür den Begriff der *Protensivität* eingeführt. Die erlebte Zeit resultiert also aus periodischen Ungleichzeitigkeiten oder Diskrepanzen. Sie ist charakterisiert durch die zyklische Wiederkehr von Triebregungen, Bedürfnissen, Interessen und deren Ausrichtung auf einen Ausgleich in der Zukunft.

Intersubjektive Synchronisierung

Gehen wir nun über zum Verhältnis des Menschen zu seiner *sozialen Umwelt*, so treffen wir auch hier auf vielfältige Formen der Synchronisierung. Bereits der alltägliche Kontakt zu den anderen beinhaltet eine ständige Feinabstimmung der emotionalen und leiblichen Kommunikation, ein »Mitschwingen« oder eine *Resonanz* (Fuchs 2000, 244 ff.). Die Säuglingsforschung hat gezeigt, wie dieser sympathetische Kontakt unser primäres Erleben entscheidend bestimmt: Die Kommunikation von Säugling und Mutter ist charakterisiert durch rhythmisch-melodische Interaktionen, wechselseitige Resonanz von Mimik und Gestik und wiederkehrende Affektabstimmung (*affect attunement*, Stern 1998). Die Mikrodynamik des alltäglichen Umgangs basiert also von Anfang an auf einer habituellen Synchronisierung, die uns als solche gar nicht mehr bewusst wird. Damit verbunden ist ein elementares Empfinden dafür, mit den anderen in zeitlichem Einklang zu sein, mit ihnen in der gleichen, intersubjektiven Zeit zu leben. Man kann mit Minkowski (1971, 72) von einem »gelebten Synchronismus« sprechen oder auch von einer basalen *Kontemporalität*, die die gemeinsame Lebenswelt charakterisiert.

Dieser grundlegenden Synchronie mit den anderen werden wir freilich in der Regel kaum gewahr. Spürbarer werden die Prozesse sozialer Synchronisierung in den vielfältigen Formen geregelter Zeitordnungen: in der Tages- und Wochenregulierung, der Koordination von Tätigkeiten, der Terminabstimmung und Pünktlichkeit – in einem weiteren Sinn in allen wechselseitigen Verpflichtungen und Absprachen, die mittels Normierung und Selbstdisziplinierung eingehalten werden. Diese seit der Neuzeit zunehmend etablierten und internalisierten Verkoppelungen der individuellen Eigenzeiten ermöglichen schließlich die weitgehende Synchronisation aller Mitglieder und Abläufe innerhalb der Industriegesellschaft, ohne die sie angesichts ihrer Komplexität in ein funktionelles Chaos versinken würde (Elias 1984, 116–131). Dabei wirken die sozialen Zeitgeber auch auf den Organismus zurück, dessen Tagesperiodik (Schlaf-Wach-Rhythmus etc.) wesentlich von der sozialen Synchronisierung mitbestimmt wird, wie insbesondere die Untersuchungen an isolierten Probandengruppen in den Bunker-Experimenten gezeigt haben: Es stellte sich dabei nach einiger Zeit ein neuer, gemeinsamer Tagesrhythmus ein (Heimann 1990). Biologische und soziale Zeitlichkeit lassen sich also nicht voneinander trennen.

Synchronisierungen prägen schließlich auch unsere lebensphasischen Veränderungen und Entwicklungen. Die wesentlichen biographischen Übergänge und Rollenwechsel (Schul- und Berufseintritt, Heiratsalter, Karrierestufen, Berentung usw.) sind mehr oder minder stark normiert; festgelegte Mindest- und Höchstalter markieren den Ein- und Austritt in gemeinsame soziale Zeiträume. Das Individuum orientiert sich in seinen Entscheidungen auf dem Lebensweg maßgeblich an den Altersgenossen (»Wo stehe ich im Vergleich zu meiner Altersgruppe?«). Auch diese ›Lebens-Zeitgeber‹ wirken auf die biologische Ebene zurück, wie das Phänomen der Akzeleration, der Vorverlagerung der sexuellen Reifung in den westlichen Industrienationen zeigt. Schließlich sei noch die kulturelle Synchronisierung erwähnt, die Menschen der gleichen Altersgruppe durch gemeinsame Haltungen, Moden, Stile, Werte und Erinnerungen verbindet und damit eine grundlegende ›Zeitgenossenschaft‹ herstellt. Deren Bedeutung erfahren besonders alte Menschen in schmerzlicher Weise, wenn sie nach und nach die anderen aus ihrer Generation und damit ihre Erinnerungsgemeinschaft verlieren.

Desynchronierung und Resynchronisierung

Die Lebenswelt ist also dadurch charakterisiert, dass in ihr ständig Kontemporalität und Gleichzeitigkeit hergestellt wird. Wie auf der biologischen Ebene sind auch diese Synchronisierungen jedoch keineswegs konstant, sondern durchlaufen wiederkehrende Phasen der Desynchronisierung, von denen sich zwei Formen unterscheiden lassen: ein ›Zu spät‹ und ein ›Zu früh‹, oder eine *Retardierung* bzw. *Akzeleration* der Eigenzeit gegenüber den sozialen Prozessen (Abb. 1).

Depression als Desynchronisierung

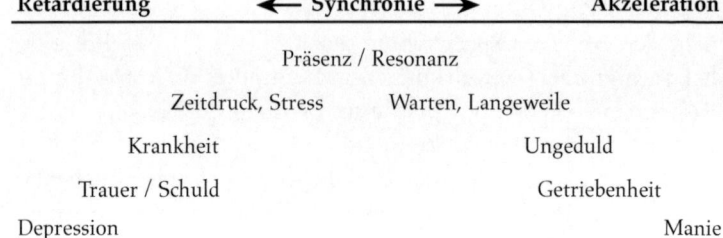

Abb. 1: Verhältnis von Eigenzeit und Weltzeit

Die Übereinstimmung oder *Synchronie* von Eigen- und Weltzeit vermittelt das Wohlbefinden, die erfüllte Gegenwart, in der man ohne eigentliches Zeitbewusstsein verweilt, ganz dem eigenen Tun oder der Resonanz mit der Umgebung hingegeben: etwa einer geschickt ausgeübten Tätigkeit (›Flow‹-Erfahrungen), einem intensiven Gespräch oder der Betrachtung eines Kunstwerks. Hingegen macht das ›Zu-früh‹, also die *Akzeleration* der Eigenzeit gegenüber äußeren Abläufen, das Warten erforderlich und führt zu Langeweile oder Ungeduld als Leiden unter der Langsamkeit der äußeren Ereignisse. Unruhe und Getriebenheit als weitere Beschleunigung der Eigenzeit können sich in pathologischen Fällen bis zur manischen Erregung steigern. Hier entkoppelt sich die Zeit des Individuums weitgehend von den natürlichen und sozialen Rhythmen, und wir können von einer Desynchronisierung sprechen.

Leidvoller als die Akzeleration wird in der Regel die Verspätung oder *Retardierung* der Eigenzeit erfahren. Als Pendant zum Warten ergibt sich zunächst der ›Zeitdruck‹ oder ›Stress‹, der aus einem aufzuholenden Rückstand resultiert. Unerfüllte Aufgaben und ungelöste Konflikte können sich anhäufen und das Weiterschreiten in die Zukunft hemmen. Auch *Krankheit* bedeutet eine Verlangsamung, ein Nicht-mehr-Können und damit einen partiellen Verlust der Teilhabe am sozialen Leben. *Trauer* ist der Ausdruck eines Bruchs, den die gelebte Synchronie mit anderen erlitten hat; der Trauernde kann sich nicht von der gemeinsamen Vergangenheit lösen, während die soziale Zeit weiterläuft. Auch die *Schuld* hat eine retardierende Struktur, insofern die Person auf

Versäumnisse der Vergangenheit fixiert ist. Eine mehr oder minder ausgeprägte Entkoppelung oder Desynchronisierung von der gemeinsamen sozialen Zeit kennzeichnet schließlich die Depression.

Wir erleben also periodisch Ungleichzeitigkeiten oder *Desynchronisierungen*, d. h. Situationen, in denen wir uns äußeren Veränderungen anpassen, Störungen und Rückstände ausgleichen müssen oder in denen die sozial vorgegebenen Stufen der Biographie Entwicklungen von uns fordern. Unbewältigtes, Unerledigtes häuft sich an, Belastungen, Konflikte und Rollenwechsel erschweren oder verhindern ein unbefangenes Weiterschreiten. Am einschneidendsten wirken sich traumatische Ereignisse, gravierende Erfahrungen von Schuld, Verlust oder Trennung auf das Zeiterleben aus. Sie verstricken den Betroffenen in das Vergangene, und er verliert vorübergehend die gelebte Synchronie mit den Anderen.

Damit tritt in Verlust oder Schuld ein neuartiges Zeiterleben auf: Zur Zeit des ›Noch-nicht‹, des in die Zukunft gerichteten Begehrens, tritt die Zeit des ›Nicht-mehr‹, der irreversiblen Vergangenheit, als Herausfallen aus der gemeinsamen Zeit, die weiterläuft, während sich das Subjekt von etwas Erlebtem oder Getanem nicht lösen kann. Die Unumkehrbarkeit und Herrschaft der Zeit erfahren wir primär in Unterbrechungen des Lebensflusses, vor allem durch die Trennung von anderen, auf die unsere gelebte Zeit primär bezogen ist. Die explizite Zeit wird also besonders in der *Ungleichzeitigkeit* erfahrbar: als das ›Zu früh‹ oder ›Zu spät‹, und damit als Zeit, die ›kriecht‹ oder ›eilt‹, die ›verloren ist‹ oder gegen die man kämpft.

Solche Diskrepanzen zur Gegenwart, also die periodischen Anhäufungen von Unerledigtem, Versäumtem oder Verlorenem, erfordern nun, analog zur biologischen Ebene, spezifische Bewältigungs- oder *Resynchronisierungsprozesse*. In ihnen gewinnt die Eigenzeit des Individuums wieder Anschluss an die gemeinsame, intersubjektive Zeit. Ich nenne einige solcher Prozesse:

1) Vergessen und Verdrängen. – Erinnerung bindet an Vergangenes, Vergessen befreit zur Gegenwart. Aus der Feldpsychologie ist der Zeigarnik-Effekt bekannt, wonach unerledigte, nicht zu Ende gebrachte Handlungen eher erinnert werden als abgeschlossene (Zeigarnik 1927). Der Fehler, das Versäumnis, die Schuld schreiben sich dauerhaft ins Gedächtnis ein, als statische Engramme: »[E]in Blick in die Vergangenheit genügt, um wieder auf sie zu stoßen« (Minkowski 1972, 29). Auf den engen Zusammenhang von Gedächtnis und Gewissen wies bereits Nietzsche hin und formulierte pointiert: »Nur was nicht aufhört, *wehzutun*, bleibt im Gedächtnis« (Nietzsche 1887/1968, 311). Wohl als Erster sah er daher im Vergessen nicht einen Verlust, sondern ein positiv zu bewertendes Hemmungsvermögen und stellte fest, dass es »keine *Gegenwart* geben könnte ohne Vergeßlichkeit« (ebd., 292).

2) Schlaf und Traum. – Schlaf bedeutet nicht nur physische Regeneration, sondern stellt ein wesentliches Mittel der Resynchronisierung, des Vergessens und Erledigens dar. Daher der ›Schlaf des Gerechten‹, also dessen, der sein soziales Soll und Haben ausgeglichen hat, bzw. umgekehrt die Erfahrung, dass eine schlaflose Nacht alle Sorgen und Probleme des Tages in Erinnerung ruft. Dass sich Trauminhalte auf Unerledigtes beziehen, das im Traum zur Lösung, Umwandlung und Einschmelzung gelangen soll, ist eine der leitenden Annahmen von Freuds Traumdeutung (1900/1972, 528 ff.). Die posttraumatischen Belastungsstörungen hingegen illustrieren das Versagen dieser Resynchronisierungsvorgänge: Die Patienten können im Schlaf kein Vergessen finden, ihre Träume wiederholen nur immer wieder die erlebten Schrecken.

3) Reue und Trauer. – Die Reue ist nicht nur äußerlich auf einen sozialen Ausgleich, auf Sühne gerichtet, sondern auch ein innerer, schmerzhafter Prozess der Schuldbewältigung. Gelingt er, so ist der Schuldige wieder an die gemeinsame Zeit, an den Fortgang des Lebens angeschlossen. Ähnlich löst oder verwandelt sich im Prozess der Trauer eine seelische Bindung, die nicht mehr der sozialen Gegenwart entspricht. Wer hingegen nicht zu trauern vermag, der gerät in eine dauerhafte Ungleichzeitigkeit.

4) Lebenskrisen. – Krisen stellen eine gravierendere Reaktion auf eine Desynchronisierung dar: Bisherige Orientierungen, Rollen und Bindungen sind anachronistisch geworden. Die anstehende Entwicklung ist jedoch gestaut; eine neue Homöostase ist nicht bruchlos zu erreichen, sondern nur über eine Phase der Desorientierung und der Trennung von Vergangenem. Durch verschiedene, meist schmerzhafte Leistungen wie Trauer, Verzicht, Umbewertung und Umdeutung kann der Betreffende wieder Anschluss an die Gegenwart gewinnen. Wir sehen daran, dass Desynchronisierungen auch durchaus notwendige Stimuli für die persönliche Entwicklung darstellen.

Zwischenergebnis

Ich fasse das Bisherige zusammen. Das Verhältnis von Individuum und Umwelt ist durch eine enge zeitliche Koppelung charakterisiert. Auf der biologischen Ebene sind endogene und exogene Rhythmen aufeinander abgestimmt. Auf der emotionalen und sozialen Ebene sind wir durch vielfältige Resonanz- und Synchronisierungsprozesse mit den anderen verbunden. Diese Koppelungen sind nicht statisch, sondern durchlaufen periodisch Phasen von Balance und Imbalance, von Störung und Ausgleich, von Desynchronisierung und Resynchronisierung. Verschiedene organische und seelische Prozesse dienen dazu, immer wieder Gegenwart herzustellen, das Individuum gewissermaßen auf den Stand der Zeit zu bringen. Dazu gehören die Periodik der vitalen Funktionen, der Ausgleich von Mangel durch Triebbefriedigung ebenso wie die wiederkehrenden Prozesse der Bewältigung von Unerledigtem in Vergessen, Schlaf, Traum, Reue, Trauer oder Krise.

Aus der reinen Kohärenz oder gelebten Synchronizität entsteht noch kein Zeiterleben. Dieses resultiert vielmehr aus einer Desynchronisierung oder Diskrepanz der aneinander gekoppelten inneren und äußeren Prozesse, sei es auf vitaler oder psychosozialer Ebene. Primär ist dabei die Zeit des Lebewesens auf die Zukunft ausgerichtet, als das ›Noch-nicht‹ des ›Ausseins auf etwas‹ oder der Protensivität. Doch kommt es im sozialen menschlichen Verband auch zu Erlebnissen der Trennung, in denen wir gewissermaßen aus der gemeinsamen, intersubjektiven Zeit herausfallen. Die Zeit des ›Nicht-mehr‹ wird uns eigentlich erst bewusst in

Unterbrechungen des Lebensflusses, vor allem durch Trennungen von den anderen, mit denen unser Leben synchronisiert ist. Die transeunte, die vergehende Zeit erscheint für den Menschen dann, wenn er gegenüber den Veränderungen der Umwelt zurückbleibt.

Depression als Desynchronisierung

Eine *vollständige Desynchronisierung* zwischen Individuum und Umwelt ist nun das, was die schwere, melancholische Depression charakterisiert. Sie entsteht, wenn die Bewältigung einer wesentlichen Veränderung nicht gelingt, also die individuellen Resynchronisierungsleistungen versagen; und sie ist in ihrer Symptomatik selbst Ausdruck einer Entkoppelung der Zeitlichkeit und Resonanz von Individuum und Umwelt. Ich betrachte dies im Folgenden unter den Aspekten der prämorbiden Persönlichkeit, der Auslösesituation und der Psychopathologie der Depression selbst.

Prämorbide Persönlichkeit und Auslösesituation

Die phänomenologische Psychopathologie hat nicht nur die Depression selbst als eine Störung der Zeitlichkeit beschrieben, sondern auch die Persönlichkeitsstruktur und Existenzform herausgearbeitet, die eine besondere Disposition zur Depression mit sich bringt. Den bedeutendsten Beitrag dazu stellt Tellenbachs Konzept des *Typus Melancholicus* dar, der vor allem durch Züge wie Gewissenhaftigkeit, Ordentlichkeit, Überanpassung an soziale Normen und abhängig-symbiotische Tendenzen in seinen Beziehungen charakterisiert ist (Tellenbach 1983; Kraus 1987). Dieser Typus hat sich in zahlreichen Studien als die häufigste Variante der prämorbiden Persönlichkeiten bei schweren, melancholischen Depressionen erwiesen (Mundt et al. 1997; Kronmüller et al. 2002; Stanghellini et al. 2006).

Die Struktur des Typus Melancholicus lässt sich auf einer tieferen Ebene als eine spezifische Ausprägung *existenzieller Vul-*

nerabilität verstehen:[1] Menschen mit dieser Persönlichkeit sind besonders sensitiv gegenüber einschneidenden Lebensübergängen, Rollenwechseln und Verlusten – etwa Verwitwung, Scheidung, Arbeitsplatzverlust, aber auch Beförderung, Auszug der Kinder aus dem Haus, Berentung u. a. Solche Veränderungen bedrohen ihre fest gefügte, abgesicherte Welt und können zu typischen Auslösesitutionen der Depression werden. Darüber hinaus versuchen solche Menschen um jeden Preis, Situationen des Schuldigwerdens oder des Zurückbleibens hinter den eigenen Pflichten zu vermeiden, um nicht in Konflikt mit den sozialen Erwartungen und Normen zu geraten. Mit anderen Worten, sie scheuen sich vor der Konfrontation mit den grundlegenden Bedingungen und Erfordernissen der Existenz wie Veränderung, Entscheidung, Schuld, Trennung, Einsamkeit und Endlichkeit. Letztlich ist es das unentrinnbare Fortschreiten der Zeit und die Vergänglichkeit des Lebens selbst, die für den Typus Melancholicus zu einer stets latenten Bedrohung wird. Sein Unvermögen, Desynchronisierungen zu bewältigen und mit dem Leben weiterzuschreiten, hemmt ihn in seiner Reifung und macht ihn umso vulnerabler gegenüber unausweichlichen biographischen Einschnitten und Rollenwechseln.

Da sie diese Vulnerabilität selbst ahnen, versuchen sich Menschen mit dieser Struktur durch ein Gehäuse existenzieller Abwehrmechanismen abzusichern. Der Versuch, grundlegenden Veränderungen auszuweichen, sich in den Grenzen der etablierten Ordnung zu halten, Trennungen oder Schuld zu vermeiden – all dies erfüllt den tieferen Zweck, sich vor der Vergänglichkeit, aber auch der unentrinnbaren ›Jemeinigkeit‹ und Einsamkeit der autonomen Existenz zu schützen. Das ist der Grund, warum der Typus Melancholicus nach beständiger Harmonie, sozialer Übereinstimmung und gewissenhafter Erfüllung seiner Pflichten strebt. Er darf niemandem etwas schuldig bleiben, da seine ganze Identität auf die Rolle gegründet ist, die die Gesellschaft ihm zugewiesen hat, statt auf Selbstbestimmung und Autonomie; Alfred

---

[1] Vgl. zu diesem Konzept den Aufsatz »Warum gibt es psychische Krankheit?« in diesem Band.

Kraus (1987) hat diese starre Rollenidentität besonders klar herausgearbeitet. Früher oder später jedoch erweist sich diese rigide Abwehrstruktur als prekär. Wenn Menschen mit dieser Persönlichkeitsstruktur doch einmal hinter ihren Verpflichtungen zurückbleiben, ungerechtfertigte Zurücksetzungen oder den Verlust naher Beziehungen erfahren, dann bricht für sie buchstäblich eine Welt zusammen. Sie geraten in eine *Grenzsituation* im Sinne von Jaspers (1925), also eine Situation, in der sich die fundamentalen Erwartungen und Annahmen über sich selbst und die Welt als trügerisch erweisen.

Tellenbach hat die schon erwähnten typischen Auslösesituationen der Depression mit den Begriffen der »Remanenz« (Zurückbleiben hinter Pflichten oder Erwartungen) und der »Inklusion« beschrieben (Eingeschlossensein, d.h. fehlende Flexibilität, sich einer veränderten Situation anzupassen). Solche Situationen lassen sich auch als Desynchronisierungen verstehen: Die Patienten kapitulieren vor schmerzhaften Ablösungsprozessen, vor einem anstehenden Rollenwechsel, letztlich vor dem Voranschreiten der Zeit. Die erforderte Auflösung von Bindungen erscheint zu bedrohlich und zu schmerzhaft, der Verlust wird nicht anerkannt, die primäre Trauerreaktion häufig unterdrückt. Damit aber entfallen wesentliche Resynchronisierungsleistungen.

Physiologische Desynchronisierung

Die Kapitulation gegenüber einer anstehenden Bewältigungs- und Entwicklungsaufgabe führt nun gerade zu dem, was der Depressive am meisten fürchtet, nämlich zum Verlust der Kohärenz und Resonanz mit der Umwelt, zur Depression. Versagen die Resynchronisierungsprozesse, so wird offenbar ein evolutionär älterer Schutzmechanismus ausgelöst, der in einer Blockade und Lähmung, in passiv-submissivem oder Demutsverhalten gegenüber Stammesgenossen besteht und der das Individuum vorübergehend von den sozialen Anforderungen und kompetitiven Situationen befreit (vgl. Bjorkqvist 2001; Gilbert 2016). Dem entspricht ein Umschlag von der sozialen in eine biologische Desynchronisierung. In der Zeitlichkeit wäre demnach die zentrale ›Schaltstelle‹ zu sehen, die eine gesamtorganismische Reaktion, eine psychophysiologische Stockung oder *Stase* hervorruft. Die mögliche Auslösung von Depressionen durch eine allgemeine Erschöpfung oder schwere körperliche Krankheit weist darauf hin, dass eine vitale Desynchronisierung auch eine primär ursächliche Rolle spielen kann.

Die physiologische Desynchronisierung ist in ihren Erscheinungen genügend bekannt, wenngleich in ihren Mechanismen noch nicht aufgeklärt. Bekannt sind die Tagesperiodik der Depression mit dem Morgentief, ferner die Störungen des Antriebs und Appetits, der neuroendokrinen und der Temperaturperiodik, des Schlaf-Wach-Rhythmus, des weiblichen Zyklus. Gestört sind auch die psychophysischen Regenerationsleistungen im Schlaf. Depressive wachen früh morgens nach einem zerhackten, oberflächlichen Schlaf auf. Die Störung der Schlafarchitektur, insbesondere die verkürzte REM-Latenz und die Verminderung oder das Fehlen des synchronisierten Schlafes lassen sich neurophysiologisch nachweisen (Papousek 1975). Die Traumphasen sind reduziert, die Traumerinnerungen verringert oder überwiegend negativ (Riemann et al. 1990; Barrett & Loeffler 1992), d. h., die psychohygienische Wirkung des Schlafs geht verloren. Zahlreiche rhythmische Funktionen des Organismus sind also desynchronisiert. Hingegen führt der therapeutische Schlafentzug zu einer vorübergehenden Resynchronisierung, mit unmittelbarer Auswirkung auf die Stimmung.

Die Entkoppelung von Organismus und Umwelt kommt auch in einem *Hervortreten des Körpers* zum Ausdruck, der sich immer da bemerkbar macht, wo die Selbstverständlichkeit des leiblichen Agierens im Umraum verloren geht. Bleierne Schwere, Erschöpfung, Beengung und Panzergefühl machen gewissermaßen die reine, sonst im Lebensvollzug aufgehobene Materialität des Körpers spürbar. Hinzu tritt der Verlust an Vitalität und Dynamik in zahlreichen, auch vegetativen Organsystemen. Die psychophysische Hemmung verwandelt den Leib in ein entfremdetes Objekt, das sich von der Umwelt abschließt und allen zukunftsgerichteten Handlungsimpulsen Widerstand entgegensetzt. In schweren Fällen kommt es zu einer regelrechten Erstarrung, einer ›Korporifizierung‹ des gelebten Leibes, der zur Resonanz mit der Umwelt nicht mehr fähig ist.[2]

Psychosoziale Desynchronisierung

Betrachten wir nun die Desynchronisierung in Bezug auf die intersubjektive Zeit. Sie äußert sich zunächst im Rückzug von sozialen Verpflichtungen: Depressive Patienten meiden die Umgebung mit ihren sozialen oder physikalischen Zeitgebern. Sie stehen nicht mehr rechtzeitig auf, ihre Arbeiten werden von anderen übernommen, wichtige familiäre Entscheidungen ohne sie getroffen. Vergebliche Versuche des Nachholens und Ausgleichens verstärken das Gefühl der Remanenz.

Dazu kommt der Verlust der sympathetischen Resonanz, der Schwingungsfähigkeit. Während Gespräche sonst von einer ständigen Synchronisierung leiblicher Gesten und Blicke begleitet sind (Krause & Lütolf 1989; Tschacher et al. 2014), erstarrt der Ausdruck des Depressiven und verliert seine Modulation. Die Affektabstimmung mit anderen misslingt. Damit verbunden ist das Unvermögen, an den Menschen und Dingen emotional teilzunehmen, von ihnen angesprochen oder betroffen zu werden. Die Patienten klagen über eine quälende Gefühllosigkeit, in der sie nicht einmal mehr fähig seien, für ihre nächsten Angehörigen etwas zu empfinden. In einem autobiographischen Bericht beschreibt Solomon seine Depression als »einen Verlust des Fühlens, eine Taubheit, die alle meine menschlichen Beziehungen infiziert hatte. Liebe, Beziehungen, meine Arbeit, meine Familie, meine Freunde – all das bedeutete mir nichts mehr« (Solomon 2001, 45; eig. Übers.).

Die Desynchronisierung äußert sich schließlich in einem Versagen der Vergessens- und Eliminierungsleistungen (Emrich 1994). »Alles geht mir immer weiter im Kopf herum, ich muss

---

[2] Vgl. den Aufsatz »Depression, Leiblichkeit, Zwischenleiblichkeit« in diesem Band.

immer daran denken, ob ich es richtig gemacht habe. Ich kann abends nicht einschlafen, weil ich noch beim abgelaufenen Tag bin, und morgens fällt mir alles mit Schrecken wieder ein« – so schilderte es einer meiner Patienten. Es ist die Qual, nicht mehr vergessen zu können, sich ständig erinnern zu müssen und daher nie mehr in die Gegenwart zu gelangen. Die Herrschaft der Vergangenheit ist dabei nur die Kehrseite der erlahmenden Protensivität, des Mangels an Antrieb, an Bedürfnissen und Interessen, die sonst in die Zukunft weisen.

Mit fortschreitender Hemmung kommt schließlich die Lebensbewegung zum Erliegen, wie es die anthropologische Psychopathologie beschrieben hat. Der Depressive fällt aus der gemeinsamen Zeit heraus; er lebt buchstäblich in einer anderen, zähflüssigen Zeit, während die äußere, lineare Zeit an ihm vorüberzieht, wie es die Patientenberichte zu Beginn bereits gezeigt haben. Solche Störungen der Zeiterfahrung lassen sich auch experimentell belegen: Da ihre Eigenzeit zurückbleibt, erleben Depressive generell eine Zeitdehnung, d.h., sie schätzen vorgegebene Zeitintervalle deutlich länger ein, als es der tatsächlich gemessenen Zeit entspricht (Kitamura & Kumar 1982; Mundt et al. 1998).

Doch gerade weil depressive Patienten nicht mehr an der gemeinsamen Zeit teilnehmen, sich nicht mehr synchronisieren und die Zeit nicht mehr gestalten können, verfallen sie der reinen, unumschränkten *Herrschaft der linearen Zeit*. Kann die Zeit nicht mehr zyklisch erlebt und nicht mehr aktiv vollzogen werden, dann gerät sie, wie bereits Bergson zeigte, zu einer leeren Sukzession, einer homogenen Abfolge von Momenten, die sich gleichgültig und unaufhaltsam abspult (Bergson 1889/2006; Theunissen 1991). Dies beschreibt eine Patientin von Gebsattels in einer berühmt gewordenen Schilderung:

Ich muss unaufhörlich denken, dass die Zeit vergeht. Wenn ich jetzt mit Ihnen spreche, denke ich bei jedem Wort: vorbei, vorbei, vorbei. Dieser Zustand ist unerträglich und erzeugt ein Gefühl von Gehetztheit. […] Wassertropfen sind unerträglich und machen mich rasend, weil ich immer denken muss: Jetzt ist wieder eine Sekunde vergangen, jetzt wieder eine Sekunde. Ebenso wenn ich die Uhr ticken höre – Immer wieder:

vorbei, vorbei [...] der Gedanke, dass alles vergeht und daß das Leben immer kürzer wird, macht mir Angst. (Gebsattel 1954, 2 f.)

Eigenzeit und Weltzeit sind entkoppelt; da die Patientin die Zeit nicht im Fluss ihres spontanen Werdens mitleben, nicht mehr mitvollziehen und gestalten kann, erlebt sie sie nur noch als äußerlich, fragmentiert, und registriert zwanghaft jeden Augenblick. Das Jetzt ist für sie nicht mehr eine qualitativ erfüllte Gegenwart, sondern nur noch ein »Vorbei« – das leere Vorüberziehen der linearen, quantitativen Zeit, der sie ohnmächtig ausgesetzt ist.

Mit dem Verlust der Protensivität ist dem Depressiven auch die Zukunft versperrt, d. h., er kann das Gewordene nicht mehr überschreiten und hinter sich lassen. *Damit aber steht die Vergangenheit ein für alle Mal fest*; sie lässt sich nicht mehr durch zukünftiges Leben verwandeln, ausgleichen und aufheben. Nun wird alle Schuld, werden alle Versäumnisse mit einem Mal aktualisiert. Es verhält sich ähnlich wie beim Tod eines nahen Menschen, der unvermutet Schuldgefühle auslöst, für die zunächst kein greifbarer Anlass vorzuliegen scheint. Solange er lebte, rechneten wir nämlich implizit mit der Möglichkeit, das ihm gegenüber Versäumte immer noch nachholen zu können. Dieser Spielraum aber ist durch seinen Tod unwiderruflich verloren gegangen. Unsere gemeinsame Zeit ist gänzlich und unkorrigierbar zu Vergangenheit geronnen.

Der Depressive ist nun in genau dieser Lage, aber nicht nur einem, sondern allen anderen Menschen gegenüber. Er ist gleichsam schon jetzt zur Vergangenheit geworden; sein Leben ist in allen Einzelheiten endgültig fixiert. Nun drängen all die zahllosen Fehler und Versäumnisse ins Bewusstsein, die wir uns alle unvermeidlich zuschulden kommen lassen. »Man hat Sachen gesagt, die kann man nicht aus der Welt schaffen [...] man kommt nicht mehr raus aus dem, was man gemacht hat«, formulierte es ein Patient. Oder wie Kuiper schreibt:

Der tiefste Abgrund, in den ich stürze, ist der Gedanke, dass selbst Gott mir nicht helfen kann, denn Er kann nichts ungeschehen machen. (Kuiper 1991, 162)

Nicht die Intensität der Schuldgefühle, sondern die prinzipielle Unwiderruflichkeit der Schuld macht also das Melancholische aus. Die Schuldeingeständnisse des Kranken sind gar nicht mehr auf Resynchronisierung mit den anderen durch Reue oder Ausgleich gerichtet, denn deren Voraussetzung *einer gemeinsamen Zeitdimension existiert nicht mehr.* Seine Schuld ist damit *an sich* irreparabel. Der Schuldwahn markiert ebenso wie andere melancholische Wahnformen den Übergang zur vollständigen Desynchronisierung.

Resümee

Die Zeitlichkeit des Menschen besteht weder in einem monadischen Existenzial noch der rein vitalen Werdezeit des Organismus, sondern primär in gelebter Synchronizität mit der Umwelt und mit den anderen. Erst aus den periodisch auftretenden Desynchronisierungen – Mangelzuständen, Inkohärenzen, Schuld-, Insuffizienz- und Trennungserfahrungen – resultiert die erlebte Zeit des ›Noch-nicht‹ und des ›Nicht-mehr‹, die nach vorne gerichtete und die vergehende Zeit. Diese Zeiterfahrung stimuliert nun ihrerseits Resynchronisierungsprozesse, die die Erledigung von Vergangenem, Anpassungs- und Entwicklungsleistungen und damit den Anschluss an die Gegenwart ermöglichen.

Menschen mit einer depressiven Prädisposition sind zu solchen Resynchronisierungen nur begrenzt in der Lage. Sie sind darauf angewiesen, keine größeren Diskrepanzen entstehen zu lassen, nicht vom normierten Lebensweg abzuweichen oder zurückzubleiben. Geschieht dies doch, so kann es zur vollständigen Desynchronisierung der melancholischen Depression kommen. Dabei übersetzt sich die intersubjektive in eine biologische Desynchronisierung, und umgekehrt wirkt diese auf jene zurück. Melancholischer Wahn ist die äußerste Form dieser Entkoppelung von der gemeinsamen Zeit.

Die *Therapie der Depression* hat unter diesem Aspekt die Aufgabe, die Resynchronisierungsprozesse wieder in Gang zu bringen und zu unterstützen. Pharmakologische, Elektrokrampf-, Schlafentzugs- oder Lichttherapie sind die gegenwärtig verfügbaren Möglichkeiten hierzu auf der biologischen Ebene. Psychotherapeutisch folgt aus diesen Überlegungen die Notwendigkeit,

(1) einen räumlichen und zeitlichen Rahmen zu schaffen, der für den Patienten eine definierte und legitimierte Schonzeit oder ›Auszeit‹ darstellt, in der er sich so weit wie möglich ohne Zeit- und Sollensdruck wieder an die gemeinsamen sozialen Zeitabläufe herantasten kann. Es geht primär darum, die leibliche Starre und Angst zu lösen, was durch eine Verbindung von pharmakologischer Therapie, Entspannungsverfahren und leichten körperlichen Übungen erreichbar ist.
(2) Wichtig ist des Weiteren die Rhythmisierung des Lebens, die Betonung von Wiederholung und Regelmäßigkeit im Tages- und Wochenverlauf. Diese zyklische Zeitlichkeit gibt dem Patienten Halt gegenüber der leer vergehenden Zeit und unterstützt die Resynchronisierung innerer und äußerer Rhythmen.
(3) Drittes Prinzip einer ›Resynchronisierungstherapie‹ muss die Förderung von Protensivität sein, nämlich die Ausrichtung des Patienten auf Ziele, seien sie noch so kurzfristig und bescheiden. Dies ist anfangs belastend, da zum einen die eigentliche, appetitive Motivation des Patienten ja noch fehlt und zum anderen jede Handlung sofort in Gefahr steht, seinen Qualitätsansprüchen nicht zu genügen. Es ist daher wichtig, dem Patienten zu vermitteln, dass allein der intentionale Bogen, den er über Vorhaben und Ausführung spannt, schon genügt, um der gegen ihn laufenden Zeit wieder seine eigene Zeitrichtung entgegenzusetzen und damit die Protensivität wieder in Gang zu bringen.
(4) Daraus ergibt sich das Prinzip der ›optimalen Resynchronisierung‹: Der Patient soll ein jeweils seinem Zustand angemessenes Maß an Betätigung und Stimulierung erleben, damit einerseits die leerlaufende wieder zur erfüllten Zeit wird, andererseits eine zu rasche Rehabilitation nicht einen Rückfall in die Zeitentkoppelung auslöst. Das Bild der Gang-

schaltung bietet sich hier an, bei der auch entsprechend dem momentanen Tempo jeweils unterschiedliche Synchronisierungsstufen gewählt werden.
(5) Schließlich wird es nach Besserung der akuten Depression wichtig, die seelischen und sozialen Resynchronisierungen zu fördern, deren Ausfall zur Erkrankung beigetragen hat, d. h. in erster Linie Trauerprozesse und die Bewältigung von Rollenwechseln.

Ich habe zu Beginn die gesellschaftlichen Akzelerationsprozesse erwähnt, denen wir alle unterliegen. Das technische und ökonomische Innovationstempo wächst ebenso wie die Veraltungsgeschwindigkeit von Tradition. Es ist abzusehen, dass die permanente Revolutionierung unserer Lebenswelt immer häufiger zu Desynchronisierungen führen wird, die die Adaptationsfähigkeit der Individuen überfordern. Wir erleben dies als Psychiater aus nächster Nähe, denn immer öfter kommen Menschen in unsere Klinik, die den beschleunigten Modernisierungen nicht mehr gewachsen sind und in die Entkoppelung der Depression fallen. Ihr Leiden zeigt uns, dass die biologischen und seelischen Resynchronisierungsleistungen des Menschen, wie variabel seine Natur auch sein mag, eben nicht beliebig zu steigern sind (vgl. Fuchs et al. 2018).

Der Sozialphilosoph Theunissen (1991) hat von einer »negativen Theologie«, einer »Herrschaft« der Zeit als eines objektiven Prozesses gesprochen, dem wir alle unterliegen, den der Depressive aber ohnmächtig und ungeschützt über sich ergehen lassen müsse. Ich denke, dass Theunissen hier einer Mystifikation unterliegt. Wir selbst sind es, die die Herrschaft der Zeit errichtet haben, der wir dann als einer scheinbar objektiven erliegen. Es ist die gleiche Mystifikation, die Karl Marx bereits vor 140 Jahren an den Akkumulations- und Beschleunigungsprozessen des Kapitals aufgezeigt hat, in dessen Bewegungen die gesellschaftlichen Subjekte ihr eigenes Tun nicht wiedererkennen. Ebenso ist es die entfremdete und verdinglichte Zeit, die in der Depression auf den Menschen von außen her zurückfällt. Der Depressive zeigt uns stellvertretend, dass wir als Individuen ebenso wie als Gesellschaft vor der Aufgabe stehen, die Zeit, die wir uns selbst zum Feind gemacht haben, immer wieder anzueignen und sie uns zum Freund zu machen.

Literatur

Barrett, D. & Loeffler, M. (1992). Comparison of dream content of depressed vs nondepressed dreamers. *Psychological Report, 70 (2)*, 403–406.
Bergson, H. (1889/2006). *Zeit und Freiheit. Versuch über das dem Bewusstsein unmittelbar Gegebene* (3. Aufl.). Hamburg: Meiner.
Bjorkqvist, K. (2001). Social defeat as a stressor in humans. *Physiology & Behavior, 73 (3)*, 435–442.
Elias, N. (1984). *Über die Zeit*. Frankfurt am Main: Suhrkamp.
Emrich, H. (1994). Depression und »Herrschaft der Zeit«. In F. Cramer & F. Hucho (Hrsg.), *Mensch und Zeit. Aus Forschung und Medizin, 9 (1)*, 39–52.
Freud, S. (1900/1972). *Die Traumdeutung. Studienausgabe Bd. 2*. Frankfurt am Main: Fischer.
Fuchs, T. (2000). *Leib, Raum, Person. Entwurf einer phänomenologischen Anthropologie*. Stuttgart: Klett-Cotta.
Fuchs, T. (2002). Der manische Mensch. In ders., *Zeit-Diagnosen. Philosophisch-psychiatrische Essays* (S. 202–235). Kusterdingen: Die Graue Edition.
Fuchs, T. (2018). Chronopathologie der Überforderung. Zeitstrukturen und psychische Krankheit. In T. Fuchs, L. Iwer & S. Micali (Hrsg.), *Das überforderte Subjekt. Zeitdiagnosen einer beschleunigten Gesellschaft* (S. 52–79). Frankfurt am Main: Suhrkamp.
Fuchs, T., Iwer, L. & Micali, S. (Hrsg.) (2018). *Das überforderte Subjekt. Zeitdiagnosen einer beschleunigten Gesellschaft*. Frankfurt am Main: Suhrkamp.
Gebsattel, V. E. Freiherr von (1954). *Prolegomena einer medizinischen Anthropologie*. Berlin Göttingen Heidelberg: Springer.
Gilbert, P. (2016). *Depression: The Evolution of Powerlessness*. London New York: Routledge.
Heimann, H. (1990). Biologische Aspekte des Zeiterlebens in der Psychiatrie. In L. Ciompi & H.-P. Dauwalder (Hrsg.), *Zeit und Psychiatrie. Sozialpsychiatrische Aspekte* (S. 29–43). Bern Stuttgart Toronto: Huber.
Janzarik, W. (1965). Psychologie und Psychopathologie der Zukunftsbezogenheit. *Archiv für die gesamte Psychologie, 117*, 33–53.

Jaspers, K. (1925). *Psychologie der Weltanschauungen*. Berlin: Verlag Julius Springer.
Kitamura, T. & Kumar, R. (1982). Time passes slowly for patients with depressive state. *Acta Psychiatrica Scandinavica, 65 (6)*, 415–420.
Klibansky, R., Panofsky, E. & Saxl, F. (2006). *Saturn und Melancholie. Studien zur Geschichte der Naturphilosophie und Medizin, der Religion und der Kunst*. Frankfurt am Main: Suhrkamp.
Kraus, A. (1987). Rollendynamische Aspekte bei Manisch-Depressiven. In K. P. Kisker, H. Lauter, J.-E. Meyer, C. Müller & E. Strömgren (Hrsg.), *Psychiatrie der Gegenwart. Bd. 5. Affektive Psychosen* (S. 403–423). Berlin Heidelberg New York: Springer.
Krause, R. & Lütolf, P. (1989). Mimische Indikatoren von Übertragungsvorgängen. *Zeitschrift für Klinische Psychologie, 18*, 1–13.
Kronmüller, K.-T., Backenstrass, M., Kocherscheidt, K., Hunt, A., Unger, J., Fiedler, P. & Mundt, C. (2002). Typus Melancholicus personality type and the five-factor model of personality. *Psychopathology, 35*, 327–334.
Kuiper, P. C. (1991). *Seelenfinsternis. Die Depression eines Psychiaters*. Frankfurt am Main: Fischer.
Minkowski, E. (1971). *Die gelebte Zeit. I. Über den zeitlichen Aspekt des Lebens*. Salzburg: Otto Müller.
Minkowski, E. (1972). *Die gelebte Zeit. II. Über den zeitlichen Aspekt psychopathologischer Phänomene*. Salzburg: Otto Müller.
Mundt, C., Backenstrass, M., Kronmüller, K.-T., Fiedler, P., Kraus, A. & Stanghellini, G. (1997). Personality and endogenous/major depression: An empirical approach to Typus Melancholicus. *Psychopathology, 30*, 130–139.
Mundt, C., Richter, P., van Hees, H. & Stumpf, T. (1998). Zeiterleben und Zeitschätzung depressiver Patienten. *Nervenarzt, 69 (1)*, 38–45.
Nietzsche, F. (1887/1968). Zur Genealogie der Moral. In ders., *Werke. Kritische Gesamtausgabe, Bd. VI/2* (hrsg. v. G. Colli & M. Montinari) (S. 259–430). Berlin: De Gruyter.
Papousek, M. (1975). Chronobiologische Aspekte der Zyklothymie. *Fortschritte der Neurologie und Psychiatrie, 43*, 381–440.
Riemann, D., Löw, H., Schredl, M., Wiegand, M., Dippel, B. & Berger, M. (1990). Investigations of morning and laboratory dream recall and content in depressive patients during baseline conditions and under antidepressive treatment with trimipramine. *Psychiatric Journal of the University of Ottawa, 15 (2)*, 93–99.
Scheler, M. (1928/1976). Idealismus – Realismus. In ders., *Gesammelte Werke. Bd. 9. Späte Schriften* (hrsg. v. M. S. Frings) (S. 183–241). Bern München: Francke.
Solomon, A. (2001). *The Noonday Demon: An Atlas of Depression*. New York: Simon & Schuster.

Stanghellini, G., Bertelli, M. & Raballo, A. (2006). Typus Melancholicus: Personality structure and the characteristics of major unipolar depressive episode. *Journal of Affective Disorders, 93 (1–3)*, 125–140.
Stern, D. N. (1998). *Die Lebenserfahrung des Säuglings* (6. Aufl.). Stuttgart: Klett-Cotta.
Straus, E. (1960). Das Zeiterlebnis in der endogenen Depression und in der psychopathischen Verstimmung. In ders., *Psychologie der menschlichen Welt* (S. 126–140). Berlin Göttingen Heidelberg: Springer.
Tellenbach, H. (1983). *Melancholie. Problemgeschichte, Endogenität, Typologie, Pathogenese, Klinik* (4. Aufl.). Berlin Heidelberg New York: Springer.
Theunissen, M. (1991). *Negative Theologie der Zeit.* Frankfurt am Main: Suhrkamp.
Tschacher, W., Rees, G. M. & Ramseyer, F. (2014). Nonverbal synchrony and affect in dyadic interactions. *Frontiers in Psychology, 5*, Artikel 1323.
Zeigarnik, B. (1927). Über das Behalten von erledigten und unerledigten Handlungen. *Psychologische Forschung, 9*, 1–85.

Das fragmentierte Selbst

Zeitlichkeit und narrative Identität in der
Borderline-Störung

Einleitung

Die Zeitlichkeit des Lebens stellt den Menschen vor die fortwährende Aufgabe, die eigene Vergangenheit, Gegenwart und Zukunft in kohärenter und sinnhafter Weise auch über Brüche hinweg zu integrieren. Diese Integration besteht darin, dass die Person einerseits ihr künftiges Leben auf der Grundlage bisheriger Erfahrungen entwirft, während sie andererseits ihre Geschichte rückblickend aus der gegenwärtigen Situation und ihren jeweiligen Möglichkeiten immer wieder neu versteht. Das Konzept der *narrativen Identität* bezeichnet diesen Prozess fortwährender Sinnbildung: eine sich ständig wandelnde und doch nach Kohärenz strebende Erzählung des eigenen Lebens. Diese Identität beruht wesentlich auf der Fähigkeit der Person, auch widersprüchliche Aspekte und Tendenzen in einer übergeordneten Sicht auf sich selbst zu verknüpfen.

Menschen mit einer Borderline-Persönlichkeitsstörung, so möchte ich im Folgenden zeigen, mangelt es an jener Fähigkeit, ein kohärentes Selbstkonzept auszubilden. Stattdessen nehmen sie eine gewissermaßen ›postmoderne‹ Haltung zu ihrem Leben ein, indem sie von einer Gegenwart zur anderen wechseln, sich dabei aber jeweils vollständig mit ihrem momentanen affektiven Zustand identifizieren. Die klassische neurotische Struktur ist der Psychoanalyse zufolge durch Verdrängungsleistungen charakterisiert, die die diachrone Einheit der Identität befestigen. Borderline-Patienten hingegen spalten ihr Leben in diskontinuierliche, fragmentarische Abschnitte auf, während sie Vergangenheit und Zukunft als Dimensionen von Konstanz, Bindung, Verpflichtung und Verantwortung ausblenden. Damit vermeiden sie es zwar, sich der Ambiguität, Unzuverlässigkeit und Mühe längerfristiger Beziehungen auszusetzen. Der Preis dafür besteht jedoch in einem chronischen Gefühl innerer Leere, das aus der mangelnden Integration von Vergangenheit und Zukunft in ein kohärentes Identitätserleben resultiert. Diese Zusammenhänge stehen im Mittelpunkt der folgenden Überlegungen.

Narrative Identität

Der Mensch ist das Tier, »das versprechen darf«, schreibt Nietzsche in seiner *Genealogie der Moral* (1980b, 291). Das heißt, der Mensch verfügt über Gedächtnisfähigkeiten, die ihn nicht vergessen lassen, was er einmal gesagt und getan hat, und die ihm ermöglichen, seine Absichten und Ziele in die Zukunft zu projizieren. Das heißt aber auch, dass er einer inneren Instanz unterliegt, nämlich dem Gewissen, das über die Einhaltung seiner Versprechen und Verpflichtungen wacht.

Der Kulturfortschritt, den dieses moralische Gedächtnis unserer vergangenen Handlungen und Verpflichtungen erzeugt hat, kostet Nietzsche zufolge allerdings einen hohen Preis. »Wir seufzen über uns, dass wir das Vergangne nicht los werden können und seine Kette immerfort nachschleppen müssen; während es uns scheinen will als ob das Thier glücklich sein müsse, weil es […] sofort vergisst und fortwährend den erlebten Augenblick in Nebel und Nacht zurückweichen sieht« (Nietzsche 1980c, 726 f.). Das Tier lebt »unhistorisch«, »kurz angebunden […] an den Pflock des Augenblicks« (ebd., 725) und daher in schlichter Zufriedenheit. Dem Menschen hingegen, der nicht zu vergessen vermag, bleibt dieses Glück der bloßen Gegenwart verschlossen. Freuds *Unbehagen in der Kultur* (1930/1948) beschreibt einen ähnlichen Preis des Fortschritts: Die moralischen Einschränkungen und Verzichtsleistungen, die die Kultur den Individuen abverlangt, geraten notwendig in Konflikt mit ihrem Streben nach Glück und sind für verschiedenste neurotische Störungen verantwortlich.

Trotz dieser Skepsis hat das westliche Denken nicht aufgehört, die Selbstkontrolle, Autonomie und langfristige Selbstbestimmung als zentrale personale Fähigkeiten des Menschen zu betonen. So sind Personen nach Auffassung von Harry Frankfurt (1971) wesentlich durch die Freiheit charakterisiert, ihre momentanen Impulse zu kontrollieren. Ich mag beispielsweise den Wunsch verspüren, eine Zigarette zu rauchen, und ihm nachgeben. Ich kann diesen Wunsch aber auch für ungesund halten und mir wünschen, ihn nicht zu haben. Frankfurt nennt nun den Wunsch zu rauchen einen Wunsch oder »Willen erster Ordnung«, den Willen hingegen, diesen Wunsch *nicht zu haben,* einen »Willen zweiter Ordnung«. Indem eine Person solche übergeordneten und zugleich dauerhaften Willenshaltungen ausbildet, identifiziert sie sich mit bestimmten Wünschen erster Ordnung und weist andere zurück.

Diese Fähigkeit ist nun nach Frankfurt auch die Grundlage, um Personen moralisch für ihre Handlungen verantwortlich zu halten. Denn wer von momentanen Impulsen beherrscht, also von Wünschen erster Ordnung getrieben wird – etwa ein Drogensüchtiger oder ein Patient mit einer Impulskontrollstörung –, dem mangelt es an etwas Wesentlichem, was wir einer Person zuschreiben, nämlich an Autonomie. Er vermag seine Impulse zumindest in bestimmter Hinsicht nicht zu kontrollieren und kann daher für entsprechende Handlungen auch nicht verantwortlich gemacht werden.

Auch Paul Ricœur sieht den Begriff der Person wesentlich in ihrem geschichtlichen Selbstverhältnis begründet. Personen sind nicht bloß Wesen, die durch ihre Beständigkeit oder Selbigkeit über die Zeit hinweg charakterisiert sind, also durch die Konstanz ihres Namens, ihres Körpers oder Charakters. Vielmehr ist eine Person ein Wesen, das handelt, spricht und sich darin *auf sich selbst bezieht.* Daher fragen wir uns »Wer bin ich?« und nicht »Was bin ich?« (Ricœur 1996, 75 ff., 152), und die Antwort auf diese Frage verleiht unserem Selbstsein eine geschichtliche Qualität: Ich bin der, der für seine vergangenen Handlungen verantwortlich ist, weil er sie sich selbst *zuspricht,* und ich bleibe ich selbst, indem ich auch in Zukunft zu meinen Versprechen stehe. Diese Form von Identität, die sich von der bloßen Selbigkeit (*mêmeté*) der Dinge unterscheidet, insofern sie von der Person selbst konstituiert wird, nennt Ricœur *Selbstheit (ipséité)*. Das menschliche Selbstverhältnis begründet somit eine Sphäre der Verantwortlichkeit und Verlässlichkeit, der zeitübergreifenden Wert- und Normorientierung, die für die Identität der Person zentral ist.

Gerade die Begriffe der Verantwortung und des Versprechens machen zugleich deutlich, dass diese Konzeption der Identität wesentlich auf *andere* bezogen ist, also auf Personen, zu denen wir sprechen und denen gegenüber wir verantwortlich sind, seien sie gegenwärtig oder nur vorgestellt. In den meisten unserer Absichten und Handlungen gibt es so etwas wie einen ›inneren Zeugen‹, dem wir von unseren Handlungen berichten und Rechenschaft ablegen könnten, einen *impliziten Anderen*. Dies führt nun zum Konzept der erzählten oder *narrativen Identität*, das vor allem von hermeneutischen Philosophen wie Alasdaire MacIntyre (1981), David Carr (1986), Marya Schechtman (1996) oder Ricœur selbst vertreten wird. Narrative Identität bedeutet, die innere Kohärenz von persönlicher Vergangenheit, Gegenwart und Zukunft, nach der wir streben, ähnlich der Einheit einer Geschichte zu begreifen, die man erzählt: Wir erzählen unsere Vergangenheit immer wieder neu, deuten und bewerten unsere früheren Handlungen, sehen uns an den Kreuzungen verschiedener Geschichtsstränge, die noch nicht beendet sind, und antizipieren einen möglichen Ausgang dieser Geschichten, Aufgaben und Projekte. Eine Geschichte, ein Narrativ erhält seinen Sinn aber immer nur in Bezug auf einen tatsächlichen oder impliziten Anderen.

Der Konzeption der narrativen Identität folgend, beruht also die Einheit des Selbst wesentlich auf der Einheit einer biographischen Geschichte, die wir bei allen unvermeidlichen Brüchen oder Abbrüchen doch kohärent zu erzählen und zu einem sinnvollen Ganzen abzurunden suchen. Das geschieht freilich nicht in einer überwiegend bewussten Weise, so als wären Narrative nur Erzeugnisse expliziter Reflexion. Geschichten werden vielmehr gelebt, als »*enacted narratives*« im Lebensvollzug selbst entwickelt, bevor sie erzählt werden (MacIntyre 1981, 211). Unser Selbstverhältnis impliziert immer schon ein narratives Vorverständnis, das nicht unbedingt in einer expliziten Geschichte artikuliert werden muss. Auch hinter den Handlungen anderer vermuten wir einen grundsätzlich verständlichen Zusammenhang von Absichten, Zielen und Mitteln, von Anfang, Übergang und Ende, und wir halten die handelnde Person für die Urheberin oder Autorin dieser Abfolge, ähnlich dem Autor einer Erzählung. Das bedeutet nicht, dass jeder für sich allein an seiner Lebensgeschichte schreibt. Die narrative Identität konstituiert sich vielmehr in einer komplexen Interaktion von Perspektiven der ersten, zweiten und dritten Person. Die anderen sind nicht nur die impliziten Zuhörer oder Zeugen, sondern immer auch die Ko-Autoren unserer Lebensgeschichten. Wir sind, in den Worten von Wilhelm Schapp (1985), »in Geschichten verstrickt«.

In den hermeneutischen Konzeptionen sind somit Zeitlichkeit, Geschichtlichkeit und Kohärenz der personalen Identität eng miteinander verknüpft. Sie betonen die aktive Gestaltung der Lebensgeschichte, in der die Person durch ihr Selbstverhältnis und ihren Lebensvollzug zur Mitschöpferin der eigenen narrativen Identität wird. Welche Bedeutung können diese Konzepte nun für die Psychopathologie haben?

Hier müssen wir uns zunächst klarmachen, dass die narrative Identität wesentlich auf der Fähigkeit der Person basiert, auch widersprüchliche Aspekte und Tendenzen ihrer selbst in ein kohärentes Selbsterleben und Selbstbild zu integrieren. Damit die eigene Geschichte nicht in inkohärente Fragmente zerfällt, müssen divergente Tendenzen und Bestrebungen zurückgestellt, oft mehr oder minder dauerhaft ausgeschlossen werden. Dafür reicht allerdings die Kraft der Willensakte zweiter Ordnung, des Versprechens oder des Gewissens alleine nicht aus. Nietzsche und Freud haben gezeigt, dass diese Selbstformung in der Regel nicht ohne Verdrängung wichtiger Wünsche und Entwicklungsmöglichkeiten möglich ist. In neurotischen Störungen manifestieren sich unterdrückte Wünsche und Erinnerungen, die dem Bewusstsein entzogen wurden, um eine kohärente Identität zu etablieren.[1] In Verdrängung und Neurose besteht für Freud der Preis,

---

[1] Nietzsche gibt folgende, mittlerweile klassische Formulierung: »›Das habe ich getan‹, sagt mein Gedächtnis. ›Das kann ich nicht getan haben‹ – sagt mein

den die Individuen für ihre Identität, Konstanz und wechselseitige
Verlässlichkeit zu bezahlen haben.

Allerdings haben sich die kulturellen und psychischen Strukturen seit 1900 nicht unbeträchtlich gewandelt. Die Ausbildung personaler Selbstkohärenz scheint heute erschwert zu sein, ja schon der Gedanke einer möglichen Einheit der Person wird durch verschiedene Entwicklungen in Frage gestellt. Dazu gehören

(1) die Zunahme früher oder struktureller Störungen wie der Borderline-Persönlichkeitsstörung mit einer ausgeprägten Identitätsdiffusion – d. h., wir treffen auf eine wachsende Zahl von Patienten, die gar nicht mehr in der Lage sind, eine klassische Neurose zu entwickeln;[2]
(2) die Auflösung traditioneller Familienstrukturen und Rollenmuster in der postindustriellen Gesellschaft, die sich in einer Tendenz zur Fragmentierung der individuellen Biographien niederschlägt (Sennett 1998);
(3) schließlich die postmoderne Kritik des Subjekts bzw. der autonomen Person als eines nur kulturbedingten Konstrukts, das sich in den westlichen Gesellschaften unter der Herrschaft einer autoritären Rationalität ausgebildet habe und das heute durch eine je nach Situation wechselnde, kaleidoskopische Existenz zu ersetzen sei (»Tod des Subjekts«, vgl. Nagl-Docekal & Vetter 1997; Jameson 1991).

Die Borderline-Störung markiert eine Infragestellung der klassischen Vorstellungen von personaler Identität und erhält dadurch auch eine zeitdiagnostische Bedeutung. Im Folgenden werde ich vor dem Hintergrund der narrativen Identitätskonzepte zunächst die Phänomenologie dieses Störungsbildes beschreiben, um mich

---

Stolz und bleibt unerbittlich. Endlich – gibt das Gedächtnis nach« (Nietzsche 1980a, 86).

[2] Grant und Kollegen (2008) fanden mit 5,9 % eine deutlich höhere Lebenszeitprävalenz der Borderline-Persönlichkeitsstörung in den USA als frühere Erhebungen. Auch wenn eine absolute Zunahme damit nicht gesichert ist, lässt sich doch jedenfalls eine deutlich gestiegene Bedeutung der Störung in den westlichen Gesellschaften konstatieren.

dann einigen charakteristischen Veränderungen der Gesellschaft zuzuwenden, die zu einem tieferen Verständnis dieser Störung beitragen können.

Das fragmentierte Selbst: Borderline-Persönlichkeitsstörung

Patienten mit einer Borderline-Störung mangelt es an der Integrationsfähigkeit und Persönlichkeitsstärke, deren es zur Entwicklung eines kohärenten Selbst bedarf. Dies führt tendenziell zu einer zeitlichen Zersplitterung des Selbst: Vergangenheit und Zukunft als Dimensionen der Objektkonstanz, der Verantwortlichkeit und der Identität können nicht in die Gegenwart eingebettet und integriert werden. Der Zusammenhang der Lebensgeschichte löst sich in Einzelepisoden auf. Somit zeigen Borderline-Patienten das, was man eine *Fragmentierung des narrativen Selbst* nennen kann. Ich möchte dies nun unter den Aspekten (1) der Impulsivität, (2) der Spaltung, (3) der Identität und schließlich (4) der Intersubjektivität näher untersuchen.

(1) Impulsivität

Betrachten wir zunächst ein Kernsymptom der Störung etwas näher, nämlich die Impulsivität. Die klinische Erfahrung zeigt, dass sich Borderline-Patienten hochgradig unberechenbar verhalten und oft unvermittelt von einem Affekt oder Verhalten zum entgegengesetzten wechseln. Impulsive Geldausgaben oder Essanfälle, Substanzmissbrauch, rücksichtsloses Fahren, Promiskuität oder auch Gewalttätigkeit können Ausdruck der Störung sein. Darin manifestiert sich das Unvermögen der Patienten oder Patientinnen, aufkommende Stimmungen und Affekte zu regulieren (Clarkin & Posner 2005). Sie erleben intensive und abrupte Stimmungswechsel ebenso wie Attacken von Angst, Dysphorie, Wut, Scham und Depression, aber auch kurzlebige Begeisterung oder Euphorie. Je extremer die Auslenkung in eine Richtung, desto leichter schlägt sie ins Gegenteil um.

Dabei identifizieren sich die Patienten aber jedes Mal vollständig mit ihrer momentanen Verfassung und zeigen sich unfähig, von der gegenwärtigen Situation Distanz zu gewinnen. In der Konsequenz werden sie von auftauchenden Impulsen hin- und hergerissen – seien es Ausbrüche von Ärger und Aggression, Fressattacken, Alkohol- oder Drogenexzesse, Selbstverletzungen usw. Oft sind sie neugierig, auf der ständigen Suche nach Reiz und Ablenkung (›*novelty seeking*‹), dies aber in ruheloser Weise, im latent verzweifelten Streben nach unmittelbarer Befriedigung. Wünsche und Impulse flackern auf und verlöschen wieder, treiben die Patienten voran, ohne sich zu einem langfristigen, entschlossenen und übergreifenden Willen zu verbinden. Mit anderen Worten: Sie vermögen nicht, einen dauerhaften Willen zweiter Ordnung auszubilden, in dessen Licht sie momentane Impulse bewerten und kontrollieren könnten.

Aufgrund dessen sind die Patienten auch nur unzureichend imstande, die Erfahrungen der Vergangenheit zu nutzen, um ihre Zukunft durch reflektierte Entscheidungen zu bestimmen. Sie machen nicht die Erfahrung, Urheber oder ›Autoren‹ ihres eigenen Lebens zu sein. Statt ihre Zukunft zu entwerfen, stolpern sie gewissermaßen nur in sie hinein. Damit weisen Borderline-Störungen eine charakteristische Zeitlichkeit auf: Die ›Existenz‹ der Patienten erschöpft sich in dem, was sie im jeweiligen Moment erleben, in einer oft intensiven, aber zugleich leeren und flachen Gegenwart, die sie nicht als *erfüllt*, nämlich nicht als Resultat des eigenen Planens und Wollens erfahren. Sie sind »an den Pflock des Augenblicks gebunden«, wie Nietzsche (1980c, 725) es ausdrückte, empfinden aber dabei freilich alles andere als schlichtes Glück. Vielmehr beschreiben sie oft anhaltende Gefühle der Leere und Langeweile, denn ihrer flüchtigen Gegenwart fehlt die Erfüllung, die aus der Integration von vergangener Erfahrung und vorweggenommener Zukunft entsteht. Um die Leere zu füllen, suchen sie umso mehr die momentane Lust, Erregung oder Ekstase; doch damit wird ihr Leben zu einer unverbundenen Folge von vorbeiziehenden Ereignissen statt zu einer kontinuierlichen Geschichte. Diesen beständigen Versuch von Borderline-Patienten, eine Welt der Feste, der *events* und *highlights* zu erzeugen, hat der japanische Psychopathologe Bin Kimura (1992) treffend als eine »*intra-festum*«-Zeitlichkeit charakterisiert. Andere haben von einer »zyklischen« oder repetitiven Zeitlichkeit gesprochen, die persönliches Wachstum und Entwicklung vermissen lässt (Muscatello & Scudellari 2000).

(2) Spaltung

Während die Impulsivität die Affektivität und den Willen betrifft, finden wir ein ähnliches zeitliches Phänomen im Bereich von Wahrnehmung und Bewertung, nämlich die Spaltung. Sie bezeichnet eine Tendenz, Personen oder Sachverhalte in einer einseitigen und absoluten Weise zu betrachten und zu bewerten, ohne Schattierungen oder Übergänge und abgelöst von ihrem Kontext. Alle von einer als absolut gesetzten Perspektive abweichenden Aspekte werden ausgeblendet oder abgespalten. Nach Kernberg (1975), der den Begriff der Spaltung in die Psychopathologie einführte, gelingt es Borderline-Patienten nicht, positive und negative Aspekte des Selbst oder der anderen in kohärente Konzepte zu integrieren. Der andere ist entweder vollständig gut oder vollständig schlecht, ideal oder entwertet, übermächtig oder machtlos, was dann im zeitlichen Verlauf in eine ständige Oszillation zwischen diesen Widersprüchen mündet (Kernberg et al. 1989, 28). Die verschiedenen interaktionalen Episoden können nicht zu einer kohärenten Wahrnehmung des anderen verknüpft werden. Dem Patienten fehlt gewissermaßen die affektive Objektkonstanz, im Sinne der Fähigkeit, ein positives Bild anderer Personen auch bei vorübergehendem Abstand oder Zurückweisung aufrechtzuerhalten. Die scheinbar widersprüchliche Wahrheit, dass Menschen oder Dinge *zugleich* gut und schlecht sein, positive und negative Eigenschaften haben können, erscheint unvorstellbar.

Dasselbe Alles-oder-Nichts-Schema gilt für die Selbstwahrnehmung. Je nach momentanem emotionalen Zustand ist das Selbst entweder nobel oder niedrig, grandios oder erbärmlich, mächtig oder machtlos, ein Opfer oder ein Täter usw. Diese widersprüchlichen Selbstbilder können nicht gleichzeitig wahrgenommen werden. Sie folgen einander ohne Vermittlung und die Patienten sind kaum in der Lage, den Widerspruch zu erkennen. Diese Spaltung beruht auf einem Mangel an höherstufigen Selbstwahrnehmungsprozessen, mit deren Hilfe eine gesunde Person ihre laufenden Eindrücke auf ihre Kohärenz und Stimmigkeit hin überprüfen kann. Wiederum gewinnen die Patienten keine reflexive Position jenseits ihres momentanen Zustandes, von der aus sie verschiedene oder gar gegensätzliche Aspekte ihrer selbst integrieren könnten.

(3) Fragmentierte Identität

Das Ergebnis besteht in dem, was oben bereits als »Fragmentierung der narrativen Identität« bezeichnet wurde: ein schwankendes Bild des eigenen Selbst, mit oft scharfen Brüchen, rasch wechselnden Rollen oder Beziehungen und einem untergründigen Gefühl innerer Leere. Es fehlt den Patienten an einem Sinn für die Kontinuität ihres Lebens, an einer Idee für ihre Weiterentwicklung, die sich in die Zukunft projizieren ließe. Stattdessen erleben sie eine endlose Wiederholung derselben affektiven Zustände, die eine eigentümlich zeit- oder geschichtslose Form der Existenz erzeugt. Die Patienten wechseln häufig ihre Ziele, Berufe, Freunde ebenso wie ihre Überzeugungen und Werte; sie sind nicht in der Lage, sich auf dauerhafte Beziehungen und langfristige Vorhaben zu verpflichten, durch die sie sich selbst definieren könnten (Westen & Cohen 1993). Selbst ihre sexuelle Identität bleibt oft instabil und wechselhaft.

Obwohl Störungen der Identität auch in anderen Persönlichkeitsstörungen auftreten, sind sie typischerweise mit Borderline-Persönlichkeiten assoziiert und in der Mehrzahl der Fälle anzutreffen (60–90 %; Wilkinson-Ryan & Westen 2000). Die Patienten beschreiben ein quälendes Gefühl der Inkohärenz und Unechtheit. Sie haben den Eindruck, sie gäben nur vor zu sein, was sie sind, und hätten andere über sich getäuscht. Tatsächlich wechselt ihre Persönlichkeit auch oft in auffälliger Weise, je nachdem, mit wem sie gerade in Kontakt sind. Wie ein Chamäleon scheinen sie zu verschiedenen Zeiten verschiedene Identitäten anzunehmen, denen es allerdings gerade an jener Stabilität fehlt, die den Begriff der Identität charakterisiert (Westen & Cohen 1993, 352).

Die Fragmentierung der Identität ist häufig verbunden mit einer Inkohärenz des autobiographischen Gedächtnisses. Borderline-Patienten haben oft erhebliche Schwierigkeiten, spezifische Ereignisse ihrer Biographie zu erinnern, und ihre Narrative weisen große Lücken oder nur sehr globale, übergeneralisierte Beschreibungen auf (Jones et al. 1999; Wilkinson-Ryan & Westen 2000). Eine Patientin konnte sich an einige Jahre ihrer Kindheit nicht erinnern, ja sich nicht einmal auf Fotos aus dieser Zeit wiedererkennen und beschrieb ein Gefühl der Diskontinuität: »Ich habe das Gefühl, ich sei eine vollständig andere Person als früher« (Westen & Cohen 1993, 354). Diese Probleme stehen in enger Beziehung zur Tendenz der Patienten zu *dissoziieren* – eine Disposition, die überwiegend auf traumatische und aversive Erfahrungen in der frühen Kindheit zurückgeht (van Ijzendoorn & Schuengel 1996; Jones et al. 1999). Kam es dabei zu dissoziativen Zuständen, so wurden die Erfahrungen als rein sensorische Fragmente, ohne Integration in ein kohärentes Narrativ im Gedächtnis niedergelegt. Spätere Dissoziationen lassen sich dann ebenso wie der unspezifische Charakter oder die Übergeneralisierung der autobiographischen Erinnerung als ein Weg ansehen, traumaassoziierte Affekte zu vermeiden. Dies geschieht allerdings zu dem Preis, dass Dissoziation und Erinnerungsdiffusion die Kohärenz der Lebensgeschichte noch weiter untergraben. Die Integration von Affekten, Erinnerungen und Selbstbildern in ein einheitliches biographisches Narrativ misslingt.

Die Fragmentierung der Identität lässt sich auch durch die *Kontextabhängigkeit des Gedächtnisses* erklären: Jeder Situationskontext wirkt wie ein Rahmen, der auch die jeweils dazu passenden Bilder und Erinnerungen aktiviert – zum Beispiel können wir uns gut daran erinnern, was wir zu Hause tun wollten, wenn wir auch dort sind, vergessen es aber, sobald wir in der Arbeit sind. Nun stellen Stimmungen und Affekte besonders wirksame Kontextvariablen dar. Je intensiver ein bestimmter emotionaler Zustand, umso mehr stimuliert er stimmungskongruente autobiographische Erinnerungen (Bower 1981; Lewis & Critchley 2003). Daher resultieren die abrupt wechselnden Affekte und Stimmungen in der Borderline-Störung auch in einer Inkohärenz der zugehörigen Gedächtnisinhalte und Selbstbilder. Die extremen Stimmungsschwankungen führen dazu, dass sich die Patienten oft wie verschiedene Personen erleben, die durch ebenfalls unterschiedliche Erinnerungen charakterisiert sind.

Ein weiterer Grund für die Identitätsdiffusion der Patienten liegt schließlich im Ausbleiben konstanter *intersubjektiver Erfahrungen*, die sonst das Selbst im Zeitverlauf mitdefinieren. Da Borderline-Patienten häufig keine langfristigen Beziehungen aufrechterhalten können, wird das Leben zu einer Abfolge voneinander unabhängiger Episoden mit immer wieder anderen Personen. Mit den Beziehungen aber lösen sich auch jene Aspekte des eigenen Selbst auf, die mit ihnen verknüpft waren (Wilkinson-Ryan & Westen 2000). Das Unvermögen, enge soziale Beziehungen aufrechtzuerhalten, begünstigt insofern eine fragile Identität. Auf der anderen Seite führt der empfundene Mangel an innerer Identität zu einer verzweifelten Angst davor, verlassen zu werden, bis hin zu Suizidversuchen, um dies zu verhindern. Wenn der andere erforderlich ist, um ein wenigstens notdürftiges Gefühl von Kontinuität und Kohärenz herzustellen – und sei es nur dadurch, dass er als Träger für unerträgliche negative Affekte dient, die sich auf ihn projizieren lassen –, dann liegt in der drohenden Trennung zugleich die Drohung, sich selbst zu verlieren.

(4) Störung der Intersubjektivität

Wir haben gesehen, dass die narrative Identität wesentlich auf einem impliziten Anderen basiert, dem wir unsere Lebensgeschichte erzählen könnten und der unsere Handlungen und Vorhaben verstünde. Diese implizite Gegenwart des Anderen setzt jedoch frühe Erfahrungen der Objektkonstanz und der sicheren Bindung voraus. Wenn die Mutter oder andere frühe Bezugspersonen dem Kind ein adäquates Halten, Beruhigen und Spiegeln anbieten, dann erfährt es das, was die Säuglingsforschung als wechselseitige »Gefühlsabstimmung« (Stern 1985) oder auch als »dyadische Bewusstseinszustände« bezeichnet hat (Tronick et al. 1998). Auf dieser Grundlage bilden sich beim Kind sichere Bindungsmuster und »*schemes-of-being-with*« (Stern 1985) – ›ich-mit-Mama-beim-Stillen‹, ›mit-Papa-Ballspielen‹ usw. –, aus denen sich auch ein kohärentes Selbsterleben entwickeln kann.

Untersuchungen zu Bindungsmustern von Borderline-Patienten haben jedoch gezeigt, dass die Mehrzahl von ihnen (75–90 %) ein gestörtes (überinvolviertes oder vermeidendes) Bindungsverhalten aufweist, das meist auf aversive oder traumatische frühe Kindheitserfahrungen zurückgeht (Fonagy et al. 1996; Levy et al. 2005). Ohne vertrauensvolle Beziehungen kann das Kind jedoch keine konstanten Erfahrungen des »Selbst mit anderen« entwickeln, wie sie für die Ausbildung eines kohärenten Selbstkonzepts erforderlich sind. Nur wenn die Erfahrungen des Kindes auf ein adäquates Verständnis, auf Spiegelung und Benennung durch andere treffen, kann es ein Verständnis dafür entwickeln, was es heißt, ein kontinuierlich fortdauerndes Selbst mit Intentionen, Wünschen und Zielen zu sein. Somit lassen sich das chronische Gefühl der Leere, die Furcht vor dem Verlassenwerden und das fragile Selbsterleben der Patienten auf Defizite der frühen Affektkommunikation und die daraus resultierenden Bindungsstörungen zurückführen.

Obwohl diese Störungen vor allem die präverbalen und präreflexiven Entwicklungsphasen, also die ersten 1–2 Lebensjahre betreffen, manifestieren sich ihre Folgen doch auch in Defiziten der höherstufigen reflexiven Funktionen, wie sie für die Etablierung einer narrativen Identität erforderlich sind. Theoretiker der sozialen Identität wie G. H. Mead (1934) haben hervorgehoben, in welchem Ausmaß sich unsere Identität aus der Perspektivenübernahme ableitet, also aus der Fähigkeit, sich mit den Augen der anderen zu sehen. Auch Narrative können nur dann entwickelt werden, wenn man in der Lage ist, die eigenen ebenso wie die Intentionen anderer zu erfassen, also ein Verständnis für die Ziele und Motive menschlicher Handlungen entwickelt. Ein Mangel an elterlicher Empathie, eine missbrauchende oder gewaltsame Erziehung hingegen beeinträchtigen die reflexiven Fähigkeiten des Kindes ebenso wie seine Fähigkeit, sich in andere einzufühlen und ihre Perspektive nachzuvollziehen (Fonagy 2000; Fonagy & Bateman 2005). Die Handlungen der Erwachsenen erscheinen verwirrend oder sogar bedrohlich, umso mehr als ihre verbalen Äußerungen oft in Widerspruch zu ihrem missbräuchlichen Verhalten stehen.

Der Mangel an empathischen und reflexiven Fähigkeiten lässt auch die Affektregulationsstörung der Borderline-Patienten noch einmal in einem anderen Licht erscheinen. Wenn die Eltern die affektiven Erfahrungen ihres Kindes nicht adäquat zu spiegeln, zu modulieren und zu benennen vermögen, kann es auch nicht lernen, die eigenen Gefühlszustände adäquat wahrzunehmen und zu regulieren. Es kann dann auch innere Bilder und Erinnerungen nicht als ein Mittel zur Selbstberuhigung nutzen und die Verbundenheit mit anderen trotz emotionalem Stress aufrechterhalten. Dies wiederum hat zur Folge, dass das Kind seine momentanen Impulse und Affekte nicht hinreichend zu regulieren lernt – die zentrale Voraussetzung für die Ausbildung eines übergreifenden »Willens zweiter Ordnung«.

Hierin liegen die maßgeblichen Ursachen dafür, dass die Patienten später durch Affekte überflutet werden und in ihrem jeweils momentanen Gefühlszustand aufgehen, ohne durch Reflexion eine Distanz zu ihm gewinnen zu können.[3] Besonders unerträgliche negative Affekte müssen dann ausgestoßen und als zu anderen gehörig externalisiert werden, an denen sie dann gehasst und bekämpft werden können – der als »projektive Identifizierung« bekannte Mechanismus. Dies geschieht allerdings um den Preis, kein stabiles eigenes Selbst und keine konstanten, realistischen Beziehungen entwickeln zu können. Die Fragmentierung der narrativen Identität bei Borderline-Patienten erweist

---

[3] Der Einfluss genetischer Faktoren, die sich in einer angeborenen Tendenz zu überschießenden affektiven Reaktionen ausdrücken, muss hier freilich mit in Betracht gezogen werden. Die genetische Disposition wird aber ihrerseits epigenetisch, d.h. bei entsprechender Gen-Umwelt-Interaktion wirksam (Amad et al. 2014).

sich damit als eng verknüpft mit einer grundlegenden Störung der frühen Intersubjektivität.

Borderline-Störungen in der postmodernen Kultur

Wenden wir uns nach der phänomenologischen Interpretation der Borderline-Störung als einer Fragmentierung des narrativen Selbst nun der Frage zu, wie sich dieser Störungstypus aus einer soziokulturellen Perspektive verstehen lässt.

Die narrative Identität impliziert, wie wir sahen, ein zeitübergreifendes Verhältnis zu sich selbst. Es manifestiert sich darin, dass die Person eine dauerhafte innere Orientierung entwickelt, dass sie zur Kontrolle ihrer momentanen Impulse in der Lage ist und dass sie auf diese Weise ihren Verpflichtungen, Versprechen und ihrer Verantwortung gerecht wird. Narrative Identität erfordert die Fähigkeit, sich durch die Ausbildung eines dauerhaften Wollens zweiter Ordnung selbst zu bestimmen, und sei dies auch um den Preis der Verdrängung oder der Neurose. Die Verdrängung schließt letztlich unverträgliche Wünsche und Bestrebungen aus dem Bewusstsein aus, um so die Kontinuität des Selbst zu sichern.

Diese von Freud beschriebene Struktur ist jedoch keineswegs eine anthropologische Konstante. Bereits 1958 beschrieb der Soziologe David Riesman in seinem Buch *Die einsame Masse* eine geschichtliche Abfolge von drei grundlegenden sozialen Charakteren: dem traditionsgeleiteten, dem innengeleiteten und schließlich dem außengeleiteten Charakter (Riesman 1958). Traditionsgeleitete, agrarische Gesellschaften basieren danach in erster Linie auf den institutionellen Strukturen des Brauchtums, der Riten und Regeln, die das Verhalten der Individuen bestimmen. In innengeleiteten, vorwiegend industrialisierten Gesellschaften hingegen werden die Individuen von internalisierten persönlichen Werten und moralischen Imperativen geleitet, die sich unter anderem im Gewissen und in Schuldgefühlen manifestieren. Dieser innengeleitete Charaktertypus mit seinem Streben nach einer kohärenten Geschichte entspricht am meisten dem narrativen Personenkonzept, wie ich es hier vorgestellt habe.

In außengeleiteten, postindustriellen Gesellschaften tritt jedoch zunehmend die Orientierung an äußeren Instanzen – Massenmedien, Mode, öffentlicher Meinung, Peergroups, sozialen Medien u.a. – an die Stelle des inneren Wertekodex und der selbstbestimmten Identität. Außengeleitete Personen wollen vor allem anerkannt und geliebt werden. Sie brauchen die fortwährende Bestätigung von anderen, denn sie finden ihre Orientierung und ihren Selbstwert nicht mehr in sich selbst. Seit den 50er Jahren des letzten Jahrhunderts gewann der außengeleitete Charakter in der Gesellschaft immer mehr an Bedeutung. Er dominiert heute in allen Bereichen, sei es in Unternehmen, Universitäten, Medien oder in der Politik, und zeugt so von einem *Zeitalter des Narzissmus,* wie es der Soziologe Christopher Lash (1980) genannt hat.

Doch um ein angemessenes Bild der gegenwärtigen soziokulturellen Entwicklungen zu geben, müssen wir noch zwei Umbrüche berücksichtigen, die wesentlich zur Inzidenz nicht nur von narzisstischen, sondern auch von Borderline-Störungen beigetragen haben. Der erste Umbruch besteht in der zunehmenden Auflösung stabiler Familien- und Gemeindestrukturen, mit der Folge, dass viele Kinder bei einem – nicht selten psychisch auffälligen – Elternteil aufwachsen und viele Erwachsene die Sicherheit dauerhafter vertrauensvoller Beziehungen vermissen. Der zweite Umbruch besteht im Verlust von tradierten Weltdeutungen, Wertordnungen, Rollenstrukturen und Übergangsriten, an denen sich die Individuen orientieren könnten. Eine beschleunigte, hypermobile Gesellschaft, in der die Bindungen zwischen den Menschen zunehmend unverbindlich und ephemer bleiben, stellt eine ungünstige Umwelt für Menschen mit einer Borderline-Symptomatik dar, die in besonderer Weise auf die Stabilität von Beziehungen und Wertordnungen angewiesen sind.

Der Soziologie Richard Sennett hat den von ihm so genannten »flexiblen Charakter« in der globalisierten kapitalistischen Gesellschaft mit Begriffen beschrieben, die den Zügen der Borderline-Persönlichkeit auffällig ähneln. Sennett spricht von einer zunehmenden Fragmentierung narrativer Zeit und fragt: »Wie kann ein Mensch in einer Gesellschaft, die aus Episoden und Fragmenten besteht, seine Identität und Lebensgeschichte zu einer Erzählung bündeln?« (Sennett 1998, 31) Die postmoderne Gesellschaft gefährde insbesondere »jene Charaktereigenschaften, die Menschen aneinander binden und dem einzelnen ein stabiles Selbstgefühl vermitteln« (ebd.). Die Erfahrung einer »zusammenhanglosen Zeit« bedrohe »die Fähigkeit der Menschen, ihre Charaktere zu dauerhaften Narrativen zu formen« (ebd., 37). »Sich von der eigenen Vergangenheit zu lösen und Fragmentierung zu akzeptieren«, werde zum »herausragenden Charakterzug der flexiblen Persönlichkeit« (ebd., 79 f.). »Ein nachgiebiges Ich, eine Collage aus Fragmenten, die sich ständig wandelt, sich immer neuen Erfahrungen öffnet – das sind die psychologischen Bedingungen, die der kurzfristigen, ungesicherten Arbeitserfahrung, flexiblen Institutionen, ständigen Risiken entsprechen« (ebd., 182).

Wie wir an Sennetts Beschreibung erkennen, trägt der markante Charaktertypus der gegenwärtigen Gesellschaft nicht nur narzisstische, sondern bis zu einem gewissen Grad auch Borderline-Züge. Die Beschleunigung der Ereignisse und Veränderungen, die Mobilität des Arbeitslebens, die Flüchtigkeit der Kommunikation, die Fragilität der Beziehungen und der Rückgang von Loyalität und Verpflichtung – das sind die Anzeichen einer Fragmentierungstendenz, die die Gesellschaft insgesamt charakterisiert. Sie spiegelt sich wider in Individuen, die mehr und mehr dazu tendieren, ihr Leben, ihre Beziehungen und ihre Einstellungen zu kompartimentieren, ohne auf überkommene Kohärenzmodelle der Identität zurückgreifen zu können. Somit müssen wir heute Riesmans außengeleiteten Charakter durch den *flexiblen oder fragmentierten* Charakter ergänzen. Seine pathologische Ausprägung hat dieser Charaktertypus dann in Borderline-Persönlichkeiten mit ihrer Spaltung des narrativen Selbst und der Desintegration ihrer Identität in flüchtige Fragmente.

Unter therapeutischem Aspekt wäre aus diesen Überlegungen die Konsequenz zu ziehen, dass es in der Behandlung der Borderline-Störung wesentlich um die Förderung von Konstanz und ›Nachhaltigkeit‹ geht. Auf der einen Seite wäre es dann das Ziel der Therapie, längerfristige Bindungen zu anderen Personen zu etablieren, die als Basis für die Entwicklung und Stabilisierung eines kohärenten Selbst dienen könnten – darunter fiele nicht zuletzt die therapeutische Beziehung selbst. Auf der anderen Seite wäre es das Ziel, die geschichtliche Dimension des Selbst zu fördern: zunächst durch die Entwicklung der Selbstreflexion und eines adäquaten Verständnisses von Intentionen und Motiven, dann durch dauerhafte Verpflichtungen und Projekte, in denen das Individuum sich selbst engagiert und damit sein Vermögen stärkt, auf einem einmal eingeschlagenen Weg zu bleiben. Zuvorderst bedarf es jedoch des *Vertrauens* in sich selbst und andere, um die verlorene zeitliche Kohärenz wiederzugewinnen; denn Vertrauen ist jener Akt, in dem sich das Subjekt in eine unbekannte Zukunft entwirft, um sich in ihr selbst zu finden.

Resümee

Narrative Identität erfordert die beständige Arbeit an der Kohärenz des Selbst. Es gilt, sich an seine Verpflichtungen und Verbindlichkeiten zu erinnern und an ihnen festzuhalten, auch wenn dies nur um den Preis der Verdrängung möglich ist. Es gilt, das einmal Geschehene und Getane als sinnvollen Teil der eigenen Biographie zu akzeptieren, auch wenn dafür schmerzhafte Gefühle von Schuld und Reue in Kauf zu nehmen sind. Statt offen zu sein für alles, was möglich ist, bleibt man gebunden an die einmal gewählten Werte, Überzeugungen und Entscheidungen. Im Gegensatz dazu schaffen die Spaltungen und Fragmentierungen des Selbst eine immer neue Gegenwart, ein jeweils isoliertes Jetzt, das von der Vergangenheit und der Zukunft abgetrennt ist.

Die Verdrängung, wie Freud sie begriff, war von Bedeutung und hatte ihre Funktion in einer Welt von verbindlichen Normen, von Gewissensskrupeln und von Verzicht auf Begehren. Unbewusste Wünsche und verbotene Bedürfnisse zeugten vom Primat der moralischen Selbstdisziplin; das Unbewusste als ›inneres Ausland‹ war der Preis für die Kohärenz des Selbst. Die fortwährende Spaltung des Selbst jedoch erzeugt kein Unbewusstes, denn hier ist das Subjekt für eine bestimmte Zeit ganz mit einem Anteil oder einer Tendenz seiner selbst identifiziert. Der andere Anteil kann jederzeit wieder auftauchen, scheinbar ebenso ich-konform wie der gegenteilige Anteil zuvor. Es gibt kein starkes und dauerhaftes Selbst, das übergeordnete Willensrichtungen entwickeln und von den eigenen widersprüchlichen Zuständen oder Verhaltensweisen betroffen sein könnte.

Auf der einen Seite schließt die zeitliche Spaltung des Selbst Vergangenheit und Zukunft als Dimensionen der Objektkonstanz, Bindung, Verpflichtung, Verantwortung und Schuld aus. Damit wird die bedrohliche Ambiguität und Unsicherheit langfristiger interpersoneller Beziehungen vermieden. Auf der anderen Seite bedeutet diese Fragmentierung sicher kein schlichtes Glück, sondern eher noch größeres Leiden, nicht an der neurotischen Verdrängung, sondern an der Realität selbst – vor allem an anderen, die sich den Extremen der Borderline-Persönlichkeit verweigern und ihren Bedürfnissen nicht beliebig zur Verfügung stehen. Das Leiden resultiert aus dem Unvermögen, wirkliche Bindungen zu entwickeln, aus Gefühlen der inneren Leere oder Sinnlosigkeit, und nicht zuletzt aus extremer Angst und Scham. Denn dies sind die vorwiegenden Emotionen, die an die Stelle der primär vergangenheitsbezogenen Gefühle von Schuld und Reue treten. Sowohl Angst als auch Scham bedeuten, in äußerster Weise der *Gegenwart* ausgesetzt zu sein, nämlich dem stets drohenden Verlassenwerden durch andere oder aber ihren entwertenden Blicken, ihrer Geringschätzung und Verachtung. Der außengeleitete ebenso wie der fragmentierte Charakter mit seinem geringen Selbstwertgefühl ist für diese ›Gegenwartsaffekte‹ in besonderer Weise empfänglich.

Damit erweist sich das Leiden der Borderline-Patienten als eine nicht nur individuelle Störung, sondern es spiegelt die zunehmende Mühe der Individuen in der postindustriellen Gesellschaft wider, ihr Leben in ein kohärentes Narrativ zu integrieren und überdauernde Strukturen ihrer Identität zu entwickeln. Dieses Leiden widerspricht der postmodernen Kritik am tradierten Personenbegriff als eines illusionären Selbstkonstrukts, das zugunsten einer kaleidoskopischen Identität aufgegeben werden sollte. Sicher fordern das Gedächtnis und die Erinnerung an das Gesagte und Getane dem Individuum vieles ab, das mit seinem

Glücksstreben in Konflikt geraten kann, wie Nietzsche sah. Die Fragmentierung der gelebten Zeit vermeidet die Bürde dieses Gedächtnisses ebenso wie das Risiko und die Ungewissheit, die mit jeder langfristigen Beziehung verbunden sind.

Doch diese Fragmentierung der Biographie resultiert in einem Verlust der kohärenten persönlichen Identität und liefert das Individuum seinen momentanen Impulsen und Stimmungen aus, ohne dass es die Bruchstücke seines Lebens in ein zusammenhängendes Narrativ integrieren könnte. So bleibt am Ende die Frage, welches Leiden und welches Glück zu bevorzugen ist: das Leiden und Glück, das in der beständigen Mühe liegt, die Fäden unseres Lebens zu einer möglichst sinnvollen Einheit ineinander zu weben – oder das Leiden daran, diese Fäden immer wieder zerschnitten zu sehen und nur Fragmente hinter sich zu lassen.

Literatur

Amad, A., Ramoz, N., Thomas, P., Jardri, R. & Gorwood, P. (2014). Genetics of borderline personality disorder: Systematic review and proposal of an integrative model. *Neuroscience & Biobehavioral Reviews, 40,* 6–19.

Bower, G. H. (1981). Mood and memory. *American Psychologist, 36 (2),* 129–148.

Carr, D. (1986). *Time, Narrative, and History.* Bloomington, IN: University of Indiana Press.

Clarkin, J. F. & Posner, M. (2005). Defining the mechanisms of borderline personality disorder. *Psychopathology, 38 (2),* 56–63.

Fonagy, P. (2000). Attachment and borderline personality disorder. *Journal of the American Psychoanalytic Association, 48 (4),* 1129–1146.

Fonagy, P. & Bateman, A. W. (2005). Attachment theory and mentalization-oriented model of Borderline Personality Disorder. In J. M. Oldham, A. E. Skodol & D. S. Bender (Hrsg.), *The American Psychiatric Publishing Textbook of Personality Disorders* (S. 187–205). Washington, DC: American Psychiatric Publishing.

Fonagy, P., Leigh, T., Steele, M., Steele, H., Kennedy, R., Mattoon, G., Target, M. & Gerber, A. (1996). The relation of attachment status, psychiatric classification, and response to psychotherapy. *Journal of Consulting and Clinical Psychology, 64,* 22–31.

Frankfurt, H. (1971). Freedom of the will and the concept of a person. *Journal of Philosophy, 68 (1),* 5–20.

Freud, S. (1930/1948). Das Unbehagen in der Kultur. In A. Freud, M. Bonaparte, E. Bibring, W. Hoffer, E. Kris & O. Osakower (Hrsg.), *Gesammelte Werke. Chronologisch geordnet, Bd. 14* (S. 419–506). London: Imago Publishing.

Grant, B. F., Chou, S. P., Goldstein, R. B., Huang, B., Stinson, F. S., Saha, T. D., Smith, S. M., Dawson, D. A., Pulay, A. J., Pickering, R. P. & Ruan, W. J. (2008). Prevalence, correlates, disability, and comorbidity of DSM-IV borderline personality disorder: Results from the Wave 2 National Epidemiological Survey on Alcohol and Related Conditions. *Journal of Clinical Psychiatry, 69 (4)*, 533–545.

Jameson, F. (1991). *Postmodernism, or, the Cultural Logic of Late Capitalism.* Chapel Hill, NC: Duke University Press.

Jones, B., Heard, H., Startup, M., Swales, M., Williams, J. M. G. & Jones, R. S. (1999). Autobiographical memory and dissociation in borderline personality disorder. *Psychological Medicine, 29 (6)*, 1397–1404.

Kernberg, O. F. (1975). *Borderline Conditions and Pathological Narcissism.* New York: Jason Aronson.

Kernberg, O. F., Selzer, M. A., Koenigsberg, H. W., Carr, A. C. & Appelbaum, A. (1989). *Psychodynamic Psychotherapy of Borderline Patients.* New York: Basic Books.

Kimura, B. (1992). *Ecrits de psychopathologie phénoménologique.* Paris: Presses Universitaires de France.

Lash, C. (1980). *Das Zeitalter des Narzissmus.* München: Steinhausen.

Levy, K. N., Meehan, K. B., Weber, M., Reynoso, J. & Clarkin, J. F. (2005). Attachment and borderline personality disorder: Implications for psychotherapy. *Psychopathology, 38 (2)*, 64–74.

Lewis, P. A. & Critchley, H. D. (2003). Mood-dependent memory. *Trends in Cognitive Sciences, 7 (10)*, 431–433.

MacIntyre, A. (1981). *After Virtue.* Notre Dame, IN: University of Notre Dame Press.

Mead, G. H. (1934). *Mind, Self, and Society.* Chicago, IL: University of Chicago Press.

Muscatello, C. F. & Scudellari, P. (2000). Anger and narcissism: Between the void of being and the hunger for having. *Psychopathology, 33 (4)*, 227–232.

Nagl-Docekal, H. & Vetter, H. (Hrsg.) (1997). *Tod des Subjekts?* Wien: Oldenbourg.

Nietzsche, F. (1980a). Jenseits von Gut und Böse. In ders., *Sämtliche Werke. Kritische Studienausgabe, Bd. 5* (hrsg. v. G. Colli & M. Montinari) (S. 9–244). München: Deutscher Taschenbuch Verlag.

Nietzsche, F. (1980b). Zur Genealogie der Moral. In ders., *Sämtliche Werke. Kritische Studienausgabe, Bd. 5* (hrsg. v. G. Colli & M. Montinari) (S. 245–412). München: Deutscher Taschenbuch Verlag.

Nietzsche, F. (1980c). *Nachgelassene Fragmente 1869–1874*. In ders., *Sämtliche Werke. Kritische Studienausgabe, Bd. 7* (hrsg. v. G. Colli & M. Montinari). München: Deutscher Taschenbuch Verlag.
Ricœur, P. (1996). *Das Selbst als ein Anderer.* München: Fink.
Riesman, D. (1958). *The Lonely Crowd. A Study of the Changing American Character.* New Haven, CT: Yale University Press.
Schapp, W. (1953/1985). *In Geschichten verstrickt. Zum Sein von Mensch und Ding* (3. Aufl.). Frankfurt am Main: Klostermann.
Schechtman, M. (1996). *The Constitution of Selves.* Ithaca, NY: Cornell University Press, Ithaca.
Sennett, R. (1998). *Der flexible Mensch. Die Kultur des neuen Kapitalismus.* Berlin: Goldmann.
Stern, D. (1985). *The Interpersonal World of the Infant.* New York: Basic Books.
Tronick, E. Z., Bruschweiler-Stern, N., Harrison, A. M., Lyons-Ruth, K., Morgan, A. C., Nahum, J. P., Sander, L. & Stern, D. N. (1998). Dyadically expanded states of consciousness and the process of therapeutic change. *Infant Mental Health Journal, 19 (3),* 290–299.
van Ijzendoorn, M. H. & Schuengel, C. (1996). The measurement of dissociation in normal and clinical populations: Meta-analytic validation of the Dissociative Experience Scale (DES). *Clinical Psychology Review, 16 (5),* 365–382.
Westen, D. & Cohen, R. P. (1993). The self in borderline personality disorder: A psychodynamic perspective. In Z. S. Segal & S. J. Blatt (Hrsg.), *The Self in Emotional Distress. Cognitive and Psychodynamic Perspectives* (S. 334–360). New York: Guilford Press.
Wilkinson-Ryan, T. & Westen, D. (2000). Identity disturbance in borderline personality disorder: An empirical investigation. *The American Journal of Psychiatry, 157 (4),* 528–541.

Intersubjektivität

Subjektivität und Intersubjektivität in der psychiatrischen Diagnostik

Einleitung

Seit sich das Gehirn und seine Aktivität bei geistigen Tätigkeiten immer detaillierter beobachten lässt, verfolgen die Neurowissenschaften das Ziel, Bewusstsein und Subjektivität selbst zu naturalisieren, also neurobiologisch zu erklären. Subjektives Erleben scheint sich im Gehirn abbilden und damit quasi materialisieren zu lassen. An bestimmten Orten des Kortex finden offenbar das Wahrnehmen, das Entscheiden oder das Handeln statt; Gefühle, selbst Denkvorgänge lassen sich im Aufleuchten von Hirnstrukturen scheinbar ›live‹ mitverfolgen. Dies führt in der Psychiatrie häufig zu dem Glauben, in abweichenden Hirnaktivitäten die Ursache eines psychischen Leidens oder dieses Leiden selbst lokalisiert zu haben. »Psychische Störungen sind Gehirnkrankheiten« postulierte Wilhelm Griesinger bereits 1845, und dieser Satz ist heute zum herrschenden Paradigma der Psychiatrie geworden.[1] Wenn aber Angst, Depression oder Schizophrenie *eigentlich* neurobiochemische Störungen sind, dann wird die Psychiatrie zu einer Form von Neurologie oder ›Enzephaliatrie‹:

Psychische Störungen werden damit zunehmend Gehirnfunktionsstörungen und unterscheiden sich nicht mehr grundsätzlich von anderen ZNS-Erkrankungen. (Maier 2002, 96 f.)

---

[1] Vgl. Griesinger (1845, 2). – Es bleibt freilich festzuhalten, dass Griesinger selbst damit keineswegs eine rein biologische Sicht vertrat, sondern vor allem zeitgenössischen Anschauungen entgegentreten wollte, wonach Geisteskrankheiten nicht nur im Gehirn, sondern im gesamten Körper ihren Sitz haben könnten.

Subjektivität und Intersubjektivität in der psychiatrischen Diagnostik

Im Kern handelt es sich immer um ein Ungleichgewicht in der Biochemie der Zellen des Gehirns. [...] Natürlich ist das individuelle Leid der Patienten eingebettet in die jeweiligen Lebensumstände. [...] Das eigentliche Problem aber wurzelt in Hirnprozessen, dort muss die Behandlung ansetzen. (Holsboer 2011, 36–38)

Solchen Aussagen zum Trotz kann die Psychiatrie jedoch nach wie vor auf die Psychopathologie nicht verzichten. Denn eine Depression, eine Angststörung oder eine Schizophrenie lässt sich nun einmal weder durch eine Bildgebung des Gehirns feststellen noch durch Gentests, Blutuntersuchungen oder andere Biomarker. Sieht man von der Alzheimer-Demenz ab, so gibt es bislang keine Möglichkeit, psychiatrische Erkrankungen durch apparative Untersuchungen oder andere Tests verlässlich zu diagnostizieren, und es besteht kein Anlass zu der Annahme, es könnte sich daran in absehbarer Zeit etwas ändern. Ebenso wenig haben neurobiologische Erkenntnisse die therapeutischen Verfahren der Psychiatrie in den letzten 30 Jahren in relevanter Weise verändert. Dies wird in der Öffentlichkeit, aber auch innerhalb der Psychiatrie häufig übersehen. Die Psychiatrie ist eine Beziehungsmedizin, sie beruht auf der subjektiven Erfahrung, und sie lebt wesentlich von der Sprache, in der diese Erfahrung zum Ausdruck kommt und verstanden wird.

Unter dieser Voraussetzung erscheint es umso notwendiger, die Kunst der psychiatrischen Diagnostik und ihre phänomenologische Grundlage nicht nur lebendig zu halten, sondern nach Möglichkeit zu verfeinern und zu vertiefen – nicht zuletzt als Basis für die therapeutische Beziehung, die bereits mit der ersten Anamnese beginnt. Eine gründliche Erfassung und ein eingehendes Verständnis der subjektiven Erfahrung sind unerlässlich für klinische, therapeutische ebenso wie für Forschungszwecke. Um dies zu zeigen, werde ich im Folgenden drei grundlegende Ansätze zur Erfassung psychischer Krankheit unterscheiden:

(1) den *positivistischen, objektivierenden Ansatz* aus der Perspektive der 3. Person, der dem DSM-5 und der ICD-10 zugrunde liegt und sich vor allem auf beobachtbare Verhaltenssymptome stützt;

(2) den *phänomenologischen, subjektorientierten Ansatz*, der in erster Linie vom Selbsterleben des Patienten, also der Perspektive der 1. Person ausgeht und ihre grundlegenden Strukturen erforscht;
(3) den *hermeneutischen Ansatz* aus der Perspektive der 2. Person, der auf der gemeinsamen Konstruktion sowie Deutung der persönlichen Geschichte eines Patienten beruht und vor allem seine interpersonellen Beziehungsmuster erfasst.

Nach der vergleichenden Darstellung dieser Ansätze werde ich mich abschließend der besonderen Rolle der Intuition für die psychiatrische Diagnostik zuwenden und für ihre Rehabilitierung plädieren.

Ansätze zur Diagnostik psychischer Krankheit

(1) Positivistischer Ansatz

Der positivistische Ansatz, der oft als der Standard des wissenschaftlichen Diskurses gilt, stellt die Reliabilität, Operationalisierbarkeit und Quantifizierbarkeit der Diagnostik in den Vordergrund. Er beschränkt sich damit auf die Erfassung einzelner Symptome und Verhaltensmerkmale, da diese als verlässlicher angesehen werden als subjektive Erfahrungen. Die Diagnose erfolgt dann gemäß einem operationalisierten Algorithmus von Einzelkriterien. Das Ziel ist nicht, das Erleben des Patienten als ein zusammenhängendes Ganzes zu beschreiben, sondern umschriebene abnorme Verhaltensweisen abzugrenzen, zu klassifizieren und nach Möglichkeit auf subpersonale, genetische oder neurobiologische Ursachen zurückzuführen.

Der Ansatz beruht also auf dem körpermedizinischen Krankheitsmodell, das bestimmte Symptome bzw. Syndrome spezifischen somatischen Ursachen zuzuordnen versucht. Er erfasst den Kranken aus der Beobachterperspektive oder der *Perspektive der 3. Person* und versucht, das subjektive Erleben von Patient und Psychiater soweit wie möglich auszublenden. Trotz seiner unbestreitbaren Vorteile für die Reliabilität der Diagnostik wirkt sich der operationalisierende Ansatz doch nachteilig auf die klinische Psychopathologie ebenso wie auf die neurobiologische Forschung aus. Zentrale Bereiche menschlicher Erfahrung – etwa Selbsterleben und Identität, subtile Veränderungen der Wahrnehmung oder Erfahrungen existenzieller Entfremdung wie in den Frühstadien von Psychosen – sind aus den diagnostischen Manualen weitgehend verschwunden, da sich solche Phänomene nun einmal nicht im Alltagsvokabular beschreiben lassen. Gerade eine spezifisch neurobiologische Forschung ist jedoch auf die subtile, feinkörnige Beschreibung der Erlebnisphänomene angewiesen.

Zudem besteht inzwischen ein grundlegender Mangel an psychopathologischen Konzepten, die einzelne Symptome oder Dysfunktionen auf der neuropsychologischen Ebene in ein zusammenhängendes Ganzes von veränderten Erlebnisweisen und dementsprechenden Krankheitseinheiten integrieren könnten. Das DSM-5 und die ICD-10 haben zwar die alten, typologisch gewonnenen Krankheitseinheiten übernommen. Ohne einen inneren Zusammenhang bleiben diese jedoch mehr oder minder willkürliche Aneinanderreihungen oder Cluster unverbundener Einzelsymptome. Das Fehlen einer integrierenden Psychopathologie führt dann zu Kurzschlüssen zwischen der Ebene oberflächlich beschriebener Symptome auf der einen Seite und den mutmaßlich zugrunde liegenden neurophysiologischen Prozessen auf der anderen Seite. Dies resultiert in Vereinfachungen wie »Depression ist ein gestörter Serotoninstoffwechsel« oder dem immer noch anzutreffenden Glauben, das entscheidende Hirnareal oder Gen für die Schizophrenie doch noch finden zu können.

Editorials hochrangiger psychiatrischer Zeitschriften warnen seit langem vor einem Verlust der psychopathologisch-klinischen Erfahrung im Zuge der kriteriologischen Diagnostik (Hojaij 2000; Mundt 2005). Die amerikanische Psychiaterin Nancy Andreasen, selbst wesentlich beteiligt an der Einführung des DSM-3, hat wiederholt den Niedergang klinischer Erfahrung in der amerikanischen Psychiatrie beklagt, der infolge einer simplifizierten Diagnostik eingetreten sei, und eine Neubelebung der psychopathologischen Ausbildung junger Kliniker gefordert:

> Glücklicherweise haben die Europäer immer noch eine stolze Tradition klinischer Forschung und beschreibender Psychopathologie. Eines Tages im 21. Jahrhundert, nachdem das menschliche Genom und das menschliche Gehirn erfasst sein werden, wird jemand einen umgekehrten Marshall-Plan zu organisieren haben, sodass die Europäer die amerikanische Wissenschaft retten könnten, indem sie helfen, uns vorzustellen, wer wirklich Schizophrenie hat und was Schizophrenie wirklich ist. (Andreasen 2007, 112; eig. Übers.)

Ob dieser »umgekehrte Marshall-Plan« für einen Reimport psychopathologisch-klinischer Expertise aus dem alten Europa noch zu realisieren sein wird, mag beim Blick auf die gegenwärtige Lage der Psychiatrie hierzulande schon zweifelhaft erscheinen. Psychopathologische Erfahrung lässt sich nun einmal nicht manualisieren, und sie kann in Ermangelung prägender Lehrer und Vorbilder auch aussterben. Nun hat die Psychopathologie seit Jaspers ihr philosophisches und methodisches Fundament in der Phänomenologie, der Lehre von den Formen und Strukturen des Bewusstseinslebens; wenden wir uns daher dem phänomenologischen Ansatz zu.

(2) Phänomenologischer Ansatz

Dieser Ansatz sucht die Subjektivität des Patienten und besonders das Erleben seiner Störung zu erfassen, also die *Perspektive der 1. Person*. Jaspers zufolge geht es darum, »die seelischen Zustände, die die Kranken wirklich erleben, uns anschaulich zu vergegenwärtigen« (1973, 47), nämlich durch einfühlendes Verstehen ihrer Selbstschilderung. In der phänomenologischen Einstellung müssen wir »alle überkommenen Theorien, psychologischen Konstruktionen [...], alle bloßen Deutungen und Beurteilungen beiseite lassen« (ebd., 48).

Typische Fragen, die den Phänomenologen bei der Exploration anleiten, sind etwa:

- Wie ist es für den Patienten, in einem bestimmten psychischen Zustand zu sein (z. B. depressiv zu sein, Stimmen

zu hören)? Welche Bedeutung hat dieser Zustand für ihn? Steht er ihm distanziert gegenüber oder ist er ganz mit ihm identifiziert?
– Wie erlebt der Patient seinen Leib und seinen Raum? Wie bewegt und verhält er sich in seiner Umgebung als verkörpertes Subjekt?
– Wie erlebt der Patient die Zeit? Ist der Patient auf eine Zeitrichtung fixiert, z. B. die Vergangenheit? Besteht z. B. eine Kontinuität des Selbsterlebens im Zeitverlauf oder gibt es Brüche?
– Wie erfährt der Patient seine Rolle in der Welt? Erlebt er sich als aktiv handelndes Subjekt oder eher als passiv der Welt ausgesetzt?
– Inwieweit ist der Patient in der Lage, sich in andere einzufühlen und ihre Perspektive zu übernehmen? Wie erlebt er sich in seinen Beziehungen?

Grundsätzlich betrachtet die Phänomenologie Bewusstsein nicht als ein Objekt der Beschreibung, sondern als ein Grundverhältnis zur Welt. Insofern zielt sie weniger auf die Erfassung bestimmter Inhalte, sondern eher auf die *Form und Struktur* der bewussten Erfahrung. Die Erlebnisse und Krankheitsmerkmale werden nicht isoliert, sondern immer in Bezug zum Subjekt und dem Ganzen des Bewusstseins gesehen, in dem sie auftauchen.

Um ein Beispiel zu geben: Was genau meint denn ein Patient, wenn er sagt: »Ich bin deprimiert«? – Manche Patienten verwenden den Ausdruck für das Gefühl der Entmutigung durch einen Rückschlag oder Missgeschick. Sie sind also ›von etwas‹ oder ›über etwas‹ deprimiert; ihr Gefühl hat einen Gegenstand, es ist intentional gerichtet (reaktive Depression). Andere Patienten bezeichnen damit eher eine Stimmung diffuser Traurigkeit und Niedergeschlagenheit, eine Tönung der Vergeblichkeit, die sich über alles legt (depressive Episode). Andere meinen damit, dass sie unfähig sind, überhaupt etwas zu fühlen, dass sie die emotionale Resonanz mit anderen verloren haben und sich innerlich wie versteinert erleben (›Gefühl der Gefühllosigkeit‹ in der schweren Depression oder Melancholie). Wieder andere verwenden den Ausdruck der

Deprimiertheit für eine Stimmung der Lustlosigkeit, Leere oder Dysphorie (z. B. in der Borderline-Störung). Einige Patienten schließlich versuchen damit ihr Erleben einer untergründigen Leere, eines fehlenden Selbstgefühls oder inneren Kerns zu beschreiben (depressive Vorphasen einer Schizophrenie). Dann schließlich gibt es Patienten, die mit dem Begriff eine Abstumpfung, Antriebs- und Ziellosigkeit umschreiben, die von ihnen Besitz ergriffen hat (Abulie bei chronischen Schizophrenien oder Demenzen).

Wir sehen an diesem Beispiel, dass ein Symptom wie Depressivität als solches viel zu unspezifisch ist, um aussagekräftig zu sein, wie es der kriteriologische Ansatz im DSM-5 oder in der ICD-10 voraussetzt. Die depressive Stimmung der neurotischen, der melancholischen, der schizophrenen, der Borderline- oder der Demenz-Patienten ist von jeweils sehr unterschiedlicher Qualität. Erst die Einbettung des Merkmals in das grundlegende Selbst- und Weltverhältnis des Patienten gibt ihm seine *spezifische Wertigkeit*. Eine psychische Symptomatik besteht nicht aus definierten, abgegrenzten Einzeldaten, die bereits fertig im Bewusstsein des Patienten vorliegen und nur noch durch Ja-/Nein-Fragen eruiert werden müssen. Sie zeigt und entfaltet sich vielmehr erst durch die Interaktion zwischen der Schilderung des Patienten und den klärenden, vertiefenden Fragen des Untersuchers.

Eine phänomenologische Diagnostik versucht daher, über die pure Aufzählung von Einzelsymptomen hinaus das Selbst- und Weltverhältnis des Patienten insgesamt zu erfassen. Dazu zählen bereits seine Erscheinung, sein Blick, Gang, Händedruck usw., natürlich sein aktuelles Erleben und Verhalten, aber auch sein Kommunikations- und Lebensstil ebenso wie seine Lebensgeschichte. Die phänomenologische Psychopathologie hat in zahlreichen Analysen herausgearbeitet, wie psychisches Kranksein sich in Abwandlungen der Leiblichkeit, Zeitlichkeit, des gelebten Raumes und der Intersubjektivität manifestiert. Der Raum von Möglichkeiten und Handlungsangeboten schrumpft, die Dinge rücken außer Reichweite oder auch in bedrohliche Nähe, die vertraute Welt entfremdet sich, die Beziehungen zu den anderen sind gestört. »The patient is ill, that means, his world is ill« – so hat es der phänomenologische Psychiater van den Berg (1972, 46) zusammengefasst. Diese besondere Welt gilt es so genau wie möglich zu erfassen, nachzuvollziehen und zu beschreiben.

Wie werden die Ergebnisse solch detaillierter Explorationen nun weiter verarbeitet? Die subjektive Erfahrung lässt sich ihrer Natur nach nicht in Durchschnittswerten erfassen. Die statistische Clusterbildung von Symptomen gelangt nie zu einem bedeutungsvollen und zusammenhängenden Ganzen. Die Phänomenologie sucht vielmehr nach dem *Grundmuster*, in das die einzelnen Merkmale eingebettet sind: zum Beispiel die affektive Selbstentfremdung in der Melancholie oder der Autismus in der Schizophrenie. Zu diesem Zweck betont sie auch die Bedeutung von Einzelfallstudien, die *Prototypen* für Kategorien psychischer Störungen liefern können. Prototypen sind charakteristische Beispiele, die das Wesen eines Phänomens als organisierende Gestalt jenseits der Details erfassen lassen. Klassische Beispiele sind der »Typus Melancholicus«, den Tellenbach (1983) aufgrund klinischer Beobachtung von Patienten mit endogener Depression gefunden hat, oder Blankenburgs »Verlust der natürlichen Selbstverständlichkeit« (1971), einer Fallstudie zur basalen Störung der Schizophrenie.

Diese typischen Züge können dann aber auch als Grundlage für die Entwicklung von standardisierten Erhebungsinstrumenten dienen. Ein Beispiel ist die *Examination of Anomalous Self-Experience* (EASE, Parnas et al. 2005), ein ausführliches, phänomenologisch begründetes Interview zur Erfassung basaler Selbsterlebensstörungen in den Prodromalstadien der Schizophrenie. Das Interview beruht auf der Beobachtung, dass die Mehrzahl der Patienten mit schizophrenen Spektrumsstörungen schon lange vor einer akuten Psychose subtile Veränderungen der Selbst- und Leiberfahrung, des Denkens, Handelns und der Alltagsgewohnheiten erlebt. Das Interview wurde inzwischen ergänzt durch die *Examination of Anomalous World Experience* (EAWE, Sass et al. 2017), die besonders dem Erleben von Raum, Zeit, Atmosphäre und Intersubjektivität gilt.

Auf die Analyse und Typologie dieser Erfahrungen stützt sich die neuere phänomenologische Theorie der Schizophrenie als einer grundlegenden Störung des Selbsterlebens.[2] Sie betrifft das Gefühl einer durchgängigen inneren Leere, ein mangelndes Selbst- oder Identitätsempfinden und eine zunehmende Entfremdung von der Welt, die charakteristischerweise mit einer selbstbeobachtenden und oft geradezu philosophisch-grüblerischen Haltung einhergeht. Die Patienten berichten, sie fühlten sich isoliert und abgetrennt, unfähig, die alltäglichen Bedeutungen und vertrauten Sinnbezüge in der Welt und in Beziehung zu den anderen zu erfassen. Eine typische Schilderung lautet etwa:

Die Umwelt ist nicht mehr so, wie sie sein soll. Der Tisch ist zwar noch so sandfarben wie er ist, aber irgendwie gleichzeitig grau. Ich sehe noch, dass er eine Farbe hat, aber nicht mehr wirklich. Es fühlt sich alles unwirklich an. Ich habe es schon als Nebel vor meinem Gesicht beschrieben, oder als Mauer unter meiner Haut, dass mein Innerstes praktisch abgekapselt ist – von meinen Empfindungen. Das wirft natürlich Fragen auf: Was für jemand bin ich eigentlich, dass ich nichts mehr hinbekomme? Dass ich nichts mehr tun will, vielmehr nichts mehr tun kann? Eigentlich ist meine Identität verloren. (Patient der eigenen Klinik)

Somit lokalisiert die phänomenologische Psychiatrie die Störung des Selbsterlebens in der Schizophrenie in einer grundlegenden, impliziten und praktisch-alltäglichen Einbettung des Subjekts in die Welt – eine Dimension, die sich mit den EASE- und EAWE-Interviews eingehend erfassen lässt.

Vergleichen wir diesen Ansatz mit den objektiven Dysfunktionen, wie sie die experimentelle Neuropsychologie beobachtet – etwa Störungen des Arbeitsgedächtnisses, der exekutiven Kontrollfunktionen oder der Aufmerksamkeit –, dann vermag erst der phänomenologische Ansatz diese einzelnen Dysfunktionen in ein zusammenhängendes Ganzes veränderter Selbsterfahrung zu integrieren. Gleichzeitig hilft er den Patienten, ihre Erfahrungen in einer Weise auszudrücken, die sie ihnen selbst und anderen verständlich macht. Er fördert ihre Fähigkeit, ein Verhältnis zu ihren primären Erfahrungen einzunehmen, und stärkt damit ihre Selbstwirksamkeit. In diesem Sinn hat die phänomenologische Untersuchung selbst bereits eine therapeutische Wirkung.

---

[2] Siehe den Aufsatz »Selbst und Schizophrenie« in diesem Band.

(3) Hermeneutischer Ansatz

Betrachten wir nun drittens den hermeneutischen Ansatz, der mit dem phänomenologischen zwar eng verwandt, doch noch stärker auf die Intersubjektivität, das Ich-Du-Verhältnis oder die 2. *Person-Perspektive* ausgerichtet ist.

Nicht nur für psychiatrische Kliniker und Forscher, sondern erst recht für Psychotherapeuten sind die kriteriologischen Diagnosesysteme unzureichend. Denn der operationale Ansatz eignet sich zwar zur Erfassung schematischer Merkmale und ihrer Zuordnung zu einzelnen Hirnfunktionen oder zu epidemiologischen Daten, aber er ist ungeeignet für die therapeutische Beziehung, die auf einer vertieften, individualisierten Diagnostik und auf der gemeinsamen Herstellung von Bedeutung und Verstehen beruht. Der Therapeut ist nicht mehr Beobachter, sondern Teilnehmer am Dialog. Während seine Subjektivität im operationalen Ansatz nach Möglichkeit auszuschalten ist, wird sie im hermeneutischen Ansatz zum eigentlichen Instrument des Verstehens (Holm-Hadulla 1997; Lang 2000; Holzhey-Kunz 2002).

Zudem basieren die meisten psychotherapeutischen Theorien auf Konzepten wie der biographisch geprägten Verarbeitung von Situationen und der psychosozialen Krise, die zu einer psychischen Störung führt. Dies steht im Kontrast zum medizinischen Modell einer zugrunde liegenden biologischen Pathologie, für die Lebensereignisse, wenn überhaupt, dann nur eine auslösende Rolle spielen. Dieses Modell mag geeignet sein für hochgradig verselbstständigte psychische Phänomene wie etwa Halluzinationen, jedoch kaum für eine depressive Krise nach einer Trennung, die eine individuelle, auf die aktuelle Lebenssituation bezogene Reaktion darstellt. Während das medizinische Modell Lebensereignisse als objektive Fakten und kausale Auslöser einer Erkrankung betrachtet, besteht aus hermeneutischer Sicht eine Wechselbeziehung zwischen Ereignis und Erlebnis (Straus 1930). Gerade die Psychotherapie basiert auf der Erfassung dieser idiographischen und psychodynamischen Dimension der Störung.

Der hermeneutische Ansatz hat, nicht zuletzt im Ausgang von der Psychoanalyse, komplexe und strukturelle Modelle entwickelt, um die Dynamik bewusster und unbewusster Prozesse zu verstehen, die der Störung des Patienten zugrunde liegen (Rudolf 2006). ›Verstehen‹ meint in diesem Kontext die Bildung miteinander geteilter Bedeutungen und Narrative durch die Verbindung zweier subjektiver Horizonte (Gadamer 1960). Leitend ist dabei die Annahme, dass die Person in ihrer Lebenswelt nur durch das Medium einer interpersonalen Beziehung verstanden werden kann, wie sie sich bereits in der ersten Begegnung von Patient und Psychotherapeut entfaltet. Der diagnostische Prozess ist aber nicht auf das empathische Verstehen beschränkt, sondern er zielt auch auf die Freilegung der spezifischen Beziehungsformen des Patienten, die auf der Folie der therapeutischen Interaktion sichtbar werden (Fuchs 2006). Im Vergleich zum phänomenologischen Ansatz gewinnen hier die Inhalte und Motive des Erlebens, die Narrative und Lebensthemen eine größere Bedeutung, denn sie bilden die Grundlage für die therapeutische Arbeit der Selbstklärung und Selbstaktualisierung.

Auch dieser Ansatz ist bis zu einem gewissen Grad systematisiert worden; als eines der bekanntesten Beispiele sei die »Operationalisierte Psychodynamische Diagnostik« (OPD) genannt (Arbeitskreis OPD 2009). Das Interview besteht aus den fünf Hauptachsen:

(1) Krankheitserfahrung, individuelles Krankheitsmodell, Behandlungsmotivation, persönliche Bewältigungsressourcen, soziale Unterstützung;
(2) charakteristische Beziehungsmuster aus der Patienten- und aus der Therapeuten-Perspektive; diese Muster werden näher bestimmt durch zwei orthogonale Dimensionen, nämlich *Kontrolle* (kontrollierend versus submissiv) und *Affiliation* (liebevoll versus feindselig);
(3) zentrale intra- und interpersonelle Konflikte, Abwehr- und Bewältigungsmuster in verschiedenen Lebensbereichen;
(4) psychische Struktur und Integrationsniveau, erfasst in Kategorien wie Reflexionsfähigkeit, Selbstbestimmung, Abwehr- und Bewältigungsstile, interpersonale Kommunikation, Bindungsmuster und Integrationsniveau;

(5) psychische und psychosomatische Störungen nach dem Kapitel V (F) der ICD-10.

Ein besonderer Vorteil dieses Systems im Vergleich zu früheren psychodynamischen Ansätzen ist die Einbeziehung schwerer Persönlichkeitsstörungen und dissoziativer Syndrome, der durch ein erweitertes Konzept der psychischen Struktur möglich wird (Rudolf 2006).

Wir sehen, dass die Aufgabe einer hermeneutisch orientierten Diagnostik über die Erfassung von Symptomen des Patienten oder den Nachvollzug seines Erlebens weit hinausreicht. Sie geht stufenlos in den therapeutischen Prozess über, der darin besteht, gemeinsam mit dem Patienten seine Lebenswelt und seine Beziehungsmuster zu erkunden und zu verstehen. Das vorrangige Mittel zu diesem Zweck ist das interaktive Feld zwischen Patient und Therapeut.[3] In ihm wird ein neuer, dyadischer Erfahrungsraum hergestellt, der die Beziehungsmuster des Patienten sichtbar machen und durch neue, korrektive Erfahrungen verändern kann. Insofern geht es auch im therapeutischen Prozess noch um ein fortgesetztes ›Diagnostizieren‹, nämlich im wörtlichen Sinne eines ›Hindurch-Erkennens‹, eines tieferen Verstehens dessen, was den Patienten motiviert und bewegt oder was ihn hemmt und immer wieder in die Irre führt. An diesem ebenso diagnostischen wie therapeutischen Prozess sind Therapeut und Patient gleichermaßen beteiligt.

Vergleich der Ansätze

Ich habe damit drei wesentliche Ansätze zur Diagnostik und zum Verständnis psychischer Störungen vorgestellt:

---

[3] Vgl. den Aufsatz »Phänomenales Feld und Lebensraum« im vorliegenden Band.

(1) den positivistischen oder operationalisierten Ansatz aus der Perspektive der 3. Person, der vorwiegend auf beobachtbaren Verhaltenssymptomen beruht;
(2) den phänomenologischen Ansatz, der sich auf das Selbst- und Welterleben des Patienten bzw. die Perspektive der 1. Person richtet;
(3) den hermeneutischen Ansatz, der auf das gemeinsame Verstehen der persönlichen Situation und Geschichte des Patienten aus der Sicht der 2. Person abzielt, längerfristig auch auf eine Veränderung der grundlegenden Beziehungsmuster durch die therapeutische Interaktion.

Vom ersten zum dritten Ansatz ist der Psychiater zunehmend als Subjekt involviert:

(1) Der positivistische Ansatz basiert auf der Subjekt-Objekt-Trennung und der Annahme einer subjekt-unabhängigen, objektivierbaren Realität.
(2) Der phänomenologische Ansatz beruht auf der Vergegenwärtigung und Beschreibung des In-der-Welt-Seins des Patienten durch empathische und typologische Erfassung.
(3) Der hermeneutische Ansatz gründet auf der gemeinsamen Bildung intersubjektiver Bedeutungen und Narrative; hier fungiert die eigene subjektive Erfahrung bzw. Gegenübertragung des Psychiaters als das Medium, in dem die Beziehungsmuster des Patienten sichtbar werden.

In dieser Abfolge wird es für den Psychiater zunehmend unmöglich, sich selbst außerhalb des diagnostischen Prozesses zu halten. Im phänomenologischen Ansatz ist er beteiligt durch einfühlendes, nachvollziehendes Verstehen, im hermeneutischen Ansatz durch gemeinsame Sinnkonstitution und Gegenübertragung. Dennoch ist im zweiten und im dritten Ansatz nicht weniger, sondern nur eine *andere* Art von Objektivität wirksam. Denn wenn Subjektivität wesentlich in der Beziehung eines Subjektes zur Welt und zu den anderen besteht, dann kann sie letztlich auch nur durch ein anderes Subjekt angemessen erforscht und verstanden werden. Wenn es um einen anderen Menschen geht, erschließt uns nicht die unpersönlichste, sondern die persönlichste Erfahrung am meisten von seiner Wirklichkeit.

Intuition in der psychiatrischen Diagnostik

Dies führt abschließend zu einigen Überlegungen hinsichtlich der Rolle der Intuition für den diagnostischen Prozess.

Die nonverbale, zwischenleibliche Kommunikation ist die Grundlage der klinischen Intuition und damit eine zentrale, wenngleich meist vernachlässigte Dimension der psychiatrischen Diagnose (Fuchs 2018). Wichtige Kriterien des psychopathologischen Befundes wie Stimmung, Ängstlichkeit, Erregung, affektive Spannung oder Antrieb manifestieren sich vor allem in der Psychomotorik – in der Mimik, Haltung, Gestik, Bewegung des Patienten – oder auch paraverbal, das heißt in Stimme, Betonung oder Redefluss. Auch eine Diskrepanz zwischen dem erwarteten und dem tatsächlichen Gefühlsausdruck kann diagnostisch relevant sein, etwa ein unechter, theatralischer Gefühlsausdruck bei histrionischen Patienten oder umgekehrt eine ›belle indifférence‹ bei Konversionssymptomen, also die Unbekümmertheit, mit der die Patienten auch schwere körperliche Symptome hinnehmen.

Bereits das Erstgespräch vermittelt also auf nonverbalem Weg wesentliche Informationen über Stimmung, Gefühl, Spannung oder Antrieb des Patienten ebenso wie über seine Art der Beziehungsaufnahme. Da diese Eindrücke weniger analytisch, sondern eher atmosphärisch aufgenommen werden, richtet sich der erfahrene Psychiater in der Diagnose nicht nur nach einzelnen Symptomen, Befunden und Verlaufsdaten, sondern nach dem Gesamteindruck, den er von einem Patienten und seiner Lebenssituation gewinnt. Viele Diagnosen erkennt oder ›spürt‹ er bereits atmosphärisch, bevor er sie analytisch begründen oder operationalisieren könnte. Umgekehrt vermag er aus dem Gesamteindruck heraus die charakteristischen Einzelphänomene präziser zu erfassen und einzuordnen. Kein Film oder Lehrbuch kann daher das eigene Erleben einer Diagnose und ihres spezifischen Kolorits ersetzen (Kraus 1991).

Dabei ergeben sich viele intuitive Diagnosen gerade aus einer atmosphärischen Störung, nämlich einem Versagen der sonst gewohnten leiblichen Kommunikation: etwa aus dem spürbaren Resonanzverlust des gehemmt-depressiven Patienten oder aus der befremdlichen Anmutung in der Begegnung mit einem schizophrenen Patienten. Seine Ausdrucksformen, insbesondere die Mimik, wirken häufig vergröbert, eckig, unmoduliert und unnatürlich. Es entsteht das eigentümliche Erlebnis einer mangelnden Passung oder Dissonanz der leiblichen Kommunikation. Wie Blankenburg treffend formulierte, spiegelt sich in der *Be*fremdung des Psychiaters, in seiner mangelnden Möglichkeit zur Einfühlung die Selbst*ent*fremdung des Kranken (Blankenburg 1979, 129).

Phänomenologisch orientierte Psychiater wie Rümke (1941/1990) oder Wyrsch (1946) haben dieses intuitive Moment der Schizophrenie-Diagnose auch als »Praecox-Gefühl«[4] beschrieben:

Selbst nach einer kurzen psychischen Untersuchung wird dem Psychiater klar, dass seine Empathie fehlt. Nicht nur lässt sich der Affekt des Patienten nicht nachfühlen; man kann zu seiner Persönlichkeit insgesamt keine Beziehung herstellen. Deutlich wird, dass dies durch etwas »im Patienten« verursacht wird; seine Gerichtetheit auf andere Menschen und die Umwelt ist gestört. (Rümke 1941/1990, 336; eig. Übers.)

Rümke wies auch auf die allgemeine diagnostische Bedeutung der subjektiven Reaktion des Psychiaters hin:

Nahezu unbemerkt schlägt die Krankheit des Patienten entsprechende Saiten im Arzt an. Wie viele von uns sind ein bisschen manisch, wenn sie mit einem manischen Patienten zu tun haben, etwas psychopathisch mit einem Psychopathen oder neurotisch, wenn der Patient neurotisch ist. (Rümke 1941/1990, 337; eig. Übers.)

Solche klinisch-intuitiven Erfahrungen werden heute wieder systematischer untersucht. So prüfte Grube (2006) in einer Studie an 67 Patienten die Verlässlichkeit des ›Praecox-Gefühls‹ eines erfah-

---

[4] Nach der früheren Bezeichnung ›Dementia praecox‹ für die Schizophrenie.

renen Psychiaters nach einem kurzen Erstkontakt, in dem noch keine Symptome erhoben wurden. Es zeigte sich eine hohe Sensitivität (0.88), Spezifität (0.80) und Korrelation (0.93) der intuitiven Schizophrenie-Diagnose mit der später kriteriologisch bestimmten Diagnose.

Ein neueres Instrument zur Erfassung der Reaktionen von Psychiatern auf ihre Patienten stellt das *Assessment of Clinicians' Self-Experience* (ACSE) dar, das von Pallagrosi et al. (2014) publiziert wurde. Es erfasst die Faktoren (1) Anspannung, (2) mangelnde Resonanz und Einstimmung, (3) Engagiertheit, (4) Gefühle der Dissonanz, Manipulation oder Entwertung und (5) Ohnmacht, Hilflosigkeit oder Frustration. Nach verschiedenen Studien mit diesem Instrument waren bestimmte Diagnosegruppen signifikant mit folgenden Faktoren korreliert:

- Depression und Angst mit vermehrtem Engagement,
- Schizophrenie mit mangelnder Resonanz und Einstimmung, aber auch Gefühlen von Ohnmacht,
- Erregungszustände und Suizidalität mit Anspannung,
- Borderline-Persönlichkeitsstörung mit hoher Dissonanz.

Solche Korrelationen stützen die Annahme, dass die emotionale Selbsterfahrung im Erstkontakt eine wichtige Rolle bei der Einschätzung von Diagnosen spielen kann.

Die diagnostische Bedeutung der Intuition lässt sich noch in anderer Weise eindrucksvoll belegen, nämlich durch die videogestützte Auswertung von Explorationen. So wurden in einer Studie von Heller (1993; Heller & Haynal 1997) 59 Patientinnen und Patienten innerhalb von drei Tagen nach einem Suizidversuch von einer Psychiaterin exploriert. Das Interview wurde videographiert und die Mimik sowie Gestik sowohl der Psychiaterin als auch ihrer Patienten minutiös analysiert. Die Fragestellung war, ob die nonverbale, weitgehend unbewusste Kommunikation während des Interviews eine prädiktive Bedeutung für einen erneuten Suizidversuch haben könnte. Zum Vergleich schätzte die Psychiaterin unmittelbar nach dem Interview ein, wie hoch sie das Risiko eines künftigen Suizidversuchs bewertet.

Bei einer Katamnese nach einem Jahr hatten zehn Patienten einen zweiten (nicht-tödlichen) Suizidversuch unternommen. Diese wurden nun mit elf Patienten ohne weiteren Suizidversuch verglichen. Es zeigte sich, dass in der Tat 265 Körpersignale signifikant mit der Suizidversuch-Variable korreliert waren, wobei 200 dieser Signale *von der Psychiaterin selbst* stammten. Das Erstaunliche war nun: Während ihre bewusste Voraussage des Suizidrisikos nach dem Interview nur auf dem Zufallsniveau lag, hatten ihre unbewussten körperlichen Signale signifikant prädiktiven Wert. So konnte die Dauer ihres besorgten oder in anderer Weise emotional involvierten Gesichtsausdrucks 17 der insgesamt 21 Patienten, also 81 % richtig prädizieren. Auf implizit-leiblicher Ebene spürte die Psychiaterin die Gefährdung eines Patienten also viel genauer als ihr bewusst wurde.

Es ist offensichtlich, welche Bedeutung diese und ähnliche Untersuchungen insbesondere für die klinische Ausbildung haben. Wenn Psychiater und Psychotherapeuten ein verfeinertes Sensorium für ihre eigenen leiblichen Reaktionen entwickeln würden, so könnten sie ihren eigenen Körper als Wahrnehmungsinstrument oder ›Beziehungsseismographen‹ nutzen. Sie wären damit in der Lage, intuitiv ungleich mehr von der Wirklichkeit des Patienten wahrzunehmen, als es auf der bewusst-verbalen Ebene möglich ist. Es ist freilich auch offensichtlich, dass dafür eine spezifisch zu schulende Erfahrung erforderlich ist. Statt den Einfluss der eigenen Person und Erfahrung möglichst gering zu halten, wie es die objektivierende Untersuchung mittels Erhebungsinstrumenten, Fragebögen etc. anstrebt, setzt die intuitive Diagnostik gerade eine persönliche Nähe zwischen Arzt und Patient voraus.

Aus all diesen Gründen bleiben Subjektivität und Intersubjektivität unabdingbare Elemente einer vertieften und humanen psychiatrischen Diagnostik. Die heute üblichen operationalisierten Verfahren bedürfen der Erweiterung um die Ansätze aus der Perspektive der 1. und 2. Person, wie sie Phänomenologie und Hermeneutik entwickelt haben. Darüber hinaus sollte es zu den zentralen Aufgaben der Aus- und Weiterbildung gehören, die Wahrnehmungsfähigkeiten von Psychiatern und Psychotherapeuten für zwischenleibliche Phänomene zu schulen, damit sie nicht nur nach manualisierbaren Algorithmen, sondern mit Intuition und Gespür für die implizite Ebene der Beziehung zu diagnostizieren und zu therapieren lernen (Broschmann & Fuchs 2019). Der amerikanische Psychiater John Nemiah formulierte dies treffend:

> Wir selbst sind das Instrument, das die Tiefen des Patienten sondiert, das mit seinen Gefühlen mitschwingt, das sein Selbsterleben ebenso wie seine verborgenen Konflikte zu erfassen vermag und die Gestalt seiner wiederkehrenden Verhaltensmuster erkennt. (Nemiah 1989, 466; eig. Übers.)

Keine Bildgebung des Gehirns wird dieser Erfahrung jemals überlegen sein.

Literatur

Andreasen, N. C. (2007). DSM and the death of phenomenology in America: An example of unintended consequences. *Schizophrenia Bulletin, 33 (1)*, 108–112.

Arbeitskreis OPD (Hrsg.) (2009). *Operationalisierte Psychodynamische Diagnostik OPD-2. Das Manual für Diagnostik und Therapieplanung.* Bern: Huber.

Berg, J. H. van den (1972). *A Different Existence. Principles of Phenomenological Psychopathology.* Pittsburgh, PA: Duquesne University Press.

Blankenburg, W. (1971). *Der Verlust der natürlichen Selbstverständlichkeit. Ein Beitrag zur Psychopathologie symptomarmer Schizophrenien.* Stuttgart: Enke.

Blankenburg, W. (1979). Phänomenologische Epoché und Psychopathologie. In W. M. Sprondel & R. Grathoff (Hrsg.), *Alfred Schütz und die Idee des Alltags in den Sozialwissenschaften* (S. 125–139). Stuttgart: Enke.

Broschmann, D., Fuchs, T. (2019). Zwischenleiblichkeit in der psychodynamischen Psychotherapie. *Forum der Psychoanalyse* (online first).

Fuchs, T. (2006). Psychotherapie des »gelebten Raums«. Eine phänomenologisch-ökologische Konzeption. In R. Kühn & K. H. Witte (Hrsg.), *psycho-logik. Jahrbuch für Psychotherapie, Philosophie und Kultur, 1. Praxis und Methode – Positionen* (S. 286–303). Freiburg: Karl Alber.

Fuchs, T. (2018). Zwischenleibliche Resonanz und Interaffektivität. *Psychodynamische Psychotherapie, 17 (4)*, 211–221.

Gadamer, H.-G. (1960). *Wahrheit und Methode. Grundzüge einer philosophischen Hermeneutik.* Tübingen: Mohr (Paul Siebeck).

Griesinger, W. (1845). *Die Pathologie und Therapie der psychischen Krankheiten für Ärzte und Studirende.* Stuttgart: Adolph Krabbe.

Grube, M. (2006). Towards an empirically based validation of intuitive diagnostic: Rümke's ›praecox feeling‹ across the schizophrenia spectrum: Preliminary results. *Psychopathology, 39 (5),* 209–217.

Heller, M. (1993). Unconscious communication. In B. Maul (Hrsg.), *Body Psychotherapy or the Art of Contact* (S. 155–179). Berlin: Maul.

Heller, M. & Haynal, V. (1997). The doctor's face: A mirror of his patient's suicidal projects. In J. Guimón (Hrsg.), *The Body in Psychotherapy* (S. 46–51). Basel: Karger.

Hojaij, C. R. (2000). Reappraisal of dementia praecox: Focus on clinical psychopathology. *World Journal of Biological Psychiatry, 1 (1),* 43–54.

Holm-Hadulla, R. M. (1997). *Die psychotherapeutische Kunst: Hermeneutik als Basis therapeutischen Handelns.* Göttingen: Vandenhoeck & Ruprecht.

Holsboer, F. (2011). Psychische Störungen sind Hirnerkrankungen (Interview). *Gehirn & Geist, 12/Dezember 2011,* 36–38.

Holzhey-Kunz, A. (2002). *Das Subjekt in der Kur: Über die Bedingungen psychoanalytischer Psychotherapie.* Wien: Passagen-Verlag.

Jaspers, K. (1973). *Allgemeine Psychopathologie* (9. Aufl.). Berlin Heidelberg: Springer.

Kraus, A. (1991). Phänomenologische und symptomatologisch-kriteriologische Diagnostik. *Fundamenta Psychiatrica, 5,* 102–109.

Lang, H. (2000). *Das Gespräch als Therapie.* Frankfurt am Main: Suhrkamp.

Maier, W. (2002). Psychiatrie als Beruf – Wie sieht die Zukunft aus? *Der Nervenarzt, 73,* 96–99.

Mundt, C. (2005). Anomalous self-experience: A plea for phenomenology. *Psychopathology, 38 (5),* 231–235.

Nemiah, J. C. (1989). The varieties of human experience. *British Journal of Psychiatry, 154,* 459–466.

Pallagrosi, M., Fonzi, L., Picardi, A. & Biondi, M. (2014). Assessing clinician's subjective experience during interaction with patients. *Psychopathology, 47 (2),* 111–118.

Parnas, J., Møller, P., Kircher, T., Thalbitzer, J., Jansson, L., Handest, P. & Zahavi, D. (2005). EASE: Examination of Anomalous Self-Experience. *Psychopathology, 38 (5),* 236–258.

Rudolf, G. (2006). *Strukturbezogene Psychotherapie: Leitfaden zur psychodynamischen Therapie struktureller Störungen.* Stuttgart: Schattauer.

Rümke, H. C. (1941/1990). The nuclear symptom of schizophrenia and the praecoxfeeling (übers. u. mit einer Einl. v. J. Neeleman). *History of Psychiatry, 1 (3),* 331–341.

Sass, L., Pienkos, E., Skodlar, B., Stanghellini, G., Fuchs, T., Parnas, J. & Jones, N. (2017). EAWE: Examination of Anomalous World Experience. *Psychopathology, 50 (1)*, 10–54.
Straus, E. (1930). *Geschehnis und Erlebnis*. Berlin: Springer.
Tellenbach, H. (1983). *Melancholie. Problemgeschichte, Endogenität, Typologie, Pathogenese, Klinik* (4. Aufl.). Berlin: Springer.
Wyrsch, J. (1946). Über die Intuition bei der Erkennung des Schizophrenen. *Schweizerische Medizinische Wochenschrift, 76*, 1173–1176.

Störungen der Intersubjektivität in Autismus und Schizophrenie

Einleitung

Das gegenwärtig in der Psychiatrie vorherrschende biologische Paradigma betrachtet den Patienten als ein Individuum mit einer definierbaren – wenngleich in den meisten Fällen noch keineswegs definierten – Dysfunktion des Gehirns. Psychische Krankheit wird als ein prinzipiell lokalisierbarer Defekt begriffen, ähnlich einer Unterfunktion der Bauchspeicheldrüse beim Diabetes mellitus. Aus einer phänomenologischen Sicht hingegen lässt sich psychisches Kranksein nicht allein im Patienten lokalisieren, erst recht nicht in seinem Gehirn, denn es schließt immer seine Beziehungen und Interaktionen mit anderen ein. Selbst in einer symptomorientierten Diagnostik ist ein Großteil der Symptomatik nicht am isoliert gedachten Patienten zu erheben, sondern zeigt sich nur im Kontakt mit ihm, als interaktiver Störungsanteil. Psychische Krankheiten sind immer auch Störungen der Intersubjektivität; sie beeinträchtigen die Fähigkeit der Patienten, auf ihre soziale Umwelt in einer flexiblen Weise zu antworten und den eigenen Bedürfnissen entsprechende Beziehungen zu gestalten. Umgekehrt haben die sozialen Beziehungen maßgeblichen Einfluss auf die Entstehung und den Verlauf der Krankheiten.

Doch die Konzeptionen der Intersubjektivität, die gegenwärtig in Psychologie und Psychiatrie vorherrschen, basieren zumeist auf einem kognitiven und mentalistischen Ansatz. Sie gehen von einer grundsätzlichen Unzugänglichkeit des anderen aus, dessen mentale Zustände, Gefühle oder Gedanken verborgen seien und nur indirekt aus seinem äußeren Verhalten erschlossen werden könnten. Es bedürfe einer »Theory of Mind«, der »Mentalisierung« oder des »mind reading«, um das Verhalten anderer zu erklären und vorherzusagen (Carruthers 1996; Goldman 2012). Weder die unmittelbare Wahrnehmung des leiblichen Ausdrucks noch die verkörperte Interaktion sollen eine fundierende Rolle für die soziale Kognition spielen. Dementsprechend werden Störungen der Intersubjektivität etwa bei Autismus oder in der Schizophrenie als Fehlentwicklungen oder Dysfunktionen von *Theory of Mind*-Modulen im Gehirn angesehen (Baron-Cohen 1995; Bora et al. 2009).

Aus phänomenologischer Sicht hingegen beruht intersubjektives Verstehen auf der präreflexiven, zwischenleiblichen Beziehung zwischen Selbst und Anderem in einem bipersonalen Feld, d. h. auf *verkörperten Interaktionen* (De Jaegher & Di Paolo 2007; Fuchs & De Jaegher 2009; Gallagher 2012). Diese primäre Intersubjektivität liegt auch höheren Stufen der Intersubjektivität zugrunde, die die Übernahme der Perspektive des anderen einschließen, es also erlauben, sich ›in ihn hineinzuversetzen‹. Der phänomenologische Ansatz würde nicht bestreiten, dass so etwas wie *mind reading* geschieht, etwa wenn wir mit dem schwer verständlichen Verhalten eines anderen konfrontiert sind und uns darauf einen Reim zu machen versuchen. Ob solche Fähigkeiten hingegen auf einen *Theory of Mind*-Mechanismus zurückzuführen sind oder eher auf kommunikative und narrative Praktiken des Verstehens von typischen menschlichen Verhaltensweisen, ist eine offene Debatte (Gallagher & Hutto 2008).

Jedenfalls legen verkörperte und enaktive Ansätze eine andere Konzeption von intersubjektiven Störungen in der Psychopathologie nahe: Worunter autistische und schizophrene Patienten *primär* leiden, ist nicht ein *Theory of Mind*-Defizit, sondern vielmehr eine Störung der impliziten, zwischenleiblichen Resonanz oder ›Mitschwingungsfähigkeit‹ – eine Störung, die sie durch explizite Annahmen und Schlussfolgerungen über das Verhalten von anderen zu kompensieren versuchen. Wie wir sehen werden, kommt es in der Folge auch zu Störungen auf höheren Stufen der Intersubjektivität, doch diese basieren auf der primären Beeinträchtigung der Zwischenleiblichkeit.

Im Folgenden werde ich zunächst drei Stufen von Intersubjektivität darstellen, um davon ausgehend einige Störungen der Intersubjektivität in Autismus und Schizophrenie zu beschreiben.

1) Stufen der Intersubjektivität

(a) Die *primäre Intersubjektivität* entwickelt sich im ersten Lebensjahr (Trevarthen 1979). Babys sind bald nach der Geburt in der Lage, den Gesichtsausdruck Erwachsener nachzuahmen, d. h. den wahrgenommenen Ausdruck – Zunge zeigen, Mundöffnen, Stirnrunzeln u. a. – in ihre eigene Bewegung zu übersetzen (Meltzoff & Moore 1977, 1989). Visuelle, propriozeptive und motorische Modalitäten sind dabei zu einem einheitlichen intermodalen Raum integriert; der fremde und der eigene Leib werden von vornherein als verwandt erfahren. Die wechselseitige Affektion durch den Ausdruck des anderen resultiert in gemeinsamen Leib- und Gefühlsempfindungen. Daniel Stern (1985) hat die zeitlich-dynamischen Muster, die sog. »Vitalitätsaffekte«, betont, die dabei von Mutter und Kind geteilt werden. Säuglinge nehmen Emotionen vermittels der intermodalen (rhythmischen, dynamischen) Eigenschaften von vokalen, mimischen und gestischen Äußerungen der Mutter wahr. Diese intermodalen, musikalischen Qualitäten sind eine der hauptsächlichen Brücken des primären Verstehens.

Darüber hinaus werden bereits in den ersten Monaten wiederkehrende Interaktionen und Affektabstimmungen als affektmotorische Schemata im impliziten oder leiblichen Gedächtnis des Kindes niedergelegt (»*schemes of being-with*«, Stern 1985). Babys lernen auf diese Weise sehr bald, wie man Freude teilt, Aufmerksamkeit erregt, Überstimulation vermeidet, Kontakt wiederherstellt etc. Lange vor dem vierten Lebensjahr, dem angenommenen Alter des Erwerbs einer kognitiven *Theory of Mind*, erlernt das Kind also bereits ein primäres Verständnis anderer durch den gemeinsamen leiblichen Umgang, ein »implizites Beziehungswissen« (Stern et al. 1998).

Das ist auch die Basis von Empathie in persönlichen Begegnungen: In der verkörperten Interaktion wird der andere nicht

›hinter‹ seiner Handlung angenommen, sondern seine Gefühle und Intentionen kommen unmittelbar in seinem Verhalten zum Ausdruck. Eingebettet in den jeweiligen Kontext wird dessen Bedeutung sichtbar, ohne dass es dazu einer Schlussfolgerung auf verborgene mentale Zustände bedarf (Gallagher & Zahavi 2008). Darüber hinaus lösen die Gefühle des anderen eine unterschwellige Resonanz des eigenen Leibes aus, sodass man von einer wechselseitigen »Einleibung« oder »Inkorporation« sprechen kann (Schmitz 1989; Fuchs & De Jaegher 2009). Die Phänomenologie bestreitet somit eine prinzipielle Trennung zwischen dem Geist und dem Körper des anderen, wie es die gegenwärtigen Theorien sozialer Kognition annehmen. Leibliches Verhalten ist selbst ausdrucks- und bedeutungsvoll, und damit entzieht es sich der künstlichen Aufteilung zwischen dem Inneren und dem Äußeren. Es bildet eine Sphäre der primären *Zwischenleiblichkeit* (Merleau-Ponty 2003, 256) als Basis für alle weiteren Formen der Intersubjektivität.

Schließlich lässt sich auch der Begriff des *Common Sense* zur primären Intersubjektivität in Beziehung setzen. Er bedeutet zwar zunächst so etwas wie »gesunder Menschenverstand«, stammt aber ursprünglich vom lateinischen *sensus communis*, also dem Gemeinsinn, unter dem Aristoteles das Vermögen der Seele zur Integration der Einzelsinne verstand – also genau das intermodale Wahrnehmungsvermögen, das die Säuglingsforschung heute wiederentdeckt hat (Fuchs 2001; Thoma 2018). Dieser Gemeinsinn ist es nun aber auch, der die leibliche Affinität zu anderen Menschen herstellt, sodass wir sie nachahmen und uns in sie einfühlen können. Es ist also ein ›gemeinsamer Sinn‹ in doppelter Bedeutung – ein *intermodaler* Sinn und ein *zwischenleiblicher* Sinn.

(b) Sekundäre Intersubjektivität. – Gegen Ende des ersten Lebensjahres erweitert sich diese primäre Sphäre: Kinder und Erwachsene beginnen sich nun auch explizit auf die Umgebung zu beziehen, nämlich durch gemeinsame Aufmerksamkeit (*joint attention*), Zeigegesten und Blickverfolgung (Tomasello 2002). Damit öffnet sich die dyadische Interaktion des ersten Lebensjahres

zur *triadischen Interaktion* mit Objekten der Umgebung. Indem Kinder mitverfolgen, wie andere mit der Welt interagieren, lernen sie den Gebrauch und die Bedeutung von Objekten, und sie erkennen die Absichten anderer auch in unvollständigen Handlungen (Baldwin & Baird 2001; Meltzoff & Brooks 2001). Im Zuge der Entwicklung dieser sekundären Intersubjektivität (Trevarthen & Hubley 1978) beginnen Kinder die anderen als intentionale Subjekte wahrzunehmen. Umgekehrt erfahren sie auch sich selbst als Subjekte mit einer eigenen Perspektive, die sich mit anderen teilen lässt.

Bereits im Zeigen oder auch in interaktiven ›Als-ob‹-Spielen (z.B. eine Banane spielerisch als Telefonhörer benutzen) beginnt die *symbolische Interaktion*, in der Dinge auch etwas anderes bedeuten können oder für etwas anderes stehen (Fuchs 2013). Sie erreicht jedoch mit dem Erwerb der Sprache eine neue Stufe. Verbale Narrative werden dann zur Voraussetzung für komplexere Formen des Verstehens, die sich im 3. und 4. Lebensjahr entwickeln. Geschichten oder Märchen, die Kindern erzählt werden, fördern ihre Fähigkeit, sich in andere hineinzuversetzen und die Sinnzusammenhänge, Absichten und Ziele zu verstehen, die ihren Handlungen zugrunde liegen (Gallagher & Hutto 2008). Diese narrative Kompetenz ist für die Entwicklung der Perspektiven- und Rollenübernahme ebenso wichtig wie für die Fähigkeit, das Verhalten anderer vorherzusagen.

(c) Tertiäre Intersubjektivität. – Erst mit 4-5 Jahren beginnen Kinder, andere auch als ›mentale Subjekte‹ zu verstehen, mit Gedanken und Überzeugungen, die sich von ihren eigenen unterscheiden und auch nicht mit der Realität übereinstimmen müssen (Tomasello 2002). Diese Fähigkeit der ›Mentalisierung‹ wird in den typischen *False-Belief*-Tests wie dem Sally-Ann-Test geprüft. Zu verstehen, dass sich die eigene Perspektive und die von anderen widersprechen, impliziert die Fähigkeit, flexibel zwischen beiden Perspektiven wechseln zu können. Dies ist nur aus einer *Metaperspektive* möglich, die das Charakteristikum der tertiären Intersubjektivität darstellt (Laing et al. 1966; Fuchs 2013). Interpersonelle Wahrnehmung im vollen Sinn beruht damit auf der

Fähigkeit, zwischen einer egozentrischen, verkörperten Perspektive einerseits und einer allozentrischen, dezentrierten Perspektive andererseits frei zu wechseln, ohne dass dabei die leibliche Selbsterfahrung ihre zentrale Stellung verliert. Dieser entscheidende Schritt der menschlichen kognitiven Entwicklung lässt sich auch mit dem Begriff der »exzentrischen Position« beschreiben (Plessner 1928/1981) – einer dritten oder höherstufigen Perspektive, von der aus die Integration des ego- und allozentrischen Standpunkts möglich wird. Es bedeutet, *sich dessen bewusst zu sein, dass andere sich dessen bewusst sind, dass man sich ihrer bewusst ist.*

Diese hier kurz skizzierten Unterscheidungen werden uns nun helfen, Pathologien der Intersubjektivität in Autismus und Schizophrenie zu untersuchen.

2) Störungen der primären Intersubjektivität im Autismus

Als paradigmatische Störung der Intersubjektivität ist der Autismus zu einem zentralen Forschungsgegenstand der kognitiven Neurowissenschaften ebenso wie der Phänomenologie geworden. Den gegenwärtig dominierenden kognitiven Theorien zufolge geht die Störung auf die Unfähigkeit zurück, das ›Bewusstsein anderer zu lesen‹ (*mind reading*): Autistischen Menschen fehle ein funktionierendes *Theory of Mind*-Modul – also jener mutmaßliche neuronale Mechanismus, der die Intentionen und Überzeugungen anderer ausgehend von ihrem beobachtbaren Verhalten ermittelt (Frith 1989; Baron-Cohen 1995).

In den letzten Jahren ist diese Konzeption jedoch von phänomenologischen Psychiatern und Philosophen zunehmend kritisiert worden. Nach ihrer Auffassung liegt die Störung eher in einem Misslingen früher zwischenleiblicher Interaktionen begründet (Hobson 1993, 2002; Gallagher 2004; De Jaegher 2013). Dies wird durch die Tatsache gestützt, dass viele autistische Symptome wie mangelndes Interesse an anderen, ausbleibende emotionale Resonanz und Imitation sowie Unruhe oder Angst bereits in den ersten Lebensjahren auftreten, d. h. lange vor dem

4. bis 5. Lebensjahr, in dem Kinder üblicherweise eine *Theory of Mind* erwerben (Klin et al. 1992; Dawson et al. 1998; Hobson & Lee 1999). Darüber hinaus sind zwischen 15 und 60 % der autistischen Kinder später durchaus in der Lage, *False-Belief*-Tests zu bestehen, was darauf hindeutet, dass die Störung kaum allein auf eine fehlende *Theory of Mind* zurückgehen kann.

Aus phänomenologischer Perspektive stellt sich der Autismus vielmehr als eine Störung der primären oder verkörperten Intersubjektivität dar. Diese umfasst Beeinträchtigungen (a) der sensomotorischen Integration, (b) der Imitation und Affektabstimmung sowie (c) der holistischen Wahrnehmung, die insbesondere die empathische Wahrnehmung des Ausdrucks anderer erschweren oder verhindern. Erst als Folge davon ist auch die spätere Entwicklung höherstufiger Fähigkeiten wie Perspektivenübernahme und Spracherwerb betroffen. Die basalen Störungen seien jeweils kurz dargestellt:

(a) Autistische Kinder zeigen bereits früh basale *sensomotorische Auffälligkeiten*, etwa Probleme mit dem Aufrichten, Sitzen, Krabbeln oder Laufen (Mari et al. 2003; Fournier et al. 2010). In Videoaufnahmen von Kindern, die später als autistisch diagnostiziert wurden, ließen sich solche Auffälligkeiten bereits im ersten Lebensjahr finden (Teitelbaum et al. 1998). Dies spricht für eine mangelnde Integration von visuellen, taktilen, kinästhetischen und vestibulären Wahrnehmungen in einen intermodalen Erfahrungsraum (Gepner & Mestre 2002). Wie oben erwähnt, beruht die frühe dyadische Affektabstimmung und Resonanz besonders auf dieser intermodalen Integration; mit anderen Worten, der leibliche *sensus communis*, also der intermodale Gemeinsinn, und der primäre soziale Sinn der Zwischenleiblichkeit sind eng miteinander verknüpft (Fuchs 2001; Thoma & Fuchs 2018). Bei einer gestörten intermodalen Integration können autistische Kinder daher keine ›soziale Musikalität‹ ausbilden.

(b) Die intermodale Integration spielt, wie wir gesehen haben, auch eine besondere Rolle für die Fähigkeit zur *Imitation*, die als eine maßgebliche Brücke der frühen zwischenleiblichen Resonanz fungiert (Meltzoff 2002). Es ist wenig überraschend, dass autistische Kinder den Ausdruck und die Gesten anderer kaum von sich aus imitieren (Smith & Bryson 1994; Hobson & Lee 1999). Dieses Defizit muss auch die Affektabstimmung und im weiteren Verlauf die Entwicklung der Fähigkeiten zu gemeinsamer Aufmerksamkeit (*joint attention*), zu Als-ob-Spielen und zur Perspektivenübernahme in Mitleidenschaft ziehen.

(c) Darüber hinaus zeigen autistische Kinder Defizite der *Gestaltwahrnehmung*, also der Fähigkeit, eine perzeptive und situative Kohärenz herzustellen. Sie fokussieren sich auf Einzelheiten oder Elemente, statt die Gestalt von Dingen wahrzunehmen, und sie fassen Dinge und Ereignisse dekontextualisiert auf, sodass ihnen deren spezifische Bedeutung in der jeweiligen Situation entgeht (Frith 1989; Happé 1995). Auch wenn diese Störung der holistischen Wahrnehmung einige positive Effekte haben kann, etwa das Erinnern isolierter oder unsinniger Details (›Telefonbuchwissen‹), beeinträchtigt sie gravierend die Entwicklung des sozialen Verstehens. Denn der Ausdruck eines Gesichtes lässt sich nur wahrnehmen, wenn man nicht nur auf einzelne Gesichtszüge oder Details achtet. Auch die sekundäre Intersubjektivität wird nur möglich, wenn das Kind lernt, die Gesten und Handlungen anderer auf den gemeinsamen Kontext zu beziehen. *Eye-tracking*-Studien haben hingegen gezeigt, dass autistische Kinder nur auf unbelebte und irrelevante Details interaktiver Situationen achten, während sie die relevanten sozialen Hinweisreize übersehen (Klin et al. 2003).

Solche Defizite münden bereits in frühen Jahren in eine grundlegende Störung der verkörperten sozialen Wahrnehmung autistischer Kinder. Ohne zwischenleibliche Resonanz bleiben die anderen für sie zwar wichtige, aber letztlich unbeseelte Objekte mit rätselhaftem Verhalten. Die Kinder sind dann auch nicht in der Lage, die *schemes-of-being-with* zu entwickeln, die sonst als implizites Beziehungswissen in das leibliche Gedächtnis eingehen und den selbstverständlichen Umgang mit anderen leiten.

Wie bereits gesagt, muss diese Störung auch die späteren Stadien der Intersubjektivität beeinträchtigen. Denn die Fähigkeiten zu gemeinsamer Aufmerksamkeit, Perspektivenübernahme und Mentalisierung beruhen auf der vorgängigen Erfahrung der Zwischenleiblichkeit. Ohne sie wird das Kind nicht in der Lage sein, sich mit anderen zu identifizieren; das ist aber die Voraussetzung für die Fähigkeit, ihre Perspektive zu übernehmen (Hobson & Lee 1999). Dementsprechend ist die Entwicklung abstrakterer Mentalisierungsfähigkeiten gravierend verzögert oder sogar unmöglich.

Was autistischen Kindern vorrangig fehlt, ist daher nicht ein theoretisches Konzept von »*other minds*«, sondern ein primäres Empfinden des leiblichen Mitseins mit anderen. Strategien wie explizites Mentalisieren oder Schlussfolgern aus sozialen Hinweisreizen werden dagegen gerade von hochfunktionellen Autisten angewendet, nämlich als *Kompensation* für die fehlende Zwischenleiblichkeit. So beschreibt Temple Grandin, bei der das Asperger-Syndrom diagnostiziert wurde, ihre Probleme mit interpersonalen Beziehungen im Gespräch mit Oliver Sacks:

Temple ist zu dem Schluss gekommen, dass es mit einem impliziten Wissen um soziale Konventionen und Regeln zu tun hat, um all die unausgesprochenen kulturellen Präsuppositionen. Dieses implizite Wissen, das jeder normale Mensch sein ganzes Leben hindurch auf der Grundlage von Erfahrungen und Begegnungen mit anderen ansammelt und anderen vermittelt, scheint Temple weitgehend zu fehlen. Sie muss Intentionen und Stimmungen der anderen »berechnen«, muss versuchen, algorithmisch-explizit zu machen, was für uns andere zweite Natur ist. (Sacks 1995, 373)

Diese kompensatorischen Strategien ermöglichen bis zu einem gewissen Grad funktionelle Interaktionen mit anderen; allerdings ersetzen sie nicht die primäre Zwischenleiblichkeit und ihre »magische Kommunikation«:

Jetzt weiß sie, dass es diese sozialen Signale gibt. Sie könne sie mit dem Verstand erschließen, sagt sie, doch selbst wahrnehmen könne sie sie nicht, könne selbst an dieser magischen Kommunikation nicht unmittelbar teilhaben, auch nicht die vielschichtigen, kaleidoskopartig wechselnden Geisteszustände dahinter begreifen. Intellektuell weiß sie das, und so tut sie ihr Bestes, es zu kompensieren, und verwendet ungeheure intellektuelle Anstrengung und Rechenkapazität auf Dinge, die andere mit gedankenloser Leichtigkeit verstehen. Und genau darum fühlt sie sich so oft ausgeschlossen, als Fremde. (Sacks 1995, 375)

Wie wir an Sacks' Bericht erkennen können, lässt sich der leibliche *sensus communis* nicht durch explizite Schlussfolgerungen oder regelgeleitetes Wissen über das Verhalten anderer ersetzen. Grandins mühevoller Versuch, die anderen zu verstehen, entspricht ironischerweise genau dem, was wir nach den Theorien der sozialen Kognition vermeintlich alle tun, nämlich mithilfe von Zeichen und Hypothesen auf das Innenleben anderer zu schließen. Gerade autistische Menschen entwickeln also *Theories of Mind*, sie versuchen tatsächlich die Gedanken anderer ›zu lesen‹ und illustrieren so, wie unzureichend diese Methode tatsächlich ist. Das bestätigt sich, wenn wir nun die Störungen der Intersubjektivität in der Schizophrenie betrachten.

3) Störungen der Intersubjektivität in der Schizophrenie

Primäre Intersubjektivität

Den Theorien der kognitiven Neurowissenschaften zufolge beruht die Schizophrenie auf einer Störung der Metaperspektive oder *Metarepräsentation* (Frith 1992): Die Unfähigkeit, die eigenen Intentionen des Denkens oder Handelns zu registrieren (*monitoring*), resultiere in wahnhaften Symptomen wie Gedankeneingebung oder Willensbeeinflussung, da der Ursprung dieser Gedanken oder Handlungen in der eigenen Person nicht mehr erkannt werden könne. Darüber hinaus gebe das Unvermögen, die geistigen Zustände anderer durch eine *Theory of Mind* korrekt zu erschließen, Anlass zu paranoiden Wahnvorstellungen.

Nun hat eine Reihe von Studien zwar gezeigt, dass Patienten mit Schizophrenie in *Theory of Mind*-Aufgaben wie dem *False-Belief*-Test schlecht abschneiden (Frith & Corcoran 1996; Lee et al. 2004; Sprong et al. 2007); allerdings wurden die meisten dieser Studien bei Patienten durchgeführt, die akut erkrankt waren und unter Wahnideen litten. Zudem konnten Studien in realen Interaktionssituationen diese Resultate nicht bestätigen – in normalen Gesprächen zeigten sogar wahnhafte Patienten intakte *Theory of Mind*-Fähigkeiten (Walston et al. 2000; McCabe 2004; McCabe et al. 2004). Ihr Problem war nur, dass sie keine überzeugenden Begründungen für ihre wahnhaften Ansichten vorbringen konnten und dass sie diese Ansichten natürlich auch nicht zu verändern bereit waren. Kurzum: Die Patienten zeigten das, was man mit Conrad (1992) »Verlust des Überstiegs« nennen kann, jedoch kein *Theory of Mind*-Defizit.

Im Unterschied zu Theorien der Metarepräsentation lokalisieren phänomenologische Ansätze die Grundproblematik der Schizophrenie auf einer tieferen Ebene: Sie betrachten sie als eine Störung des verkörperten Selbst oder als »Entkörperung« (*disembodiment*).[1] Dazu gehören

(1) eine Schwächung des basalen leiblichen Selbsterlebens,
(2) eine Störung der impliziten, sensomotorischen Funktionen des Leibes und
(3) ein Verlust der Zwischenleiblichkeit.

Als Resultat dieser Entkörperung geht die präreflexive, über den Leib vermittelte Einbettung des Subjekts in die Lebenswelt verloren. Betrachten wir im Folgenden die daraus resultierenden Störungen der Intersubjektivität.

Eine Störung des verkörperten Selbst muss auch die sozialen Beziehungen der Patienten beeinträchtigen. Denn wie wir sahen, ist es der Leib, der das praktische Wissen vermittelt, wie man mit anderen interagiert, wie man ihre Ausdrucksgesten und Handlungen in einer bestimmten Situation versteht. Dieses stillschweigende, verkörperte Wissen ist auch die Basis des »Common Sense« (Blankenburg 2001; Fuchs 2001): Es vermittelt ein implizites, kontextbezogenes Verständnis von alltäglichen Situationen und

---

[1] Siehe hierzu Laing (1976), Parnas (2003), Stanghellini (2004) oder Fuchs (2005); vgl. auch den Aufsatz »Selbst und Schizophrenie« in diesem Band.

Interaktionen. Der Verlust dieses leiblichen Wissens resultiert daher in einer grundlegenden Entfremdung von der sozialen Welt.

Zunächst zeigt sich bei schizophrenen Patienten ein Mangel an zwischenleiblicher Resonanz, der es ihnen erschwert, den mimischen und gestischen Ausdruck anderer zu verstehen (Kington et al. 2000; Edwards et al. 2002; Amminger et al. 2012). Umgekehrt können sie sich selbst leiblich häufig nicht angemessen ausdrücken; ihre Psychomotorik wirkt unmoduliert, starr oder mechanisch – wie es sich auch in dem von Rümke (1941/1990) beschriebenen »Praecox-Gefühl« des Gegenübers manifestiert.[2] Nicht selten erscheint der Ausdruck ganz inadäquat zu den momentanen Gefühlsregungen der Patienten, gespreizt oder künstlich (Paramimie). Der bereits von Kraepelin (1913) beschriebene »Verlust der Grazie« entspricht also einem Verlust von *sensus communis* oder zwischenleiblicher Resonanz.

Darüber hinaus zeigen die Patienten oft einen Mangel an *Common Sense* oder sozialem Sinn; er manifestiert sich in einem subtilen »Verlust der natürlichen Selbstverständlichkeit«, wie ihn Blankenburg (1971) beschrieben hat. Gerade jene Dinge werden für sie zum Problem, »die sich nicht rational eindeutig bestimmen lassen, die Sache des ›Feingefühls‹ sind« (ebd., 82): welches Kleid man trägt, wie man jemanden anspricht, wie man sich entschuldigt usw. Es fehlt das implizite Verständnis der Spielregeln, der Sinn dafür, was angemessen und im sozialen Kontext relevant ist:

> Ich verstehe nicht wirklich, worauf die anderen hinaus wollen […] ich beobachte mich ständig, während ich mit anderen zusammen bin, und versuche herauszufinden, was ich sagen oder tun soll, aber es gelingt mir nicht. Es ist leichter, wenn ich alleine bin oder fernsehe. (Patient der eigenen Klinik)

Der schizophrene Autismus beschränkt sich somit nicht auf einen Mangel an emotionalem Ausdruck, sondern durchdringt das gesamte Weltverhältnis des Patienten. Er führt zu einer Verfremdung aller vertrauten Bezüge, Gewohnheiten und Bedeutungen, die sonst das alltägliche Leben ausmachen. Alles kann zum Ge-

---

[2] Vgl. den Aufsatz »Subjektivität und Intersubjektivität in der psychiatrischen Diagnostik« in diesem Band.

genstand der Ratlosigkeit und der Überlegung werden, was hier wohl gemeint sein, was dahinter stehen könnte. Die Welt ist nicht mehr ein selbstverständlicher und gemeinsamer Hintergrund der Erfahrung.

›Was fehlt mir eigentlich? So etwas Kleines, so komisch, etwas Wichtiges, ohne das man aber nicht leben kann. […] Das ist wohl die natürliche Selbstverständlichkeit, die mir fehlt. […] Jeder Mensch muss wissen wie er sich verhält – hat eine Bahn, eine Denkweise. Sein Handeln, seine Menschlichkeit, seine Gesellschaftlichkeit, alle diese Spielregeln […] – Die Zusammenhänge, die Gefühle, dass man so ein gleiches Gefühl mit anderen – so ein Weltgefühl hat – das fehlt.‹ (Blankenburg 1971, 87)

Auch wenn die geschilderten Phänomene des schizophrenen Autismus sich in vielerlei Hinsicht mit der Negativsymptomatik decken (Affektverarmung, Indifferenz, sozialer Rückzug u.a.), wird doch deutlich, dass es sich nicht nur um kognitive oder emotionale Defizite handelt, sondern um eine grundlegend veränderte Welt- und Selbsterfahrung. Schizophrenie betrifft die implizite, präreflexive Basis der Existenz selbst; diese tiefgreifende Beeinträchtigung können die Patienten nur durch ein künstliches, reflektiertes oder ritualisiertes Verhalten auszugleichen versuchen. Ein »krankhafter Rationalismus« (Minkowski 1927), Hyperreflexivität und vergebliche Versuche, die emotional unzugängliche Welt der anderen rational zu begreifen, charakterisieren vielfach bereits die Vorstadien der Erkrankung:

Mir fehlen die Regeln für den Umgang mit anderen. Ich habe schon ganze Nachmittage im Park verbracht und beobachtet, wie sie miteinander umgehen. (Stanghellini 2004, 99; eig. Übers.)

Als kleines Mädchen beobachtete ich meine Cousinen, um herauszufinden, wann der richtige Moment zum Lachen war, oder um zu sehen, wie sie miteinander umgehen konnten, ohne alles vorher zu durchdenken. Seit der Kindheit versuche ich schon zu verstehen, wie die anderen funktionieren, und ich muss daher den »kleinen Anthropologen« spielen. (Ebd., 115; eig. Übers.)

Statt in zwischenleibliche oder Ich-Du-Beziehungen zu gelangen, nehmen die Patienten andere aus einer distanzierten oder 3. Person-Perspektive wahr und müssen ihre Beziehungen durch bewusste Anstrengungen steuern. Doch auch wenn sie sich um die soziale Welt bemühen – schizophrene Patienten bleiben letztlich misstrauisch gegenüber der Uneindeutigkeit, der Unschärfe und der emotionalen Bedrohlichkeit von Beziehungen. Sie betrachten die soziale Welt lieber als ein System mechanistischer Beziehungen, die auf unpersönlichen Regeln und Schlussfolgerungen beruhen. Auch *ihr* Bild der Intersubjektivität entspricht also eher der Konzeption der *Theory of Mind* als der Wirklichkeit menschlicher Beziehungen.

Tertiäre Intersubjektivität

Die Störung des basalen Selbsterlebens in der Schizophrenie betrifft nicht nur die primäre Intersubjektivität, sondern auch höhere Stufen der Selbstdemarkation, der Unterscheidung von Selbst und anderen. Der Verlust der Verankerung des Selbst in der Leiblichkeit resultiert darin, dass die erlebten Ich-Grenzen schwinden – Bleuler (1911) hat dies als *Transitivismus* bezeichnet. Da dieses Phänomen an anderer Stelle untersucht wurde,[3] werde ich mich im Folgenden dem Wahn als einer Störung der tertiären Intersubjektivität bzw. der Metaperspektive zuwenden. Statt ihn zu einer lokalisierbaren Dysfunktion im Gehirn zu verdinglichen, betrachtet ein phänomenologischer und enaktiver Ansatz den Wahn als eine Störung der Intersubjektivität in sozialen Situationen, die immer durch zwei oder mehr Interaktionspartner konstituiert werden.

Nach dem enaktiven Verständnis von Kognition nehmen Organismen nicht passiv Informationen aus ihrer Umgebung auf, um sie dann in interne Repräsentationen zu übersetzen. Vielmehr konstituieren oder bringen sie ihre Welt durch sensomotorische Interaktionen mit der Umgebung selbst mit hervor (Varela et al. 1991; Thompson 2005). Für Menschen jedoch ist dies keine rein individuelle Aktivität, sondern stellt immer eine intersubjektive Ko-Konstitution von Bedeutungen dar. Wir leben in einer ge-

---

[3] Vgl. den Beitrag »Selbst und Schizophrenie« in diesem Band.

meinsamen Lebenswelt, weil wir sie durch koordinierte Aktionen und »partizipative Sinnbildung« hervorbringen (*participatory sense-making*, De Jaegher & Di Paolo 2007). Dies gilt insbesondere für die Sphäre der sozialen Welt, d. h. für die Prozesse wechselseitigen Verstehens, die Aushandlung von Absichten, den Abgleich von Perspektiven und Interpretationen der Realität.

Betrachten wir diese Prozesse etwas näher. In sozialen Interaktionen werden geteilte Bedeutungen durch zirkuläre Prozesse von (Sprach-)Handlungen und Wahrnehmungen der Partner gebildet, und zwar nach folgendem Muster (Abb. 1):

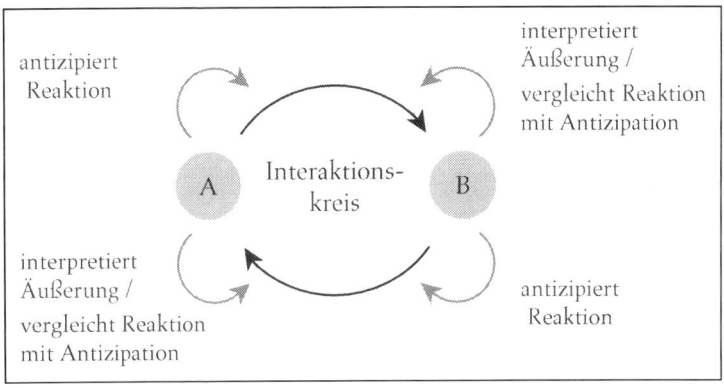

Abb. 1: Gemeinsame Sinnbildung im Interaktionskreis

Eine Person A macht eine sprachliche Äußerung (oberer schwarzer Pfeil) und antizipiert dabei eine bestimmte Reaktion ihres Partners B – A will ja bei B etwas bewirken. Nun interpretiert Person B die Äußerung von A, indem sie zumindest implizit A's Perspektive übernimmt; denn in deren sprachlicher Äußerung versteht sie ja zugleich A's Intention. B gibt jetzt eine entsprechende Antwort (unterer schwarzer Pfeil), wobei sie ihrerseits eine bestimmte Reaktion von A vorwegnimmt. Nun ist A an der Reihe, B's Reaktion zu interpretieren, sie mit ihrer eigenen Erwartung zu vergleichen und dann eine zweite, sei es bestätigende, modifizierende oder korrigierende Äußerung anzuschließen. B wiederum vergleicht diese mit ihren Erwartungen, bestätigt oder modifiziert ihrerseits ihre Antwort und so weiter. Dies resultiert in einem fortlaufenden Interaktionskreis, der sich, im Zeitverlauf gesehen, noch treffender als eine *Spirale von Interaktionen* darstellen lässt, die im gelingenden Fall zu gemeinsamer oder partizipativer Sinnbildung führen (Abb. 2).

Geteilte Bedeutungen werden also durch eine Interaktion erzeugt, die wechselseitige Perspektivenübernahme und Perspektivenabgleich impliziert. In gelingenden Interaktionen führt diese Spirale zu einem zunehmend konsensuellen Verständnis der thematisierten Situation – auch wenn die Interaktion von unterschiedlichen Standpunkten, Einstellungen und Vorverständnissen der Partner ihren Ausgang nahm.

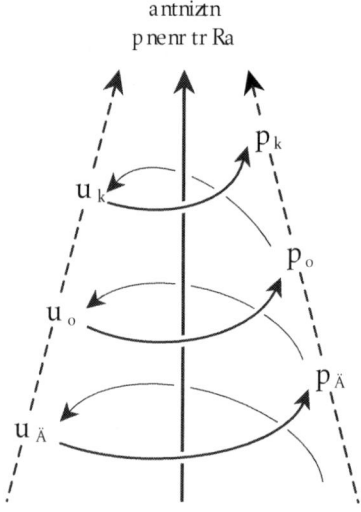

Abb. 2: Interaktionsspirale

Dieser Prozess vollzieht sich jedoch immer vor einem impliziten, nicht thematischen Hintergrund, der in all den Annahmen des *Common Sense* besteht, die in der Interaktion unhinterfragt vorausgesetzt werden: wie ein Gespräch abläuft, welche Reaktionen adäquat oder inadäquat sind, welche Voraussetzungen als gegeben angenommen werden können, einschließlich der Bedeutung von Worten oder Sätzen in bestimmten Kontexten, der geteilten kulturellen Werte und des gemeinsamen Weltbildes. Es sind diese impliziten Gewissheiten (Wittgenstein 1969) oder »Axiome des Alltags« (Straus 1960), die die gemeinsame Lebenswelt tragen. Eines der wichtigsten Elemente dieses Hintergrundes ist ein grundlegendes Gefühl von *Vertrauen* – die implizite Annahme, in einer Welt mit wechselseitigen Erwartungen und Verpflichtungen, wohlwollenden Absichten und verlässlichen Regeln des sozialen Miteinanders zu leben. Folgen wir Erikson (1959) und anderen Autoren (Stern 1985; Trevarthen & Logotheti 1989; Fuchs 2015), so können wir annehmen, dass sich ein Gefühl des Urvertrauens und der Einstimmung mit anderen gewöhnlich im ersten Lebensjahr und als Voraussetzung der weiteren Sozialisation entwickelt.

Dieser Rahmen von unhinterfragten Gewissheiten und Vertrauen ist eine grundlegende Voraussetzung für das konsensuelle Verständnis einer Situation. Bestehen jedoch einschränkende Rahmenbedingungen, dann kann die wechselseitige Verständigung und gemeinsame Sinnbildung misslingen. Dazu kommt es beispielsweise, wenn einer der Partner ertaubt ist, wenn er die Sprache des anderen nicht versteht oder seinen kulturellen Hintergrund nicht teilt, wie dies bei Immigranten der Fall ist. Dies sind typische Bedingungen, unter denen entsprechend vulnerable Personen Argwohn, paranoide Ideen und schließlich Verfolgungswahnideen entwickeln können – ein in der Literatur unter den Begriffen »Paranoia der Schwerhörigen« oder »Paranoia der Immigranten« wohlbekanntes Phänomen (Cooper 1976; Fuchs 1999; Fossion et al. 2004; Cantor-Graae & Selten 2005).

In solchen Fällen ist nicht nur das Verständnis der verbalen Äußerungen der anderen beeinträchtigt, sondern die Interaktionsspirale bewegt sich vielmehr in Richtung zunehmenden Missverstehens und Misstrauens. Die Reaktionen der anderen entsprechen nicht mehr den Erwartungen des Patienten, und auch ihre nonverbalen und Verhaltenssignale werden für ihn zweideutig. Alle ihre Äußerungen oder Gesten scheinen in einer befremdlichen Weise auf ihn selbst gerichtet, und er ist nicht in der Lage, diese wahrgenommene Eigenbeziehung durch nachfolgende korrigierende Interaktionen zu neutralisieren. Ab einem bestimmten Punkt in diesem Prozess bricht das Grundvertrauen in andere zusammen und wird durch ein paranoides Wahnsystem ersetzt. Nun deutet der Patient selbst harmlose Ereignisse oder Handlungen als umso hinterhältigere Machenschaften und Intrigen. Darüber hinaus entsteht eine negative Rückkopplung zwischen den paranoiden Ideen des Patienten und den irritierten Reaktionen der anderen auf sein unverständliches Verhalten. Diese Reaktionen tragen zusätzlich zu seinem Gefühl bei, dass es hier ›nicht mit rechten Dingen zugeht‹, wodurch es für sie noch schwerer wird, sich ihm verständlich zu machen.

Mit einigen Modifikationen trifft diese Beschreibung auch auf den schizophrenen Wahn zu. Denn in den prodromalen Stadien der Psychose weiten sich die Entfremdung der Wahrnehmung und der resultierende Verlust vertrauter Bedeutungen auch auf die soziale Sphäre aus. Die Gesichter, die Blicke und das Verhalten der anderen erscheinen dem Patienten hochgradig vieldeutig, und die Interaktionskreise mit ihnen sind grundlegend gestört. In der Wahnstimmung, die aus dieser Ambiguität entsteht, bricht das basale Vertrauen in andere zusammen. Die Ko-Konstitution der gemeinsamen Welt misslingt und wird durch die neue, idiosynkratische Kohärenz des Wahns ersetzt. Nun fühlen sich die Patienten aus dem Hintergrund beobachtet, ausgespäht oder in eigens präparierten Situationen insgeheim getestet. Sie nehmen zwar mutmaßliche Perspektiven der anderen ein, sogar auf exzessive Weise, jedoch so, dass alle diese Perspektiven zentripetal auf sie selbst ausgerichtet erscheinen und den anderen bedrohliche Absichten zugeschrieben werden.

Wahn lässt sich damit auch als ein *Verlust der exzentrischen Position* beschreiben. Die Patienten sind zwar in der Lage, die vermeintliche Perspektive anderer einzunehmen, d.h. sie sind sich bewusst, dass andere (scheinbar) ihrer bewusst sind. Was ihnen jedoch fehlt, ist die unabhängige Position, von der aus sie ihre eigene mit der Sicht der anderen vergleichen und von der aus sie ihr Gefühl der Zentralität und Eigenbeziehung (beobachtet, ausgespäht, verfolgt zu werden etc.). relativieren könnten. Diese unabhängige oder ›dritte‹ Position ist, wie im ersten Abschnitt dargestellt, die exzentrische Position – die Errungenschaft der tertiären Intersubjektivität, die im Wahn wieder verloren geht. Damit scheitert der Perspektivenabgleich, der gelingende Verständigungsprozesse kennzeichnet; an seine Stelle tritt eine starre, verzerrte, ja solipsistische Sicht der Realität.

Der Wahn kann somit nicht als eine rein individuelle ›falsche Überzeugung‹ gelten. Vielmehr ist er im Kern das Resultat *misslingender Intersubjektivität*: Mit dem Verlust des Grundvertrauens und geteilter Grundannahmen wird es unmöglich, mit dem Patienten ein konsensuelles Verständnis der Situation herzustellen und durch partizipative Sinnbildung eine gemeinsame Realität zu konstituieren. Was immer die neurobiologischen Bedingungen des Wahns sind – Wahnideen sind nicht Produkte individueller Gehirne, sondern Störungen des ›Zwischen‹, der gemeinsamen Konstitution der Welt durch die Interaktion mit anderen. Wahn ist ein Beziehungsphänomen, gerade weil er sich unseren Versuchen des Verstehens entzieht. Er manifestiert sich in einer Negation der etablierten Sinnordnung, innerhalb deren wir ihn vergeblich zu begreifen versuchen. Doch gerade in dieser Negation der Intersubjektivität bleibt der Wahn immer noch auf die anderen bezogen.[4]

Resümee

Aus phänomenologischer Sicht beruhen Störungen der Intersubjektivität wie im Autismus oder der Schizophrenie primär auf einer Störung der verkörperten Resonanz und Interaktion mit anderen. Statt an einer defizitären *Theory of Mind* leiden autistische und schizophrene Patienten unter einem Mangel des *sensus communis* oder des verkörperten sozialen Sinns – einem Mangel, den sie nur unzureichend durch explizite Schlussfolgerungen und Annahmen über andere kompensieren können. Ohne das implizite Wissen und die zwischenleibliche Vertrautheit, die unsere Bezie-

---

[4] Die Konzeption der Schizophrenie als einer primären Störung der Intersubjektivität oder des »Zwischen« ist besonders von dem japanischen Psychiater Bin Kimura detailliert ausgearbeitet worden (Kimura 1975, 1991, 1995); vgl. auch die empfehlenswerte neuere Arbeit von van Duppen (2017).

hungen und Interaktionen sonst tragen, sind autistische und schizophrene Patienten auch in ihrer Fähigkeit beeinträchtigt, an Prozessen partizipativer Sinnbildung teilzunehmen.

Als Folge davon sind auch die höheren Stufen der Intersubjektivität betroffen, auf denen es um die gemeinsame Aushandlung von Bedeutung, die Übernahme und den wechselseitigen Abgleich von Perspektiven, aber auch um die Abgrenzung von Selbst und anderen geht. Das charakteristische Merkmal der Störungen auf dieser Ebene besteht darin, nicht mehr flexibel zwischen dem eigenen und dem Standpunkt der anderen wechseln zu können, eine Fähigkeit, die sonst durch die exzentrische Position ermöglicht wird. Ihr Verlust resultiert in Phänomenen wie dem Versagen der Selbstdemarkation bzw. dem Transitivismus, vor allem aber im Solipsismus des Wahns. In all diesen Fällen misslingt die interaktive Konstitution der gemeinsamen Welt, was letztlich zu einer grundlegenden Entfremdung und zu autistischem Rückzug führen muss.

Der Abgleich von Perspektiven und Intentionen, die auf ein gemeinsames Objekt oder Handlungsziel gerichtet sind, ist in der neueren Sozialphilosophie und -psychologie auch als »geteilte Intentionalität« oder »Wir-Intentionalität« bezeichnet worden (Searle 1995; Tuomela 2002; Elsenbroich & Gilbert 2014). Wir können an den dargestellten psychopathologischen Phänomenen erkennen, dass diese Wir-Intentionalität letztlich auf einer verkörperten und praktischen Verständigung mit anderen beruht. Auch wenn hochfunktionalen Autisten höhere Stufen der Intersubjektivität zugänglich werden können, nämlich mithilfe expliziter Schlussfolgerungen und ähnlicher Strategien, muss die primäre Störung der Zwischenleiblichkeit doch die Entwicklung der spontanen Perspektivenübernahme zumindest beeinträchtigen. In ähnlicher Weise hat die Schwächung des basalen leiblichen Selbstgefühls bei Patienten mit Schizophrenie nicht nur Störungen der Zwischenleiblichkeit und des *Common Sense* zur Folge, sondern häufig auch eine Unfähigkeit zur Selbstdemarkation und zur partizipativen Sinnbildung auf höheren Stufen der Intersubjektivität.

Dies zeigt uns schließlich, dass sich Intersubjektivität auf keiner Stufe als eine Beziehung zwischen ›reinen Geistern‹ darstellt, sondern dass sie durch verkörperte Subjekte konstituiert wird, die in gemeinsamen Situationen miteinander interagieren, selbst wenn sie momentan einander nicht leiblich gegenwärtig sind. Wir sollten daher auch psychische Krankheiten nicht als fehlerhafte Prozesse ansehen, die in einem individuellen Gehirn stattfinden, sondern als Störungen des ›Zwischen‹ – nämlich der Möglichkeit, durch adäquate Interaktionen mit anderen eine gemeinsame Welt zu konstituieren. Psychische Krankheit ist ein Beziehungsphänomen, ein Prozess, der sich immer im *Zwischen* von Patient und anderen abspielt.

Literatur

Amminger, G. P., Schäfer, M. R., Papageorgiou, K., Klier, C. M., Schlögelhofer, M., Mossaheb, N., Werneck-Rohrer, S., Nelson, B. & McGorry, P. D. (2012). Emotion recognition in individuals at clinical high-risk for schizophrenia. *Schizophrenia Bulletin, 38 (5)*, 1030–1039.

Baldwin, D. A. & Baird, J. A. (2001). Discerning intentions in dynamic human action. *Trends in Cognitive Sciences, 5 (4)*, 171–178.

Baron-Cohen, S. (1995). *Mindblindness: An Essay on Autism and Theory of Mind*. Cambridge, MA: MIT Press.

Blankenburg, W. (1971). *Der Verlust der natürlichen Selbstverständlichkeit*. Berlin: Springer.

Blankenburg, W. (2001). First steps toward a ›psychopathology of common sense‹ (übers. v. A. Mishara). *Philosophy, Psychiatry & Psychology, 8 (4)*, 303–315.

Bleuler, E. (1911). *Dementia Praecox oder Gruppe der Schizophrenien*. Leipzig: Franz Deuticke.

Bora, E., Yucel, M. & Pantelis, C. (2009). Theory of mind impairment in schizophrenia: Meta-analysis. *Schizophrenia Research, 109 (1–3)*, 1–9.

Cantor-Graae, E. & Selten, J.-P. (2005). Schizophrenia and migration: A meta-analysis and review. *American Journal of Psychiatry, 162 (1)*, 12–24.

Carruthers, P. (1996). Simulation and self-knowledge: A defence of the theory-theory. In P. Carruthers & P. K. Smith (Hrsg.), *Theories of Theories of Mind* (S. 22–38). Cambridge: Cambridge University Press.

Conrad, K. (1992). *Die beginnende Schizophrenie*. Stuttgart: Georg Thieme Verlag.

Cooper, A. F. (1976). Deafness and psychiatric illness. *British Journal of Psychiatry, 129*, 216–226.

Dawson, G., Meltzoff, A. N., Osterling, J., Rinaldi, J. & Brown, E. (1998). Children with autism fail to orient to naturally occurring social stimuli. *Journal of Autism and Developmental Disorders, 28 (6)*, 479–485.

De Jaegher, H. (2013). Embodiment and sense-making in autism. *Frontiers in Integrative Neuroscience, 7*, Artikel 15.

De Jaegher, H. & Di Paolo, E. (2007). Participatory sense-making: An enactive approach to social cognition. *Phenomenology and the Cognitive Sciences, 6 (4)*, 485–507.

Edwards, J., Jackson, H. J. & Pattison, P. E. (2002). Emotion recognition via facial expression and affective prosody in schizophrenia: A methodological review. *Clinical Psychology Review, 22 (6)*, 789–832.

Elsenbroich, C. & Gilbert, N. (2014). We-intentionality. In dies., *Modelling Norms* (S. 185–197). Dordrecht: Springer.

Erikson, E. H. (1959). *Identity and the Life Cycle*. New York: International Universities Press.

Fossion, P., Servais, L., Rejas, M.-C., Ledoux, Y., Pelc, I. & Minner, P. (2004). Psychosis, migration and social environment: An age-and-gender controlled study. *European Psychiatry, 19 (6)*, 338–343.

Fournier, K., Hass, C., Naik, S., Lodha, N. & Cauraugh, J. (2010). Motor coordination in autism spectrum disorders: A synthesis and meta-analysis. *Journal of Autism and Developmental Disorders, 40 (10)*, 1227–1240.

Frith, C. (1992). *The Cognitive Neuropsychology of Schizophrenia*. London: Erlbaum.

Frith, C. & Corcoran, R. (1996). Exploring ›theory of mind‹ in people with schizophrenia. *Psychological Medicine, 26 (3)*, 521–530.

Frith, U. (1989). *Autism: Explaining the Enigma*. Oxford: Basil Blackwell.

Fuchs, T. (1999). Life events in late paraphrenia and depression. *Psychopathology, 32*, 60–69.

Fuchs, T. (2001). The tacit dimension. Commentary to W. Blankenburg's »Steps towards a psychopathology of common sense«. *Philosophy, Psychiatry & Psychology, 8 (4)*, 323–326.

Fuchs, T. (2005). Corporealized and disembodied minds. A phenomenological view of the body in melancholia and schizophrenia. *Philosophy, Psychiatry & Psychology, 12 (2)*, 95–107.

Fuchs, T. (2013). The phenomenology and development of social perspectives. *Phenomenology and the Cognitive Sciences, 12 (4)*, 655–683.

Fuchs, T. (2015). Vertrautheit und Vertrauen als Grundlagen der Lebenswelt. *Phäno-menologische Forschungen, 2015*, 101–118.

Fuchs, T. & De Jaegher, H. (2009). Enactive intersubjectivity: Participatory sense-making and mutual incorporation. *Phenomenology and the Cognitive Sciences, 8 (4)*, 465–486.

Gallagher, S. (2004). Understanding interpersonal problems in autism: Interaction theory as an alternative to Theory of Mind. *Philosophy, Psychiatry & Psychology, 11 (3)*, 199–217.

Gallagher, S. (2012). In defense of phenomenological approaches to social cognition: Interacting with the critics. *Review of Philosophy and Psychology, 3 (2)*, 187–212.

Gallagher, S. & Hutto, D. (2008). Understanding others through primary interaction and narrative practice. In J. Zlatev, T. P. Racine, C. Sinha & E. Itkonen (Hrsg.), *The Shared Mind: Perspectives on Intersubjectivity* (S. 17–38). Amsterdam: John Benjamins.

Gallagher, S. & Zahavi, D. (2008). *The Phenomenological Mind. An Introduction to Philosophy of Mind and Cognitive Science*. London New York: Routledge.

Gepner, B. & Mestre, D. (2002). Rapid visual-motion integration deficit in autism. *Trends in Cognitive Sciences, 6 (11)*, P455.

Goldman, A. I. (2012). Theory of mind. In E. Margolis, R. Samuels & S. Stich (Hrsg.), *The Oxford Handbook of Philosophy of Cognitive Science* (S. 402–424). Oxford: Oxford University Press.

Happé, F. (1995). *Autism: An Introduction to Psychological Theory*. Cambridge, MA: Harvard University Press.

Hobson, R. P. (1993). *Autism and the Development of Mind*. Hillsdale, NJ: Lawrence Erlbaum Associates.

Hobson, R. P. (2002). *The Cradle of Thought*. London: Macmillan.

Hobson, R. P. & Lee, A. (1999). Imitation and identification in autism. *Journal of Child Psychology and Psychiatry, 40 (4)*, 649–659.

Kimura, B. (1975). Schizophrenie als Geschehen des Zwischenseins. *Der Nervenarzt, 46*, 434–439.

Kimura, B. (1991). Psychopathologie des Aida oder der Zwischenmenschlichkeit. *Daseinsanalyse, 8*, 80–95.

Kimura, B. (1995). *Zwischen Mensch und Mensch: Strukturen japanischer Subjektivität*. Darmstadt: Wissenschaftliche Buchgesellschaft.

Kington, J. M., Jones, L. A., Watt, A. A., Hopkin, E. J. & Williams, J. (2000). Impaired eye expression recognition in schizophrenia. *Journal of Psychiatric Research, 34 (4–5)*, 341–347

Klin, A., Jones, W., Schultz, R. & Volkmar, F. (2003). The enactive mind, or from actions to cognition: Lessons from autism. *Philosophical Transactions of the Royal Society of London B: Biological Sciences, 358 (1430)*, 345–360.

Klin, A., Volkmar, F. & Sparrow, S. (1992). Autistic social dysfunction: Some limitations of the theory of mind hypothesis. *The Journal of Child Psychology and Psychiatry, 33 (5)*, 861–876.

Kraepelin, E. (1913). *Psychiatrie. Ein Lehrbuch für Studierende und Ärzte. Band 2: Klinische Psychiatrie* (8. Aufl.). Leipzig: Barth.

Laing, R. D. (1976). *Das geteilte Selbst. Eine existenzielle Studie über geistige Gesundheit und Wahnsinn*. Reinbek bei Hamburg: Rowohlt.

Laing, R. D., Phillipson, H. & Lee, A. R. (1966). *Interpersonal Perception. A Theory and a Method of Research*. London: Tavistock.

Lee, K. H., Farrow, T. F. D., Spence, S. A. & Woodruff, P. W. R. (2004). Social cognition, brain networks and schizophrenia. *Psychological Medicine, 34 (3)*, 391–400.

Mari, M., Castiello, U., Marks, D., Marraffa, C. & Prior, M. (2003). The reach-to-grasp movement in children with autism spectrum disorder. *Philosophical Transactions of the Royal Society B: Biological Sciences, 358 (1430)*, 393–403.

McCabe, R. (2004) On the inadequacies of theory of mind explanations of schizophrenia. *Theory & Psychology, 14 (5)*, 738–752.

McCabe, R., Leudar, I. & Antaki, C. (2004). Do people with schizophrenia display theory of mind deficits in clinical interactions? *Psychological Medicine, 34 (3)*, 401–412.

Meltzoff, A. N. (2002). Elements of a developmental theory of imitation. In A. N. Meltzoff & W. Prinz (Hrsg.), *The Imitative Mind: Development, Evolution, and Brain Bases* (S. 19–41). Cambridge: Cambridge University Press.

Meltzoff, A. N. & Brooks, R. (2001). ›Like me‹ as a building block for understanding other minds: Bodily acts, attention, and intention. In B. F. Malle, L. J. Moses & D. A. Baldwin (Hrsg.), *Intentions and Intentionality: Foundations of Social Cognition* (S. 171–191). Cambridge, MA: MIT Press.

Meltzoff, A. N. & Moore, M. K. (1977). Imitation of facial and manual gestures by human neonates. *Science, 198 (4312)*, 75–78.

Meltzoff, A. & Moore, M. K. (1989). Imitation in newborn infants: Exploring the range of gestures imitated and the underlying mechanisms. *Developmental Psychology, 25 (6)*, 954–962.

Merleau-Ponty, M. (2003). *Das Auge und der Geist. Philosophische Essays*. Hamburg: Meiner.

Minkowski, E. (1927). *La schizophrénie*. Paris: Payot.

Parnas, J. (2003). Self and schizophrenia: A phenomenological perspective. In T. Kircher & A. David (Hrsg.), *The Self in Neuroscience and Psychiatry* (S. 217–241). Cambridge: Cambridge University Press.

Plessner, H. (1928/1981). *Die Stufen des Organischen und der Mensch. Einleitung in die philosophische Anthropologie. Gesammelte Schriften IV.* Frankfurt am Main: Suhrkamp.

Rümke, H. C. (1941/1990). The nuclear symptoms of schizophrenia and the praecoxfeeling (übers. u. mit einer Einl. v. J. Neeleman). *History of Psychiatry, 1 (3),* 331–341.

Sacks, O. (1995). *Eine Anthropologin auf dem Mars. Sieben paradoxe Geschichten.* Hamburg: Rowohlt.

Schmitz, H. (1989). *Leib und Gefühl. Materialien zu einer philosophischen Therapeutik.* Paderborn: Junfermann.

Searle, J. (1995). *The Construction of Social Reality.* New York: The Free Press.

Smith, I. M. & Bryson, S. E. (1994). Imitation and action in autism: A critical review. *Psychological Bulletin, 116 (2),* 259–273.

Sprong, M., Schothorst, P., Vos, E., Hox, J. & van Engeland, H. (2007). Theory of mind in schizophrenia: Meta-analysis. *British Journal of Psychiatry, 191,* 5–13.

Stanghellini, G. (2004). *Disembodied Spirits and Deanimatied Bodies: The Psychopathology of Common Sense.* Oxford: Oxford University Press.

Stern, D. N. (1985). *The Interpersonal World of the Infant.* New York: Basic Books.

Stern, D. N., Bruschweiler-Stern, N., Harrison, A. M., Lyons-Ruth, K., Morgan, A. C., Nahum, J. P., Sander, L. & Tronick, E. Z. (1998). The process of therapeutic change involving implicit knowledge: Some implications of developmental observations for adult psychotherapy. *Infant Mental Health Journal, 19 (3),* 300–308.

Straus, E. (1960). Die Ästhesiologie und ihre Bedeutung für das Verständnis der Halluzinationen. In ders., *Psychologie der menschlichen Welt* (S. 236–269). Berlin Göttingen Heidelberg: Springer.

Teitelbaum, P., Teitelbaum, O., Nye, J., Fryman, J. & Maurer, R. G. (1998). Movement analysis in infancy may be useful for early diagnosis of autism. *Proceedings of the National Academy of Science of the United States of America, 95 (23),* 13982–13987.

Thoma, S. (2018). *Common Sense und Verrücktheit im sozialen Raum.* Köln: Psychiatrie Verlag.

Thompson, E. (2005). Sensorimotor subjectivity and the enactive approach to experience. *Phenomenology and the Cognitive Sciences, 4 (4),* 407–427.

Tomasello, M. (2002). *Die kulturelle Entwicklung des menschlichen Denkens.* Darmstadt: Wissenschaftliche Buchgesellschaft.

Trevarthen, C. B. (1979). Communication and cooperation in early infancy: A description of primary intersubjectivity. In M. Bullowa (Hrsg.), *Before Speech* (S. 321–348). Cambridge: Cambridge University Press.

Trevarthen, C. B. & Hubley, P. (1978). Secondary intersubjectivity: Confidence, confiding and acts of meaning in the first year. In A. Lock (Hrsg.), *Action, Gesture and Symbol: The Emergence of Language* (S. 183–229). London: Academic Press.

Trevarthen, C. B. & Logotheti, K. (1989). Child in society, and society in children: The nature of basic trust. In S. Howell & R. Willis (Hrsg.), *Societies at Peace: Anthropological Perspectives* (S. 165–186). Florence, KY: Routledge.

Tuomela, R. (2002). *The Philosophy of Social Practices. A Collective Acceptance View.* Cambridge: Cambridge University Press.

Van Duppen, Z. (2017). The intersubjective dimension of schizophrenia. *Philosophy, Psychiatry, & Psychology, 24 (4)*, 399–418.

Varela, F. J., Thompson, E. & Rosch, E. (1991). *The Embodied Mind: Cognitive Science and Human Experience* (6. Aufl.). Cambridge, MA: MIT Press.

Walston, F., Blennerhassett, R. C. & Charlton, B. (2000). »Theory of mind«, persecutory delusions and the somatic marker mechanism. *Cognitive Neuropsychiatry, 5 (3)*, 161–174.

Wittgenstein, L. (1969). *On Certainty.* Oxford: Basil Blackwell.

Wahn, Realität, Intersubjektivität

Eine phänomenologische und enaktive Analyse

»Im normalen Leben werden Überzeugungen erworben im Zusammenhang des gemeinschaftlichen Lebens und Wissens. Augenblickliche Erfahrung von Realität bleibt nur bestehen, wenn sie sich der gemeinschaftlich geltenden oder kritisch geprüften Erfahrung einordnet. […] Jede einzelne Erfahrung ist korrigierbar, die Gesamterfahrung in ihrem Zusammenhang aber ist etwas Stabiles, schwer oder gar nicht Korrigierbares. Den Grund der Unkorrigierbarkeit müssen wir daher nie in einem einzelnen Phänomen, sondern im ganzen des menschlichen Zustandes suchen. Dieses Ganze gibt kein Mensch leicht preis. Wenn die gemeinsam geglaubte Realität wankt, werden die Menschen ratlos.«

Karl Jaspers (1973, 87)

Einleitung

Jaspers' Zitat über die Unkorrigierbarkeit wahnhafter Überzeugungen macht deutlich, dass sich der Wahn nicht nur als eine Störung des Denkens oder der Realitätstestung beschreiben lässt. Wir können ihn nur begreifen vor dem Hintergrund der Gesamtsituation des Patienten, die durch eine Auflösung der *»gemeinschaftlich geltenden Erfahrung«* charakterisiert ist, mit anderen Worten, durch den Verlust von Intersubjektivität. Im Gegensatz dazu sieht das gegenwärtig dominierende psychiatrische Paradigma den Patienten als ein Individuum mit einer abgrenzbaren Fehlfunktion des Gehirns. Aus dieser Sicht erscheint der Wahn als Produkt einer fehlerhaften neuronalen Informationsverarbeitung, eines ›gestörten Gehirns‹. Schließlich bedeuten Wahnvorstellungen falsche Repräsentationen der Realität, also müssen sie doch wohl ›im Kopf sein‹. Üblicherweise werden sie definiert als »falsche Überzeugung aufgrund unrichtiger Schlussfolgerungen über die äußere Realität« (DSM-5, APA 2018, 1137).

Auf der anderen Seite kann dies nicht die ganze Wahrheit sein, denn der aktuellen Definition des Wahns ist noch ein Kulturvorbehalt beigefügt: Auch Überzeugungen, die aus einer westlichen Perspektive bizarr erscheinen, können nämlich durchaus mit anderen geteilt werden, die dem gemeinsamen Kulturkreis angehören – man denke an die Vorstellungen von Fernbeeinflussung in der Voodoo-Religion auf Haiti –, und rechtfertigen dann keine Diagnose eines Wahns (ebd.). Dies zeigt bereits, dass das Wesen des Wahns nicht einfach in einem falschen Inhalt oder einer fehlerhaften Repräsentation der Wirklichkeit liegen kann, die allein im Individuum zu verorten ist. Im Folgenden werde ich dafür argumentieren, dass wir den Wahn vielmehr als ein intersubjektives Phänomen begreifen sollten, und zwar aus zwei Gründen:

(1) Wahn manifestiert sich primär in einem *Scheitern der Kommunikation*: Im Verlauf des Gesprächs mit dem Patienten realisiert man, dass es nicht möglich ist, zu einer gemeinsamen Definition der Situation zu gelangen; das Geben und Nehmen von Gründen und die wechselseitige Perspektivenübernahme scheitern (Glatzel 1981, 167 ff.).
(2) Auf einer tieferen Ebene lässt sich der Wahn dann als ein *Versagen der Ko-Konstitution von Realität* auffassen; das heißt, er ist charakterisiert durch eine Störung der *transzendentalen Intersubjektivität* als der Bedingung der Möglichkeit wechselseitiger Verständigung. Diese Störung auf tieferer Ebene ist in der Literatur unterschiedlich interpretiert worden, etwa als Auflösung der Hintergrundgewissheiten im Sinne Wittgensteins (Rhodes & Gipps 2008), als Verlust des *Common Sense* (Blankenburg 1971; Stanghellini 2004), des basalen Vertrauens in eine gemeinsame Welt (Fuchs 2015a, b) oder als schizophrener Quasi-Solipsismus (Sass 1994).

Das zweite Charakteristikum betrifft insbesondere die Wahnphänomene im Rahmen der Schizophrenie, die Jaspers als »echte Wahnideen« bezeichnet und von den »wahnhaften Ideen« von Patienten mit Paranoia, Manie oder Depression unterschieden hat (Jaspers 1973, 80 ff.). Letztere betrachtete er als motiviert und grundsätzlich verstehbar: In der Paranoia münden chronisches Misstrauen und Angst in Verfolgungswahn, in Manie und Depression sind die Wahnideen synthymer Ausdruck der zugrunde liegenden Stimmung. Im Gegensatz dazu beruhen die echten oder primären Wahnideen auf »Veränderungen von Grunderfahrungen, die zu erfassen uns die größten Schwierigkeiten macht« (ebd., 80). In der neueren Psychopathologie wurde der Unterschied auch in Heideggers Begriffen beschrieben, nämlich als Gegensatz von »ontischen Wahnideen«, die sich im Rahmen der gewöhnlichen Welterfahrung entwickeln, und »ontologischen Wahnideen«, die auf veränderten Strukturen der Subjektivität als der Voraussetzung von Erfahrung selbst beruhen (Sass 1992, 2014; Parnas 2004; Sass & Byrom 2015). Mit den letzteren, also mit dem ›echten‹ oder schizophrenen Wahn werde ich mich im Folgenden befassen.

Um eine intersubjektive Konzeption des Wahns zu entwickeln, werde ich im Folgenden zunächst (a) die Konstitution von Realität durch verkörperte oder enaktive Wahrnehmung darstellen, dann (b) ihre Ko-Konstitution durch implizite oder transzendentale Intersubjektivität. Dazu werde ich mich phänomenologischer ebenso wie enaktiver Ansätze bedienen. Dies dient dann als Grundlage für die Analyse der Störung der intersubjektiven Realitätskonstitution im schizophrenen Wahn.

Die Objektivität der Wahrnehmung

(a) Verkörpertes Zur-Welt-Sein

Die Standardauffassung des Wahns betrachtet ihn als ›falsche Überzeugung‹ über objektive Fakten in der Welt, an der mit unkorrigierbarer Sicherheit festgehalten wird. Dem liegt die Annahme zugrunde, es gebe eine äußere Realität, die uns aber nur durch Repräsentationen in unserem Bewusstsein gegeben ist. Das gilt für *Wahrnehmungen* (die nur aus im Gehirn erzeugten Bildern bestehen, gewissermaßen aus ›wahren Halluzinationen‹) ebenso wie für *Überzeugungen* über Sachverhalte in der Außenwelt.

Diese Grundannahme einer inneren Repräsentation, die von der äußeren Realität getrennt ist, wird durch den enaktiven Ansatz der Kognition in Frage gestellt (Varela et al. 1991; Thompson 2007). Danach nehmen Lebewesen nicht passiv Informationen aus ihrer Umwelt auf, um sie in innere Repräsentationen zu übersetzen. Sie bringen ihre Umwelt vielmehr mit hervor, nämlich durch interaktive Sinnbildung (*sense-making*): Indem sie die Umgebung nach relevanten Hinweisen und Gegenständen sondieren – ihren Kopf oder ihre Augen bewegen, eine Oberfläche ertasten, eine Frucht ergreifen etc. –, wirken sie an der Konstitution ihrer Umwelt mit (Varela et al. 1991; O'Regan & Noë 2001; Thompson 2005, 2007). Wahrnehmung ist in diesen Konzeptionen keine Abbildung äußerer Reize auf ein inneres Modell der Welt, sondern eine aktive, sensomotorische und durch die Interessen des Lebewesens motivierte Erschließung der Umwelt. Dies setzt zuallererst einen beweglichen Organismus voraus. ›Wahr-nehmen‹ kann nur ein Wesen, das sich auch zu bewegen und etwas zu ergreifen vermag. Selbst in scheinbar bloßer Wahrnehmung steht ein Lebewesen nicht der Welt gegenüber, sondern ist immer schon in sie verstrickt, z. B. indem es mögliche Handlungen leiblich vorwegnimmt. Diese interaktive Konzeption macht zwar den Begriff interner Repräsentationen sinnlos, doch könnte man nun andererseits fragen: Wie kommt in dieser Interaktion, ja Verstrickung von Lebewesen und Umwelt denn das ›Gegenüber‹ zustande, als das sich die Dinge uns in der Wahrnehmung präsentieren? Wie erfassen wir die Dinge selbst, in Unabhängigkeit von uns?

Eine wesentliche Voraussetzung dafür liegt im ständigen Perspektivenwechsel durch Selbstbewegung (um ein Objekt herumgehen, es ergreifen, umwenden etc.), denn dies erzeugt kontrastierende und ergänzende Veränderungen der Wahrnehmung.[1] Dazu muss allerdings die Eigenbewegung des Körpers in der Wahrnehmung mitberücksichtigt werden, d. h., sie muss selbst-

---

[1] Eine Reihe weiterer Charakteristika verkörperter Wahrnehmung tragen zum Realismus der Erfahrung bei, bleiben hier aber außer Betracht. Zu ihnen gehören der Widerstand der Dinge in der Tasterfahrung, die Form- und Farbenkonstanz, die intermodale Integration verschiedener Sinnesfelder u. a. (vgl. O'Regan & Noë 2001; van Duppen 2016).

referenziell oder selbstgegeben sein. So wird die Eigenmotorik der Blickbewegung durch sogenannte Efferenzkopien in der Sensorik mitberücksichtigt und ausgeglichen.² Anderenfalls würde mit jeder Augenbewegung auch die gesehene Umwelt zu schwanken beginnen. Selbstreferenzielle Bewegung, kombiniert mit dem aktiven Wechsel des Standpunkts, ist ein wesentliches Mittel, um eine objektive Beziehung zur Umgebung herzustellen, nämlich durch eine Verknüpfung der *Spontaneität* und der *Rezeptivität* des Organismus, die sich wechselseitig relativieren und bestimmen (Blankenburg 1991).

Von besonderer Bedeutung ist es, dass diese geschickten sensomotorischen Interaktionen mit der Umwelt nach und nach in die habituellen Fähigkeiten und damit auch in die Vorwegnahmen (Protentionen) des Leibes eingehen. Mit zunehmender Vertrautheit werden erwünschte und gesuchte Objekte vom Sensorium bereits als Vorgestalten antizipiert, die gewissermaßen in die Umwelt projiziert werden, um die Identifizierung der Objekte zu erleichtern.³ Was die Umwelt ermöglicht oder anbietet und wie sie sich in Abhängigkeit von den eigenen Handlungen verändert, wird bereits in der Wahrnehmung antizipiert. Wie Husserl (1950, 91 ff.) gezeigt hat, nehmen wir ein Haus nicht nur wahr, indem wir seine sichtbare Seite erblicken, sondern indem wir zugleich seine unsichtbaren Aspekte »appräsentieren«, also implizit vorwegnehmen, was wir bei der Bewegung um das Haus herum sehen würden. Der aktuelle Aspekt schließt somit eine Gesamtheit möglicher Aspekte ein, die die Einheit des vollständigen Objekts ausmachen. Meine Erfahrung der Realität eines Gegenstandes beruht auf einem *Horizont weiterer möglicher Erfahrungen* mit

---

² Efferenzkopien von motorischen Hirnarealen ›melden‹ bevorstehende Bewegungen vorab an das sensorische System, sodass die Eigenbewegung des Körpers vom Wahrnehmungsfeld subtrahiert wird (Holst & Mittelstaedt 1950). Bewegt man hingegen durch leichten beidseitigen Fingerdruck die Augäpfel von außen, so beginnt die gesehene Umgebung in der Tat zu schwanken; diese Augenbewegung ist also nicht selbstreferenziell.
³ Dies kann mitunter zu illusionären Verkennungen führen, etwa wenn man beim Pilzesuchen ein glänzendes Blatt für einen Pilz hält oder beim Warten auf einen Bekannten eine andere Person in der Ferne mit ihm verwechselt.

ihm – einem Horizont, der auf meinen früheren Umgang zurückgeht, aber jetzt implizit mitgegeben oder »appräsentiert« ist.

Zu diesem impliziten Horizont gehört wesentlich die *Objektpermanenz*, wie sie nach Piaget (1974) durch die sensomotorische Interaktion in der frühen Kindheit erworben wird: die Annahme, dass die Objekte auch dann fortbestehen werden, wenn ich wegsehe oder abwesend bin. Dieser stets gegenwärtige Horizont ermöglicht meine Wahrnehmung des *Gegenstands selbst*, an Stelle eines nur momentanen Eindrucks oder eines Bildes von ihm. Freilich wird meine antizipierende Wahrnehmung durch die fortlaufende Interaktion mit den Dingen, also durch weitere Perspektivenwechsel, ständig bestätigt oder aber korrigiert.

(b)   Intersubjektive Realität

Wie wir gesehen haben, präsentiert die Wahrnehmung nicht Bilder oder Erscheinungen, sondern die Dinge selbst, denn sie ist Teil unseres verkörperten Zur-Welt-Seins. Doch es gibt noch eine andere Ebene von Objektivität, die für die menschliche Wahrnehmung charakteristisch ist. Denn im Wahrnehmen des Hauses erfahren wir es nicht nur als Gegenstand möglicher Aktivität und geschickten Umgangs (sich darauf zubewegen, die Tür öffnen, die Treppe hinaufgehen usw.), sondern auch als *unabhängig* von unserer aktuellen Wahrnehmung und unseren Interessen. Die Objekte sind nicht nur ›für mich‹ da, in der Immanenz meiner Subjektivität, sondern sie sind *als solche* gegeben. Berkeleys »*esse est percipi*« entspricht sicher nicht unserem Wahrnehmungserleben: Keiner käme auf den Gedanken, die Dinge tauchten erst mit ihrer Wahrnehmung auf und verschwänden ohne sie wieder ins Nichts. Wie ist diese Unabhängigkeit möglich?

Husserls spätere Antwort auf diese Frage beruht auf der Intersubjektivität der Wahrnehmung: Das Haus, das ich sehe, ist immer auch ein *mögliches Objekt für andere*, die es zugleich aus ihrer Sicht oder von anderen Seiten sehen könnten. Damit erhält das Objekt seine eigentliche Objektivität, d.h. seine Unabhängigkeit von meiner eigenen Perspektive, erst durch die *implizit vo-*

rausgesetzte Vielfalt anderer Perspektiven. Husserl spricht hier auch vom »Horizont möglicher eigener und fremder Erfahrung« oder von einer »offenen Intersubjektivität«.[4] Die Pluralität möglicher Subjekte entspricht der Pluralität möglicher Aspekte, die das Objekt bietet. Mehr noch: Im Wahrnehmen des Objekts setze ich auch implizit seine Bedeutsamkeit für andere voraus, d. h. die allgemeine Struktur von Bedeutungen, Verweisungen und Relevanzen der gemeinsamen Welt. Wahrnehmend konstituieren und bewohnen wir immer einen Raum, den wir mit anderen teilen.

Noch grundsätzlicher beruht Objektivität nach Husserl auf der Transzendierung meiner subjektiven Eigensphäre, die primär in der Begegnung mit dem anderen geschieht (Husserl 1973a, 110, 1973b, 277). Der andere ist immer jenseits meiner Immanenz, denn er bildet eine andere Sphäre und ein Zentrum von Perspektivität, das mir als solches unzugänglich bleibt und damit meine eigene Subjektivität begrenzt. Doch es ist gerade diese Alterität des anderen, die meine Erfahrung von Objektivität begründet, ja meinen »Wahrnehmungsglauben« an eine Welt, die auch unabhängig von meiner Wahrnehmung existiert (Merleau-Ponty 1986, 17). Da diese Intersubjektivität implizit oder transzendental ist (die ›Bedingung der Möglichkeit‹ dafür, dass es eine objektive Realität geben kann), müssen die anderen nicht unbedingt anwesend sein – auch Robinson sah seine Insel immer schon ›mit den Augen der anderen‹, noch bevor Freitag auftauchte. In einem grundlegenden Sinn sind die Dinge und Ereignisse öffentlich, nicht privat; sie gehören einer gemeinsamen Welt an, auch wenn sie im konkreten Fall von mir allein wahrgenommen werden. Sartre hat Husserls Analyse treffend zusammengefasst:

Ob ich diesen Tisch oder diesen Baum oder dieses Stück Mauer allein oder in Gesellschaft betrachte, immer ist der Andere da als eine Schicht kon-

---

[4] »Also jedes Objektive, das mir in meiner Erfahrung und zunächst in einer Wahrnehmung vor Augen steht, hat einen apperzeptiven Horizont, den möglicher Erfahrung, eigener und fremder. Ontologisch gesprochen, jede Erscheinung, die ich habe, ist von vorneherein Glied eines offen endlosen, aber nicht explizit verwirklichten Umfanges möglicher Erscheinungen von demselben, und die Subjektivität dieser Erscheinungen ist die offene Intersubjektivität« (Husserl 1973a, 289; vgl. dazu auch Zahavi 1996, 39 ff.).

stituierter Bedeutungen, die dem von mir betrachteten Gegenstand selbst angehören; kurz, als der wirkliche Bürge seiner Gegenständlichkeit. [...] So erscheint jeder Gegenstand – weit davon entfernt, wie bei Kant durch ein einfaches Verhältnis zum *Subjekt* konstituiert zu werden – in meiner konkreten Erfahrung als vielwertig, er ist ursprünglich gegeben als Träger der Systeme von Verweisungen auf eine unendliche Vielheit von Bewusstseinsindividuen; *bei* dem Tische und *bei* der Mauer entdeckt sich mir der Andere als das, worauf sich der betrachtete Gegenstand fortwährend beruft, und zwar genauso, wie wenn Peter und Paul konkret in Erscheinung treten. (Sartre 1962, 314)

Unabhängig von ihrer Geltung hat diese implizite oder transzendentale Intersubjektivität auch eine Genese: Aus einer enaktiven Sicht lässt sie sich auf eine Geschichte »gemeinsamer Sinnkonstitution« zurückführen (*participatory sense-making*, De Jaegher & Di Paolo 2007). Von Geburt an wird die Wahrnehmung und Bedeutung von Objekten fortwährend durch soziale Interaktionen etabliert, besonders in Situationen gemeinsamer Aufmerksamkeit und im gemeinsamen Umgang mit der Welt. Objekte zu unterscheiden, sie zu erkennen und zu handhaben erlernen wir, indem wir am Umgang der anderen mit ihnen teilnehmen (Tomasello 1999; Gallagher 2008). Die Realität wird damit von Anfang an interaktiv konstituiert. Diese intersubjektive Konstitution ist zum Teil unserer impliziten Beziehung zur Welt geworden, ganz ähnlich wie die sensomotorischen Interaktionen mit Objekten in unser verkörpertes Wissen und Können eingegangen sind (Fuchs 2016).[5]

Auf dieser Ebene der Realitätskonstitution besteht das Äquivalent zur selbstreferenziellen Bewegung und zum Perspektiven-

---

[5] Natürlich lässt sich Husserls transzendentale Intersubjektivität nicht einfach in eine entwicklungspsychologische Beschreibung der gemeinsamen Erkenntnis der Welt überführen. Wenn hier von der Genese die Rede ist, soll dies nicht besagen, dass die transzendentale Ebene auf eine kumulative Lerngeschichte zurückgeht. Da Menschen jedoch offensichtlich nicht als transzendentale Subjekte zur Welt kommen, muss diese Ebene im Verlauf der Ontogenese irgendwie realisiert werden, auch wenn dies nicht auf graduelle Weise erfolgt. Die Entwicklungspsychologie beschreibt freilich nur die Bedingungen für diese Realisierung, sie erklärt nicht die transzendentale Intersubjektivität als solche.

kontrast in der menschlichen Fähigkeit zur *geteilten Intentionalität* und *Perspektivenübernahme*. Die Welt mit den Augen der anderen zu sehen, erweitert die Varianz aus der körperlichen Eigenbewegung durch die Übernahme virtueller Perspektiven und vervielfacht so die Möglichkeiten der Kontrastierung und Relativierung. Dies hebt die primäre Selbstzentrierung des Individuums auf und ermöglicht Perspektivenflexibilität. Intersubjektivität im vollen Sinn basiert damit auf der Fähigkeit, sich zwischen der eigenen, egozentrischen und einer allozentrischen oder dezentrierten Perspektive hin- und herzubewegen. Dieser zentrale Schritt der menschlichen kognitiven Entwicklung entspricht letztlich der »exzentrischen Positionalität« Plessners (1928/1981), nämlich einem dritten oder höherstufigen Standpunkt, von dem aus die Integration der ego- und der allozentrischen Perspektive möglich wird.

Diese Position beruht jedoch nicht nur auf der Perspektivenübernahme und Dezentrierung, sondern schließt auch einen *impliziten, selbstverständlichen Hintergrund* aller sozialen Interaktion ein. Er besteht aus den Grundannahmen, den »Axiomen des Alltags« (Straus 1960) oder den Grundgewissheiten (*bedrock certainties*, Wittgenstein 1969), die von den Angehörigen einer Kultur geteilt werden, ohne notwendig explizit oder verbalisiert werden zu müssen. Der *Common Sense* lässt sich als ein Ausdruck dieser basalen Gewissheiten ansehen, aber er schließt auch geteilte Gewohnheiten, Interaktionsformen und Spielregeln ein, die in der frühen Sozialisation eher inkorporiert als explizit gelehrt werden. In seiner affektiven Dimension entspricht dieser Hintergrund einem *Grund- oder Urvertrauen* in die Welt und in die anderen, das sich von Geburt an in der Interaktion mit den nächsten Bezugspersonen entwickelt. Die Ko-Konstitution einer gemeinsamen Realität, ja unser grundlegender »Wahrnehmungsglaube« an die erlebte Wirklichkeit beruht wesentlich auf diesem habituellen und präreflexiven Hintergrund. Er liegt auch aller Kommunikation und Aushandlung von Sichtweisen in der gemeinsamen Lebenswelt zugrunde.

Ich fasse das Bisherige zusammen: Wahrnehmung überschreitet die Zentralität und Ortsgebundenheit der subjektiven

Perspektive durch eine Dezentrierung, die sich auf zwei miteinander verknüpften Ebenen vollzieht:

- Auf der ersten Ebene schließt die *sensomotorische Interaktion* mit der Umwelt eine Beweglichkeit und Vielfalt von Standpunkten ein, die die jeweils momentane Kopplung von Organismus und Umwelt relativiert.
- Auf der zweiten Ebene impliziert die *soziale Interaktion* mit anderen einen virtuellen Wechsel und Kontrast von Perspektiven, der es erlaubt, die rein subjektzentrierte Weltsicht zu überschreiten, nämlich durch partizipative, gemeinsame Sinn- und Objektkonstitution.

Damit wird die individuelle, momentane und subjektive Wahrnehmung relativiert, erhält Tiefe und Objektivität durch einen Horizont vielfacher anderer Perspektiven, der durch die sensomotorischen und sozialen Interaktionen mit der Umwelt eröffnet wird. Auf beiden Ebenen sind das *Selbstverhältnis* und die *Selbstgegebenheit der Spontaneität und Aktivität des Subjekts* entscheidend, um eine objektive Sicht auf die Welt zu erlangen und Realität zu konstituieren (Blankenburg 1991). Auf der ersten Ebene lassen die sensomotorischen Prozesse für das Lebewesen eine Realität erkennbar werden, insoweit es seine eigene Position und Aktivität berücksichtigt. Diese Selbstreferenzialität ermöglicht die »vermittelte Unmittelbarkeit« – ein Begriff aus Hegels Logik – der Beziehung des Leibes zur Umwelt. Auf der zweiten Stufe klärt sich die Sicht des Menschen auf die gemeinsame Welt in dem Maß, wie er seiner selbst im Verhältnis zu anderen bewusst wird. Denn es ist gerade die Kenntnis meiner selbst in Beziehung zur Umwelt, die mir erlaubt, zwischen dem, was ›für mich‹, und dem, was ›an sich‹ ist, zu unterscheiden und die Dinge ebenso wie die anderen in ihrer Unabhängigkeit von meiner Subjektivität zu erfassen.

Auf beiden Ebenen schließlich sedimentiert sich die Geschichte der Interaktionen eines Individuums in seinem impliziten Gedächtnis, sodass daraus grundlegende Gewohnheitsstrukturen resultieren:

- Auf der ersten Ebene erwirbt der Leib die Fähigkeiten des geschickten Umgangs und damit die grundlegende *Vertrautheit mit der Umwelt*. Der Horizont möglicher Perspektiven und Umgangsweisen mit den Objekten ist damit in jede aktuelle Wahrnehmung immer schon eingeschlossen.
- Auf der zweiten Ebene etabliert die frühe Sozialisation eine habituelle Struktur des Mit-anderen-Seins oder *Mitseins*, die sich in einer impliziten oder offenen Intersubjektivität ebenso manifestiert wie in einem Grundvertrauen in die gemeinsame Welt.

Durch offene Intersubjektivität überschreiten Menschen eindeutig die Subjektivität ihrer zentrischen Perspektive und gewinnen Zugang zur gemeinsamen, objektiven Realität. Denn Objektivität bedeutet schließlich, dass die Dinge als intersubjektiv zugänglich erfahren werden, als »präsent für jedermann« (Husserl 2012, 96). Menschliche Realität ist daher immer ko-konstituiert oder gemeinsam hervorgebracht durch partizipative Sinnbildung, sei es auf implizite oder explizite Weise.

Die Subjektivierung der Wahrnehmung in der Schizophrenie

Was bedeutet all dies nun für die Analyse des Wahns? – Ich beginne zunächst mit den charakteristischen Phänomenen zu Beginn der schizophrenen Psychose, die auf eine radikale *Subjektivierung der Wahrnehmung* hinauslaufen; Jaspers (1973) hat sie treffend als »Wahnstimmung« bezeichnet, Conrad (1958) als »Apophänie«. In dieser unheimlichen Atmosphäre erleben die Patienten ihre Umgebung als sonderbar unwirklich, *als sähen sie bloß künstliche oder scheinhafte Bilder anstelle von realen Gegenständen*. Die Dinge wirken unecht, irgendwie hergestellt oder inszeniert; die Personen verhalten sich unnatürlich, gestellt, als wären sie nur Schauspieler oder Betrüger. Man fühlt sich wie im Zentrum einer unheimlichen Inszenierung:

[W]o man auch hinguckt, sieht alles schon so unwirklich aus. Die ganze Umgebung, alles wird wie fremd, und man bekommt wahnsinnige Angst. [...] [I]rgendwie ist plötzlich alles für mich da, für mich gestellt. Alles um einen bezieht sich plötzlich auf einen selber. Man steht im Mittelpunkt einer Handlung wie unter Kulissen. (Klosterkötter 1988, 69)

Ich würde nicht sagen, ich werde verfolgt, aber alles sieht bedrohlich aus. Zum Beispiel dieser Tisch oder diese Wände – sie sind alle merkwürdig. Ich denke, alles sieht gefälscht aus. Aber es ist nicht nur hier, auch die Wände in meinem Wohnzimmer fühlen sich an wie Karton, als wäre ich in einer Kulisse. (Madeira et al. 2016, 271; eig. Übers.)

Solche *Truman Show*- oder *Matrix*-Erlebnisse, wie sie oft von den Patienten selbst später benannt werden (Madeira et al. 2016), weisen auf eine grundlegende Abwandlung der Wahrnehmung hin, auch wenn sich im Wahrnehmungsfeld keine offensichtliche Störung finden lässt. Vielmehr ist es die intentionale Richtung des Feldes, die sich umgekehrt hat (Fuchs 2005): Während die Dinge zuvor ihren Abstand und ihre Neutralität behielten, beginnen sie sich jetzt auf den Patienten zu beziehen, ja sich ihm in unheimlicher und bedrohlicher Weise zu nähern. Renée, eine Patientin von Marguerite Sechehaye, berichtet:

Ich sah die Gegenstände so ausgeschnitten, so voneinander gelöst [...] daß sie mir irrsinnige Angst machten; wenn ich zum Beispiel einen Stuhl oder ein Gefäß ansah, dann dachte ich nicht mehr an ihre Verwendung, ihre Funktion. [...] Sie hatten ihren Namen, ihre Funktion, ihre Bedeutung verloren; sie waren »Dinge« geworden. Und diese »Dinge« begannen nun zu existieren. Eben diese Existenz jagte mir solche Angst ein. [...] Ich versuchte, ihrem Zugriff dadurch zu entgehen, dass ich ihren Namen aussprach. Ich sagte: »Stuhl«, »Krug«, »Tisch« – »Das ist ein Stuhl« –; doch das Wort war wie abgezogen, jeder Bedeutung entleert. (Sechehaye 1973, 41 f.)

In dieser oder ähnlicher Weise verlieren alltägliche Dinge und Situationen ihre vertrauten Bedeutungen. Sie scheinen auf etwas Neues, aber noch Rätselhaftes oder Verstörendes hinzudeuten – meist reagieren die Patienten mit zunehmender Verwirrung, Unruhe und Angst. Man könnte sagen, dass *die Wahrnehmung nicht mehr die Objekte als solche erfasst, sondern nur noch ihren Anschein*. Sie hat ihre intentionale und dezentrierende Struktur verloren, und daher erlebt sich der Patient plötzlich als ›Zentrum der Welt‹.⁶

Die Derealisierung, die er erfährt, ist damit ganz verschieden von der bloßen Entfremdung der Umgebung, wie sie in neurotischen oder affektiven Störungen vorkommt.⁷ Im Gegenteil, da die Dinge ihre unabhängige Realität und Neutralität verloren haben, sind sie nur noch *für den Patienten* da oder scheinen *um seinetwillen* inszeniert zu sein. Es fehlt ihnen die intersubjektiv geteilte Bedeutung, sie sind nicht mehr in einvernehmlicher Weise für jeden gegeben; im Grunde sind sie nicht mehr ›Objekte‹ im Sinne des Wortes, sondern nur noch Pseudo-Objekte, Erscheinungen oder Bilder, die für einen unbekannten Zweck arrangiert sind.

Nicht selten kulminiert die Subjektivierung der Wahrnehmung im Eindruck, die Existenz der Dinge oder sogar der Welt als Ganzer hinge vom Patienten ab – eine pathologische Form von Berkeleys »*esse est percipi*«:

Immer wenn ich meine Augen von ihnen (den Klinikpflegern) abwandte, verschwanden sie. Ja, alles worauf ich nicht meine direkte Aufmerksamkeit richtete, schien nicht zu existieren. (Landis 1964, 90; eig. Übers.)

Auf einer Party schien alles von ihm auszugehen oder von ihm abzuhängen. (Parnas et al. 2005, 255; eig. Übers.)

Wenn ich eine Tür erblicke und dann wegsehe, dann ist es fast, als würde die Tür aufhören zu existieren. (Henriksen 2011, 24; eig. Übers.)

Der letzte Patient hatte den Eindruck, er sei die einzige Person, die wirklich existiere, und dafür verantwortlich, dass die Welt weiterlaufe – eine Form der solipsistischen Selbstzentralität, die oft zu einer Art von ›passivem Omnipotenzerleben‹ führt, als wäre der Patient in der Lage, den Lauf der Ereignisse zu bestimmen oder sogar die Welt zu bewegen, ohne jedoch zu wissen, wie er das

---

⁶ Conrad bezeichnete dieses Mittelpunktserleben als »Anastrophé« (1958, 56 f.).
⁷ In diesen Störungen geht die Derealisierung auf einen Verlust der affektiven oder leiblichen Resonanz zurück, der die anziehenden und Ausdrucksqualitäten der Umwelt schwinden lässt. Die Objekte verlieren ihre Anziehungskraft und sehen hohl, leer oder tot aus, also nicht vielsagend, unheimlich oder sonderbar bedeutungsvoll wie in der Wahnstimmung.

eigentlich tue. Die Erklärung ist offensichtlich: Wenn die Wahrnehmung ihre Objektivität verloren hat, und das heißt ihre implizite Intersubjektivität, dann scheinen sich die Objekte nur ›für mich‹ oder ›von meinen Gnaden‹ zu bewegen oder sogar zu existieren. Die Objektpermanenz, die in der frühen Kindheit erworben und zu einer transzendentalen Bedingung der Wahrnehmung geworden ist, geht hier also wieder verloren.

Wie Matussek (1952) in seinen Analysen der Wahnwahrnehmung gezeigt hat, werden die Patienten oft von banalen Details des Wahrnehmungsfeldes gefesselt oder fallen in eine regelrechte »Wahrnehmungsstarre«, in der sie sich nicht mehr vom Objekt lösen können. Das bedeutet, dass der Funktionskreis sensomotorischer Interaktion mit der Umwelt beeinträchtigt oder arretiert ist, was noch zusätzlich zur Subjektivierung der Wahrnehmung beiträgt. Denn das Gefühl von Unwirklichkeit verstärkt sich in der Regel mit zunehmender Inaktivität und Passivität (Sass 1992, 297). Dies kulminiert in der Erfahrung, in der eigenen Wahrnehmung regelrecht eingeschlossen zu sein, wie in einer subjektiven Kameraperspektive:

Ich sah alles wie durch eine Filmkamera. (Sass 1992, 132; eig. Übers.)

Es war, wie wenn meine Augen Kameras wären [...] als wäre mein Kopf riesengroß, so groß wie das Universum, und ich war ganz hinten und die Kameras vorne. (de Haan & Fuchs 2010, 329; eig. Übers.)

Hier gerät das wahrnehmende Subjekt in eine Position außerhalb der Welt, es wird buchstäblich zum Homunculus im Kopf, der seine eigenen Wahrnehmungen wie Bilder betrachtet.

In all diesen Fällen wird erkennbar, dass die Wahrnehmung nicht mehr über sich hinausgeht und die Objekte als solche nicht mehr erreicht. Statt die Welt wahrzunehmen, erfährt der Patient gewissermaßen nur noch seine eigenen Erfahrungen. Er ist in seine Pseudo-Wahrnehmungen eingeschlossen wie in eine solipsistische Innen- oder Hohlwelt, die sich nur noch um ihn zu drehen scheint. An die Stelle der intersubjektiven Konstitution der Realität ist ein radikal subjektivistisches und idiosynkratisches Erleben getreten.

Eine interessante Analogie zu diesem Erleben finden wir im

Traumbewusstsein: Auch hier wird das Subjekt zum Zentrum der Welt; alle Dinge und Geschehnisse werden ihm vorgeführt, statt unabhängige Entitäten darzustellen. Sie tauchen ›aus dem Nichts‹ auf und doch ›gerade zur rechten Zeit‹, nur um im nächsten Moment wieder ins Nichts zu verschwinden. Darüber hinaus ist das Subjekt den Traumerscheinungen in typischer Passivität ausgeliefert – die praktische, sensomotorische Interaktion von Leib und Umwelt fehlt. Gleichzeitig zeigen alle Situationen eine selbstbezügliche Bedeutsamkeit (»*tua res agitur*«), auch wenn diese oft rätselhaft und mysteriös bleibt. Auch wenn andere Personen in Träumen meist eine wichtige Rolle spielen, fehlt doch die offene Intersubjektivität: Der Träumende verfügt über keine exzentrische Position oder unabhängige Perspektive, von der aus er das Geschehen relativieren könnte. Er vermag nicht zwischen dem, was ›für mich‹, und dem, was ›an sich‹ ist, zu unterscheiden, denn er verfügt nicht über ein höherstufiges *Wissen von sich selbst in Beziehung zu seiner Umwelt*.

Übergang zum Wahn

Als ein typisches Beispiel für den Übergang dieser Wahrnehmungsabwandlung in den Wahn können wir folgenden Fall betrachten:

> Es kam mir immer unwirklicher vor, wie ein völlig fremdes Land. […] Dann kam also die Idee, das ist doch gar nicht mehr deine alte Umgebung. […] [E]s könnte ja überhaupt nicht unser Haus sein. Irgend jemand könnte mir das als Kulisse einstellen. Eine Kulisse, oder man könnte mir ein Fernsehspiel einspielen. […] Dann hab ich die Wände abgetastet. […] Ich habe geprüft, ob das wirklich eine Fläche ist. (Klosterkötter 1988, 64 f.)

Wieder ist die Wahrnehmung der Patientin subjektiviert und derealisiert: Der für gewöhnlich nicht hinterfragte »Wahrnehmungsglaube« ist fragwürdig geworden. Da sie sich der Störung der Wahrnehmung als solcher nicht bewusst ist, scheinen sich die Dinge verändert zu haben, und sie prüft ihre Oberfläche. Doch hier erzeugt die Inversion des intentionalen Feldes bereits den

Eindruck, eine äußere Macht sei dafür verantwortlich. Zunehmend verängstigt und in Aufruhr, kam der Patientin plötzlich der Gedanke, sie werde von einem fremden Geheimdienst für experimentelle Zwecke missbraucht, und man projiziere mittels Strahlen Scheinbilder in ihr Gehirn (Klosterkötter 1988). Bei diesem Gedanken fiel es ihr ›wie Schuppen von den Augen‹, und diese plötzliche Evidenz reduzierte augenblicklich die unerträgliche Spannung und den Schrecken, den sie zuvor erlebt hatte – freilich um den Preis der Gewissheit, tatsächlich verfolgt zu werden.

Die Subjektivierung der Wahrnehmung nimmt bereits den Verlust der Intersubjektivität vorweg, den wir im vollständigen Wahn finden werden. Denn sie erschüttert tiefgreifend das Grundvertrauen in die geteilte, konstante und verlässliche Welt – eine Erschütterung, deren verstörende Wirkung kaum unterschätzt werden kann. Angesichts dieser ›ontologischen Verunsicherung‹ beruht die entlastende und restabilisierende Wirkung des Wahns darauf, dass er die *transzendentale Störung* der Wahrnehmung in ein *innerweltliches Geschehen* transformiert, nämlich in die gewähnte Verfolgung durch weltliche Feinde oder Mächte. Mit anderen Worten: Die Störung der *Wahrnehmung* wird umgewandelt in eine Umdeutung des *Wahrgenommenen*.

Damit entsteht gewissermaßen eine *neue Form von Objektivität*: Gerade das, was unheimlich, gemacht oder gestellt erschien, verwandelt sich nun in die neue Realität einer tatsächlichen, obgleich sich verbergenden Machenschaft und Verfolgung.[8] Während zuvor das Wahrgenommene seinen Bedeutungszusammenhang verloren hatte, erscheint dem Patienten nun alles beabsichtigt und arrangiert zu sein: Blicke beobachten ihn, verborgene Kameras filmen ihn, Passanten machen unauffällige Zeichen usw. Die Inversion und Selbstzentralität, die aus dem Verlust der dezentrierenden Struktur der Wahrnehmung resultiert, kehrt in der ubiquitären Selbstbezüglichkeit der feindlichen Mächte wie-

---

[8] Streng genommen handelt es sich um eine Pseudo-Objektivität, denn sie besteht nur *für den Patienten* und gehört nicht der impliziten Intersubjektivität an.

der. Damit ist die Sinnbildung der Wahrnehmung wiederhergestellt, wie es das Wort ›Wahn-Sinn‹ treffend ausdrückt, jedoch auf eine Weise, die von der gemeinsamen Welt grundsätzlich entkoppelt ist.

Wir können die gesamte Transformation des Erlebens noch einmal in zwei Schritten zusammenfassen, die jeweils von der (a) Derealisation zum (b) Wahn führen:

(1a) *Die Realität verwandelt sich in Schein*: Die Wahrnehmung wird subjektiviert und präsentiert nur noch Pseudo-Gegenstände.

(1b) *Der Schein verwandelt sich in die neue Realität*: Die Wahnevidenz transformiert den Schein in eine neue Objektivität, indem sie einen Grund für die veränderte Umwelt liefert (nämlich dass der Schein *mit Absicht* hergestellt ist).

(2a) *Inversion des Wahrnehmungsfelds*: Der Verlust der dezentrierenden Wahrnehmung führt zu solipsistischer Selbstzentralität.

(2b) *Inversion der Intentionalität*: Der Wahn transformiert diese Selbstzentralität in die auf den Patienten gemünzten Intentionen verborgener Agenten *in der Welt*. Mit anderen Worten: Die transzendentale Selbstzentralität verwandelt sich in eine innerweltliche Selbstzentralität oder soziale Eigenbezüglichkeit.

Allerdings basiert nicht jeder schizophrene Wahn auf der Zentralisierung der Wahrnehmung. Ein anderer, wenn auch verwandter Weg geht von den basalen *Selbststörungen* aus, die die Erfahrung des Leibes, der Handlungen und des Bewusstseinsstroms betreffen (Sass & Parnas 2003; Parnas et al. 2005). Dazu gehören insbesondere entfremdete Eigenbewegungen, die als nicht selbst initiiert wahrgenommen werden, und Gedanken, die im Bewusstsein auftauchen, als wären sie von außen eingegeben. Die Patienten erleben sich dann als passive Zuschauer ihrer Bewegungen oder Zuhörer ihrer Gedanken, nicht selten auch als Roboter oder menschliche Maschinen (de Haan & Fuchs 2010). Dies lässt sich aus einer enaktiven Perspektive auf den *Verlust der Selbstreferenzialität* oder Selbstgegebenheit der eigenen Aktivität zurückführen: Handlungen oder Gedanken tauchen im Erleben wie fremde Fragmente auf, die von außen erzeugt erscheinen.

Der Verlust der Urheberschaft (*agency*) resultiert in der Erfahrung der Entmachtung und Passivität, die erneut eine Inversion der Intentionalität impliziert; anstatt selbst zu handeln oder zu denken, erlebt der Patient seine Bewegungen und Gedanken als ›gemacht‹. Wahnideen der Fremdbeeinflussung verwandeln diese Primärerfahrungen in eine innerweltliche Manipulation durch feindliche Agenten: Die Bewegungen des Patienten werden durch Funksignale gesteuert, die Gedanken durch Chips im Gehirn eingegeben u. ä. Solche Wahnideen sind durch eine Grenzauflösung zwischen Selbst und anderen, also durch Ich-Störungen charakterisiert. Vielfach benutzen die Patienten ein physikalisches, technisches oder räumliches Vokabular, um diese Einflüsse zu beschreiben, denn diese Begriffe entsprechen am ehesten der Verdinglichung ihrer Selbsterfahrung.[9]

Ob dem Wahn nun eher Wahrnehmungs- oder aber Selbststörungen zugrunde liegen, in jedem Fall stellt er eine kohärente Form der subjektiven Realität wieder her. Wahn ›ergibt Sinn‹, jedoch in einer grundsätzlich solipsistischen Weise, denn er verwandelt die radikale Subjektivierung und Passivierung der Erfahrung in eine neue, absichtlich inszenierte Realität, die freilich mit der Weltsicht der anderen inkompatibel ist. Diesem Aspekt wende ich mich nun zu.

Der Verlust der offenen Intersubjektivität

Zusammenbruch des ›Als-ob‹

Der Übergang zur manifesten Wahnüberzeugung zeigt sich in einem typischen Wandel der Einstellung und Sprache, nämlich in einem Verlust des ›Als-ob‹. Zunächst halten die Patienten noch

---

[9] Vgl. den Aufsatz »Being a Psycho-Machine« im vorliegenden Band.

eine kritische Distanz zu ihrem Erleben aufrecht, die sich üblicherweise in ›als ob‹-Sätzen ausdrückt: Es ist, *als ob* etwas Außergewöhnliches, Schreckliches vor sich gehe. Dies impliziert die erhaltene Fähigkeit, die Perspektive zu wechseln und einen Standpunkt einzunehmen, von dem aus das scheinbar Geschehende ›nicht wirklich wahr sein kann‹. Es zeigt an, dass die »exzentrische Position« immer noch zugänglich bleibt. Ich gebe dazu ein weiteres Fallbeispiel:

> Ich konnte nicht mehr denken, wie ich wollte, mich nicht mehr mitteilen. [...] Es war, *wie wenn* einer gar nicht mehr selber denkt, an seinem eigenen Denken gehindert wird. Ich hatte den Eindruck, dass alles, was ich denke, überhaupt nicht meine eigenen Ideen sein müssen. [...] *[A]ls ob* ich es überhaupt nicht mehr selber sein müsste, der da denkt. Ich fing an zu überlegen, bin ich das noch oder bin ich eine ausgetauschte Person. (Klosterkötter 1988, 111)

Unter dem Druck zunehmender Verstörung und Angst ließ die Patientin jedoch schließlich den Vorbehalt des ›Als-ob‹ fallen und war nun fest davon überzeugt, dass eine kriminelle Organisation einen Chip in ihr Gehirn implantiert habe, um sie umzuprogrammieren. Der Beginn des Wahns ist also durch die Aufgabe des ›Als-ob‹ markiert. Dies bedeutet nicht nur einen höheren Grad an Gewissheit, sondern den definitiven *Verlust der offenen Intersubjektivität*. Denn die Möglichkeit, die eigenen Eindrücke in Zweifel zu ziehen, beruht immer noch auf der Perspektive des »generalisierten Anderen« (Mead 1973); das ›Als-ob‹ ist die letzte Verbindung zur gemeinsamen Welt.

Doch die Ambiguität des Als-ob ist für die Patienten zu verstörend und quälend, um für längere Zeit bestehen zu bleiben. Es dauert nicht lange, bis die existenzielle Angst und der überwältigende Druck zur Kohärenz des Wahrnehmungsfeldes eine Disambiguierung erzwingen, sodass die Wahnüberzeugung gleichsam einrastet. Die Aufgabe des Als-ob entspricht insofern dem Verlust der exzentrischen Position, nämlich der Perspektivenflexibilität, die es dem Patienten bis dahin noch erlaubte, von seinem subjektiven Erleben Distanz zu gewinnen. Die Möglichkeit der intersubjektiven Verständigung wird damit geopfert zugunsten der neuen Kohärenz des ›Wahn-Sinns‹ in einer sonst radikal unverständlichen, tiefgreifend verstörenden Welt. Einmal eingerastet, wird diese rigide Kohärenz durch wahnhafte Ausgestaltung und systematisches Ausblenden möglicher Gegenbeweise weiter befestigt.

Ein Ausdruck dieser Rigidität ist der *Ausschluss des Zufalls* (Berner 1978). Das Prinzip des Zufalls erlaubt uns normalerweise, den Eindruck eines scheinbar absichtlichen Arrangements oder Zusammentreffens von Ereignissen zu entkräften: »Es schien wie für mich bestimmt, doch es war nur ein Zufall.« Dies erfordert, von der primär eigenbezüglichen Perspektive in einen neutralen Bezugsrahmen zu wechseln, in dem ich selbst keine Rolle spiele. Für Schizophrenie-Patienten ist das Gegenteil der Fall: Es sind gerade die sonst irrelevanten Hintergrunddetails, die nun eine bedrohliche Bedeutsamkeit erhalten. Sie scheinen eine verborgene Intentionalität anzuzeigen, die auf den Patienten ausgerichtet ist. Er kann sich diesen auffälligen Anzeichen jedoch nicht mehr entziehen, sie dem Zufall und damit dem Als-ob zuordnen, denn die exzentrische Position, von der aus das Zufallsprinzip seine Geltung erlangen könnte, ist nicht mehr erreichbar. Man könnte auch sagen, dass mit dem Übergang in den Wahn das Als-ob als *formaler* Vorbehalt aufgegeben wird und stattdessen in den Wahn*inhalt* wechselt: Was zuvor unwirklich, inszeniert und künstlich *erschien*, wird nun zur tatsächlichen Inszenierung, Verstellung und Intrige der Feinde – zu einem *intendierten* Als-ob.

Verlust des gemeinsamen Hintergrunds

Wenn wir uns nun der besonderen Interaktion mit einem Wahnkranken zuwenden, treffen wir auf ein eigentümliches Nicht-Verstehen. Es besteht letztlich nicht in einer Uneinigkeit über bestimmte Aussagen oder Tatsachen, sondern beruht auf den grundsätzlich unvereinbaren *Voraussetzungen* des Gesprächs.

Normale Interaktionen erlauben eine Verständigung mittels wechselseitiger Äußerungen und Perspektivenübernahme, Klärung von gemeinten Bedeutungen oder Missverständnissen usw. Im Verlauf dieses Prozesses wechseln die Interaktionspartner fortwährend zwischen der ego- und der allozentrischen Perspektive. Im Gespräch mit einem Wahnpatienten jedoch bleibt diese Interaktion eigentümlich vergeblich. Konfrontiert man den Patienten mit Zweifeln oder Einwänden, antwortet er nicht, wie man es normalerweise erwarten könnte. Im Gegenteil wird er entweder die geteilte Wahrnehmung einer Situation voraussetzen, obwohl das keineswegs der Fall ist (Glatzel 1981, 168; McCabe et al. 2004); oder er wird seine Behauptungen in einer Weise rechtfertigen, die den Gesprächspartner kaum zufriedenstellen kann (»Woher wissen Sie, dass man einen Chip in ihr Gehirn implantiert hat?« – »Ich kann es einfach spüren.«). Der Patient kann auch auf den Versuch verzichten, sich überhaupt verständlich zu machen (»Es hat keinen Sinn. Ich weiß es, das ist alles.«). In jedem Fall wird der Gesprächspartner eine ›Plausibilisierungslücke‹ bemerken, d.h. ein eklatantes Missverhältnis zwischen der Unwahrscheinlichkeit der Aussagen des Patienten und seinen Versuchen, sie zu rechtfertigen.

Fragt man sich dann, wie es möglich ist, dass jemand eine so bizarre Überzeugung hegen kann (man habe einen Chip in sein Gehirn eingepflanzt, sein biologisches Geschlecht habe sich über Nacht geändert o.ä.), dann zeigt bereits die Frage, dass der gemeinsame Boden des Fragens verloren ist. Denn dieser geteilte Hintergrund von Gewissheiten, von dem auch Jaspers im eingangs angeführten Zitat spricht, ist selbst unhinterfragter Teil unseres alltäglichen Lebensvollzugs. Er besteht aus all den gelebten Regularitäten, Gewohnheiten und Annahmen, die weder explizite Propositionen noch Repräsentationen oder Regeln darstellen. Vielmehr beruht er auf einer kumulativen Erfahrung, die in unser implizites Wissen und in unsere Erwartungen eingegangen ist. Diese Erfahrung enthält z.B. eine Alltagsphysik, die uns sagt, dass Menschen nicht aus Fenstern in die Luft hinaus fliegen oder weit entfernte Züge nicht mit Geisteskräften steuern können, oder eine Alltagsbiologie, die es schlichtweg ausschließt, dass sich jemandes Geschlecht über Nacht verändern könnte oder dass jemandem durch Chips im Gehirn Gedanken eingeben werden könnten.

Wir leben und handeln vor dem Hintergrund dieser Gewissheiten, aber nicht weil wir jemals überprüft hätten, ob sie wahr sind – sie sind schlicht selbstevident, Teil der impliziten Intersubjektivität oder des *Common Sense*. Sie zu bezweifeln, wäre ein sinnloses Unterfangen; wir würden – oder könnten – gegen einen solchen Zweifel gar nicht rational argumentieren, sondern müssten ihn einfach für unsinnig halten. Für den Wahnkranken jedoch, so argumentieren Rhodes und Gipps (2008), hat sich dieser Hintergrund radikal verändert. Mit der Subjektivierung der Wahrnehmung ist das Grundvertrauen in die geteilte Welt erschüttert; der *Common Sense* hat seine Gültigkeit eingebüßt. Wie oben gezeigt, kehrt das Auftauchen des Wahns gerade die radikale Subjektivierung und Passivierung der Erfahrung in eine neue Gewissheit um. Nun kann der Patient diese neue Gewissheit ihrerseits nicht mehr bezweifeln – es wäre für ihn buchstäblich sinnlos. Er lebt in einer anderen Welt: Weit entfernte Züge zu steuern, ist normal in einer Welt, in der sich alles um das Subjekt dreht. Chips in Gehirnen sind selbstverständlich in einer Welt radikaler Passivität. Eine plötzliche Geschlechtsumwandlung ist nichts Ungewöhnliches in einer Welt, in der das Subjekt seine Kontinuität verloren hat. Die neuen Gewissheiten befinden sich jenseits möglichen Zweifels ebenso wie möglicher Begründung, nicht anders als jene Gewissheiten, auf die wir uns in unserem Alltag verlassen.

Daraus folgt, dass die wahnhaften Überzeugungen des Patienten keine rationalen Erklärungen von verzerrten Primärerfahrungen sind, wie die sogenannte ›empirische‹ Wahntheorie annimmt (Maher 1988, 1999). Keine wie auch immer abnorme Erfahrung könnte es rational erscheinen lassen, an Gedankeneingebung oder Gehirnchips zu glauben, nicht wegen des bizarren Inhalts als solchem, sondern weil der Begriff der Rationalität selbst die exzentrische Position des »generalisierten Anderen« und damit intersubjektive Verständigung impliziert. Doch dieser allgemeine Standpunkt ist im Wahn verloren gegangen, und eine private Rationalität gibt es nicht. Ebenso wenig aber basiert der Wahn auf irrationalem, fehlerhaftem Denken oder falschen Schlussfolgerungen, wie der ›rationale‹ Ansatz behauptet.[10] Solche fehlerhaften Schlüsse sind viel zu weit verbreitet, als dass sie das Wesen des Wahns darstellen könnten. Wahnüberzeugungen sind weder rational noch irrational, weder Theorien, Schlussfolgerungen noch Urteile über die Realität. Sie sind vielmehr *selbstevidente Offenbarungen*, zu denen man nur *durch einen Sprung* gelangt und die dadurch eine neue kohärente Realität überhaupt erst wieder herstellen.

Der Kommunikation mit einem Wahnkranken ist somit der gemeinsame Hintergrund von impliziter Intersubjektivität und *Common Sense* abhandengekommen, auf dem eine wechselseitige Verständigung mithilfe von Gründen letztlich beruht.[11] Kein rationales Argument ist noch gültig, wenn der gemeinsame Bezugsrahmen verloren gegangen ist, innerhalb dessen es sinnvoll vorgebracht werden kann. Aus diesem Grund muss der Psychiater auch die Aussagen des Patienten nicht widerlegen, um die Diagnose des Wahns zu stellen. Deren Inkongruenz mit unseren Grundannahmen genügt, um eine Wahnüberzeugung als solche zu erkennen – eine Inkongruenz, die wir mit einem beunruhigenden Gefühl, einer Art »Schwindel« feststellen (Rhodes & Gipps 2008, 299), die der Patient selbst aber zumeist nicht einmal bemerkt.

Dies scheint darauf hinauszulaufen, dass der Wahn in der Tat »unverständlich« ist, wie Jaspers annahm. Doch diese Annahme geht zu weit: Der Verlust gemeinsam konstituierter Bedeutung muss nicht absolute Unverständlichkeit implizieren. Schließlich ist es immer noch möglich, die Aussagen des Patienten in unsere Sprache zu übersetzen, allerdings nur unter der Voraussetzung, dass wir die Transformation seiner Welt nachvollziehen, so wie sie hier beschrieben wurde. Um die Wahnwelt des Patienten zu verstehen, »müssen wir der imaginativen Aufgabe nachgehen, vorübergehend die Gewissheiten zu suspendieren, die die Grundlage unserer Vernunft selbst darstellen und die durch den Wahn impli-

---

[10] Dies wäre z. B. ein »jumping to conclusions« auf unzureichender Evidenzbasis (Garety & Hemsley 1994; Campbell 2001); vgl. auch die eingangs zitierte Wahndefinition des DSM-5.
[11] Dies bezieht sich vor allem auf die zentrale Wahnthematik und ihre Bedeutung für den Patienten; andere Bereiche des Lebens sind davon häufig nicht betroffen.

zit in Frage gestellt werden« (Rhodes & Gipps 2008, 299; eig. Übers.). Wie Blankenburg (1971) feststellte, muss sich der Psychiater dazu einer phänomenologischen *Epoché* bedienen, also einer Einklammerung der »Axiome des Alltags« oder der Lebenswelt.

Verlust der exzentrischen Position

Abschließend können wir die Störung der Kommunikation im Wahn auch auf einen (partiellen) Verlust der exzentrischen Position zurückführen, wie er sich bereits im Verlust des ›Als-ob‹ zeigte. Denn der Abgleich der Perspektiven im Verlauf eines Gesprächs setzt Perspektivenübernahme und -beweglichkeit voraus, und diese beruht auf der exzentrischen Position. Sicherlich sind die Patienten immer noch in der Lage sich vorzustellen, was andere denken oder beabsichtigen könnten. Sie übernehmen die Perspektive anderer sogar in exzessiver Weise, jedoch so, dass alle diese Perspektiven auf sie selbst gerichtet scheinen. Was ihnen fehlt, ist der höherstufige, unabhängige Standpunkt, von dem aus sie ihre Erfahrung der Selbstzentralität in Frage stellen könnten. Die Übernahme der Perspektive des *realen* Anderen wird demnach ersetzt durch eine illusionäre eigenbezügliche Perspektive. Die anderen sind im Grunde nur noch Pseudo-Subjekte, Figuren oder Stereotype für das Wahn-Narrativ, nicht reale Gegenüber, deren Perspektive der Patient übernehmen könnte.

Eine andere Folge des Verlusts der exzentrischen Position stellt das Phänomen des *Transitivismus* dar, wie es Bleuler (1911) beschrieben hat. Hier bedroht das ›Bewusstsein des Bewusstseins anderer‹ die Patienten mit dem Selbstverlust, wie in den folgenden Beispielen zu erkennen:

Die Blicke der Menschen [haben] so etwas Durchdringendes [...] und es ist dann so, wie wenn um mich herum ein Bewusstsein meiner Person entsteht [...] sie können in mir lesen wie in einem Buch. Ich weiß dann nicht mehr, wer ich überhaupt bin. (Fuchs 2000, 172)

When I look at somebody my own personality is in danger. I am undergoing a transformation and myself is beginning to disappear. (Chapman 1966, 232)

Wie zu Beginn erläutert, muss die Perspektivenbeweglichkeit selbstreferenziell oder selbstgegeben sein, um ein Objekt oder eine andere Person *in Unabhängigkeit* von der eigenen Person zu vergegenwärtigen. Im Transitivismus jedoch werden die Patienten passiv in die Perspektive des anderen hineingezogen und von seinen Blicken oder seiner bloßen Präsenz überwältigt. Da sie die unabhängige Position verloren haben, die zwischen der ego- und der allozentrischen Perspektive vermittelt, sind sie gewissermaßen in einem Kurzschluss der Perspektiven gefangen, der zur Verschmelzung von Selbst und Anderem führt. Sie verstricken sich in eine selbstbezügliche und wahnhafte Sicht von außen, die die Ich-Grenzen auflöst. Dieser Kurzschluss kann auch zum Erleben der Gedankenausbreitung führen: Alle Gedanken des Patienten sind den anderen bekannt; es gibt keinen Unterschied mehr zwischen seinem Bewusstsein und dem der anderen.

Eine scheinbar paradoxe Folge des Verlusts der exzentrischen Position stellt schließlich das Phänomen der »doppelten Buchführung« dar (Bleuler 1911): Hier bestehen die alltägliche und die wahnhafte Realität *nebeneinander*, statt dass die eine für die andere aufgeben wird. Der Patient lebt nun in zwei Welten gleichzeitig: einerseits in der Welt der Stimmen und Wahnideen, andererseits in der mit den anderen geteilten Welt. Ein Patient kann z. B. Stimmen genauso deutlich hören wie die Stimme des Psychiaters, sie auch für gleichermaßen real halten und doch wissen, dass der Psychiater sie nicht hört. Ein Patient mit grandiosem Wahn mag völlig davon überzeugt sein, dass seine Krönung bevorsteht, und doch weiterhin einfache Arbeiten auf Station ausüben, ohne eine Diskrepanz zwischen den beiden Einstellungen zu empfinden (Sass 2014).

Auch in diesen Fällen ist die integrierende exzentrische Position verloren, doch die wahnhafte Perspektive ersetzt die alltägliche nicht – sie koexistieren in verschiedenen ontologischen Sphären, ohne sich zu berühren oder zu überschneiden. Das bedeutet jedoch nicht, dass die private Realität des Patienten ihren wahnhaften Charakter verloren hätte und zu einer bloßen Imagination oder Phantasie geworden wäre – im Gegenteil, ihre Autorität ist meist sogar größer als die der geteilten Realität. Die Patienten bleiben also in der Ambivalenz, indem sie zwischen den Ansprüchen beider Bereiche schwanken. So entfaltet Daniel Paul Schreber in seinen berühmten *Denkwürdigkeiten eines Nervenkranken* (Schreber 1903/1973) einerseits sein Wahnsystem mit äußerster Akribie und Hingabe, bestreitet aber andererseits, dass es mit der gewöhnlichen Realität zu tun habe:

»Mein Reich ist nicht von dieser Welt«, könnte ich insoweit mit Jesus Christus sagen; meine sogenannten Wahnideen beziehen sich nur auf Gott und das Jenseits, sie *können* daher auf mein Verhalten in allen irdischen Angelegenheiten […] *niemals irgendwelchen Einfluss äußern.* (Schreber 1903/1973, 414)

In seiner eingehenden Analyse der *Denkwürdigkeiten* schreibt Louis Sass dazu:

Schrebers Aussagen scheinen […] zwei Einstellungen zu beinhalten: eine, in der er die wesentliche Innerlichkeit und Privatheit seiner Aussagen akzeptiert, und eine andere, in der er annimmt, dass sie eine Art von Objektivität und mögliche Konsensualität besäßen. (Sass 1994, 55; eig. Übers.)

Man kann daraus schließen, dass sich in der doppelten Buchführung Subjektivität und Intersubjektivität voneinander getrennt haben und doch der Anspruch auf Allgemeinheit nicht vollständig ausgeblendet werden kann. Damit bestätigt sich erneut, dass der Wahn nicht ohne Bezug zu der offenen Intersubjektivität zu begreifen ist, von der er sich abgekoppelt hat.

Dies ist auch für psychotherapeutische Zugänge zum Wahn bedeutsam: Gerade die Ambiguität der doppelten Buchführung kann als Ansatzpunkt dienen, um den Realitätsbezug des Patienten zu stärken, Gemeinsamkeiten der Perspektive zunächst auf neutralem Gebiet herzustellen und so auf indirektem Weg auch die Rigidität der Wahnüberzeugung schrittweise zu lockern (vgl. z. B. Mundt 1996, Moritz et al. 2013).

Zusammenfassung und Ausblick

Die Konstitution von Realität, so habe ich im ersten Teil gezeigt, beruht auf einer Polarität oder Dialektik auf zwei Ebenen:

(1) auf der Dialektik von Rezeptivität und Spontaneität des Lebewesens, die sich gegenseitig relativieren – sie kommt in der *sensomotorischen Interaktion* zwischen Organismus und Umwelt zum Tragen;

(2) auf der Dialektik von Subjektivität und Intersubjektivität, die sich auf der Ebene der *sozialen Interaktion* und gemeinsamen Sinnkonstitution abspielt.

In der menschlichen Wahrnehmung sind beide Ebenen verknüpft und ermöglichen durch eine zweifache Dezentrierung die Objektivität der Wahrnehmung. Wir leben in einer Welt von Objekten, weil wir durch unser sensomotorisches Engagement an ihrer Konstitution beteiligt sind, und wir leben in einer geteilten objektiven Realität, weil wir sie durch unsere gemeinsame Sinnbildung und Praxis fortwährend hervorbringen. Diese Ko-Konstitution ist zur transzendentalen Struktur der menschlichen Wahrnehmung selbst geworden: Auch in Abwesenheit der anderen impliziert meine Wahrnehmung ihre mögliche Gegenwart, als implizite oder *offene Intersubjektivität*.

Damit besteht eine enge Verknüpfung zwischen der enaktiven und der ›inter-enaktiven‹ oder gemeinsamen Konstitution der Realität, die die transzendentale Struktur der menschlichen Wahrnehmung kennzeichnet. Diese Struktur realisiert sich im Verlauf sensomotorischer und sozialer Interaktionen in der frühen Kindheit, und sie besteht auch bei Menschen, die an Schizophrenie erkranken, vor der Erstmanifestation der Psychose, wenngleich in einer instabilen und fragilen Form.[12] Ich habe ge-

---

[12] Diese »ontologische Unsicherheit« (Laing 1976) äußert sich in basalen Selbststörungen, die sich häufig bis in die Kindheit zurückverfolgen lassen; vgl. den Überblick von Parnas und Henriksen (2014).

zeigt, wie die dezentrierende Struktur der Wahrnehmung in der beginnenden Psychose zusammenbricht. Dies führt zu einer Subjektivierung des Wahrnehmungsfeldes, einer Inversion der Intentionalität und damit zu der grundlegenden Derealisierung, die die Voraussetzung der Wahnentstehung darstellt.

Nicht geklärt ist die Pathogenese dieser Subjektivierung der Wahrnehmung; diese Frage war hier aber auch nicht mein Thema.[13] Sobald jedenfalls die transzendentale Struktur der Wahrnehmung zusammenbricht, geht die Objektivität der wahrgenommenen Realität verloren und an ihre Stelle tritt eine ubiquitäre Selbstzentralität. Im Wahn wird die intersubjektive Ko-Konstitution der Realität schließlich zugunsten einer neuen Kohärenz des Wahrnehmungsfeldes aufgegeben. Der Verlust des Als-ob zeigt den entscheidenden Schritt einer Abkoppelung von der Intersubjektivität an. Sie manifestiert sich in einem Verlust der exzentrischen Position oder Perspektivenübernahme (zumindest soweit die Inhalte und Themen des Wahns betroffen sind) ebenso wie im Verlust des gemeinsamen Hintergrunds oder *Common Sense*, der für eine Verständigung mit anderen erforderlich ist.

---

[13] Zur Ätiopathogenese sind verschiedene Hypothesen vorgeschlagen worden, von denen nur einige genannt seien:
- Denkbar wäre eine Störung der verkörperten Wahrnehmung auf der sensomotorischen Ebene, z. B. ein Versagen von Efferenzkopie-Mechanismen (Pynn & DeSouza 2013) mit der Folge, dass die Wahrnehmung für die umgebende Realität nicht mehr transparent ist.
- Die Hypersalienz von Wahrnehmungseindrücken könnte auf eine gesteigerte Dopaminausschüttung im Gehirn zurückgehen (Kapur 2003).
- Der Verlust der Selbstgegebenheit der Wahrnehmung könnte sich auch von der basalen Selbststörung ableiten, die vor allem Parnas und Sass als Grundstörung der Schizophrenie vorgeschlagen haben (Parnas & Sass 2001; Sass & Parnas 2003); zu diesem möglichen Zusammenhang siehe Fuchs (2015c).
- Eine andere Möglichkeit besteht schließlich in einem Verlust des Grundvertrauens und des Gefühls der Zugehörigkeit zur gemeinsamen Lebenswelt; dies wird durch eine erhöhte Inzidenz von Schizophrenien bei Migranten und anderen marginalisierten Populationen nahegelegt (Cantor-Graae & Selten 2005; Fearon et al. 2006; Zammit et al. 2010; Bourque et

Interessanterweise finden wir eine ›inter-enaktive‹ Auffassung des Wahns *avant la lettre* bereits bei Pierre Janet. Ihm zufolge impliziert nämlich eine Überzeugung oder ein Glaube wesentlich eine *Handlungsbereitschaft*:

> Der Glaube ist letztlich nichts anderes als ein Versprechen zu handeln. An die Existenz des Arc de Triomphe zu glauben, bedeutet das Versprechen, jemanden dorthin führen zu können, und dieser Glaube ist psychologisch nicht vollständig und wahrhaft, solange man das implizite Versprechen nicht tatsächlich ausführt […] oder aber eine Enttäuschung erlebt, falls man sich getäuscht hat. Hingegen gehören [Wahnüberzeugungen] zur Gruppe der *verbalen Akte, die sich nicht in Handlungen überführen lassen*. (Janet 1926, 95; eig. Übers. u. Hvhb.)

Wie Janets Beispiel treffend zeigt, ist die Handlungsbereitschaft, die einen gewöhnlichen Glauben charakterisiert, inhärent intersubjektiver Natur. Was wir für Tatsachen halten, und umso mehr, was Teil unseres »Wahrnehmungsglaubens« an die Realität selbst ist, muss nicht nur anderen prinzipiell zugänglich, sondern auch für ein *gemeinsames praktisches Engagement* verfügbar sein. Da Wahnüberzeugungen jedoch auf eine subjektivierte und passive Wahrnehmung zurückgehen, die sich vom sensomotorischen Interaktionskreis weitgehend entkoppelt hat, fehlt ihnen eine entsprechende Handlungsbereitschaft. Mehr noch, sie ermöglichen keine ›inter-enaktive‹ Beziehung zu einer geteilten Realität: Was die Patienten erleben (in ihr Gehirn implantierte Chips, Stimmenhören u. ä.), lässt sich anderen nicht zeigen. Daher nehmen sie meist auch gar nicht an, dass es intersubjektiver Überprüfung zugänglich sei oder auch anderen geschehen könnte. Ihre Überzeugung ist ein autistischer, nicht mit anderen teilbarer Glaube.

Auch wenn es wichtige Unterschiede gibt, können wir abschließend noch einmal feststellen, dass die fundamentale Abwandlung der Erfahrung, die dem schizophrenen Wahn zugrunde liegt, in vieler Hinsicht dem Traumzustand ähnelt: Auch hier wird die gemeinsame Welt durch eine Privatwelt von Phantasmen und Imaginationen ersetzt, die der Träumer nicht als solche erkennt

---

al. 2011). Solche Bedingungen könnten die gemeinsame Konstitution der Wirklichkeit unterminieren.

und die nicht unter dem Vorbehalt des Als-ob stehen. Es ist eine Welt, die Heraklit den *ídios kósmos* des Träumers genannt hat, im Gegensatz zum *koinós kósmos*, der gemeinsamen Welt des Tageslichts:

Die Wachenden haben eine gemeinsame Welt, doch die Schlafenden wenden sich von ihr ab, jeder in seine eigene Welt. (Diels & Kranz 1951, B 89)

Diese Eigenwelten müssen gleichwohl nicht gänzlich unzugänglich bleiben. Die phänomenologische Analyse vermag, wie wir sahen, die veränderten Erfahrungsstrukturen begreiflich zu machen, die der Entstehung des Wahns zugrunde liegen. Dieses Verständnis kann dem Psychiater auch dabei helfen, das Erwachen der Patienten aus ihren Wahnträumen zu unterstützen.

Literatur

American Psychiatric Association (APA) (2018). *Diagnostisches und Statistisches Manual Psychischer Störungen DSM-5* (Deutsche Ausgabe hrsg. v. P. Falkai & H.-U. Wittchen) (2. Aufl.). Göttingen: Hogrefe.
Berner, P. (1978). Psychopathologische Wahnforschung und psychiatrische Hypothesenbildung. *Nervenarzt, 49,* 147–152.
Blankenburg, W. (1971). *Der Verlust der natürlichen Selbstverständlichkeit.* Stuttgart: Enke.
Blankenburg, W. (1991). Perspektivität und Wahn. In ders., *Wahn und Perspektivität. Störungen im Realitätsbezug des Menschen und ihre Therapie* (S. 4–28). Stuttgart: Ferdinand Enke Verlag.
Bleuler, E. (1911). *Dementia praecox oder Gruppe der Schizophrenien.* Leipzig Wien: Franz Deuticke.
Bourque, F., Van der Ven, E. & Malla, A. (2011). A meta-analysis of the risk for psychotic disorders among first- and second-generation immigrants. *Psychological medicine, 41 (5),* 897–910.
Campbell, J. (2001). Rationality, meaning, and the analysis of delusion. *Philosophy, Psychiatry, & Psychology, 8 (2–3),* 89–100.
Cantor-Graae, E. & Selten, J.-P. (2005). Schizophrenia and migration: A meta-analysis and review. *American Journal of Psychiatry, 162 (1),* 12–24.
Chapman, J. (1966). The early symptoms of schizophrenia. *British Journal of Psychiatry, 112 (484),* 225–251.
Conrad, K. (1958). *Die beginnende Schizophrenie: Versuch einer Gestaltanalyse des Wahns.* Stuttgart: Thieme.

De Haan, S. & Fuchs, T. (2010). The ghost in the machine: Disembodiment in schizophrenia. Two case studies. *Psychopathology, 43 (5)*, 327–333.

De Jaegher, H. & Di Paolo, E. (2007). Participatory sense-making: An enactive approach to social cognition. *Phenomenology and the Cognitive Sciences, 6 (4)*, 485–507.

Diels, H. & Kranz, W. (1951). *Die Fragmente der Vorsokratiker*. (Griechisch und Deutsch v. H. Diels, hrsg. v. W. Kranz) (6. Aufl.). Hildesheim: Weidmann.

Fearon, P., Kirkbride, J. B., Morgan, C., Dazzan, P., Morgan, K., Lloyd T., Hutchinson, G., Tarrant, J., Fung, W. L., Holloway, J., Mallett, R., Harrison, G., Leff, J., Jones, P. B. & Murray, R. M. (2006). Incidence of schizophrenia and other psychoses in ethnic minority groups: Results from the MRC AESOP Study. *Psychological Medicine, 36 (11)*, 1541–50.

Fuchs, T. (2000). *Psychopathologie von Leib und Raum. Phänomenologisch-empirische Untersuchungen zu depressiven und paranoiden Erkrankungen*. Darmstadt: Steinkopff.

Fuchs, T. (2005). Delusional mood and delusional perception – A phenomenological analysis. *Psychopathology, 38 (3)*, 133–139.

Fuchs, T. (2015a). Pathologies of intersubjectivity in autism and schizophrenia. *Journal of Consciousness Studies, 22 (1–2)*, 191–214.

Fuchs, T. (2015b). The intersubjectivity of delusions. *World Psychiatry, 14 (2)*, 178–179.

Fuchs, T. (2015c). From self-disorders to ego disorders. *Psychopathology, 48 (5)*, 324–331.

Fuchs, T. (2016). Embodied knowledge – embodied memory. In S. Rinofner-Kreidl & H. Wiltsche (Hrsg.), *Analytic and Continental Philosophy. Methods and Perspectives. Proceedings of the 37th International Wittgenstein Symposium* (S. 215–229). Berlin: De Gruyter.

Gallagher, S. (2008). Intersubjectivity in perception. *Continental Philosophy Review, 41 (2)*, 163–178.

Garety, P. A. & Hemsley, D. R. (1994). *Delusions: Investigations into the Psychology of Delusional Reasoning*. Oxford: Oxford University Press.

Glatzel, J. (1981). *Spezielle Psychopathologie*. Stuttgart: Enke.

Henriksen, M. G. (2011). *Understanding Schizophrenia. Investigations in Phenomenological Psychopathology*. Unveröffentlichte Dissertation, Faculty of Health Sciences, University of Copenhagen.

Holst, E. v. & Mittelstaedt, H. (1950). Das Reafferenzprinzip. *Naturwissenschaften, 37 (20)*, 464–476.

Husserl, E. (1950). *Ideen zu einer reinen Phänomenologie und phänomenologischen Psychologie. Erste Buch: Allgemeine Einführung in die reine Phänomenologie*. Husserliana III (hrsg. v. W. Biemel). Den Haag: Martinus Nijhoff.

Husserl, E. (1973a). *Zur Phänomenologie der Intersubjektivität. Texte aus dem Nachlass. Erster Teil: 1905–1920.* Husserliana XIII (hrsg. v. I. Kern). Den Haag: Martinus Nijhoff.

Husserl, E. (1973b). *Zur Phänomenologie der Intersubjektivität. Texte aus dem Nachlass. Zweiter Teil: 1921–1928.* Husserliana XIV (hrsg. v. I. Kern). Den Haag: Martinus Nijhoff.

Husserl, E. (2012). *Cartesianische Meditationen* (hrsg. v. E. Ströker). Hamburg: Meiner.

Janet, P. (1926). *De l'angoisse à l'ecstase.* Paris: Felix Alcan.

Jaspers, K. (1973). *Allgemeine Psychopathologie* (9. unveränd. Aufl.). Berlin Heidelberg: Springer.

Kapur, S. (2003). Psychosis as a state of aberrant salience: A framework linking biology, phenomenology, and pharmacology in schizophrenia. *American Journal of Psychiatry, 160 (1),* 13–23.

Klosterkötter, J. (1988). *Basissymptome und Endphänomene der Schizophrenie.* Berlin Heidelberg New York: Springer.

Laing, R. D. (1976). *Das geteilte Selbst. Eine existenzielle Studie über geistige Gesundheit und Wahnsinn.* Reinbek: Rowohlt.

Landis, C. (1964). *Varieties of Psychopathological Experience.* New York: Holt, Rinehart & Winston.

Madeira, L., Bonoldi, I., Rocchetti, M., Brandizzi, M., Samson, C., Azis, M., Queen, B., Bossong, M., Allen, P., Perez, J., Howes, O. D., McGuire, P. & Fusar-Poli, P. (2016). Prevalence and implications of Truman symptoms in subjects at ultra high risk for psychosis. *Psychiatry Research, 238,* 270–276.

Maher, B. A. (1988). Anomalous experience and delusional thinking: The logic of explanations. In T. F. Oltmanns & B. A. Maher (Hrsg.), *Delusional Beliefs* (S. 15–33). Hoboken, NY: John Wiley & Sons.

Maher, B. A. (1999). Anomalous experience in everyday life: Its significance for psychopathology. *The Monist, 82 (4),* 547–570.

Matussek, P. A. (1952). Untersuchungen über die Wahnwahrnehmung. 1. Mitteilung. Veränderungen der Wahrnehmungswelt bei beginnendem, primären Wahn. *Archiv für Psychiatrie und Neurologie, 189 (4),* 279–319.

McCabe, R., Leudar, I. & Antaki, C. (2004). Do people with schizophrenia display theory of mind deficits in clinical interactions? *Psychological Medicine, 34 (3),* 401–412.

Mead, G. H. (1973). *Geist, Identität und Gesellschaft.* Frankfurt am Main: Suhrkamp.

Merleau-Ponty, M. (1986). *Das Sichtbare und das Unsichtbare.* München: Fink.

Moritz, S., Veckenstedt, R., Bohn, F., Hottenrott, B., Scheu, F., Randjbar, S., ... Roesch-Ely, D. (2013). Complementary group Metacognitive Training (MCT) reduces delusional ideation in Schizophrenia. *Schizophrenia Research, 151,* 61–69.

Mundt, C. (1996). Zur Psychotherapie des Wahns. *Nervenarzt, 67,* 515–523.

O'Regan, J. K. & Noë, A. (2001). A sensorimotor account of vision and visual consciousness. *Behavioural and Brain Sciences, 24 (5),* 939–1011.

Parnas, J. (2004). Belief and pathology of self-awareness: A phenomenological contribution to the classification of delusions. *Journal of Consciousness Studies, 11 (10–11),* 148–161.

Parnas, J. & Henriksen, M. G. (2014). Disordered self in the schizophrenia spectrum: A clinical and research perspective. *Harvard Review of Psychiatry, 22 (5),* 251–265.

Parnas, J., Moeller, P., Kircher, T., Thalbitzer, J., Jansson, L., Handest, P. & Zahavi, D. (2005). EASE: Examination of Anomalous Self-Experience. *Psychopathology, 38 (5),* 236–258.

Parnas, J. & Sass, L. A. (2001). Self, solipsism, and schizophrenic delusions. *Philosophy, Psychiatry & Psychology, 8 (2–3),* 101–120.

Piaget, J. (1974). *Der Aufbau der Wirklichkeit beim Kinde.* Stuttgart: Klett-Cotta.

Plessner, H. (1928/1981). *Die Stufen des Organischen und der Mensch. Gesammelte Schriften IV.* Frankfurt am Main: Suhrkamp.

Pynn, L. K. & DeSouza, J. F. (2013). The function of efference copy signals: Implications for symptoms of schizophrenia. *Vision Research, 76,* 124–133.

Rhodes, J. & Gipps, R. G. T. (2008). Delusions, certainty, and the background. *Philosophy, Psychiatry, & Psychology, 15 (4),* 295–310.

Sartre, J.-P. (1962). *Das Sein und das Nichts. Versuch einer phänomenologischen Ontologie.* Reinbek: Rowohlt.

Sass, L. A. (1992). *Madness and Modernism: Insanity in the Light of Modern Art, Literature, and Thought.* New York: Basic Books.

Sass, L. A. (1994). *The Paradoxes of Delusion. Wittgenstein, Schreber, and the Schizophrenic Mind.* Ithaka, NY: Cornell University Press.

Sass, L. A. (2014). Delusion and double book-keeping. In T. Fuchs & T. Breyer (Hrsg.), *Karl Jaspers' Philosophy and Psychopathology* (S. 125–147). New York: Springer.

Sass, L. A. & Byrom G. (2015). Phenomenological and neurocognitive perspectives on delusions: A critical overview. *World Psychiatry, 14 (2),* 164–173.

Sass, L. A. & Parnas, J. (2003). Schizophrenia, consciousness, and the self. *Schizophrenia Bulletin, 29 (3),* 427–444.

Schreber, D. P. (1903/1973). *Denkwürdigkeiten eines Nervenkranken.* Frankfurt am Main: Ullstein.

Sechehaye, M. (1973) *Tagebuch einer Schizophrenen*. Frankfurt am Main: Suhrkamp.
Stanghellini, G. (2004). *Disembodied Spirits and Deanimatied Bodies: The Psychopathology of Common Sense*. Oxford: Oxford University Press.
Straus, E. (1960). Die Ästhesiologie und ihre Bedeutung für das Verständnis der Halluzinationen. In ders., *Psychologie der menschlichen Welt* (S. 236–269). Berlin Göttingen Heidelberg: Springer.
Thompson, E. (2005). Sensorimotor subjectivity and the enactive approach to experience. *Phenomenology and the Cognitive Sciences, 4 (4)*, 407–427.
Thompson, E. (2007). *Mind in Life: Biology, Phenomenology, and the Sciences of Mind*. Cambridge, MA: Harvard University Press.
Tomasello, M. (1999). *The Cultural Origins of Human Cognition*. Cambridge, MA: Harvard University Press.
Van Duppen, Z. (2016). The phenomenology of hypo- and hyperreality in psychopathology. *Phenomenology and the Cognitive Sciences, 15 (3)*, 423–441.
Varela, F. J., Thompson, E. & Rosch, E. (1991). *The Embodied Mind: Cognitive Science and Human Experience*. Cambridge, MA: MIT Press.
Wittgenstein, L. (1969). *On Certainty*. Oxford: Basil Blackwell.
Zahavi, D. (1996). Husserl's intersubjective transformation of transcendental philosophy. *Journal of the British Society for Phenomenology, 27 (3)*, 228–245.
Zammit, S., Lewis, G., Rasbash, J., Dalman, C., Gustafsson, J.-E. & Allebeck, P. (2010). Individuals, schools, and neighborhood. A multilevel longitudinal study of variation in incidence of psychotic disorders. *Archives of General Psychiatry, 67 (9)*, 914–922.

Anthropologische, existenzielle und
psychotherapeutische Aspekte

Warum gibt es psychische Krankheit?
Anthropologische und existenzielle Vulnerabilität

Einleitung

Die Frage, warum es psychische Krankheit gibt, lässt sich auf verschiedene Weise beantworten. Man kann etwa auf genetische Bedingungen oder neurobiologische Dysfunktionen verweisen, auf prägende Kindheitserlebnisse, Traumatisierungen, unbewusste Triebkonflikte und entsprechende Symptombildungen. Oder man kann soziale Bedingungen verantwortlich machen wie den Mangel an materiellen und emotionalen Ressourcen, Ausschluss- und Diskriminierungserfahrungen, Einsamkeit oder Migration. Die Formen ursächlicher Bedingungen für psychische Krankheit sind nahezu unüberschaubar.

Anders verhält es sich jedoch, sofern man die Frage aus der Perspektive der philosophischen und psychiatrischen Anthropologie stellt. Dann gilt sie nicht mehr einzelnen Ursachen für bestimmte Störungen, sondern grundlegender den *Bedingungen der Möglichkeit* dafür, dass Menschen überhaupt psychisch erkranken können. Anders formuliert: Was an der psychophysischen Organisation des Menschen ist es, das ihn für psychische Krankheiten so offensichtlich anfällig oder vulnerabel macht?

Die Tatsache, dass bei freilebenden Tieren anhaltende psychische Störungen kaum zu beobachten sind, spricht für eine *anthropologische Vulnerabilität*, also eine spezifische psychische Gefährdung des Menschen. Beobachtungen von abnormen Verhaltensweisen im Tierreich betreffen in den meisten Fällen Zoo- oder Haustiere; auch die Tiermodelle der Depression beruhen auf experimentell induzierter Hilflosigkeit (Seligman 1975). Zwar kommt es bei Primaten als Folge von früher Deprivation, Traumatisierung, Niederlage oder sozialem Ausschluss zu Verhaltensweisen wie Rückzug, Ängstlichkeit, Lethargie oder Apathie (Keehn 1982; Meyer-Holzapfel 1996; Brüne 2009); dabei handelt es sich jedoch um reaktive Störungen, häufig vorübergehender Natur. Zwangshandlungen, Manien, Psychosen, Halluzinationen oder Wahnvorstellungen treten bei Tieren nicht auf. Nicht zuletzt ist die Möglichkeit des *Suizids* ausschließlich dem Menschen gegeben. Denn um sich gegen das eigene Leben zu entscheiden, muss man zu diesem Leben und zu sich selbst ein Verhältnis haben; man muss es als Ganzes sehen, bewerten und ihm den Tod vorziehen können – was Tieren offensichtlich nicht möglich ist, denn auch in aussichtslosen Situationen nimmt sich kein Tier aktiv das Leben.[1]

Dies ist ein erster – wenn auch bedrückender – Beleg dafür, dass die Möglichkeit psychischer Krankheit und des Scheiterns beim Menschen offensichtlich mit den *höheren Freiheitsgraden* seiner psychophysischen Organisation in Zusammenhang steht. Mit den Worten von Karl Jaspers: »Dem Menschsein ist seine Unfertigkeit, seine Offenheit, seine Freiheit und seine unabschließbare Möglichkeit selber Grund eines Krankseins« (Jaspers

---

[1] Die Annahme eines qualitativ relevanten Unterschiedes zwischen Mensch und Tier hat inzwischen so viele Gegner – ob unter Evolutionsbiologen, Primatenforschern, Vertretern von Tierrechten oder anderen –, dass diese Aussage auf Widerspruch treffen wird. Man wird anekdotische Beispiele von Walen, Delphinen, Schimpansen oder Elephanten ins Feld führen, die angeblich aus Hilflosigkeit, Lethargie, Trauer oder ähnlichen Motiven heraus den Tod gesucht oder sich ihm zumindest überlassen haben (vgl. z.B. Peña-Guzmán 2017, oder im Überblick Preti 2007). Eine ausführliche Diskussion dieser Frage würde eine eigene Untersuchung erfordern. Hier sei nur entgegnet, dass alle angeführten Beispiele eben niemals so etwas wie *Suizidvorbereitungen* und *gezielte Suizidhandlungen* beinhalten, sondern nur Situationen, in denen der primäre Überlebensimpuls versagt und das Tier dem nahenden Tod keinen Widerstand mehr entgegensetzt. Abgesehen davon, dass dies keineswegs auch die *Vorstellung* des bevorstehenden Todes impliziert, stellen solche Situationen sicher keine Selbst*tötungen* im Sinne des Wortes dar. Die immer wieder angeführten todbringenden Wanderungen der Lemminge beruhen auf einem Migrationsinstinkt, der bei Übervölkerung zu blindlings geradeaus gerichteten Herdenbewegungen der Tiere führt, auch wenn Flüsse und Seen vor ihnen liegen. Schließlich geht das nicht selten beobachtete Stranden und Verenden von Walen wahrscheinlich auf eine Störung des Richtungssinnes zurück.

1973, 8). Dieses Zitat dient als Leitmotiv der folgenden Überlegungen. Es geht also um die Frage, inwiefern in der *conditio humana* selbst Bruchlinien, Antinomien und unausweichliche Konflikte angelegt sind, die unter bestimmten Bedingungen zur Überforderung, Dekompensation und schließlich zur psychischen Erkrankung führen können; und inwieweit es gerade die besonderen Freiheitsgrade des Menschen sind, die notwendig mit einer Labilität und Fragilität seiner Psyche einhergehen.

Ich werde im Folgenden zunächst nach den Gründen der *anthropologischen Vulnerabilität* für psychische Krankheit fragen und sie vor allem in der besonderen Offenheit, Variabilität, aber auch Widersprüchlichkeit der Daseinsform des Menschen verorten. Ich werde dann im zweiten Teil diese Disposition zur psychischen Krankheit auch als eine *existenzielle Vulnerabilität* interpretieren, nämlich als eine besondere Empfindlichkeit für die Konflikte und Widersprüche der Existenz, die zu psychischer Krankheit disponierte Menschen zeigen. Diese Vulnerabilität macht sie anfällig für bestimmte Situationen, nämlich *Grenzsituationen*, in denen diese Widersprüche unabweisbar werden und zur Dekompensation und schließlichen Erkrankung führen.

1) Anthropologische Vulnerabilität

Betrachten wir zunächst die besonderen Umstände der psychophysischen Organisation und Ontogenese des Menschen; wir werden sehen, dass sie zugleich Bedingungen der Möglichkeit von Entgleisungen und psychischen Erkrankung darstellen.

Instinktarmut und Offenheit der Entwicklung

An erster Stelle steht die bereits von Max Scheler (1928/1976) und Arnold Gehlen (1940/1966) hervorgehobene »Instinktarmut« des Menschen, d.h. seine Entbundenheit von fixierten Trieb- und Verhaltensschemata. Die Verhaltensmuster von Tieren sind ungleich stärker festgelegt durch ihre genetischen Anlagen und ihre physische Struktur. Der Mensch hingegen verfügt kaum über angeborene Reiz-Reaktions-Muster; er bewegt sich nicht auf biologisch vorgegebenen Bahnen, sondern muss sich seine Verhaltenssicherheit erst erwerben. Er ist in Nietzsches Worten das »nicht festgestellte Tier« (Nietzsche 1954, III, 61). Dementsprechend ist die biologische Ausstattung des Menschen bei Geburt noch unreif und unvollständig; der Biologe Adolf Portmann (1944) sprach von der »physiologischen Frühgeburt«. Erst durch die frühe Sozialisation, also durch den Erwerb von Verhaltensformen, des aufrechten Gangs und der Sprache im Kontakt mit anderen wird er im eigentlichen Sinn zum Menschen.

Damit verbunden ist die in der Tierwelt einzigartige Plastizität des menschlichen Gehirns: Der Kortex ist bei der Geburt noch ganz unentwickelt; der präfrontale Kortex als Grundlage zentraler Fähigkeiten wie der Perspektivenübernahme und Moralentwicklung reift sogar erst bis zum 25. Lebensjahr ganz aus. Das menschliche Gehirn verfügt somit über eine außerordentliche Potenzialität, die sich jedoch nicht von selbst, sondern nur im Verlauf der Sozialisation realisiert. Menschliches Verhalten ist zu einem hohen Grad durch erlernte, d. h. kulturbedingte Schemata und Rollen bestimmt, die die Instinkte ersetzen. Die Kultur und der von ihr vermittelte Habitus als Summe von erworbenen Rollen und Gewohnheiten prägen die Entwicklung des Individuums und entlasten es damit von der Aufgabe, für jede Situation erst eine Orientierung finden zu müssen.

Aber auch die Kultur lässt den Menschen noch unfestgelegt, sie bestimmt ihn nicht vollständig; darin liegt die individuelle Wahlfreiheit und Offenheit der menschlichen Entwicklung. Menschen leben nicht nur, sondern sie *führen ihr Leben*, und damit formen sie sich selbst, d. h., sie gestalten durch ihre Entscheidungen und Handlungen ihre eigene Entwicklung. Diese Offenheit lässt sich optimistisch deuten, wie im berühmten Traktat *De hominis dignitate* des Pico della Mirandola von 1496, in dem Gott zum Menschen sagt:

Die Natur der übrigen Geschöpfe ist fest bestimmt und wird innerhalb von uns vorgeschriebener Gesetze begrenzt. Du sollst dir deine ohne jede

Einschränkung und Enge, nach deinem Ermessen, dem ich dich anvertraut habe, selber bestimmen. Ich habe dich in die Mitte der Welt gestellt [...], damit du wie dein eigener, in Ehre freientscheidender, schöpferischer Bildhauer dich selbst zu der Gestalt ausformst, die du bevorzugst. (Pico della Mirandola 1990, 7)

Auf der anderen Seite bringt diese Entwicklungsoffenheit vielfältige Störungsmöglichkeiten mit sich. Das Gelingen der Entwicklung des Menschen ist prekärer, seine Lebensführung gefährdeter als dies bei den festgelegten Lebensformen der Tiere der Fall ist. Diese Kehrseite der Offenheit manifestiert sich besonders in der menschlichen Disposition zur *Angst*, zugleich einer der häufigsten Erscheinungsformen psychischer Störungen.

Angst als »Schwindel der Freiheit«

Die menschliche Angst hat zunächst wie bei den Tieren eine biologische Funktion im Sinne eines Warnsystems, das bei Gefahr die Flucht- oder Abwehrbereitschaft des Organismus mobilisiert. Dabei ist der Mensch als »physiologische Frühgeburt« von Anfang an einer besonderen Gefährdung ausgesetzt; entsprechend sah Freud die primäre Wurzel der neurotischen Angstbereitschaft in der »lang hingezogenen Hilflosigkeit und Abhängigkeit des kleinen Menschenkindes« (Freud 2000b, 293). Die Angst erfüllt eine wichtige Funktion im biologisch angelegten Bindungssystem (Bowlby 2006), indem sie den Verlust der Nähe der Mutter und damit der für das Kleinkind vital notwendigen Geborgenheit anzeigt. Auch die sogenannte »Disgregationsangst« des Frühmenschen (Bilz 1971) galt dem Verlust des Kontakts zur Gruppe, der zum Überleben in einer feindlichen Umwelt erforderlich war. Verlassen, ausgesetzt, verstoßen zu werden kam einem Todesurteil gleich und löste massive Alarmreaktionen aus. Im Gefühl der Verlassenheit in leerer Weite, wie es für Agoraphobien und Panikanfälle charakteristisch ist, spiegelt sich immer noch ihre häufige Auslösung durch Trennungssituationen oder andere Verluste.

Die primäre, überlebenssichernde Funktion der Angst tritt im Laufe der Kulturentwicklung allerdings immer mehr in den

Hintergrund. Stattdessen übernimmt die Angst zunehmend die Rolle einer Reaktion des Individuums auf soziale und existenzielle Gefährdungen, für die jene ursprüngliche körperliche Alarmierung nur noch von begrenztem Nutzen ist. So beruht die Kulturentwicklung auf einem System von Triebkontrollen und -versagungen, die vom Individuum internalisiert werden, das Leben in der Gruppe sichern und das Fehlen von Instinkten ausgleichen. Wie Freud im *Unbehagen in der Kultur* gezeigt hat, geschieht dies allerdings um den Preis der Angst, die gleichsam als innerer Wächter der Selbstkontrolle installiert wird (Freud 2000c).

Die menschlichen Ängste gelten dann Bedrohungen des Selbstwerts oder des eigenen Status in der Gruppe – also Angst vor Versagen oder Herabsetzung. Sie richten sich aber auch auf eine mögliche Bestrafung bis hin zum drohenden Verlust des Schutzes der Gruppe durch Ausgrenzung und Ausstoßung. »Gewissen ist [...] in seinem Ursprung ›soziale Angst‹ und nichts anderes« (Freud 2000a, 39), und die Gewissensängste sind bekanntlich ein reiches Reservoir für neurotische Entwicklungen. Die Konflikte zwischen egozentrischen Bedürfnissen und den sozialen Geboten der Gemeinschaft sind dem Menschen also in die Wiege gelegt. Sie stellen auch, seien sie nun äußerlich ausgetragen oder in das Subjekt verlagert, die häufigsten Anlässe für Ängste und für klinische Angststörungen dar. Dabei kann sich die Angst allerdings auch von konkreten Anlässen abkoppeln und in eine frei flottierende Grundangst verwandeln (Fuchs & Micali 2013).

Die Angstbereitschaft des Menschen wird weiter gesteigert durch seine *Fähigkeit zur Imagination* und zur Antizipation der Zukunft, die ihn mögliche Gefahren – Krankheiten, Verluste, Trennungen, Not – in der Vorstellung vorwegnehmen lässt. Nur für den Menschen erweitert sich die Zeitperspektive aber auch über die nähere Zukunft hinaus bis hin zur Möglichkeit, ja der letzten Ausweglosigkeit des eigenen Todes – eine Grundbedingung des Daseins, deren Bedeutung für misslungene Kompensationsversuche und psychische Störungen gar nicht zu überschätzen ist (Meyer 1979; Fuchs 2003). Mit dem Todesbewusstsein eröffnet sich das Feld vielfältiger existenzieller Ängste, und die

Sorge um das eigene Leben wird, wie Heidegger zeigte, zur grundlegenden Daseinsstruktur.

Dass das Leben dem Menschen nicht einfach vorgegeben, sondern aufgegeben ist, bedeutet zugleich eine höhere, nämlich existenzielle Gefährdung. Sie kann sich in der grundlegenden Angst vor dem Wagen oder Verfehlen des eigenen Lebens manifestieren, die sich angesichts eines offenen Möglichkeitsspielraums einstellt – in Kierkegaards berühmter Formulierung:

> Angst kann man vergleichen mit Schwindel. Wessen Auge in eine gähnende Tiefe hinunterschaut, der wird schwindlig. Der Grund seines Schwindels aber ist ebensosehr sein Auge wie der Abgrund; denn gesetzt, er hätte nicht hinuntergestarrt! So ist die Angst der Schwindel der Freiheit, die aufsteigt, wenn [...] die Freiheit nun hinunterschaut in ihre eigene Möglichkeit und dabei die Endlichkeit ergreift, um sich daran zu halten. (Kierkegaard 1844/1981, 60)

Wie sich der von Höhenschwindel Erfasste am Felsen über dem Abgrund festklammert, so eröffnet sich der Freiheit ein schwindelnder Abgrund von Möglichkeiten, deren Wahl in Ungewissheit und letztlich grundloser Selbstbestimmung erfolgen muss. Der Mensch kann durch eigene Entscheidungen seine Ziele oder Werte verfehlen, ein zu hohes oder auch ein zu geringes Risiko eingehen; nur der Mensch kann im Leben scheitern. Angst ist für ihn der Preis für den *Spielraum der Freiheit*, der den Notwendigkeiten des tierischen Lebens gegenübersteht; und sie ist der Preis für das Bewusstsein vom eigenen Leben und damit auch vom Tod.

Exzentrische Positionalität

Eng mit der Freiheit verknüpft ist eine weitere Grundbedingung des menschlichen Daseins, die der Philosoph Helmuth Plessner (1975) als *exzentrische Positionalität* bezeichnet hat. Während das Tier an seine jeweilige Umwelt gebunden und immer in ihrem Zentrum bleibt, vermag der Mensch gleichsam aus sich herauszutreten und die Perspektive eines Beobachters seiner selbst einzunehmen, und das heißt, sich selbst *mit den Augen anderer zu sehen*. Dies charakterisiert seine »exzentrische« (aus der Mitte gerückte) Stellung. Er erlangt sie mit der Entwicklung des Selbstbewusstseins und der Reflexivität im 2. und 3. Lebensjahr (Fuchs 2013a). In dieser Phase wird sich das Kind seiner selbst als eines eigenständigen Wesens bewusst, es erkennt sich im Spiegel, lernt »ich« zu sagen, sich von anderen zu unterscheiden und zu sich selbst ein Verhältnis einzunehmen. Dadurch wird der Mensch zur Person im vollen Sinne, nämlich insofern er seiner selbst als Person unter anderen Personen bewusst wird (Spaemann 1996).

So zentral nun Selbstbewusstsein und Reflexionsvermögen für den Menschen und seine kulturellen Errungenschaften sind, sie haben einen Preis. Zunächst erfährt die Unmittelbarkeit und Spontaneität des Kleinkindes damit eine Brechung, die sich etwa in selbstreflexiven Emotionen wie Befangenheit, Stolz, Scham und später im Schuldgefühl äußert – Emotionen, in denen der bewertende Blick oder die bewertende Stimme der anderen gewissermaßen leiblich gespürt wird. Aber die Vulnerabilität, die mit der exzentrischen Position einhergeht, reicht noch weiter. Psychopathologisch manifestiert sich die Labilität des menschlichen Selbstverhältnisses und Selbstwerts z. B. in histrionischen, narzisstischen, depressiven Störungen oder auch in sozialen Phobien: Alle diese Störungen setzen nämlich die Fähigkeit der Perspektivenübernahme voraus, also die Selbstwahrnehmung und Selbstbewertung aus der Sicht der anderen, vor denen das Selbst verführerisch, großartig oder aber minderwertig und ausgeschlossen erscheint.

Die widersprüchliche Doppelung des menschlichen Selbstverhältnisses ist bereits im Begriff der Person vorgezeichnet: Er ist abgeleitet vom griechischen *prosopon*, lateinisch *persona*, was ursprünglich die Maske des Schauspielers im antiken Theater bedeutete, später die Rolle, die jemand in der Gesellschaft spielt, und schließlich das Individuum, also den Träger der Maske selbst. Sich mit den Augen der anderen zu sehen resultiert, um George Herbert Meads Begriffe zu gebrauchen, in der Dialektik von »*I*« und »*me*«: Sei es in Konflikt oder in vorübergehender Kongruenz, »Ich« und »mich«, Innen- und Außenperspektive stehen immer in Spannung zueinander und sind doch miteinander verknüpft.

Die Person ist damit ein »*homo duplex*«[2] – abgesehen von seltenen Zuständen unreflektierter Spontaneität gibt es jenseits der Kindheit keine reine Ummittelbarkeit mehr. Die eigene Rolle in der Gesellschaft zu spielen impliziert notwendig ein »Als-ob«, eine Dialektik von Sein und Schein, und es bleibt immer eine letzte innere Distanz zu der Rolle, die man einnimmt.

Ebenso ist das Reflexionsvermögen nicht nur eine Gabe, sondern trägt auch den Keim einer Entfremdung oder Störung in sich. Im exzessiven Grübeln der depressiven Patienten, in den Zwangsgedanken von anankastischen oder schizophrenen Patienten verselbständigt sich das Denken zu einem leeren Gedankenkreisen, ohne dass die Betroffenen einen Ausweg aus den quälenden Spiralen der Reflexion finden. Es gibt eine regelrechte Psychopathologie der Hyperreflexivität, der exzessiven Bewusstheit, die nur der Mensch entwickeln kann.[3] Goethe hatte dafür eine besondere Klarsichtigkeit:

> Alle gesunden Menschen haben die Überzeugung ihres Daseins und eines Daseienden um sie her. Indessen gibt es auch einen hohlen Fleck im Gehirn, das heißt eine Stelle, wo sich kein Gegenstand abspiegelt, wie denn auch im Auge selbst ein Fleckchen ist, das nicht sieht. Wird der Mensch auf diese Stelle besonders aufmerksam, vertieft er sich darin, so verfällt er in eine Geisteskrankheit. (Goethe 1833/1949, 526)

Die Reflexion dient eigentlich dem »Probehandeln«, wie Freud (1911) es ausdrückte, also dem Durchspielen von Handlungsmöglichkeiten mit dem Ziel, einen unterbrochenen Lebensvollzug wiederaufzunehmen. Sie kann sich jedoch auch in sich selbst verstricken und gelangt dann nicht mehr zur Wirklichkeit, wie bei einem schizophrenen Patienten Hesnards:

---

[2] Dieser Ausdruck wurde zum ersten Mal von Buffon in seinem *Discours sur la nature des animaux – homo duplex* (1753) gebraucht und führte zu einer längeren Debatte über das Verhältnis zwischen dem »homme physique« und dem »homme moral«. Später wurde er von Emile Durkheim (1914/1981) wieder aufgenommen, um die ambivalente Natur des Individuums zwischen privater und öffentlicher Existenz zu kennzeichnen.

[3] Vgl. den Aufsatz »Psychopathologie der Hyperreflexivität« in diesem Band.

Sobald ihm ein Gedanke durch den Kopf ging, musste er seine Aufmerksamkeit zurücklenken und sein Bewusstsein untersuchen, um genau zu wissen, was er gedacht hatte; er war ständig beschäftigt mit der Kontinuität seines Denkens. Er hatte Angst davor, er könnte für einen Moment zu denken aufhören, es könnte vielleicht einmal vorgekommen sein, dass »meine Vorstellung stillstand«. Eines Nachts wachte er auf und fragte sich: »Denke ich eigentlich gerade? Da es nichts gibt, das beweist, dass ich denke, kann ich nicht wissen, ob ich existiere.« (Hesnard 1909, 179; zit. n. Parnas & Handest 2003, 128; eig. Übers.)

Anders als bei Descartes geht es hier um einen existenziellen Zweifel, nämlich um die Angst vor dem Untergang des Selbst, die der Patient vergeblich durch ständige Selbstbeobachtung zu bannen versucht. Ist der Zweifel einmal ins Innerste des Subjekts vorgedrungen, dann hilft auch die cartesische Gewissheit des »Ich denke, also bin ich« nicht mehr. Das menschliche Selbstverhältnis macht diesen radikalen Zweifel möglich, und die Reflexion wird zu einer endlosen Schleife.

Ähnlich lassen sich auch die verschiedenen Formen der *Depersonalisation* oder Selbstentfremdung als Ausdruck der grundsätzlichen Gebrochenheit verstehen, die den Menschen charakterisiert: nämlich als ein Wesen, das durch das Selbstbewusstsein auch in Distanz zu seinem primären Selbsterleben tritt. Auch wenn darin zweifellos ein Gewinn an Freiheit liegt – in den Entfremdungserlebnissen kann die Entfernung vom primären Selbstgefühl auch einen quälenden Charakter annehmen:

Ich muss mich ständig fragen, wer ich eigentlich bin. Darüber denke ich so viel nach, dass ich zu nichts anderem mehr komme. [...] Als wenn man plötzlich eine völlig andere Person wäre. (de Haan & Fuchs 2010, 329; eig. Übers.)

Der Verlust des Selbstgefühls in der exzentrischen Position kann so weit gehen, dass die Übernahme der Perspektive anderer zur Verwirrung führt und die Abgrenzung zwischen Selbst und Anderem sich auflöst, wie in der Schizophrenie:

Ein junger Mann war in Gesprächen oft verwirrt, da er nicht mehr zwischen sich und dem Gesprächspartner unterscheiden konnte. Er begann den Sinn dafür zu verlieren, wessen Gedanken von wem stammten, und hatte das Gefühl, als ob der andere irgendwie in ihn »eindringe«, was er als extrem beängstigend erlebte. Wenn er auf der Straße ging, vermied er es sorgfältig, sein Spiegelbild in den Schaufenstern anzusehen, weil er nicht sicher war, auf welcher Seite er sich eigentlich befand. (Parnas 2003, 232; eig. Übers.)

Offenbar wird das »Bewusstsein des Bewusstseins anderer« für den Patienten zu einer Bedrohung, und sogar sein Spiegelbild vermag er nicht mehr sicher von sich selbst zu unterscheiden.

Leib-Körper-Verhältnis

Nur für den Menschen wird schließlich auch der selbstverständlich gelebte eigene *Leib* zum beobachtbaren *Körper* als einem Instrument, das man formen und bedienen kann, einem Objekt, das er doch selbst ist, zu dem also eine ambivalente Beziehung besteht. »Der Mensch ist sein Leib und zugleich steht er in der Reflexion seinem Leibe auch gegenüber«, so Jaspers in der *Allgemeinen Psychopathologie* (1973, 295). Die ängstlich-hypochondrische Beobachtung des eigenen Körpers, die Herzphobie, die Dysmorphophobie ebenso wie die Essstörungen haben in diesem ambivalenten Verhältnis ihre anthropologische Grundlage: Einerseits ausgeliefert an die Unverfügbarkeit und Kontingenz des eigenen Körpers, versuchen die Patienten andererseits doch ihn zu kontrollieren, zu beherrschen, zu formen oder zu manipulieren.

So hat der Hypochonder das Vertrauen in die natürlichen körperlichen Prozesse verloren und versucht vergeblich, sich durch medizinische Überwachung der Funktionsfähigkeit seines Körpers zu versichern. Seine misstrauische Selbstbeobachtung verstärkt oder erzeugt selbst ungewohnte Leibempfindungen, die er dann als bedrohliche Symptome interpretiert. So ängstigte sich einer meiner Patienten vor einem Tumor, durch den er das Augenlicht verlieren könnte. Er beobachtete fortwährend seine Sehfähigkeit und registrierte angespannt seine Augenempfindungen, wodurch er freilich nur zusätzliche Verspannungen, Missempfindungen und Tränensekretionen hervorrief. Seine Aufmerksamkeit richtete sich also in typisch hyperreflexiver Weise von der Welt zurück auf den eigenen Körper, sozusagen vom Gesehenen weg zum Auge.

Doch ist bereits der Verlust des Vertrauens in den eigenen Körper in einem reflexiv gewonnenen Wissen begründet, nämlich im Bewusstsein, als leibliches Wesen auch krankheitsanfällig und verletzbar, ja sterblich zu sein, so dass jeder banale Schmerz prinzipiell schon die Möglichkeit tödlicher Krankheit ankündigen kann. In seiner Angst versucht der Hypochonder, die Gefahr von Krankheit und Tod durch ständiges Beobachten aller Körpervorgänge zu bannen. Doch alle Kontrolle kann das Faktum von Krankheit und Tod nicht aufheben. Die hypochondrische Neurose wird zum oft lebenslangen Kampf gegen eine Grundbedingung des Daseins, die nicht anerkannt und akzeptiert werden kann, nämlich seine Sterblichkeit.

Während die hypochondrische Besorgtheit um den eigenen Körper oft nahezu autoerotische Züge trägt, wird für anorektische Patientinnen der eigene Leib zu einem entfremdeten, abstoßenden Objekt.

Es ekelte mich vor mir selbst, vor meinem vollgestopften Körper. [...] Der Geschmack von faulen Eiern stieg in mir hoch. Ich stellte mir vor, wie nun alles in mir in einen Fäulnisprozess übergegangen sein musste. (Graf 1985, 49)

Diesen entfremdeten Körper vollständig kontrollieren zu können, von ihm, von der Nahrung, aber damit zugleich auch von den anderen unabhängig zu werden, wird zur Quelle eines grandiosen Triumphs. »Ich fühle keinen Hunger, kein Begehren mehr« bedeutet für Anorektikerinnen: Ich bin autark und benötige nichts mehr von außen. Eine Patientin schreibt:

Es war, als müsste ich meinen Körper bestrafen. Ich hasste und verabscheute ihn. Wenn ich ihn ein paar Tage normal behandelte, musste ich ihn wieder entbehren lassen. Ich fühlte mich in meinem Körper gefangen – solange ich ihn unter strenger Kontrolle hatte, konnte er mich nicht betrügen. (Kaplan 1988, 330)

Die Patientin steigert die in der *conditio humana* angelegte Spannung von Leibsein und Körperhaben zu einem radikalen Dualismus, der an die platonisch-christlichen Vorstellungen vom Körper als »Kerker der Seele« erinnert. Auch hier wird die anthropologische Gebrochenheit als Grundlage der Erkrankung erkennbar – kein Tier würde seinen Körper freiwillig hungern lassen, denn es *ist* nur sein Körper, es *hat* ihn nicht.

2) Existenzielle Vulnerabilität

Wir haben gesehen, dass die Grundbedingungen der menschlichen Existenz mit einer Labilisierung und Antinomie verknüpft sind, die eine Vulnerabilität für psychische Krankheit mit sich bringt, und ich habe anhand von Angst, Zwang, Entfremdung, Hypochondrie und Essstörung einige Beispiele dafür gegeben. Psychische Krankheit befällt den Menschen nicht als das radikal Andere oder Pathologische, sondern sie ist eine Möglichkeit, die mit dem Menschsein selbst gegeben ist.

Ich will diese Überlegungen nun durch den Begriff einer *existenziellen Vulnerabilität* ergänzen (Fuchs 2013b). Damit ist gewissermaßen die subjektive Seite der anthropologischen Vulnerabilität gemeint. Sie besteht darin, dass gerade psychisch Kranke eine besondere Empfindlichkeit für die Widersprüche der menschlichen Existenz zeigen – Holzhey-Kunz (1994) spricht auch von einer »Hellhörigkeit«. Wir alle leben unter den Grundbedingungen des Daseins, leiden unter den Widersprüchen etwa zwischen Autonomie und Abhängigkeit, Freiheit und Sicherheit, Selbstverwirklichung und Schuld, Lebenslust und Todesgewissheit. Doch psychisch kranke Menschen leiden darunter in besonderer Weise, nämlich so, dass unter Umständen selbst alltäglich erscheinende Konflikt- oder Verlustsituationen für sie zu *Grenzsituationen* werden können, wie Jaspers (1925) sie genannt hat.

Dies sind Situationen, in denen eine bislang verdeckte oder verdrängte Grundbedingung der Existenz zutage tritt und sich nicht mehr leugnen lässt – etwa die Unausweichlichkeit der Freiheit und Entscheidung; die Unvermeidbarkeit von Trennung oder Schuld; die Verletzlichkeit des eigenen Leibes; die grundsätzliche Einsamkeit des Daseins; und schließlich seine unerbittliche Endlichkeit. »In jeder Grenzsituation«, so Jaspers, »wird mir gleichsam der Boden unter den Füßen weggezogen« (Jaspers 1925, 249); es wird etwas zerbrochen, was Jaspers das »Gehäuse« nennt. Gehäuse sind feste Grundeinstellungen, Grundannahmen und Denksysteme, die dem Menschen vor den Widersprüchen des Lebens und vor den Abgründen der Existenz Schutz geben. Man kann auch von *existenziellen Abwehrmechanismen* sprechen, die das Individuum vor den schwer erträglichen Zumutungen der Existenz bewahren sollen.

Zu solchen Gehäusen gehören etwa implizite, unhinterfragte und selbstverständliche Grundannahmen über das Leben, die eigene Person und die Welt – Annahmen, die Widersprüche des Daseins ausblenden oder leugnen, wie etwa die folgenden:

(1) Die Welt ist gerecht eingerichtet. Wenn ich mich nur genügend einsetze, wird das auch belohnt (depressive Abwehr).
(2) Solange ich mir nichts zuschulden kommen lasse, kann mir auch nichts Böses geschehen (depressive Abwehr).
(3) Wenn ich mich anderen unterordne, kann ich auf ihren Schutz und ihre Führung rechnen (dependente Abwehr).
(4) Wenn ich alles perfekt mache, habe ich das Leben unter Kontrolle und kann von nichts Unvorhergesehenem überrascht werden (perfektionistische/anankastische Abwehr).
(5) Wenn ich immer mehr leiste und immer höher aufsteige, entgehe ich der Gewöhnlichkeit, und der Tod kann mir nichts anhaben (narzisstische Abwehr).

Solche Grundannahmen oder Glaubenssätze folgen häufig dem Muster, dass »nicht sein kann, was nicht sein darf«. Das Böse, das Unrecht, das Leiden, der Tod mögen existieren, aber mir können sie nichts anhaben; ich habe nichts getan, ich bin unschuldig oder unverwundbar. Grundannahmen dieser Art charakterisieren z. B. die Persönlichkeit der zur schweren Depression disponierten Menschen, deren Struktur Tellenbach (1983) als »Typus Melancholicus« charakterisiert hat. Ihre Merkmale sind rigide Ordentlichkeit und Pflichterfüllung, überbetonte Gewissenhaftigkeit, Überanpassung an soziale Normen, Festhalten an Bindungen bis zur

Selbstverleugnung und peinliche Vermeidung jeglicher Normverletzung oder Schuld. Damit sind die Patienten zwar sozial eher überangepasst, und ihr starres Gehäuse fällt in der Regel nicht auf. Dennoch erweist es sich letztlich als prekär: Geraten die Betroffenen doch einmal in Rückstand mit ihren Verpflichtungen, erleben sie ungerechtfertigte Zurücksetzungen oder den Verlust naher Bindungen, so bricht für sie buchstäblich eine Welt zusammen; sie geraten in eine Grenzsituation, die in die Depression mündet.

Ich will diesen Zusammenhang zwischen Vulnerabilität, existenzieller Abwehr und Dekompensation in der Grenzsituation an zwei Fallbeispielen veranschaulichen.

Eine 55-jährige Frau hatte sich lange mit der Entscheidung gequält, ob sie ihr Haus verkaufen solle, das ihr nach dem Tod ihres Mannes zu groß geworden war. Auf vielfachen Rat ihrer Umgebung hin rang sie sich schließlich zum Verkauf durch, geriet jedoch bald darauf in eine Krise, in der sie ihren Entschluss bitter bereute, sich heftige Vorwürfe machte und schließlich in eine schwere Depression fiel. Sie klagte unablässig über ihre Fehlentscheidung; sie habe einen schweren finanziellen Verlust erlitten, ihren Kindern irreparablen Schaden zugefügt und sei gar nicht zu einem Umzug in der Lage.

Wie sich nach Besserung der Depression in der weiteren Therapie zeigte, waren vor allem zwei Momente der Entscheidung für die Patientin unerträglich: zum einen ihre Unwiderruflichkeit, die verknüpft war mit der endgültigen Anerkennung des Todes ihres Mannes, mit dem sie über 20 Jahre in dem Haus zusammengelebt hatte; zum anderen musste sie zum ersten Mal eine grundlegende Lebensentscheidung ohne ihren Mann treffen.

Wie die meisten Menschen mit einer Typus-Melancholicus-Struktur war die Patientin in besonderer Weise sensibel und damit vulnerabel für die existenzielle Dimension der Entscheidung, nämlich für die Unwiderruflichkeit, Eigenverantwortung und Einsamkeit des Entschlusses. Ihr Gehäuse war buchstäblich in ihrem Haus verkörpert und brach mit dessen Verkauf zusammen. Der Sturz in die Depression war die Reaktion auf ein Widerfahrnis, in der sich die Vergeblichkeit aller Vermeidungs- und Absicherungsstrategien offenbarte: Trotz aller Vorkehrungen konnte die Patientin der Aufgabe, ihr Leben ohne letzte Absicherung, allein und ungesichert führen zu müssen, nicht entkommen.

Ein weiteres Fallbeispiel gilt eher der narzisstischen Form der Abwehr, der Illusion des unbegrenzten Aufstiegs:

Ein 34-jähriger Patient hatte nach einem Studium mit Bestnoten und einem MBA in den USA seine Karriere bei einer Top-Management-Beratung begonnen und 60–80 Stunden pro Woche gearbeitet. Ein abnehmender Freundeskreis und die Wochenend-Partnerschaft wurden zur Gewohnheit. Für ein Asien-Projekt pendelte er zwischen den Kontinenten hin und her und erlaubte sich nur noch maximal fünf Stunden Schlaf pro Nacht. Der Schock kam für ihn, als ihm sein Vorgesetzter dennoch eine »nicht ausreichende Leistung« bescheinigte.

Von da an wurde der Beruf für den Patienten zur Qual, und er geriet zunehmend in Zweifel an seinem Sinn. Schlafstörungen, Schwindel und Kopfschmerzen kamen hinzu. Er hatte das Gefühl, nur noch wie eine Maschine zu funktionieren und sich selbst nur noch von außen zuzusehen. Als sich seine Freundin von ihm trennte, verspürte er kaum noch Gefühl von Schmerz. Drei Wochen später brach er bei einer Sitzung zusammen und wurde in suizidaler Verfassung in die psychiatrische Klinik eingewiesen.

Schon von der Schule an zeigte der Patient eine hochkompetitive Leistungsorientierung, um den Preis der Vernachlässigung mitmenschlicher Beziehungen. Seine Anstrengung ständiger Selbstbeschleunigung konvergierte mit den Ansprüchen einer beschleunigten Gesellschaft, überforderten jedoch seine psychophysischen Ressourcen. Die unerwartete Zurücksetzung wurde zu einer Grenzsituation, in der sich das Prinzip der Selbststeigerung auf Kosten der Beziehungen als Illusion erwies. Sie führte in zunehmende Leere, Entfremdung und schließlich in den depressiven Zusammenbruch. Die Suizidalität des Patienten weist darauf hin, dass die Triebkraft seiner Selbstoptimierung letztlich aus der Abwehr der gefürchteten eigenen Gewöhnlichkeit und Begrenztheit stammte; nun vermochte er die katastrophale Scham über das eigene Versagen nicht mehr zu kompensieren.

Zusammenfassung und Ausblick

Die psychiatrische Anthropologie fragt nach der spezifischen Vulnerabilität der psychischen Organisation des Menschen: Was sind die Voraussetzungen dafür, dass Menschen überhaupt psychisch erkranken können? Worin bestehen die Entgleisungsmöglichkeiten der psychischen Struktur? Unter welchen grundsätzlich problematischen Bedingungen hat der Mensch sein Leben zu führen, so dass ihn die Aufgabe der Existenz auch überfordern kann? Antworten auf diese Fragen ermöglichen ein vertieftes Verständnis für die existenziellen Widersprüche und Konflikte, mit denen sich besonders psychisch kranke Menschen konfrontiert sehen, und unter denen sie bewusst oder unbewusst leiden.

Ich habe verschiedene Komponenten dieser Vulnerabilität untersucht, in erster Linie die besondere Offenheit, Ungesichertheit und inhärente Widersprüchlichkeit der Organisations- und Daseinsform des Menschen. Diese Ungesichertheit beginnt mit der »physiologischen Frühgeburt«, die den einzigartigen Spielraum für die kulturelle und individuelle Entwicklung des Menschen eröffnet. In dem Maß ihrer Offenheit bleibt diese Entwicklung jedoch zugleich prekär und gefährdet. Der Mangel an vorgegebenen Instinkten und Verhaltensschemata erfordert komplexe Lernprozesse und Abstimmungen mit den Normen, Rollen und Anforderungen der Gemeinschaft und Kultur – Lernprozesse, die von einer entprechenden Passung mit förderlichen Umwelten abhängig sind und daher auch fehlgehen oder misslingen können.

Die exzentrische Position, die das Kind im Verlauf dieser Sozialisation erwirbt, bedeutet die ausgezeichnete menschliche Fähigkeit zur Perspektivenübernahme, zu Selbstbewusstsein und Reflexion. Doch gerade das, was den Menschen in gewissem Sinn eigentlich zum Menschen macht, enthält auch den Keim einer Entfremdung und Selbstwidersprochenheit, nämlich zwischen Trieben und Triebkontrolle, zwischen Leib und Körper, zwischen Selbst und Anderen. Die Entfremdung kann sich bis zur Depersonalisation oder in der Schizophrenie bis zum Verlust der Grenzen zwischen Ich und anderen steigern. Nicht zuletzt ist das Bewusstsein des Todes, der unausweichlichen Begrenztheit des Lebens ein schwer erträglicher Begleiter des Menschen, der vielfältige Abwehr- und Verdrängungsleistungen erfordert, häufig aber zu Überkompensationen oder Vermeidungen und letztlich zu missglückter Selbstrealisierung führt.

Wir haben gesehen, dass verschiedene Persönlichkeitstypen sich durch ein spezifisches Gehäuse, eine starre Abwehrstruktur vor einer für sie zu bedrohlichen menschlichen Grundsituation zu schützen suchen. Es sind die Ängste vor der Zufälligkeit und Unberechenbarkeit des Daseins; vor der fehlenden Rechtfertigung der eigenen Existenz, vor dem unvermeidlichen Schuldigwerden; vor der unvertretbaren Freiheit des Selbstseins; oder vor der beschämenden Beschränktheit der eigenen Fähigkeiten und Möglichkeiten. Grenzsituationen jedoch lassen alle bisherigen Sinngehäuse und Abwehrformen fragwürdig werden und konfrontieren den Menschen mit den unauflösbaren Antinomien der *conditio humana*. Die Widersprüche oder Zumutungen des Daseins lassen sich dann nicht mehr verleugnen und werden zu Anlässen für schwere psychische Krisen oder Erkrankungen.

Eine Therapie, die diesen anthropologischen und existenziellen Hintergrund psychischer Krankheit im Blick hat, wird sich nicht darauf beschränken, zur kurzfristigen Entlastung oder Wiederherstellung der Arbeitsfähigkeit beizutragen. Sie wird vielmehr die jeweilige Grenzsituation als Möglichkeit nutzen, die Patienten zu einer größeren Offenheit für ihre existenziellen Grundkonflikte zu führen, nach Möglichkeit zu einer Anerkennung und Akzeptanz der prekären und begrenzten Bedingungen der *conditio humana*. Sie wird sie dabei unterstützen, ihre existenzielle Abwehrstruktur mit ihren Grundannahmen zu erkennen, sie zu hinterfragen und eine neue, selbstverantwortete Form ihres Lebens zu finden.

Für die verschiedenen Persönlichkeitstypen, die ich erwähnt habe, wird diese existenzielle Therapie in unterschiedliche Richtung gehen. Doch geht es im Prinzip jeweils darum, die verdrängte menschliche Grundsituation anzunehmen:

- Für den zwanghaften Patienten ist dies die grundlegende Zufälligkeit und Unberechenbarkeit der Welt;
- für den Typus Melancholicus ist es die Einsicht, dass er für sein Dasein keine letzte Rechtfertigung erwarten kann und dass seine rigide Norm- und Pflichterfüllung die eigene Identität nicht ersetzen kann;

- ähnlich ist es für die dependente Persönlichkeit die Notwendigkeit der Selbstwahl und der unvertretbaren Freiheit der Entscheidung;
- für die narzisstische Persönlichkeit schließlich geht es um die Akzeptanz der eigenen Begrenztheit, Gewöhnlichkeit und Endlichkeit.

Eine wesentliche Aufgabe von Psychiatern und Psychotherapeuten scheint mir darin zu liegen, ein Verständnis dieser Grundkonflikte zu erwerben. So können sie ihren Patienten helfen, die existenziellen Implikationen ihrer Krise zu erkennen und sie nicht nur als selbst verschuldetes Missgeschick, sondern als Ausdruck der menschlichen Grundsituation zu verstehen, an der wir alle teilhaben und auch leiden. Denn, um einen Satz von Terenz abzuwandeln: »Wir sind Menschen, und nichts Menschliches ist uns fremd«.[4]

Literatur

Bilz, R. (1971). *Paläoanthropologie.* Bd. 1. Frankfurt am Main: Suhrkamp.
Bowlby, J. (2006). *Bindung und Verlust.* Bd. 1. *Bindung.* München: Reinhardt.
Brüne, M. (2009). Sind psychische Störungen etwas spezifisch Menschliches? *Der Nervenarzt, 80 (3),* 252.
Durkheim, E. (1914/1981). Der Dualismus der menschlichen Natur und seine sozialen Bedingungen. In F. Jonas (Hrsg.), *Geschichte* der *Soziologie* 2 (S. 368–380). Opladen: Westdeutscher Verlag.
Freud, S. (1911). Formulierung über die zwei Prinzipien des psychischen Geschehens. In ders., *Gesammelte Werke,* Bd. 8 (S. 229–238). Frankfurt am Main: Fischer.
Freud, S. (1916/2000a). Zeitgemäßes über Krieg und Tod. In ders., *Studienausgabe,* Bd. IX (hrsg. v. A. Mitscherlich u. a.) (S. 33–60). Frankfurt am Main: Fischer.
Freud, S. (1926/2000b). Hemmung, Symptom und Angst. In ders., *Studienausgabe,* Bd. VI (hrsg. v. A. Mitscherlich u. a.) (S. 227–308). Frankfurt am Main: Fischer.

---

[4] »Homo sum, humani nihil a me alienum puto« (Terenz).

Freud, S. (1930/2000c). Das Unbehagen in der Kultur. In ders., *Studienausgabe*, Bd. IX (hrsg. v. A. Mitscherlich u. a.) (S. 191–270). Frankfurt am Main: Fischer.

Fuchs, T. (2003). Leiden an der Sterblichkeit. Formen neurotischer Todesverleugnung. *Zeitschrift für klinische Psychologie, Psychiatrie und Psychotherapie, 51*, 41–50.

Fuchs, T. (2013a). The phenomenology and development of social perspectives. *Phenomenology and the Cognitive Sciences, 12*, 655–683.

Fuchs, T. (2013b). Existential vulnerability. Toward a psychopathology of limit situations. *Psychopathology, 46*, 301–308.

Fuchs, T. & Micali, S. (2013). Phänomenologie der Angst. In L. Koch (Hrsg.), *Angst. Ein interdisziplinäres Handbuch* (S. 61–71). Stuttgart Weimar: Metzler.

Gehlen, A. (1940/1966). *Der Mensch. Seine Natur und seine Stellung in der Welt*. Frankfurt am Main Bonn: Athenäum.

Goethe, J. W. v. (1833/1949). Maximen und Reflexionen. In ders., *Gedenkausgabe*, Bd. 9 (hrsg. E. Beutler) (S. 497–678). Zürich: Artemis.

Graf, A. (1985). *Die Suppenkasperin. Geschichte einer Magersucht*. Frankfurt am Main: Fischer.

Hesnard, A.-L. M. (1909). *Les troubles de la personnalité dans les états d'asthénie psychique. Etude de psychologie clinique*. Bordeaux: Université de Bordeaux.

Holzhey-Kunz, A. (1994). *Leiden am Dasein. Die Daseinsanalyse und die Aufgabe einer Hermeneutik psychopathologischer Phänomene*. Wien: Passagen-Verlag.

Jaspers, K. (1925). *Psychologie der Weltanschauungen* (3. Aufl.). Berlin: Springer.

Jaspers, K. (1973). *Allgemeine Psychopathologie* (9. unveränd. Aufl.). Berlin Heidelberg New York: Springer.

Kaplan, L. J. (1988). *Adolescence – The farewell to childhood*. New York: Simon & Schuster.

Keehn, J. D. (1982). Psychopathology in animals. *The New Zealand Psychologist, 11*, 37–44.

Kierkegaard, S. (1844/1981). Der Begriff Angst. In ders., *Gesammelte Werke*, 11./12. Abteilung (hrsg. v. E. Hirsch). Gütersloh: Gütersloher Verlagshaus.

Meyer, J. E. (1979). *Todesangst und das Todesbewusstsein der Gegenwart*. Berlin Heidelberg New York: Springer.

Meyer-Holzapfel, M. (1996). Erforschung des Tierverhaltens – Weg zum Menschen? In V. Faust (Hrsg.), *Psychiatrie – ein Lehrbuch für Klinik, Praxis und Beratung* (S. 919–928). Stuttgart Jena New York: Gustav Fischer-Verlag.

Nietzsche, F. (1954). *Jenseits von Gut und Böse*. In ders., *Werke in drei Bänden*, Bd. 2 (hrsg. v. K. Schlechta) (S. 563–759). München: Hanser.
Parnas, J. (2003). Self and schizophrenia: A phenomenological perspective. In T. Kircher & A. David (Hrsg.), *The Self in Neuroscience and Psychiatry* (S. 217–241). Cambridge: Cambridge University Press.
Parnas, J. & Handest, P. (2003). Phenomenology of anomalous self-experience in early schizophrenia. *Comprehensive Psychiatry, 44*, 121–134.
Peña-Guzmán, D. M. (2017). Can nonhuman animals commit suicide? *Animal Sentience, 2 (20)*, 1.
Pico della Mirandola, G. (1990). *De hominis dignitate. Über die Würde des Menschen* (hrsg. v. A. Buck). Hamburg: Meiner.
Plessner, H. (1975). *Die Stufen des Organischen und der Mensch*. Berlin: De Gruyter.
Portmann, A. (1944). *Biologische Fragmente zu einer Lehre vom Menschen*. Basel: Schwabe.
Preti, A. (2007). Suicide among animals: A review of evidence. *Psychological reports, 101(3)*, 831–848.
Scheler, M. (1928/1976). *Die Stellung des Menschen im Kosmos*. München: Nymphenburger Verlagshandlung.
Seligman, M. E. P. (1975). Depression and learned helplessness. In H. M. van Praag (Hrsg.), *Research in neurosis* (S. 72–107). Utrecht: Bohn, Scheltema & Holkema.
Spaemann, R. (1996). *Personen. Versuche über den Unterschied zwischen ›etwas‹ und ›jemand‹*. Stuttgart: Klett-Cotta.
Tellenbach, H. (1983). *Melancholie. Problemgeschichte, Endogenität, Typologie, Pathogenese, Klinik* (4. erw. Aufl.). Berlin Heidelberg New York: Springer.

Leiden an der Sterblichkeit

> »Wer die Menschen sterben lehrte, der würde sie leben lehren.«
>
> Montaigne[1]

Einleitung

Die Aussicht auf den Tod ist für die meisten Menschen nicht erfreulich. Die Gefühle, die uns angesichts des Todes erfassen, bewegen sich zwischen Unbehagen, Angst, Entsetzen, Ohnmacht, Trauer und Resignation oder gar Verzweiflung. Das Wissen um die eigene Sterblichkeit erscheint schwer, ja zu schwer zu ertragen. Es nimmt nicht wunder, dass wir es nach Möglichkeit beiseiteschieben, verdrängen und vergessen, um uns frei dem Leben zuwenden zu können.

Aber mit der Antizipation des eigenen Todes ist die ursprüngliche Einheit des Menschen mit seiner Umwelt zerbrochen. Das Wissen, dass ich jederzeit sterben kann und einmal sterben muss, erzeugt eine Kluft zwischen mir und den anderen. Der Tod individualisiert, er macht mich in einem radikalen Sinn zum Einzelnen. Keiner wird mit mir über seine Schwelle treten. Und so scheint im alltäglichen Dahinleben, in dem wir den eigenen Tod vergessen, eine tiefe Unwahrheit zu liegen. Vom mittelalterlichen *memento mori* bis zu Heideggers Kritik an der »Seinsvergessenheit« reichen die Versuche, den Menschen ihre Sterblichkeit mahnend ins Bewusstsein zu rufen. Denn nur das Wahrhaben des eigenen Todes, so Heidegger, führt den Menschen aus den Ablenkungen des alltäglichen, gemeinsamen Lebens zu einer wahrhaftigen Existenz. Erst durch die radikale Vereinzelung des Todesbewusstseins kann er zu der Entschlossenheit gelangen, für sich selbst Verantwortung zu übernehmen. Es gilt, die Angst vor dem

---

[1] Im Original: »Qui apprendroit les hommes à mourir, leur apprendroit à mourir« (Montaigne 1969, 135).

Tod nicht zu fliehen, sondern sich ihr zu stellen, um gerade daraus die Kraft für ein eigenes, autonomes Leben zu gewinnen. Ja der Tod ist geradezu die Bedingung dafür, das Leben in authentischer Weise zu leben.

Diese heroische Sicht des Lebens hat eine tiefe Wahrheit an sich, aber auch eine nicht unproblematische Einseitigkeit. Im festen Blick voraus auf den eigenen Tod lässt sie die *Geburt* des Menschen außer Acht. Denn Geborensein heißt, das Leben als Gabe erhalten zu haben; und es heißt auch, sich als ›Ich‹ den anderen zu verdanken, nämlich den Eltern und Bezugspersonen der Kindheit. Das Ich kommt erst in der Antwort auf den Anspruch des Du zu sich; die Intersubjektivität ist die Grundlage des Selbstbewusstseins. Menschsein beginnt im Miteinander. Endet es im Für-sich-Sein? Ist die heroische Vereinzelung angesichts des Todes wirklich die eigentliche Bestimmung des Daseins? Ludwig Binswanger, Begründer der von Heidegger selbst abgeleiteten daseinsanalytischen Psychiatrie, hat diese Einseitigkeit kritisiert. Heidegger rücke nur die vereinzelnden Existenzbedingungen der Angst, der Schuld und des Todes in den Vordergrund. Das liebende Miteinander stehe »frierend außerhalb der Tore dieses Seinsentwurfs« (Binswanger 1962, 52). Das Dasein sei aber ursprünglich auf das Miteinander der Liebe angelegt. Kommt der Mensch also im Blick auf den Tod zu sich selbst oder aber durch die Liebe? Oder vielleicht durch ein Drittes – in der Liebe angesichts des Todes?

Stellen wir diese Frage zunächst zurück und wenden uns unserem Thema zu: dem seelischen Leiden, das aus dem Wissen um den eigenen Tod entsteht. Man wird dabei zuerst an die schon erwähnten Gefühle von Angst, Ohnmacht oder Verzweiflung denken, die die Aussicht auf den Tod etwa angesichts einer tödlichen Krankheit auslösen kann. Aber es gibt noch eine ganz andere, verborgenere Quelle des Leidens, und sie liegt gerade in der alltäglichen Abwendung von der Endlichkeit des Lebens. Der Mensch verdrängt den Tod so weit aus dem eigenen Bewusstsein und aus dem sozialen Leben, dass nur noch ein abstraktes Wissen, er werde einmal sterben, zurückbleibt. Aber unter der Oberfläche bedrängt ihn die Angst nur umso mehr. Es bedarf mächtiger Abwehrstrategien, um sie abzuschirmen und das seelische Gleichgewicht aufrechtzuerhalten. Doch diese Abwehrstrategien haben ihren Preis; mitunter kosten sie sogar das Leben.

Tod und Neurose: Grundlegende Abwehrstrategien

Der amerikanische Psychotherapeut Irvin Yalom (1989, 143 ff.) hat zwei zentrale Abwehrstrategien beschrieben, die wir im Kampf gegen die Drohung des Todes unbewusst einsetzen:

- Der Glaube an den magischen Schutz durch einen ›letzten Retter‹, der uns vor dem Untergang im Tod bewahren kann,
- sowie der Glaube an die eigene Besonderheit und Unverletzlichkeit.

Diese beiden Abwehrformen – man könnte sie auch als die symbiotisch-dependente und als die narzisstische Abwehr bezeichnen – sind sicher nicht die einzigen, aber doch sehr häufige Formen der Todesverleugnung.[2] Betrachten wir sie daher etwas näher.

(1) Der letzte Retter – das ist eine magisch wirksame Schutzperson, die mit nahezu gottähnlicher Allmacht, Güte und Liebe ausgestattet wird, die mich immer im Blick hat, beschützt und vor dem Schrecken des Todes bewahrt. Das kann der Vater oder die Mutter sein, häufig der eigene Partner, aber auch ein Arzt oder Therapeut. Menschen mit dieser Abwehrstrategie fürchten nichts so sehr wie das Alleinsein oder eine Trennung, denn es bedeutet für sie letztlich, dem Tod ungeschützt ins Auge zu sehen. Indem sie sich an einen mächtigen anderen klammern, können sie sich in

---

[2] Meyer (1979) hat die Todesangst als Ursprung bestimmter, »thanatophober« Neurosen, vor allem von Angst- und Zwangsneurosen analysiert. Die latent zugrunde liegende existenzielle Angst wird hier durch Umwandlung in eine begrenzte, phobische oder anankastische Symptomatik gewissermaßen entschärft und verdeckt. Auch die Hypochondrie gehört in diesen Zusammenhang. Die folgenden Ausführungen streben also keine vollständige Darstellung der Formen neurotischer Todesverleugnung an.

der Illusion wiegen, mit ihm zu einer symbiotischen Einheit zu verschmelzen. So entgehen sie der existenziellen Angst und Einsamkeit, die das Todesbewusstsein in ihnen wachruft. Häufig finden sie auch einen komplementär dazu passenden (z. B. narzisstischen) Menschen, der ihre Idealisierung und Bewunderung zu seiner eigenen Aufwertung benötigt und selbst noch fördert.

Der Preis für diese Abwehr besteht offensichtlich in einem Verzicht auf Individuation und im Verharren in abhängigen Beziehungen. Solche Menschen wagen sich nicht ins Leben hinaus, weil dies mit einem Verlust kindlicher Geborgenheit verbunden wäre; sie lernen nicht, sich auf sich selbst zu verlassen. Dadurch versäumen sie Entwicklungsmöglichkeiten und bleiben hinter ihren Potenzialen zurück. Irgendwann kommt ihnen dieser Verzicht auf eigenes Wachstum zu Bewusstsein – spätestens, wenn die Illusion der Verschmelzung zerstört wird. Das ist vor allem bei Trennungen, Verlusten oder bedrohlichen Krankheiten der Fall. Nicht selten wird ein idealisierter Partner der Abhängigkeit des anderen überdrüssig und stellt die Beziehung in Frage. Solche Krisen lösen panikartige Angst aus; verzweifelt versuchen die Betroffenen, die Konfrontation mit der existenziellen Ausgesetztheit zu verhindern. Gelingt dies nicht, dann kommt es zu depressiven Zusammenbrüchen.

Fallbeispiel: Eine Bankangestellte im mittleren Alter erkrankt 10 Monate nach dem Tod ihres Vaters an einer Depression. Sie hatte ihn zeitlebens geliebt und verehrt, suchte auch als Erwachsene oft seinen Rat oder Trost und überlegte in schwierigen Situationen oft, was er jetzt wohl tun würde. Sie war mit einem jähzornigen, zu Alkoholexzessen neigenden Mann verheiratet, dessen fortwährende Eifersucht, Drohungen und Schläge sie 15 Jahre lang erduldete, bis er sie schließlich wegen einer anderen Frau verließ. Dies sei, wie sie sagte, ihr Glück gewesen, sie selbst hätte nicht die Kraft zur Trennung gefunden. Im gleichen Jahr verunglückte ihr einziger Sohn mit 16 Jahren bei einem Verkehrsunfall tödlich. Auch damals habe ihr der Vater sehr geholfen. Drei Jahre später festigte sich ihr Leben durch eine neue Partnerschaft wieder.

Die Patientin berichtete, sie sei beim Tod des Vaters innerlich wie erstarrt gewesen, habe nicht weinen und den Tod gar nicht fassen können. Auch jetzt werde sie immer wieder von dem Gefühl beschlichen, er lebe noch, sie müsse ihm unbedingt noch etwas mitteilen. Am Grab empfinde sie nichts, so als ob er gar nicht begraben wäre. Ihr Leben sei leer und trostlos geworden. In der Psychotherapie wurde deutlich, dass die magisch wirksame, schützende Hülle der idealisierten Vatergestalt der Patientin half, die physischen Schläge ihres Mannes ebenso zu ertragen wie die Schicksalsschläge des Lebens. Unter diesem Schutzschirm konnte sie ihre Scheidung und sogar den Verlust ihres Kindes noch ohne Depression bewältigen. Er verhinderte andererseits die Entwicklung von Autonomie und Selbstbehauptung. Der Tod des Vaters war nun unfassbar, sodass sie nicht in einen Trauerprozess eintreten konnte und die Realität des Grabes verleugnete. Daher vermochte die Patientin die atmosphärische Präsenz des Vaters selbst ein Jahr nach seinem Tod noch fast unverändert zu spüren. In der Therapie kam sie auch zu der Einsicht, dass der Tod des Vaters nicht nur den Verlust lebenslanger Geborgenheit bedeutete, sondern auch die erschreckende Erkenntnis, dass »ich jetzt ja selbst die nächste bin«, d.h. dass er nicht mehr schützend zwischen ihr und ihrem eigenen Tod stand. (Vgl. Fuchs 2000, 274 f.)

Die Krise oder Trennung könnte für Menschen mit dieser Abwehr eine Chance sein, sich mit ihrer tiefsten Angst zu konfrontieren, an ihr zu wachsen und sich zum ersten Mal im Leben auf eigene Füße zu stellen. Allerdings halten viele Patienten hartnäckig an ihrem grundlegenden Glaubenssystem fest und ziehen daraus nur den Schluss, dass sie zu wertlos oder zu schlecht seien, um die Liebe oder den Schutz des idealisierten Retters zu verdienen (Yalom 1989, 164). Ihr depressives Leiden hat darüber hinaus die unbewusste Funktion, als verzweifelter Ruf nach Hilfe und Nähe zu dienen. Die Depression wird aufrechterhalten durch die masochistische Überzeugung: Je mehr ich leide, desto mehr muss der Retter mit mir Mitleid haben und mich wieder aufnehmen; je mehr ich mich hilflos und ohnmächtig zeige, umso eher wird er mich von meiner Qual erlösen. Wird auch diese Hoffnung enttäuscht, dann können Suizidandrohungen oder Suizidversuche das letzte Mittel sein, den Retter zu mobilisieren; nicht selten aber ist der tatsächliche Suizid die Folge des Zusammenbruchs der Abwehr. Die lebenslange Vermeidung der existenziellen Einsamkeits- und Todeserfahrung führt dann am Ende selbst in den Tod.

(2) Betrachten wir die zweite von Yalom genannte Abwehrstrategie, die der Besonderheit oder Grandiosität. Sie beruht auf der

illusionären Wunschvorstellung: Was für die anderen gilt, gilt noch lange nicht für mich – ich bin einzigartig, unverletzbar und der Tod kann mir nichts anhaben. Diese Illusion ist uns allen nicht ganz fremd: Natürlich wissen wir abstrakt, dass wir sterben werden; aber wie Freud bemerkte, sind wir auf einer tieferen Ebene gleichwohl überzeugt von unserer Unvergänglichkeit (Freud 1915, 351). Bei vielen Menschen wird diese Illusion zur Lebensnotwendigkeit, die hartnäckig verteidigt und aufrechterhalten wird. Damit verbunden ist häufig das Streben nach Kontrolle, Effektivität und Perfektion, nach der immer weiteren Vervollkommnung der Persönlichkeit – so als ob es den Tod, den großen Gleichmacher, nicht gäbe. Ist der Glaube an die persönliche Besonderheit und Unverletzlichkeit gepaart mit mangelnder Berücksichtigung der anderen, so entspricht dies der narzisstischen Persönlichkeitsstruktur.

Eine besondere Form dieser Abwehr finden wir im Typus des *Workaholic*. Er ist gekennzeichnet von Ungeduld, Rastlosigkeit und zwanghafter Hyperaktivität; er macht die Arbeit nicht, weil er es wünscht, sondern weil er es muss. In ständigem Wettlauf mit der Zeit versucht er, in immer kürzerer Frist immer mehr zu leisten oder zu erreichen. »Mußezeit ist eine Zeit der Angst und wird oft wild gefüllt mit einer Aktivität, die der Illusion der Vervollkommnung dient« (Yalom 1989, 152). Jede Stunde, die nicht dafür genutzt wird, erscheint wertlos. Solche Menschen sind häufig auch konkurrierend, ehrgeizig, auf Macht und Prestige bedacht. Aber selbst Erfolge werden ihnen rasch schal, denn zu Entspannung und Genuss sind sie nicht mehr in der Lage. Die Gegenwart bleibt immer unbefriedigend, denn ständig denken sie an das, was sie noch nicht erreicht haben. Dieser verzweifelte Kampf mit der Zeit weist auf eine mächtige Todesangst hin: Es ist, als stünde der Tod jederzeit unmittelbar bevor und ginge es darum, noch rasch möglichst viel zu erledigen.

Auch diese Abwehr hat ihren Preis; er besteht ersichtlich in der Abhängigkeit von Erfolg, Fortschritt und Aufstieg. Umso mehr bringen Misserfolge und Rückschläge das mühsam aufrechterhaltene innere Gleichgewicht ins Wanken; denn mit ihnen ist wertvolle Lebenszeit dem Tod anheimgefallen, gleichsam entwertet und ausgelöscht worden. Plötzlich wird klar, dass das Leben keine Spirale ist, die sich unaufhörlich nach oben schraubt. Eben noch im Höhenflug begriffen, findet der Besondere sich wieder als armseliger Erdenwurm, der sich gleich den anderen am Boden krümmt. Auch hier sind depressive Zusammenbrüche die Folge; sie haben dann aber nicht Appellfunktion für einen idealisierten anderen, sondern vielmehr den Charakter der Selbstanklage, der Scham oder Wut über sich und den Verlust der eigenen Grandiosität.

Einen massiven Angriff auf das narzisstische Gleichgewicht stellt auch eine reale Todesbedrohung dar, sei es ein Unfall, eine schwere Verletzung oder Krankheit. Freud schrieb einmal mit der ihm eigenen trockenen Ironie, »der heikelste Punkt des narzisstischen Systems« sei »die von der Realität hart bedrängte Unsterblichkeit des Ichs« (Freud 1914, 157). Wenn die Todesabwehr durch Grandiosität einmal unterhöhlt ist und sich die Erkenntnis einstellt, »ich werde ja *wirklich* sterben!«, dann fühlt sich der ›Besondere‹ verlassen, ja in gewisser Weise verraten, und protestiert erbittert gegen die Welt und das Schicksal.

Fallbeispiel: Ein 64-jähriger Patient erkrankte ein halbes Jahr nach seiner Pensionierung an einer schweren Depression. Bereits das Ende der Berufslaufbahn hatte ihm sehr zu schaffen gemacht. Unmittelbarer Auslöser war die Extraktion dreier Zähne und die Einpassung einer schlecht sitzenden Zahnprothese. Der Patient stammte aus einfachen Verhältnissen und aus einer überwiegend kränklichen Familie, von der er selbst etwas verächtlich berichtete. Er selbst hatte es durch härteste Arbeit und äußersten Ehrgeiz zum Personalleiter eines großen Unternehmens gebracht. Die Ehefrau berichtete, dass der Beruf für ihn immer an oberster Stelle gestanden habe, wodurch Familie und Partnerschaft sehr zu kurz gekommen seien. Er sei in 45 Berufsjahren nur 10 Tage krank gewesen. Die Depression war gekennzeichnet vom Gefühl des Zerfalls. Alle Kraft, klagte der Patient, sei verschwunden, Arme und Beine gehorchten ihm nicht mehr. Er habe Raubbau an seiner Gesundheit betrieben, sich nicht um seine Familie gekümmert und erhalte nun die Quittung dafür. Das Leben sei für ihn zu Ende. Im weiteren Verlauf entwickelten sich Wahnideen: Der Todesschweiß stehe ihm auf der Stirn, man könne die Leichenflecken auf seinem Gesicht sehen. Man solle ihn in ein Leichenzimmer im Keller fahren und dort liegenlassen.

Der Lebensentwurf des Patienten war durch eine rigide Leistungsorientierung auf Kosten mitmenschlicher Beziehungsfähigkeit charakterisiert. Die Pensionierung jedoch zerstörte die Illusion einer lebenslangen Aufwärtsbewegung, und die Zahnentfernung brachte ihm mit einem Mal die immer verdrängte, ja an anderen verachtete Verletzlichkeit der Existenz zu Bewusstsein. Der depressive Wahn erschien vor diesem Hintergrund als eine Überwältigung durch die Schattenseite der eigenen Existenz: Altern und Krankheit, Schuld und Versäumnis, Tod. Das beharrlich Verleugnete, aber latent Gefürchtete, mit dem sich der Patient nicht auseinandergesetzt und dem er nun nichts entgegenzusetzen hatte, forderte seinen Tribut. (Fuchs 2000, 223 f.)

Die Abwehrstrategie der Besonderheit und Grandiosität ist von besonderer sozialpsychologischer Bedeutung, handelt es sich doch um einen Kampf gegen die Endlichkeit, den die westliche Kultur insgesamt seit der Neuzeit führt. Mit der verlorenen Einbettung in einen übergreifenden, kollektiven und religiösen Zusammenhang wurde die Individuation, die ›Selbstverwirklichung‹ zu einer immer wichtigeren Aufgabe.[3] Jedem Einzelnen ist nunmehr die Sorge um sich selbst aufgetragen, und seine Einzigartigkeit erhält absoluten Wert. Das einzigartige Individuum kann auch nicht in den anderen fortleben, es ist unersetzbar.

Der Preis für die immer weiter getriebene Individualisierung ist allerdings eine umso massivere Konfrontation mit der eigenen Vergänglichkeit. Das Leben wird unerhört kostbar: Es bleibt immer weniger Zeit für immer mehr Möglichkeiten und Wünsche. Die Angst, das Wichtigste oder Beste zu versäumen, wird zum Grundgefühl. Für das Individuum mit seiner potenziell unendlichen Vervollkommnungs- oder Erlebniserwartung kommt der Tod immer zu früh: »Wenn das Leben die einzige Gelegenheit ist, steigert sich die Verlustangst ins Unerträgliche« (Gronemeyer 1993, 24). Daraus entsteht der Zwang zur Beschleunigung, der Wettlauf mit der Zeit, unter dem nicht nur der Workaholic, sondern wir alle heute leiden (Fuchs et al. 2018).

Hans Blumenberg hat diese kollektive Neurose als das Leiden unter der Schere gedeutet, die sich zwischen der begrenzten Lebenszeit und der unbegrenzten Weltzeit auftut: Das persönliche

---

[3] Vgl. hierzu die empfehlenswerte Studie von Schlette (2013).

Leben erscheint erschreckend kurz, wenn es nicht mehr in einen übergreifenden Zusammenhang der Tradition und der Jenseitshoffnung eingebettet werden kann (Blumenberg 1986). Wir antizipieren einen Rückblick auf uns selbst, der aber gerade nicht mehr unser eigener Rückblick sein wird. Das Leben geht weiter, aber es ist nicht mehr das unsere. Menschen mit narzisstischen Größenphantasien geraten durch diese Schere unter einen fatalen Zeitdruck. Das ist letztlich auch das Motiv des Faustischen Teufelspakts: durch Beschleunigung, durch Kunstgriffe der Magie oder durch Mittel der Technik ›Zeit zu gewinnen‹, um mehr Wünsche und Möglichkeiten realisieren zu können. »Der Teufel weiß, dass er wenig Zeit hat« (Offb. 12, 12). Als Beispiel nenne ich eine Person, die wie kaum eine andere das vergangene Jahrhundert geprägt hat, nämlich Hitler.

Haffner hat als einen der mächtigsten Antriebe Hitlers den Versuch herausgearbeitet, seinen politischen Zeitplan seiner persönlichen Lebenserwartung unterzuordnen (Haffner 1978, 27). Hitler setzte alles daran, eine weltgeschichtliche Vision innerhalb seines eigenen Lebens zu realisieren, also gewissermaßen eine Konvergenz von Lebens- und Weltzeit zu erzwingen. Immer wieder klagte er darüber, nicht genügend Zeit zu haben, alles in äußerster Eile tun zu müssen. So zählte er in schwachen Momenten vor der Machtergreifung seinem Vertrauten, dem Hamburger Gauleiter Krebs, seine Magenkrämpfe auf, in denen er Vorboten einer Krebserkrankung sah (seine Mutter war an Krebs gestorben). In der Angst, er habe nur noch wenige Jahre zu leben, schrie er dann: »Ich habe keine Zeit zu warten. […] Ich muss in Kürze an die Macht kommen, um die gigantischen Aufgaben in der mir verbleibenden Zeit lösen zu können. Ich muss! Ich muss!« (Krebs 1959, 137)

Noch in den letzten Monaten klagte Hitler die Zeit als Betrügerin seines großen Willens an: »Es ist die Tragik der Deutschen, dass wir nie genügend Zeit haben« (Genoud 1981, 73). »Ich […] stehe unter dem Schicksalsgebot, alles innerhalb eines einzigen kurzen Menschenlebens zu vollenden. […] Wofür die anderen die Ewigkeit haben, dafür bleiben mir nur ein paar armselige Jahre« (ebd., 110). Einen letzten diabolischen Versuch, die Weltzeit doch noch unter die eigene Lebenszeit zu zwingen, kann man in Hitlers »Nero-Befehl« vom 19. März 1945 sehen, in dem er selbst die Vernichtung Deutschlands anordnete. Sein extremer narzisstischer Neid gönnte der Welt keine Zukunft; sie sollte mit dem eigenen Tod untergehen. Bereits Ende 1944 hatte er seinem Adjutanten von Below angekündigt: »Wir können untergehen. Aber wir werden eine Welt mitnehmen« (von Below 1980, 398). Wir sehen an diesem extremen Beispiel, welche mächtige Triebfeder die Todesdrohung in der menschlichen Psyche darstellen kann.

Ursprünge der Todesabwehr

Kehren wir noch einmal zu den beiden grundlegenden Abwehrstrategien zurück und stellen sie einander gegenüber. Die erste, die Vorstellung des letzten Retters, richtet sich auf einen idealisierten Anderen; die zweite, die Überzeugung von der eigenen Besonderheit und Grandiosität, richtet sich auf das idealisierte Selbst. Psychodynamisch lassen sich beide Strategien auf frühkindliche Erfahrungen zurückführen, und zwar die eine auf die Erfahrung der Abhängigkeit: Ich bin schwach, aber doch umsorgt von Mutter und Vater, die mir jeden Wunsch erfüllen, mich auf wunderbare Weise beschützen und erhalten. Die andere Abwehr geht einerseits zurück auf idealisierende Eltern, andererseits auf das Erlebnis der Omnipotenz, wie sie das Kleinkind in seiner Eroberung des Raumes macht: Die Welt liegt mir zu Füßen, es gibt keine Grenzen für mich. Wir können annehmen, dass solche Erfahrungen bereits früh zur Grundlage von Abwehrmechanismen gegen die Todesdrohung werden. Darauf deutet auch der in den meisten Kulturen tief verwurzelte Glaube an schützende Gottheiten hin, ebenso wie andererseits die ubiquitären Unsterblichkeitsmythen.

Zum Bewusstsein des Todes gelangt das Kind freilich nicht mit einem Mal; vielmehr macht es schon in den ersten Lebensjahren Erfahrungen, die einem tödlichen Erschrecken, einer drohenden Auflösung oder einem Vernichtungsgefühl gleichkommen können. Dazu gehören etwa die Bedrohung der körperlichen Integrität in Verletzung und Schmerz, der Selbstverlust im Schlaf, vor allem aber die mit Trennungen verbundenen Ängste. Alleingelassensein, Liebesverlust, heftige Beschämung, grausame Bestrafung u. a. sind Erfahrungen des Herausfallens aus der liebevollen Gemeinschaft mit der Mutter oder den Eltern – todesähnliche Erfahrungen, aus denen sich später die eigentliche Todesangst entwickelt. Tatsächliche Vorstellungen vom Sterben der Lebewesen und schließlich das Bewusstsein vom eigenen Tod bilden sich erst allmählich vom Ende des zweiten Lebensjahres an, verbinden sich aber mit diesen frühen »Todesäquivalenten« (Lifton 1986, 74 ff.).

Je nach seiner Konstitution und der familiären Beziehungskonstellation schlägt das Kind dann verschiedene Wege ein, um den Schrecken zu bannen. Entweder verleugnet es den Tod, indem es in ängstlicher Abhängigkeit von den Eltern verharrt und sich an die vertraute Umgebung klammert. Getragen und umsorgt zu werden, ist der treibende Wunsch, und fallengelassen zu werden die zentrale Quelle der Angst. Der Psychoanalytiker Michael Balint (1972) beschrieb dies als den »*oknophilen*« Typus (griech. *oknéo* = zögern, sich anklammern). Solche Menschen entwickeln oft eine unbewusste Lebensangst; sie versuchen gleichsam, der Straße zum Tod auszuweichen, indem sie die Zeit der Kindheit fixieren und sich weigern, erwachsen und autonom zu werden.

Oder aber das Kind schlägt den Weg des grandiosen Selbst-Ideals ein; es muss seine Besonderheit beweisen und leidet später oft unter zwanghaftem Ehrgeiz, Leistungsstreben und mangelnder Beziehungsfähigkeit. Nicht selten äußern sich die verdrängten Todesängste und Ohnmachtsgefühle der Kindheit später auch in kontraphobischen Aktivitäten – etwa beim Extrembergsteigen, Bungee- oder Fallschirmspringen, U-Bahn-Surfen oder Motorsport. In Balints polarer Typologie entspricht dem die »*philobatische*« Tendenz (von griech. *akrobátes*), nämlich die Liebe zu den ›freundlichen Weiten‹ und zur Gefahr, die Angstlust an der Herausforderung, durch die das Größenselbst bestätigt wird. Der Philobat begibt sich lieber in die Gefahr, wie ein Artist vom Hochseil zu stürzen, als dass er sich von anderen begrenzen lässt. Der

›Thrill‹ oder der ›Kick‹ besteht darin, den Tod herauszufordern und dabei immer wieder über die eigene verdrängte Todesangst zu triumphieren (Kraus & Csef 1994). Der oknophile und der philobatische Typus Balints entsprechen also zwei gegensätzlichen Reaktionen auf die elementaren, frühen Todesängste: der ›regressiven‹ und der ›progressiven‹ Verleugnung des Todes.

Resümee

Wir haben gesehen, dass die neurotische Abwehr der Todesangst einen hohen Preis hat. Der Schutz durch einen mächtigen Retter verhindert die Entwicklung von Autonomie und Selbstverantwortung; das Streben nach Besonderheit und Grandiosität geschieht auf Kosten der Liebes- und Beziehungsfähigkeit und des Lebensgenusses. Beide Strategien haben ein eingeschränktes Leben zur Folge, bis hin zu einem Stillstand des persönlichen Wachstums. Zentrale Entwicklungsmöglichkeiten bleiben ungenutzt, denn die Aufgabe der Abwehr – die Lösung aus symbiotischen Bindungen oder der Verzicht auf Grandiosität – löst jeweils existenzielle, tödliche Angst aus. Otto Rank schrieb daher treffend, der Neurotiker verschmähe »die Leihgabe des Lebens, um damit der Begleichung der Schuld zu entgehen« – nämlich dem Tod (Rank 1931, 43).

Doch wenn wir beide Abwehrformen in ihrer Entstehung zurückverfolgen, dann stellen wir fest, dass sie letztlich einem Bedürfnis nach Liebe entspringen; einem Bedürfnis, das sich gebrochen hat an den Erfahrungen von Schmerz, Angst, Scham, Trennung, Verlust und Tod. Angesichts dessen flüchten die einen zurück in symbiotische, unreife Beziehungen; sie klammern sich an bestehende Bindungen auf Kosten ihrer Individuation. Die anderen treten die Flucht nach vorne an, in die grandiose Besonderheit und Vereinzelung auf Kosten liebevoller Beziehung; Phantasien der eigenen Großartigkeit sollen die tödliche Einsamkeit kompensieren. Beide Wege sind prekär, denn die Realität des Todes lässt sich auf die Dauer nicht verleugnen und ereilt sie schließlich doch. Weder der heroische Individualismus noch das Verharren im ursprünglichen symbiotischen Miteinander, so können wir die anfangs gestellten Fragen beantworten, halten der Wirklichkeit des eigenen Todes stand.

Und doch kann gerade die Konfrontation mit dieser Wirklichkeit zur Chance für eine Reifung und Heilung werden. Immer wieder macht man die Beobachtung, dass die Nähe des Todes, ein Unfall, eine schwere Erkrankung, der Verlust eines nahen Menschen oder ein Suizidversuch zu einer tiefgreifenden Wandlung des Betroffenen führen kann. Die realisierte Gegenwart des Todes im Leben lässt illusionäre Wunschvorstellungen zerfallen, sie relativiert Größenphantasien und führt Beziehungen auf eine neue Stufe. Denn solange die Angst vor Einsamkeit und Tod sie überwältigt, werden die einen sich ihren Größenphantasien hingeben wie einer Droge; die anderen werden sich an ihre Nächsten klammern, um sie zu ihrer Rettung zu gebrauchen, und das heißt immer auch missbrauchen. Keine Beziehung und Bindung kann die existenzielle Vereinzelung durch den Tod ganz aufheben. Aber das Leben kann in einer Weise geteilt werden, dass die Liebe den Schmerz der möglichen Trennung in sich aufnimmt. Wir sollen allem Abschied voran sein, schreibt Rilke in den Sonetten an Orpheus, und an anderer Stelle: »Ich will nicht sagen, dass man den Tod *lieben* soll; aber man soll das Leben so großmütig, so ohne Rechnen und Auswählen lieben, dass man unwillkürlich ihn (des Lebens abgekehrte Hälfte) immerfort mit-einbezieht, ihn mitliebt« (Rilke 1991, 268).

Die Vorwegnahme des Endes durchdringt die Liebe und macht sie als endliche gerade kostbar. Ihr Sinn ist dann, wie Robert Spaemann schreibt, »im Bewusstsein der Endlichkeit gehärtete Bedeutsamkeit« (1996, 128). Liebe zum anderen, die nicht durch das Bewusstsein des Todes hindurchgegangen ist – also die unreife Liebe, das Haben- und Besitzen-Wollen –, verstrickt sich in Abhängigkeiten, die sie selbst zur Wurzel von Angst und seelischem Leiden werden lassen. Erst die im Angesicht des Todes gehärtete Liebe, die Liebe der selbstbewussten und freien Hingabe, die nicht mehr besitzen will, um dem Tod zu entgehen – diese Liebe kann auch das Leiden angesichts des Todes lindern.

Literatur

Balint, M. (1972). *Angstlust und Regression. Beitrag zur psychologischen Typenlehre.* Reinbek bei Hamburg: Rowohlt.
Below, N. von (1980). *Als Hitlers Adjutant 1937–45.* Mainz: Hase & Koehler.
Binswanger, L. (1962). *Grundformen und Erkenntnis menschlichen Daseins.* München Basel: Reinhardt.
Blumenberg, H. (1986). *Lebenszeit und Weltzeit.* Frankfurt am Main: Suhrkamp.
Freud, S. (1914). Zur Einführung des Narzissmus. In ders., *Gesammelte Werke, Bd. 10* (S. 137–170). Frankfurt am Main: Fischer.
Freud, S. (1915). Zeitgemäßes über Krieg und Tod. In ders., *Gesammelte Werke, Bd. 10* (S. 323–355). Frankfurt am Main: Fischer.
Fuchs, T. (2000). *Psychopathologie von Leib und Raum. Phänomenologisch-empirische Untersuchungen zu depressiven und paranoiden Erkrankungen.* Darmstadt: Steinkopff.
Fuchs, T., Iwer, L. & Micali, S. (Hrsg.) (2018). *Das überforderte Subjekt. Zeitdiagnosen einer beschleunigten Gesellschaft.* Frankfurt am Main: Suhrkamp.
Genoud, F. (Hrsg.) (1981). *Hitlers politisches Testament. Die Bormann Diktate vom Februar und April 1945.* Hamburg: Knaus.
Gronemeyer, M. (1993). *Das Leben als letzte Gelegenheit. Sicherheitsbedürfnisse und Zeitknappheit.* Darmstadt: Wissenschaftliche Buchgesellschaft.
Haffner, S. (1978). *Anmerkungen zu Hitler.* München: Kindler.
Kraus, M. R. & Csef, H. (1994). Todesangst und Todesfaszination: Phänomene der Gegenwart. *Daseinsanalyse, 11,* 102–112.
Krebs, A. (1959). *Tendenzen und Gestalten der NSDAP.* Stuttgart: Deutsche Verlagsanstalt.
Lifton, R. J. (1986). *Der Verlust des Todes. Über die Sterblichkeit des Menschen und die Fortdauer des Lebens.* München Wien: Hanser.
Meyer, J. E. (1979). *Todesangst und das Todesbewusstsein der Gegenwart.* Berlin Heidelberg New York: Springer.
Montaigne, M. de (1969). *Essais. Bd. 1.* Paris: Flammarion.
Rank, O. (1931). *Technik der Psychoanalyse III. Die Analyse des Analytikers.* Leipzig Wien: Deuticke.
Rilke, R. M. (1991). Brief an Gräfin Margot Sizzo-Noris-Crouy, 6. Januar 1923. In ders., *Briefe, Bd. II. 1919 bis 1926* (hrsg. v. H. Nalewski) (S. 263–269). Frankfurt am Main Leipzig: Insel.
Schlette, M. (2013). *Die Idee der Selbstverwirklichung. Zur Grammatik des modernen Individualismus.* Frankfurt am Main New York: Campus.

Spaemann, R. (1996). *Personen. Versuche über den Unterschied zwischen ›etwas‹ und ›jemand‹*. Stuttgart: Klett-Cotta.
Yalom, I. D. (1989). *Existenzielle Psychotherapie*. Köln: Edition Humanistische Psychologie.

Phänomenologie und Psychopathologie des Willens

Einleitung

Ein Patient verharrt stundenlang gebannt vor einer Jacke oder einem Glas Wasser, bevor er das eine oder das andere zu ergreifen vermag. Eine andere Patientin versucht am Morgen aufzustehen und ins Bad zu gehen, liegt aber gegen Mittag noch immer im Bett, obgleich sie sich deshalb schwerste Vorwürfe macht. Ein Angestellter soll eine Vertriebskostenaufstellung anlegen, verliert sich aber in stundenlangen Überlegungen darüber, welches Ordnungsprinzip er der Aufstellung zugrunde legen sollte. Ein renommierter Autor hat sein Werk fast vollendet, kapituliert aber vor den letzten Zeilen und bringt es schließlich niemals zum Druck.

Wie es scheint, haben wir es hier mit unterschiedlichen, aber doch gravierenden Störungen des Willens oder willentlichen Handelns zu tun. Allerdings spielt der Begriff des Willens, vor 100 Jahren noch ein bedeutsames Konzept der Psychopathologie, in der gegenwärtigen Psychiatrie kaum noch eine Rolle.[1] Unter dem Einfluss der Psychoanalyse und des Behaviorismus, die beide – wenn auch aus unterschiedlichen Gründen – mit dem Willensbegriff nichts anfangen konnten, geriet er in der ersten Hälfte des letzten Jahrhunderts in Misskredit. In den neueren Kognitionswissenschaften ist der Komplex der sogenannten ›exekutiven Funktionen‹ an seine Stelle getreten. Erst die Debatte um die Willensfreiheit hat in den letzten Jahren die Aufmerksamkeit wieder vermehrt auf die Frage gelenkt, ob und unter welchen Bedingungen wir willentlich und frei handeln können, d. h. aber auch, wel-

---

[1] Eine Ausnahme bilden die Arbeiten von Janzarik (2004, 2008) sowie der von Petzold und Sieper herausgegebene Sammelband (2008).

che psychischen Störungen diese Freiheit beeinträchtigen oder aufheben. Die folgenden Untersuchungen gelten nicht der philosophischen Frage nach der Möglichkeit oder Unmöglichkeit der Willensfreiheit, sondern den Bedingungen, unter denen sich Menschen als frei Handelnde erleben oder aber in ihrer Entscheidungs- und Handlungsfähigkeit beeinträchtigt sind. Ich werde dazu zunächst den Willen phänomenologisch beschreiben und seine wesentlichen Komponenten herausarbeiten. Auf dieser Grundlage untersuche ich dann die hauptsächlichen Formen der Willensstörungen in der Psychopathologie. Ein kurzer Ausblick gilt abschließend den Fragen der Einwilligungsfähigkeit.

(1) Phänomenologie des Willens

Der Begriff des Willens ist nicht leicht zu fassen, da er ähnlich wie andere Substantivbildungen – ›Ich‹, ›Seele‹, ›Bewusstsein‹ usw. – eine eigene psychische Instanz oder Entität zu bezeichnen scheint, die sich aber recht besehen in der Erfahrung so nicht finden lässt. Unbestreitbar ist nur, dass wir Dinge tun *wollen* – z. B. will ich an einem schönen Tag gerne einen Spaziergang machen, ich spüre die Lust dazu, überlege mir, wann und wohin ich gehen möchte, und realisiere dann schließlich mein Vorhaben, indem ich meine Schuhe anziehe und aus dem Haus gehe. Aber wo in diesen Abläufen finden wir ›den Willen‹? Besser erscheint es wohl, mit dem Begriff zunächst einen Komplex von psychischen Funktionen zu bezeichnen, die von der noch unbewussten Vitalsphäre ihren Ausgang nehmen, jedoch zunehmend deutlich und bewusst werden. Er umfasst dann

- zunächst einen elementaren, noch ungerichteten *Antrieb* oder *Drang*;
- dann *Triebe, Bedürfnisse oder Strebungen,* die auf erwünschte Ziele gerichtet sind;
- weiter den Prozess der eigentlichen *Willensbildung* in einer Entscheidungssituation, der über die Phase des Abwägens bis zum Entschluss verläuft;

- die dem Entschluss entsprechende *Willenshandlung* oder Handlungsabfolge, die das im Entschluss anvisierte Vorhaben realisiert;
- und schließlich die oft als *Willensstärke* bezeichnete Fähigkeit, an einem einmal getroffenen Entschluss gegen innere und äußere Widerstände festzuhalten.

Als *Wille im engeren Sinn* lässt sich dann die Fähigkeit bezeichnen, zwischen verschiedenen Verhaltensmöglichkeiten und ihnen entsprechenden Wünschen eine überlegte und freie Wahl zu treffen – also der eigentliche ›freie Wille‹. Ergebnis dieser Willensbildung ist der Wille als Entschluss und die ihm entsprechende, verbindliche Einstellung, die man auch schriftlich niederlegen kann, sei es als Vertrag, Willensverfügung, letzten Willen usw. Eng mit dem freien Willen verknüpft ist der Begriff der *Selbstbestimmung*, verstanden als die Fähigkeit, in einer Wahlsituation einen nicht durch äußere Einflüsse oder Zwänge bestimmten, somit autonomen Willen zu bilden und in die Tat umzusetzen. Drei wichtige Merkmale charakterisieren dieses Vermögen des Willens:

(1) Es enthält zunächst ein Moment der Wahl oder Entscheidung, das heißt, es setzt im Unterschied zu unkontrollierten Trieb- oder Impulshandlungen bestimmte Freiheitsgrade der Person voraus. Dazu müssen alternative oder unerwünschte Impulse *gehemmt* werden.
(2) Der Wille setzt ein Handeln-Können voraus, also das Vermögen eines leiblichen Akteurs, aufgrund von Handlungsurheberschaft und leiblichem Können eine potenzielle Handlung auch umzusetzen. Im Gegensatz zum bloßen Wünschen oder Hoffen ist jedes Wollen somit immer ein aktuales »Tun-Wollen«, das mit der eigenen Handlungsfähigkeit rechnet (Pfänder 1900/1963).
(3) Schließlich ist der Wille wesentlich auf die Zukunft gerichtet, d. h., er spannt einen zeitübergreifenden »intentionalen Bogen« (Merleau-Ponty 1966) in Richtung des Willensziels auf, dem sich das eigene Handeln und Verhalten im weiteren Verlauf unterordnet.

All dies setzt verschiedene höhere kognitive Funktionen voraus, etwa eine hinreichende Introspektionsfähigkeit, Situationsübersicht, Urteils- und Kritikvermögen – also Fähigkeiten, die zu einer grundsätzlichen Rationalität und damit Nachvollziehbarkeit der Entscheidungsbildung beitragen. Nicht vorausgesetzt ist hingegen eine Art metaphysischer Wille oder eine autonome psychische Instanz, die zu gegebener Zeit auf den Plan tritt und eine Entscheidung herbeiführt oder gar den Körper in Bewegung setzt. Einen solchen substanzialisierten Willen werden wir in der Analyse der Prozesse von Willensbildung, Entschluss und Handlung nirgendwo finden.

Wohl aber bildet der Wille eine zentrale Fähigkeit der menschlichen Person, insofern sie durch ihr Selbstverhältnis in die Lage versetzt wird, gegenüber ihren primären Impulsen und Trieben Distanz und Freiheit zu gewinnen. Frankfurt (1971) hat in diesem Sinn die Fähigkeit, »Volitionen zweiter Ordnung« (*second-order volitions*) zu bilden und umzusetzen, als das grundlegende Merkmal von Personalität bezeichnet. In solchen Volitionen nimmt die Person zu ihren primären Impulsen wertend, zustimmend oder ablehnend Stellung und erweist damit ihre Freiheit, die Kant als Grundlage der Menschenwürde ansah.

Um nun die Phänomenologie des Willens näher zu analysieren, unterscheide ich zwischen drei hauptsächlichen Strukturmomenten, nämlich der Konation, der Inhibition und der Volition.

- Unter *Konation* verstehe ich die Gesamtheit von Antrieb, Energie, Trieben, Bedürfnissen und Motiven (›Bewegkräften‹), die zu einer Handlung führen können; wir können auch vom ›primären Wollen‹ sprechen.
- *Inhibition* ist demgegenüber die Fähigkeit zur Hemmung von spontanen Triebimpulsen oder Bedürfnissen, mithin eine wesentliche Voraussetzung für Willensfreiheit.
- *Volition* schließlich bezeichnet den Prozess der eigentlichen Willensbildung, des Entschlusses und der willentlichen Handlung, somit die Fähigkeit der bewussten Selbststeuerung.

a) Konation/Motivation

Beginnen wir mit der Konation, abgeleitet vom lateinischen *conatus* (= Drang, Trieb, Streben). Dazu gehört zunächst der *Antrieb* als dynamisch-vitale Grundenergie des Organismus, die sich in der gespürten Vitalität, Frische, Energie oder Tatkraft manifestiert. Spezifischer gerichtet sind die *Triebregungen* wie etwa Hunger, Durst, Sexualtrieb oder Bewegungsdrang, sodann die Vielfalt menschlicher *Bedürfnisse und Strebungen* wie Nähe- und Zugehörigkeitsbedürfnis, Leistungs-, Geltungs- und Machtstreben, Neugier, Interesse usw. Die Grundbedürfnisse eines Menschen sind unterschiedlich ausgeprägt und gehören zu seiner dauerhaften Persönlichkeitsstruktur.

Noch konkreter ausgerichtet sind die *Motive* als anhaltende Dispositionen, Neigungen und Wünsche, die Beweggründe für Handlungen darstellen, etwa der Wunsch, eine Familie zu gründen, ein Instrument zu erlernen o. ä. Unter der *Motivation* können wir dann die Gesamtheit der jeweils aktuellen Triebe, Bedürfnisse und Motive verstehen, die zunächst die Ausrichtung und Auswahl des Verhaltens in einer gegebenen Situation begründen, im weiteren Verlauf dann auch zur Konsequenz und Zielstrebigkeit der Handlungsumsetzung beitragen. *Affekte* und *Impulse* schließlich bezeichnen momentane, meist rasch abklingende emotionale Regungen, die durch besondere Merkmale einer Situation hervorgerufen werden und ein eher spontanes Handeln induzieren.

b) Inhibition

Die ungehinderte Umsetzung eines Triebs oder Impulses wäre keine willentliche Handlung im eigentlichen Sinn, denn es fehlte ihr das Moment der Selbstkontrolle und Selbstbestimmung. Damit sie geschehen kann, muss eine *Hemmung* einsetzen, die dem Überlegen und Entscheiden Raum gibt. Damit verknüpft ist die Fähigkeit, primäre Strebungen aufzuschieben, Umwege zu ihrer Realisierung in Kauf zu nehmen oder auch ganz auf sie zu verzichten. Diese für die Willensfreiheit zentrale *Suspension* primärer Impulse ist bereits von Locke beschrieben worden:

> Da der Geist, wie die Erfahrung zeigt, in den meisten Fällen die Kraft besitzt, bei der Verwirklichung und Befriedigung irgendeines Wunsches *innezuhalten* und mit allen andern Wünschen der Reihe nach ebenso zu verfahren, so hat er auch die Freiheit, ihre Objekte zu betrachten, sie von allen Seiten zu prüfen und gegen andere abzuwägen. Hierin besteht die Freiheit, die der Mensch besitzt. […] [Wir haben] die Kraft, die Verfolgung dieses oder jenes Wunsches zu unterbrechen, wie jeder täglich bei sich selbst erproben kann. (Locke 1690/1981, II, Kap. 21, § 47)

Erst durch diese Hemmung ergibt sich die zeitliche Verzögerung, das Moratorium, das den Raum der Freiheit eröffnet (Fuchs 2020). Vielfach entsteht dieses Moratorium auch aufgrund einer *Offenheit* der Situation, die von sich aus mehrere Handlungsoptionen zulässt, also ambivalent oder polyvalent ist, sodass die Handlungsausrichtung erst durch eine Entscheidung bestimmt werden kann. Damit bedeutet das Auftreten polyvalenter Situationen auch eine vorübergehende Desorientierung, einen Konflikt, der gelöst werden muss. Das ist die Aufgabe der Willensbildung, die schon zum Komplex der *Volition* gehört.

c) Volition

Die Volition bezeichnet den Übergang von der Konation zur Handlung, und zwar in einer Situation, die alternative Möglichkeiten bereithält und eine Wahl wie auch Entscheidung erfordert. Im Moratorium, das die Inhibition eröffnet, tritt das primäre Wollen in das Licht der Selbstreflexion und zugleich unter die Herrschaft des freien Willens:

> Erst mit der Überformung durch den Willen erreicht das jetzt mit seiner fortwirkenden Kraft im Willen aufgehobene Wollen in einem qualitativen Sprung die Ebene menschlicher Entwicklung und Selbstgestaltung. (Janzarik 2008, 568)

In der Volition bildet die Person selbst ihren Willen, von der reflektierenden Abwägung (Deliberation) bis zum Entschluss (Dezision), und das ist die Voraussetzung für das Freiheitserlebnis in der schließlich resultierenden Handlung. »Ich habe das gewollt« bedeutet jetzt: Ich habe es mir, und sei es auch nur kurz, überlegt und mich dafür entschieden.

Die Willensbildung ist also zunächst ein Prozess der Überlegung, des Mit-sich-zu-Rate-Gehens, der Artikulation und Klärung von Motiven und Gründen. In virtuellen Probebewegungen nimmt die Person künftige Möglichkeiten vorweg, bedenkt ihre Vorteile, Risiken oder Hindernisse und fühlt sich gewissermaßen in die künftigen Situationen ein, um so eine innere Stimmigkeit oder *Kohärenz* und damit eine Orientierung in der offenen Situation zu finden.[2] Dazu gehören auch Überlegungen, die die Situation aus einer übergeordneten Perspektive beurteilen, etwa indem die Person die Interessen anderer oder moralische Gesichtspunkte miteinbezieht. Deutlich erkennbar wird hier der Zusammenhang von *Wille und Denken*: Willensakte entstehen erst auf der Basis von Überlegungen und Denkprozessen, die zumindest ein gewisses Maß von Auffassungsvermögen, Situationsüberblick, Selbstdistanz und Rationalität erfordern. Die Autonomie der Person beruht nach der klassischen, vor allem auf Kant zurückgehenden Konzeption wesentlich auf der *Freiheit* und *Rationalität* der Willensbildung.

Allerdings erfolgt diese Willensbildung in der Praxis keineswegs auf rein rationale oder streng systematische Weise. Vielmehr stellt sie eher einen dynamisch-kreativen Prozess dar, in dem bewusste und unbewusste Komponenten, Gefühle, Wünsche, Vorstellungen, Erwartungen, Überlegungen und Gründe einander wechselseitig beeinflussen. Die Intuition oder, wie man auch sagt, das ›Bauchgefühl‹ spielen bei der Willensbildung eine wesentliche und häufig ausschlaggebende Rolle. Entscheidungen lassen sich daher nicht ausrechnen und auch nicht voraussehen. Kein psychologisches oder neurobiologisches Verfahren ist in der Lage,

---

[2] Thomae (1960) hat dies treffend als »Vorahmung« bezeichnet, worin ›Vorahnung‹ ebenso wie ›Nachahmung‹ anklingt und so das intuitiv-mimetische Moment der Antizipation zum Ausdruck bringt; vgl. hierzu auch Fuchs (2008).

das freie Handeln einer Person mit absoluter Sicherheit vorherzusagen (Fuchs 2020).

Bei hinreichender Klärung stellt sich im Abwägungsprozess schließlich ein Gefühl der Stimmigkeit oder Kohärenz ein: »Das ist das Richtige für mich«, »das mache ich jetzt« – ein Gefühl, das nun in die *Entscheidung* oder den *Entschluss* mündet. Der Prozess der Abwägung muss aktiv zu einem Abschluss gebracht werden, der die möglichen Alternativen bis auf eine verwirft. Anderenfalls entsteht ein zunehmend unangenehmer, quälender Zustand der Entschlusslosigkeit bei gleichzeitigem Entscheidungsdruck, die bekannte ›Qual der Wahl‹. Es kann aber auch nach der getroffenen Entscheidung ein Gefühl mangelnder Selbstkongruenz bleiben, nämlich wenn sich die Person über zentrale Motive hinweggesetzt, zu keiner inneren Klärung und Stimmigkeit gefunden hat, sodass sie sich mit ihrer Entscheidung nicht wirklich identifizieren kann. Die Klärung und Artikulation des eigenen Wollens ist daher eine oft nicht leichte Aufgabe; sie setzt Introspektionsfähigkeit, Selbstkenntnis und nicht zuletzt Geübtheit und Erfahrung voraus, weshalb Peter Bieri (2001) treffend vom »Handwerk der Freiheit« gesprochen hat.

Im sogenannten *Rubikon-Modell* der Willensbildung nach Heckhausen und Gollwitzer (1987) bedeutet der Rubikon die psychische und zeitliche Schwelle im Entscheidungsprozess, die im Entschluss überschritten wird, abgeleitet von Caesars Angriff auf Rom als Auslöser des römischen Bürgerkrieges. Von diesem Moment an geht es nicht mehr um die Abwägung verschiedener Möglichkeiten in einer Haltung der Offenheit, sondern vielmehr um die *Schließung* des Möglichkeitsraums: Jetzt müssen alternative Optionen möglichst konsequent ausgeblendet oder zumindest in ihrem Wert gemindert werden, damit man sich ganz auf die Planung und Umsetzung der gewählten Handlung konzentrieren kann, von der ersten erforderlichen Körperbewegung bis zum Erreichen des eigentlichen Handlungsziels. Der *Willensakt*, also die aus der freien Entscheidung resultierende Handlung, ist eine körperliche Aktion, in der sich die Person, anders als bei reinen Trieb- oder Impulshandlungen, als selbst aktiv und frei erlebt. Häufig realisiert sich der gebildete Wille aber auch erst in einer Folge von

Handlungen, die miteinander verbunden zu dem gewünschten Ziel führen – etwa wenn man sich entschließt, ein Essen zu kochen, eine Party zu veranstalten oder auch ein Studium zu absolvieren.

Für solche länger hingezogene Willensäußerungen bedarf es in besonderem Maße der Intentionalität oder gerichteten Aktivität des Subjekts: zunächst in der Vorwegnahme des Ziels (*Antizipation*), dann in der sinnvollen Anordnung der geeigneten Handlungsschritte (*Sequenzierung*), schließlich wiederum in der Hemmung oder Ausblendung abweichender oder störender Impulse und Einfälle (*Inhibition*).[3] Je eindeutiger und folgerichtiger das Handeln, desto mehr ist die Person dabei mit sich im Einklang. Es geht darum, den *intentionalen Bogen* der Handlung bis zum Ziel hin zu spannen und aufrechtzuerhalten, was einer Verbindung aus Antizipation, Aufmerksamkeit und Beharrlichkeit bedarf, d. h. einer fortwährenden Steuerungs- und zugleich Hemmungsleistung – Funktionen, die in der kognitiven Psychologie auch unter dem Begriff der ›exekutiven Funktionen‹ zusammengefasst werden.

Willensstärke ist die alltagspsychologische Bezeichnung für diese im Prozess der Handlung erforderliche komplexe Fähigkeit. Sie setzt zum einen eine geklärte, also zumindest nicht mit hoher Ambivalenz getroffene Entscheidung voraus – anderenfalls wird die Handlung immer wieder vertagt oder lassen sich abweichende Impulse nicht unterdrücken, sodass der Betreffende womöglich seine Entscheidung ganz in Frage stellt und damit gewissermaßen an das Ufer vor dem Rubikon zurückkehrt. Zum anderen bedarf es einer Geübtheit und Festigkeit im Umgang mit entsprechenden Handlungsbögen, die wir auch dem persönlichen Charakter zuschreiben – man spricht in diesem Sinn auch von willensstarken oder -schwachen Persönlichkeiten –, eine Festigkeit, die freilich auch durch kognitive und andere psychische Störungen vielfältig beeinträchtigt sein kann.

Schließlich spielt für die Konsequenz und Beharrlichkeit der Willensumsetzung auch die unter (a) bereits erwähnte *Motivation* eine zentrale Rolle: Wie wichtig ist es mir, das konkrete Ziel zu

---

[3] Mit Janzarik (2004) kann man auch von einer *Desaktualisierung* divergierender Gerichtetheiten sprechen.

erreichen, wie sehr identifiziere ich mich damit? Nach den »Erwartung-mal-Wert«-Modellen (etwa Lawler & Porter 1967; Wigfield & Eccles 1992) ist die Motivation dabei einerseits abhängig vom Wert der erwarteten Befriedigung, andererseits von der Erfolgswahrscheinlichkeit der Handlung. So kann ein hoher Wert des Ziels geringe Erfolgsaussichten kompensieren oder umgekehrt eine hohe Erfolgschance einen eher geringen Befriedigungswert ausgleichen. Hier können z. B. kognitive und verhaltenstherapeutische Interventionen ansetzen, die die Einschätzung der Situation modifizieren, die Verkoppelung von Motiv und Handlungsziel stärken und so die beabsichtigte Handlung erleichtern. Die erfolgreich ausgeführte Handlung mit ihren Resultaten in der Umwelt wird abschließend bewertet und hat als solche Auswirkungen auf die künftige Motivation, sei es im Sinne einer Zufriedenheit, Belohnung und Verstärkung oder aber im Sinne einer Enttäuschung und entsprechenden Dämpfung der Motivation.

(2) Psychopathologie der Willensstörungen

Auf dieser phänomenologischen Grundlage lässt sich nun auch die Psychopathologie der Willensstörungen in drei Gruppen gliedern, wobei es im Einzelnen auch Kombinationen und Überschneidungen gibt:

a) Störungen der Konation (Antriebsmangel oder -überschuss),
b) Störungen der Inhibition (Hemmungsmangel oder -überschuss),
c) Störungen der Volition (Störungen der Willensbildung, Ambivalenz, Intentionalitätsstörung, ›Willensschwäche‹).

Im Folgenden werde ich diese drei Gruppen von Willensstörungen anhand von psychopathologischen Beispielen darstellen, ohne dabei Vollständigkeit anzustreben. Vorweg sei bemerkt, dass die dabei zugrunde liegenden Erkrankungen von sehr verschiedener Art sind; es kann sich um psychogen-neurotische Störungen, funktionelle Erkrankungen wie etwa Psychosen oder organische

Hirnschädigungen handeln. Die Einteilung folgt also grundsätzlich der Phänomenologie des Willens, innerhalb der drei Gruppen können jedoch ätiologisch ganz unterschiedlich geartete Krankheiten auftreten. Die psychopathologischen Phänomene sind andererseits geeignet, die im ersten Teil dargestellte Phänomenologie normalpsychologischer Willenstätigkeiten durch den Kontrast zu schärfen.

a) Störungen der Konation

Zu den Störungen der Konation gehören zunächst Antriebsverlust auf der einen, Antriebssteigerung auf der anderen Seite, wie sie sich vor allem in der Depression bzw. in der Manie manifestieren können. So geht vor allem die schwere, gehemmte Depression mit einem Verlust des Antriebs einher, der selbst alltägliche Handlungen zu einem schier unüberwindlichen Hindernis werden lässt.

Am Morgen wollte ich aufstehen und mich duschen, aber es dauerte drei Stunden, bis ich mich auch nur aufraffen konnte, ins Bad zu gehen. (Patientin der eigenen Klinik)

Ich sage mir: Du musst etwas tun; aber während ich es sage, setze ich mich trotzdem auf den nächsten Stuhl und starre vor mich hin. Sowie ich allein war, machte ich es so, und dabei spürte ich, wie dies Hin und Her zwischen Wollen und Nicht-Wollen an meinen Nerven riss. (Tellenbach 1983, 152)

Die Patientin im ersten Beispiel vermag also den bereits konkret gefassten Entschluss nicht in die Handlung umzusetzen, da ihr gleichsam der ›Wind in den Segeln‹ fehlt. Im zweiten Fall bleibt es bei einem allgemeinen Sollen, das sich aber nicht zu einem bestimmen Handlungsziel konkretisiert und so erst recht wirkungslos bleibt. Einsichtig wird, wie quälend die Aufforderung, sich ›zusammenzureißen‹, für den Depressiven sein muss – die Antriebshemmung lässt alle solchen Appelle oder Vorsätze ins Leere laufen, denn das bloße Wollen oder Sollen auf einem gedanklichen Niveau bleibt wirkungslos, solange der erforderliche vitale

Antrieb fehlt, zumal sich die bleierne Schwere und Erstarrung des Leibes in der Depression diesem kognitiven Wollen geradezu widersetzt.[4] Die vermeintlich selbst verursachte Willensschwäche verstärkt nur die Selbstvorwürfe und Schuldgefühle der Patienten, denn sie erleben ihr Nicht-Können als moralisches Versagen: »Wenn ich wirklich wollte, könnte ich schon.«

Als *Abulie* oder krankhafte Willensschwäche bezeichnet man in der Psychopathologie allgemein das Unvermögen, einen gefassten Willen, Vorsatz oder Entschluss zur Ausführung zu bringen, sei es aufgrund von Antriebs-, Kraft- und Initiativlosigkeit, psychomotorischer Hemmung oder allgemeiner Apathie. Es kann in der Folge zum völligen Verlust von Willenskraft und Interesse kommen, sodass die Betroffenen an ihrer Umwelt nicht mehr teilnehmen und schließlich in soziale Isolation geraten. Ursachen sind nicht nur Depressionen, sondern auch chronische Schizophrenien oder diffuse wie auch lokale Hirnschädigungen (v. a. des Frontalhirns, der Basalganglien oder des Thalamus). So beschreibt Conrad das schwere Antriebsdefizit bei chronisch Schizophrenen treffend als »Syndrom der gebrochenen Feder«:

Der Kranke vermag überhaupt keine Bedürfnisspannung mehr auszubilden, und bleibt, wohin man ihn auch stellt, stehen, wie eine Uhr mit gebrochener Feder. Sobald man aber von außen den fehlenden Antrieb ersetzt, ihn antreibt, etwas zu tun, dann vermag er jede beliebige Tätigkeit eine kurze Weile auszuführen, bleibt aber sehr bald wieder stehen, wie jene Uhr, die ein paar Schläge macht, wenn man sie schüttelt. (Conrad 1958/1992, 127)

Einen *Überschuss der Konation* finden wir auf der anderen Seite bei der Manie. Sie ist gekennzeichnet durch eine allgemeine Antriebssteigerung und grundlos gehobene Stimmung, durch ein Übermaß an Initiative, Einfallsreichtum und Wagemut bis hin zum bedenkenlosen Draufgängertum. Maniker stehen sehr früh am Tag auf, um verschiedenste Projekte zu beginnen, die sie aber dann ebenso rasch wieder fallen lassen; sie reden viel, laut und gestikulierend; sie reisen herum und mischen sich in alles Mög-

---

[4] Vgl. den Aufsatz »Depression, Leiblichkeit, Zwischenleiblichkeit« in diesem Band.

liche ein, was sie nichts angeht. Dabei sind sie kaum ermüdbar, brauchen nur ein Minimum an Schlaf und geben sich jünger und vitaler, als es ihrem Alter entspricht. Ihr Taten- und Bewegungsdrang ist schier unbezähmbar, was aber auch bedeutet, dass sie sich selbst keine Hemmungen und Beschränkungen auferlegen können. Manien beeinträchtigen insofern die freie Willensbestimmung und können durchaus mit dem Verlust der Geschäftsfähigkeit einhergehen.

Betrifft die Manie den Antrieb und die von ihm gespeisten Triebe insgesamt, so finden wir eine *Übermacht einzelner Triebregungen* in allen Formen der Sucht oder Abhängigkeit (sei es von Drogen, Alkohol, Medikamenten, Glücksspiel oder anderem Verhalten). Der Süchtige wird buchstäblich ein Getriebener: Periodisch oder dauerhaft leidet er unter einem meist unüberwindbaren Verlangen, das zu Kontrollverlust, zwanghaftem Konsum und fortschreitender Vernachlässigung anderer Aktivitäten oder Verpflichtungen führt. Kraftlos gleiten alle Einsichten und guten Vorsätze am süchtigen Verlangen ab. Damit belegen die Abhängigkeitserkrankungen erneut die Ohnmacht des rein verstandesmäßigen Wollens, anders als bei der Depression aber nicht aufgrund fehlenden vitalen Antriebs, sondern vielmehr aufgrund massiver leiblicher Triebregungen. Der Süchtige ist daher im Sinne Frankfurts (1971) unfrei, insofern er zwar zu »Volitionen zweiter Ordnung« (*second-order volitions*) gelangt – »ich will diese Sucht nicht haben bzw. ihr nicht nachgeben« –, diese jedoch nicht wirksam zu machen vermag. Die gegenläufigen Richtungen und Motive des Wollens bzw. Nicht-Wollens sind gewissermaßen auf verschiedenen Niveaus der Person angesiedelt, wobei sich die vital-triebhafte Schicht in der Regel als überlegen erweist.

b) Störungen der Inhibition

Auch bei den Störungen der Inhibition können wir wieder eine *Enthemmung* auf der einen und eine *übermäßige Hemmung* auf der anderen Seite unterscheiden. – Geht ein Trieb oder Impuls ungehemmt und ohne eine wenigstens kurz dauernde Überlegung in eine Aktion über, sprechen wir nicht von einer Willens-, sondern von einer *Trieb- oder Impulshandlung*, die subjektiv mit dem Gefühl des Getrieben- oder Überwältigtwerdens erlebt wird. Hier ist also die Inhibition gegenüber der Konation so geschwächt, dass die Impulskontrolle oder Selbstbeherrschung nicht mehr gelingt. Eine eigentliche Entscheidung zur Handlung kommt daher gar nicht zustande, vielmehr kann sie willentlich gar nicht oder doch nur schwer verhindert werden. Störungen der Inhibition finden sich häufig in hochgradig affektgeladenen Zuständen, aber auch bei impulsiv-unbeherrschten Persönlichkeiten, denen man in der klassischen Temperamentenlehre einen ›cholerischen‹ Charakter zusprach.

Die Fähigkeit zur Hemmung spontaner Impulse wird in der Neuropsychologie den schon erwähnten *exekutiven Kontrollfunktionen* zugeschrieben, die im Verlauf der Kindheit erworben werden (Hommel 2002; Müller 2013). Dabei bilden sich durch Einübung von Impulsunterdrückung und Verhaltensaufschub – nicht zuletzt unter erzieherischem Einfluss – hemmende Bahnen vom Frontalhirn zum limbischen System heraus, die den Fähigkeiten der Selbstkontrolle entsprechen.[5] Psychopathologisch zeigen sich Inhibitionsstörungen etwa bei der Aufmerksamkeits-Hyperaktivitätsstörung (ADHS) oder bei Borderline-Persönlichkeitsstörungen vom impulsiven Typus, in denen aufgrund von massiven negativen Affekten und Spannungszuständen die Einübung von Impulskontrolle bereits von Kindheit an nicht gelingt. Die Formen impulsiver Verhaltensweisen reichen von Fressanfällen (Bulimie) über zwanghaftes Kaufen, Spielen oder Stehlen (Kleptomanie) bis zu Aggressionsdurchbrüchen, Selbstverletzungen oder Suizidversuchen.

Eine *übermäßige Hemmung* kennzeichnet auf der anderen

---

[5] Grundsätzlich lassen sich neurophysiologische Beschreibungen als komplementär zu den phänomenologisch bzw. psychopathologisch erfassbaren Willensleistungen und -störungen begreifen, also im Sinne eines Aspekt- oder Perspektivendualismus (vgl. Fuchs 2010, 103 ff.). Die neurophysiologischen Strukturen und Prozesse werden dabei nicht als kausal verursachend, sondern als *Ermöglichungsbedingungen* für die subjektiv und intersubjektiv erfassbaren Phänomene verstanden.

Seite sogenannte schizophrene Bannungszustände bis hin zum katatonen Stupor: Die Patienten können keinen Willensentschluss mehr umsetzen, aber nicht aufgrund mangelnden Antriebs, sondern weil sie sich wie gebannt oder gelähmt fühlen:

Die Patientin lag im Bett, hörte Gerumpel an der Tür; es kam »etwas« herein, bis ans Bett. Sie fühlte es wie eine Hand den Körper bis zum Hals heraufkommen und konnte sich nicht rühren, nicht einmal schreien, sie war wie gebannt. (Jaspers 1973, 99)

Ähnliche Hemmungszustände lassen sich bei organischen Hirnläsionen wie etwa Schädigungen des orbitofrontalen Kortex beobachten: verlangsamte Bewegungen, Sprachverarmung, Interessenverlust und Entschlussunfähigkeit.

c) Störungen der Volition

Gehen wir nun über zu den Störungen der eigentlichen Volition, also der Willensbildung und Willensumsetzung, die wiederum eine Reihe von Ursachen haben können. Dazu gehören

- kognitive Störungen, die die Reflexionsfähigkeit, Situationsübersicht und Handlungsplanung beeinträchtigen (z. B. Demenz),
- Intentionalitätsstörungen (dysexekutives Syndrom),
- Ambivalenz (schizophren, depressiv, neurotisch),
- ›Willensschwäche‹, z. B. Prokrastination (Erledigungsblockade, Aufschieben).

Kognitive Störungen der Reflexion und Handlungsplanung sind wie bei der Demenz meist organischer Natur. Zur spezifischeren Störung der Intentionalität des Willens, dem sogenannten dysexekutiven Syndrom, kommt es bei einer Schädigung des dorsolateralen frontalen Kortex. Die Patienten lassen typischerweise die Zielgerichtetheit und Beharrlichkeit des Handelns vermissen, bei Ablenkungen oder Hindernissen geben sie rasch auf. Problemlösendes Denken und vorausschauende Handlungsplanung sind zum Teil massiv gestört, das handlungsleitende Konzept geht verloren. Stattdessen haften die Patienten an irrelevanten Details oder verfallen in sinnlose Wiederholungshandlungen (Perseverationen). Hingegen haben sie bei Routinehandlungen wie dem alltäglichen Einkaufen oder der Essenszubereitung in der Regel keinerlei Probleme. Der Neurologe Antonio Damasio beschreibt einen Patienten mit entsprechender Läsion:

> Er war unfähig, einen Zeitplan einzuhalten. Wenn er eine Tätigkeit abbrechen und sich einer anderen zuwenden musste, blieb er oft bei der ersten und schien sein eigentliches Ziel aus den Augen zu verlieren. Manchmal unterbrach er auch eine Tätigkeit, weil ihn in diesem Augenblick etwas anderes mehr interessierte. Oder er überlegte den ganzen Nachmittag, welches Ordnungsprinzip er einem Sortiervorgang zugrunde legen sollte: das Datum, die Größe des Dokuments, seine Bedeutung für den Fall? So geriet der Arbeitsfluss ins Stocken. Man könnte sagen, dass er den Arbeitsschritt, an dem er hängen blieb, zu sorgfältig ausführte, und zwar auf Kosten des übergeordneten Ziels. (Damasio 1995, 66 f.)

Damasio kommt zu dem Schluss, dass »die Gefühllosigkeit seines Denkens E. [Elliot] daran hinderte, verschiedenen Handlungsmöglichkeiten unterschiedliche Werte zuzuordnen, so dass seine Entscheidungslandschaft völlig abflachte« (ebd., 85). Nur noch zu rationalen Überlegungen bezüglich der möglichen Alternativen in der Lage und unfähig, sie auch emotional zu bewerten, verlieren sich Elliot und vergleichbare Patienten in den Verästelungen ihrer Berechnungen und gelangen nicht mehr zu einem Abschluss ihrer Entscheidungsprozesse (ebd., 236). Hier zeigt sich deutlich eine kombinierte Störung der *Volition*, also der Fähigkeit, einen übergreifenden intentionalen Bogen des Handelns zu spannen, und der *Inhibition*, nämlich der Desaktualisierung störender Gerichtetheiten oder Einfälle; beides ist auf die organische Ursache zurückzuführen.

Anders verhält es sich bei der *neurotisch bedingten Ambivalenz*, auch wenn sie sich in ähnlicher Weise manifestieren kann. Hier kommt es zu einer Entscheidungs- und Handlungslähmung durch gegenläufige Motive oder Strebensrichtungen (meist im Sinne eines Appetenz-Appetenz- oder Appetenz-Aversions-Konflikts), deren Widerstreit sich aufgrund neurotischer Fixierungen nicht auflösen lässt. Die Ambivalenz äußert sich in Entschlusslosigkeit, Zaudern, Schwanken, Aufschieben, in unablässiger Selbstbeobachtung oder Zweifel- und Grübelsucht (Hyperreflexivität). In der Weltliteratur ist Hamlet sicher der bekannteste Protagonist des lähmenden Zweifels, mit dem das reflektierende Bewusstsein die Entschlusskraft infizieren kann.

So macht Gewissen Feige aus uns allen;
Der angebornen Farbe der Entschließung
Wird des Gedankens Blässe angekränkelt;
Und Unternehmungen voll Mark und Nachdruck
Durch diese Rücksicht aus der Bahn gelenkt,
Verlieren so der Handlung Namen.
(Shakespeare, Hamlet, III, 1)

Von den verschiedenartigen neurotischen Willensstörungen seien zwei besonders prägnante genannt, nämlich die *Akrasie* und die *Prokrastination*. – Unter *Akrasie* (griech. *akrasía*, von *krátos* = Stärke; »Willensschwäche«, »Handeln wider besseres Wissen«) versteht man das Phänomen, dass eine Person eine Handlung A ausführt, obwohl sie eine alternative Handlung B eigentlich für besser hält. Es handelt sich um ein bereits der antiken Moralphilosophie bekanntes Problem, das von Augustinus in seinen *Bekenntnissen* ausführlich geschildert wird, geht es doch dabei um den im Christentum besonders virulenten Konflikt zwischen Trieb und Moral. Am Beispiel der sexuellen Begierde beschreibt Augustinus seine innere Zerrissenheit:

So stritten in mir zwei Willen miteinander, ein alter und ein neuer, der eine fleischlich, der andere geistig, und ihr Hader zerriss meine Seele. […] Also nicht unfasslich ist es, teils zu wollen, teils nicht zu wollen, sondern eine Krankheit des inneren Menschen, weil er nicht ganz sich aufrichtet. […] Also sind es zwei Willen, denn der eine von ihnen ist nicht ganz, und was dem einen fehlt, das hat der andere. (Augustinus 1955, VIII, 9, 21)

Hier haben wir es also mit einem klassischen Willens- und Strebungskonflikt zu tun, einem Widerstreit von Motiven auf unterschiedlichen Niveaus der Person – einem Konflikt, dem wir natürlich auch bei heutigen Patienten vielfach begegnen und in dem es therapeutisch meist um die grundsätzliche Klärung der persönlichen Motive, Wertorientierungen und Lebensentwürfe geht.

Schließlich sei noch eine auch in akademischen Kreisen verbreitete Form der Willens- und Arbeitsstörung erwähnt, nämlich die *Prokrastination* (lat. *crastinus* = morgig): Vorhaben werden nicht begonnen oder abgeschlossen, es wird verschoben und verschoben, meist verbrämt mit vielfältigen Beschönigungen oder Rationalisierungen. Der Weg zur Hölle ist auch hier mit guten Vorsätzen gepflastert, eine Konzentration auf das eigentliche Vorhaben wird aber vermieden. Im Hintergrund der Störung stehen meist unrealistische Ansprüche an sich selbst, Versagensängste, Autoritäts- und andere Konflikte. Mit fortschreitendem Verlauf kann es zum nahezu völligen Verlust der Willenskraft und schließlich zur sozialen Isolation kommen, wenn die sich auftürmenden Rückstände die Alltagsbewältigung bedrohen. Hier ein literarisches Beispiel:

Wäre ich weniger entschlossen gewesen, mich endgültig an die Arbeit zu machen, hätte ich vielleicht einen Versuch unternommen, gleich damit anzufangen. Da aber mein Entschluss in aller Form gefasst war und noch vor Ablauf von vierundzwanzig Stunden im leeren Rahmen des morgigen Tages [...] meine guten Vorsätze sich leichthin verwirklichen würden, war es besser, nicht einen Abend, an dem ich schlecht aufgelegt war, für den Beginn zu wählen, dem die folgenden Tage sich jedoch leider ebenfalls nicht günstiger zeigen sollten. Aber ich riet mir selbst zur Vernunft. Von dem, der Jahre gewartet hatte, wäre es kindisch gewesen, wenn er nicht noch einen Aufschub von drei Tagen ertrüge. In der Gewissheit, dass ich am übernächsten Tag bereits ein paar Seiten geschrieben haben würde, sagte ich meinen Eltern nichts mehr von meinem Entschluss; ich wollte mich lieber noch ein paar Stunden gedulden und dann meiner getrösteten und überzeugten Großmutter das im Entstehen begriffene Werk vorweisen. Unglücklicherweise war der folgende Tag auch nicht der weit offen vor mir liegende Zeitraum, den ich fieberhaft erwartet hatte. War er zu Ende gegangen, hatten meine Trägheit und mein mühevoller Kampf gegen gewisse innere Widerstände nur vierundzwanzig Stunden länger gedauert. Und als dann nach mehreren Tagen meine Pläne nicht weiter gediehen waren, hatte ich nicht mehr die gleiche Hoffnung auf baldige Erfüllung. (Proust 2011, 220 f.)

Es ist niemand anderes als Marcel Proust, dessen Ich-Erzähler in *Auf der Suche nach der verlorenen Zeit* mit seinem Projekt, einen Roman zu schreiben, nicht vorankommt und damit die typischen Symptome der Prokrastination beschreibt: das Verschieben mit der Tendenz zur einfallsreichen Selbstrechtfertigung und Beschönigung, die Ausblendung von Konflikten, die Neigung zur Selbstüberschätzung, verknüpft mit gleichzeitiger Angst vor dem möglichen Versagen. Proust litt selbst viele Jahre unter einer Trägheit und Schreibhemmung, die er als krankhafte Willensschwäche auffasste und auf die er in seinen Werken immer wieder anspielt. Es mag die Betroffenen trösten, dass sein eigener Roman am Ende über 4000 Seiten umfasste – Prokrastination ist also offensichtlich überwindbar, und solange sie begrenzt bleibt, vielleicht sogar eine Voraussetzung für Kreativität.

(3) Ausblick: Einwilligungsfähigkeit

Im letzten Abschnitt will ich kurz die medizinethischen Probleme skizzieren, die sich aufgrund von Störungen der Willensbildung und Willensfreiheit stellen.

Zentrale ethische und rechtliche Begriffe wie die Zuschreibung von Verantwortlichkeit, Schuldfähigkeit, Geschäfts- oder Einwilligungsfähigkeit sind an die Voraussetzung freier Willensbildung und Entscheidung gebunden. Das Strafrecht ebenso wie das bürgerliche Recht definieren Willensfreiheit in der Regel als eine Verbindung von *Einsichts- und Steuerungsfähigkeit*, entsprechend den zwei Bedingungen von Rationalität und Freiheit, die dem autonomen Willen zugrunde gelegt werden (vgl. Boetticher et al. 2007). *Einsicht* bedeutet dann die Fähigkeit, die jeweilige Situation angemessen zu beurteilen, etwa Erlaubtes und Verbotenes, Recht und Unrecht einer Handlung unterscheiden zu können. Das *Steuerungsvermögen* bezeichnet die Fähigkeit, das eigene Handeln an solchen Einsichten auszurichten und nicht einem triebhaften oder wahnhaften Impuls zu unterliegen; es beruht wesentlich auf der Inhibition. Wer sich hingegen »in einem die freie Willensbestimmung ausschließenden Zustand krankhafter Störung« der geistigen Funktionen befindet (§ 104 BGB), also seine Einsichts- oder Steuerungsfähigkeit eingebüßt hat, der kann als schuld-, geschäfts- oder einwilligungsunfähig erklärt werden.

Die *Einwilligungsfähigkeit* bezeichnet dabei die Fähigkeit eines Betroffenen, in eine medizinische Behandlung einzuwilligen bzw. diese abzulehnen. Einwilligungsfähig ist nach der Rechtsprechung, »wer Art, Bedeutung und Tragweite bzw. Risiken der ärztlichen Maßnahme erfassen kann« (BGH NJW 1972, 335). Allerdings wird das Prinzip der Autonomie oder der Selbstbestimmung inzwischen so weit ausgedehnt, dass es auch künftige eigene Zustände umfassen soll, in denen Menschen bisher als Nichteinwilligungsfähige allein Objekt der Entscheidung anderer waren. Das Mittel dazu ist die vorab verfügte Willenserklärung, deren rechtlich bindende Wirkung freilich umstritten ist. Ein im Voraus erklärter Wille zum Behandlungsabbruch, etwa bei Demenzkranken, kann nämlich mit späteren Äußerungen des Lebenswillens in Konflikt geraten.

Ein klassisches medizinethisches Dilemma schildert einen demenzkranken Patienten, der zu Beginn seiner Erkrankung eine Patientenverfügung verfasst hat, wonach er alle lebenserhaltenden Maßnahmen ablehne für den Fall, dass er bei fortgeschrittener Krankheit seine Angehörigen nicht mehr erkennen könne (vgl. Jox 2006). Nun tritt dieses Stadium ein, der Patient erfreut sich aber erkennbar seines Lebens, hört gerne Musik und genießt die Zuwendung der Pflegekräfte. Als er nun wegen einer Lungenentzündung im Krankenhaus behandelt werden soll, lehnen die Angehörigen die Antibiotika-Therapie unter Verweis auf seine Patientenverfügung ab. Die Heimleitung und die Ärzte jedoch plädieren für die Behandlung, da der Patient ja deutlich seinen Lebenswillen zeige. Wie soll nun verfahren werden – gemäß dem früher geäußerten autonomen Willen oder gemäß dem jetzt erkennbaren, dem sogenannten ›natürlichen Willen‹?

Der *natürliche Wille* ist ein Begriff des deutschen Rechts, der die gegenwärtig vorhandenen Neigungen, Wünsche und Wertungen eines Menschen umfasst, auch wenn ihm die Fähigkeiten zur freien und autonomen Willensbildung fehlen. Dieser natürliche Wille kann sich verbal oder non-verbal, durch Mimik, Gestik oder

Verhalten äußern. Welches Gewicht er gegenüber einer früheren Patientenverfügung haben soll, ist wie erwähnt umstritten. Auf der einen Seite stehen Positionen, wonach eine Vorabverfügung niemals durch spätere natürliche Willensäußerungen außer Kraft gesetzt werden dürfe, auf der anderen Seite die Gegenposition, wonach ein solcher Lebenswille immer den Vorrang genießen solle. Dazwischen stehen vermittelnde Ansätze, die etwa eine unterschiedlich gewichtete Berücksichtigung beider Willensäußerungen befürworten (vgl. etwa Bundesärztekammer 2010).

Wie immer sich die Gerichte oder die Betroffenen entscheiden – das Dilemma bleibt im Grunde unauflösbar. Denn einerseits betrachten wir es als Bestandteil unserer unveräußerlichen Autonomie, auch für unser zukünftiges Leben verbindliche Entscheidungen treffen zu können. Andererseits gehen wir dabei meist davon aus, dass wir eine solche Entscheidung unter Umständen auch selbstbestimmt revidieren könnten. Die Patientenverfügung jedoch betrifft gerade eine Zukunft, in der wir zu einer solchen Revision nicht mehr in der Lage sein werden. Mehr noch: Wir können nicht wirklich wissen, wie es sich anfühlen wird, in dieser künftigen Lage zu sein – hier liegen schlicht Grenzen des Vorstellungsvermögens.

Freilich kann man den Versuch unternehmen, einen künftigen natürlichen Willen selbst noch einmal zum Gegenstand der eigenen Vorabverfügung zu machen, sei es zustimmend ober ablehnend. Es stellt sich aber doch die Frage, ob hier das Prinzip der individuellen Autonomie nicht an seine Grenzen stößt und ob ihm nicht das Prinzip der *konstitutiven Bezogenheit* des Individuums auf andere an die Seite zu stellen ist. Wie kaum eine andere Erkrankung konfrontiert uns ja die Demenz mit den Grenzen der Selbstverfügung und macht deutlich, wie wir letztlich in unserem Leben, Leiden und Sterben auf unsere Mitmenschen angewiesen sind, nach den Worten des Paulus im Römerbrief (14,7): »Keiner von uns lebt sich selbst, und keiner stirbt sich selbst.« Aus dieser Einsicht heraus mag es leichter fallen, das Leben nicht bis zum Tod unter der eigenen Kontrolle und Planung halten zu wollen, sondern stattdessen die Menschen zu benennen, deren Obhut und Fürsorge man sich dann anvertrauen möchte.

Resümee

Der Überblick zur Psychopathologie der Willensstörungen hatte zum Ziel, die Phänomene zu sichten und den drei dargestellten Komponenten willentlicher Handlungen zuzuordnen. Diese Komponenten lassen sich zunächst als Widerstreit eines *konativen*, vorwärtstreibenden, und eines *inhibitorischen*, retardierenden, Moments auffassen. Im gesunden Zustand halten diese beiden Momente einander so die Waage, dass ein sinnvoller Aufschub des Handelns, ein Moratorium für die Überlegung möglich wird. Dieser Schwebezustand wird dann von der eigentlichen *Volition*, der Willensbildung und schließlich der Entscheidung, wieder aufgelöst. Nun kann die Handlung freigegeben werden und ihren Lauf nehmen, allerdings nicht mehr auf blind-triebhafte Weise, sondern vermittelt über eine fortlaufende Planung, Anordnung und Steuerung. In dieser Phase des eigentlichen willentlichen Handelns wirken intentionale, zielgerichtete und inhibierend-desaktualisierende Funktionen zusammen.

Diese gesamte komplexe Dynamik ist anfällig für vielfältige Störungen, von denen ich solche der Konation, der Inhibition und der Volition unterschieden habe. Sie gehen auf organische, psychotische und neurotische Störungen zurück, die den klinischen Phänomenen ihr unterschiedliches Gepräge geben und psychopathologisch insbesondere bei der forensischen Begutachtung der Schuldfähigkeit sorgfältig zu differenzieren sind. Wollen, Wählen und in Freiheit handeln zu können ist keine Selbstverständlichkeit, sondern eine komplexe Fähigkeit, die von der frühen Kindheit an bis ins Erwachsenenalter hinein erworben und lebenslang geübt wird. Es ist damit eine Errungenschaft, die wir auch wieder einbüßen können, sei es zeitweise oder dauerhaft. Umso wichtiger erscheint es für unser Leben, das Handwerk und die Spielräume der Freiheit zu nutzen, solange wir dies vermögen, und uns hilfreichen Menschen dort anzuvertrauen, wo wir diese Freiheit zu verlieren im Begriff sind.

Literatur

Augustinus, A. (1955). *Confessiones/Bekenntnisse* (eingel., übers. u. erl. v. J. Bernhart). München: Kösel.
Bieri, P. (2001). *Das Handwerk der Freiheit. Über die Entdeckung des eigenen Willens*. München Wien: Hanser.
Boetticher, A., Nedopil, N., Bosinski, H. A. & Saß, H. (2007). Mindestanforderungen für Schuldfähigkeitsgutachten. *Forensische Psychiatrie, Psychologie, Kriminologie, 1*, 3–9.
Bundesärztekammer (2010). Empfehlungen der Bundesärztekammer und der Zentralen Ethikkommission bei der Bundesärztekammer zum Umgang mit Vorsorgevollmacht und Patientenverfügung in der ärztlichen Praxis. *Deutsches Ärzteblatt, 107 (18)*, A879–882.
Conrad, K. (1958/1992). *Die beginnende Schizophrenie. Versuch einer Gestaltanalyse des Wahns* (6. Aufl.). Stuttgart: Thieme.
Damasio, A. (1995). *Descartes' Irrtum. Fühlen, Denken und das menschliche Gehirn*. München: List.
Frankfurt, H. G. (1971). Freedom of the will and the concept of a person. *The Journal of Philosophy, 68 (1)*, 5–20.
Fuchs, T. (2008). Was heißt »sich entscheiden«? Die Phänomenologie von Entscheidungsprozessen und die Debatte um die Willensfreiheit. In ders., *Leib und Lebenswelt. Neue philosophisch-psychiatrische Essays* (S. 328–351). Kusterdingen: Die Graue Edition.
Fuchs, T. (2010). *Das Gehirn – ein Beziehungsorgan. Eine phänomenologisch-ökologische Konzeption* (3., aktual. u. erweit. Aufl.). Stuttgart: Kohlhammer.
Fuchs, T. (2020). Verkörperte Freiheit. In ders., *Verteidigung des Menschen. Grundfragen einer verkörperten Anthropologie*. Berlin: Suhrkamp.
Heckhausen, H. & Gollwitzer, P. M. (1987). Thought contents and cognitive functioning in motivational versus volitional states of mind. *Motivation and Emotion, 11 (2)*, 101–120.
Hommel, B. (2002). Planung und exekutive Kontrolle von Handlungen. In J. Müsseler & W. Prinz (Hrsg.), *Allgemeine Psychologie* (S. 797–863). Heidelberg: Spektrum.
Janzarik, W. (2004). Autopraxis, Desaktualisierung, Aktivierung und die Willensthematik. *Der Nervenarzt, 75 (11)*, 1053–1060.
Janzarik, W. (2008). Wollen und Wille. *Der Nervenarzt, 79 (5)*, 567–570.
Jaspers, K. (1973). *Allgemeine Psychopathologie* (9. Aufl.). Berlin Heidelberg: Springer.
Jox, R. J. (2006). Der »natürliche Wille« als Entscheidungskriterium: rechtliche, handlungstheoretische und ethische Aspekte. In J. Schildmann

(Hrsg.), *Entscheidungen am Lebensende in der modernen Medizin: Ethik, Recht, Ökonomie und Klinik* (S. 69–86). Berlin: LIT Verlag.

Lawler, E. E. & Porter, L. W. (1967). The effect of performance on job satisfaction. *Industrial Relations: A Journal of Economy and Society, 7 (1)*, 20–28.

Locke, J. (1690/1981). *Versuch über den menschlichen Verstand. Band 1. Buch I und II.* Hamburg: Meiner.

Merleau-Ponty, M. (1966). *Phänomenologie der Wahrnehmung.* Berlin: De Gruyter.

Müller, S. V. (2013). *Störungen der Exekutivfunktionen – Wenn die Handlungsplanung zum Problem wird.* Göttingen: Hogrefe.

Petzold, H. G. & Sieper, J. (Hrsg.) (2008). *Der Wille, die Neurobiologie und die Psychotherapie. Band I: Zwischen Freiheit und Determination. Band II: Psychotherapie des Willens. Theorie, Methoden und Praxis.* Bielefeld Locarno: Edition Sirius.

Pfänder, A. (1900/1963). *Phänomenologie des Wollens – Eine psychologische Analyse. Motive und Motivation. Gesammelte Schriften. Bd. 2* (hrsg. v. H. Spiegelberg) (3. Aufl.). München: Barth.

Proust, M. (2011). *Auf der Suche nach der verlorenen Zeit. Band 2: Im Schatten junger Mädchenblüte.* Frankfurt am Main: Suhrkamp.

Shakespeare, W. (1965). *Hamlet. Prinz von Dänemark. Englisch und deutsch* (übers. v. A. W. Schlegel & L. Tieck; hrsg. v. L. Schücking). Reinbek bei Hamburg: Rowohlt.

Tellenbach, H. (1983). *Melancholie. Problemgeschichte, Endogenität, Typologie, Pathogenese, Klinik* (4. Aufl.). Berlin Heidelberg New York: Springer.

Thomae, H. (1960). *Der Mensch in der Entscheidung.* München: Barth.

Wigfield, A. & Eccles, J. S. (1992). The development of achievement task values: A theoretical analysis. *Developmental Review, 12 (3)*, 265–310.

Phänomenales Feld und Lebensraum

Skizze einer phänomenologischen Konzeption
der Psychotherapie

Einleitung

Eine phänomenologische Konzeption der Psychotherapie sieht sich einer grundsätzlichen Herausforderung gegenüber. Schon der Begriff der ›Psyche‹ impliziert nämlich die Vorstellung einer entkörperten, nicht-räumlichen Innenwelt, sei sie bewusster oder unbewusster Natur, die im Individuum, üblicherweise in seinem Gehirn, zu lokalisieren ist. Ob wir die Triebe, Introjekte oder inneren Objekte der Psychoanalyse zugrunde legen, ob wir von den Gedächtnisspeichern, *Theory of Mind*- oder Selbst-Modulen der Kognitionswissenschaften überzeugt sind oder ob wir die Hirnzentren und -kerne einer phrenologisch anmutenden Neurobiologie für das eigentliche Substrat der Psyche halten – in jedem Fall beruhen die dominierenden wissenschaftlichen Paradigmen auf einer letztlich dualistischen Trennung des Subjekts vom lebendigen Leib und von den Beziehungen zu anderen. Eine solche Sichtweise erscheint jedoch als ungeeignet, um das interaktive Geschehen in der therapeutischen Beziehung zu erfassen.

Die Phänomenologie steht solchen Introjektionen des psychischen Lebens in einen entkörperten Innenraum kritisch gegenüber. Sie betrachtet die Person nicht als eine Monade, die die Welt in ihrem Inneren repräsentiert, sondern als verkörpertes Wesen, als leibliches »Zur-Welt-Sein« (*être-au-monde*, Merleau-Ponty 1966). ›Verkörperung‹ bezeichnet die menschliche Erfahrung, zugleich Leib zu sein und diesen Leib als Körper zu haben. Dieser Begriff fasst den Leib primär als ein Medium lebendiger, dynamischer Erfahrung auf, nicht als ein physisches, vom Subjekt verschiedenes Objekt. Statt in das Gehirn eingeschlossen zu sein, bewohnen Personen ihren Leib insgesamt, und durch seine Vermittlung gehen sie über den Leib hinaus, vollziehen sie ihr Leben und engagieren sich in ihren Beziehungen. Diese phänomenologische Konzeption des Leibes entspricht einer verkörperten, enaktiven und ökologischen Perspektive auf Geist und Gehirn (Fuchs 2017a).

Eine solche Sicht der Person hat weitreichende Konsequenzen für unsere Konzeptionen von Psychopathologie und Psychotherapie. Wenn das leibseelische Leben sich in die Welt erstreckt, dann lassen sich auch psychische Störungen nicht mehr allein im Individuum lokalisieren, weder in der Psyche noch im Gehirn. Sie sind vielmehr Störungen des In-der-Welt-Seins, der Resonanz und der Kommunikation mit der Umwelt. Die phänomenologische Psychopathologie hat in zahlreichen Analysen gezeigt, wie sich psychisches Kranksein in Veränderungen der Leiblichkeit, des gelebten Raums und der persönlichen Welt eines Patienten insgesamt manifestiert (Fuchs 2016). Der Raum der Möglichkeiten schrumpft, die vertraute Umgebung wird fremd, Menschen und Dinge rücken in Distanz, die Beziehungen zu anderen sind beeinträchtigt. »Der Patient ist krank, das heißt, seine Welt ist krank«, wie es der Phänomenologe van den Berg (1972, 46) ausgedrückt hat.

Die biomedizinische Auffassung von psychischer Krankheit ist daher zu begrenzt; sie muss erweitert und in ein übergreifendes, ökologisches Konzept integriert werden (Fuchs 2017a). Im Folgenden werde ich einige Begriffe entwickeln, die geeignet sind, die Introjektion der Psyche zu überwinden und einen verkörperten, relationalen und ökologischen Zugang zu Psychopathologie und Psychotherapie zu begründen. Sie entstammen der Phänomenologie des Leibes und der Zwischenleiblichkeit (Merleau-Ponty 1966, 2003, 256) ebenso wie der ökologischen Psychologie (Graumann 1990), weisen aber auch eine besondere Nähe zu gestalt- und prozessorientierten Konzepten auf (Greenberg et al. 2003; Boeckh 2015). Dazu gehören insbesondere die Begriffe des phänomenalen Feldes, des Leibgedächtnisses und des Lebensraums (Fuchs 2007a, 2012), die ich ausführlicher darstellen und für die Psychotherapie fruchtbar machen werde.

Phänomenologische Konzepte

Phänomenales Feld und Leibgedächtnis

Als Ausgangspunkt für eine phänomenologische Theorie der Psychotherapie wähle ich den Begriff des *phänomenalen Feldes* (Merleau-Ponty 1966). Er bezeichnet die räumlich und zeitlich ausgedehnte Sphäre subjektiver Erfahrung in einem jeweiligen Moment, bestehend aus dem Fokus und den Randzonen des Erlebens, dem explizit und dem nur implizit Gegebenen. Dieses Feld wird einerseits konstituiert durch *leibliche Hintergrundgefühle*, Stimmungen oder Atmosphären (Böhme 1995; Fuchs 2000a; Ratcliffe 2008), andererseits durch die *sensomotorischen Beziehungen* zwischen dem Leib und dem Umraum mit seinen Valenzen und Möglichkeiten. Noch spezifischer wird das phänomenale Feld von den je gegenwärtigen *sozialen Interaktionen* bestimmt, die sich in Phänomenen wie leiblicher Resonanz, Zwischenleiblichkeit und Interaffektivität manifestieren (Fuchs 2017b). All diesen Phänomenen ist gemeinsam, dass sie nicht einer psychischen Innenwelt zugeschrieben werden können, sondern über den Leib und den Raum ausgedehnt sind:

> Dieses Feld der Phänomene ist keine »Innenwelt«, die »Phänomene« selbst sind keine »Bewusstseinszustände« oder »psychischen Tatsachen«, die Erfahrung der Phänomene ist keine Introspektion. (Merleau-Ponty 1966, 81)

Das phänomenale Feld ist somit um den Leib zentriert, der als Hintergrund aller Erfahrung und als Medium der Beziehungen zur Welt fungiert. Das Feld ist nicht nur räumlich, sondern auch zeitlich ausgedehnt: Es enthält einerseits die *unmittelbare Zukunft*, nämlich in Form leiblicher Antizipationen (die Hand nimmt das Ergreifen der Tasse vorweg, der Fuß den Widerstand des Bodens), andererseits auch die *gelebte Vergangenheit*, nämlich in Form eines impliziten leiblichen Gedächtnisses. Mit dem *Leibgedächtnis* bezeichne ich die Gesamtheit erworbener Dispositionen, Fähigkeiten und Gewohnheiten, die durch den Leib ermöglicht und realisiert werden. Durch Wiederholung und Überlagerung von Erfahrungen hat sich eine habituelle Struktur herausgebildet; gut eingeübte Bewegungsmuster, Handlungs- und Interaktionsformen sind zu einem selbstverständlichen leiblichen Wissen und Können geworden (Fuchs 2000a, 2012).

Der Leib ist somit auch das Ensemble erworbener Bereitschaften und Fähigkeiten des Wahrnehmens und Handelns, einschließlich des alltäglichen Umgangs mit anderen. Verankert im Leibgedächtnis, projizieren sich diese Bereitschaften in die Umgebung wie ein unsichtbares Netz, das uns mit Dingen und Menschen verbindet. Der Leib ist damit unser fortwährendes Mittel, unsere Vergangenheit zu akualisieren und uns mit den gegenwärtigen Situationen vertraut zu machen. Was durch das Leibgedächtnis vermittelt ist, ist dabei meist im Sinne des expliziten Gedächtnisses ›vergessen‹, es ist ›unbewusst‹ geworden. So ist die einmal erlernte Fähigkeit, flüssig auf einer Tastatur zu schreiben, ein Gedächtnis ›in den Fingern‹, das dem expliziten Wissen gar nicht mehr zur Verfügung steht – die Finger finden von selbst die richtigen Buchstaben, doch man könnte ihre Lage nicht aus dem Gedächtnis rekonstruieren.

In den leiblichen Erfahrungsstrukturen ist aber nicht nur die Handhabung von Dingen vorgezeichnet, sondern auch der Umgang mit anderen. Bereits im ›ersten Eindruck‹ nehmen wir den Ausdruck des Gegenübers wahr, ohne darauf reflektieren zu müssen, und diese primäre Empathie ist die Grundlage des sozialen Verstehens. Umgekehrt nehmen die eigenen leiblichen Verhaltensmuster die Interaktion mit anderen implizit vorweg. Man denke etwa an die habituelle gebeugt-submissive Haltung, die gehemmte Gestik und den scheuen Gesichtsausdruck eines dependenten Menschen – ein Ausdrucksmuster, das als solches bereits eine bestimmte Art von Beziehung hervorruft. Solche Muster des Umgangs mit anderen werden von früher Kindheit an im Leibgedächtnis verankert – man kann hier auch von einem »zwischenleiblichen Gedächtnis« sprechen, d. h. einem impliziten, praktischen Wissen von sozialen Interaktionen (Fuchs 2012, 2017b). Es umfasst zugleich das Selbst und die anderen, Bewusstes und Unbewusstes:

Die Anderen brauche ich nicht erst anderswo zu suchen: ich finde sie innerhalb meiner Erfahrung, sie bewohnen die Nischen, die das enthalten, was mir verborgen, ihnen aber sichtbar ist. (Merleau-Ponty 1974, 166)

Die intersubjektive Dimension eines phänomenalen Feldes wird damit maßgeblich vom jeweiligen zwischenleiblichen Gedächtnis der Interaktionspartner geprägt, wie es sich aufgrund ihrer Erfahrungen entwickelt hat. Es beinhaltet ihre impliziten Erwartungen an andere und damit auch die Haltungen und Beziehungsmuster, die wesentlich die *Persönlichkeit* eines Menschen ausmachen; denn auch diese ist nicht nur eine innere Charakterstruktur, sondern zugleich immer in den Gewohnheiten, Bereitschaften und Antizipationen des Leibes verkörpert (Fuchs 2006).

Lebensraum

Das momentan erlebte phänomenale Feld lässt sich nun durch den Begriff des *Lebensraums* erweitern. Er geht unter anderem auf Kurt Lewins »topologische« oder »Feldpsychologie« zurück (Lewin 1934, 1969), die auch auf die Gestalttherapie Einfluss nahm (Boeckh 2015, 33 f.), und wurde später in der ökologischen Psychologie und Psychotherapie wieder aufgegriffen (Graumann 1990; Willi 1996). Er bezeichnet die Gesamtheit des von einer Person präreflexiv gelebten und erlebten Raumes mit seinen Situationen, Bedingungen, Wirkungen und Möglichkeiten – also den Umraum eines verkörperten Subjekts im weitesten Sinn.

Dieser Raum ist nicht homogen, sondern um die Person und ihren Leib zentriert. Er ist charakterisiert durch *Qualitäten* wie Nähe oder Distanz, Enge oder Weite, Verbindung oder Trennung, Erreichbarkeit oder Unerreichbarkeit; und er ist strukturiert durch physische oder symbolische *Grenzen*, die der Bewegung Widerstand entgegensetzen können. Daraus ergeben sich mehr oder weniger deutlich abgegrenzte *Bereiche* wie etwa der persönliche Nahraum um den eigenen Körper, das beanspruchte Territorium (Eigentum, Wohnung), die Einflusssphäre einer Person, aber auch Verbots- oder Tabuzonen usw.

Ferner wird der gelebte Raum durchdrungen von Feldkräften oder »Vektoren« (Lewin 1969), die in erster Linie von anziehender oder abstoßender Art sind (Attraktion bzw. Aversion). Sie gehen von entsprechenden Angeboten, ›Relevanzen‹ oder ›Valenzen‹ aus, die sich in der Umgebung zeigen und die den grundlegenden Bedürfnissen eines Menschen entsprechen, seien sie vitaler oder sozialer Natur: Der klare Bach reizt zum Trinken, die fröhliche Gesellschaft zur Teilnahme u. ä. Konkurrierende attraktive oder aversive Kräfte im Lebensraum führen zu typischen Konflikten wie etwa Appetenz-Aversions- oder Appetenz-Appetenz-Konflikten usw. Sie lassen sich als entgegengesetzte Möglichkeits- oder Bewegungsrichtungen auffassen, die einem Menschen offenstehen. In Analogie zum physikalischen Feld treten auch im Lebensraum ›Gravitationswirkungen‹ oder ›Ausstrahlungen‹ auf, verursacht etwa durch den Einfluss bedeutsamer Personen oder einer dominierenden Gruppe; und es bestehen gleichsam unsichtbare ›Krümmungen‹ des Raums, die eine gerade bzw. spontane Bewegung verhindern, z. B. die schon erwähnten Verbots- oder Tabuzonen.

Als ein anschauliches Beispiel für konfligierende Feldkräfte kann die Situation eines kleinen Kindes dienen, das zwischen Mutterbindung und Neugier hin- und hergerissen ist (vgl. Stern 1991, 101). Die Mutter ist zunächst der ›sichere Hafen‹, gleichsam das Gravitationszentrum, das den erlebten Raum des Kindes so krümmt, dass es sich zunächst nur in ihrer Nähe bewegt. Der Raum erhält damit einen Gradienten, er wird leerer, einsamer, je weiter das Kind sich von der Mutter entfernt. Zwar verdichtet er sich wieder um andere, fremde Personen, doch macht das Kind um sie lieber einen Bogen: Die Raumkrümmung in ihrer Nähe ist ›negativ‹. Nach und nach lockern der kindliche Explorationstrieb und die ihm entsprechenden attraktiven Umgebungsreize das Band zur Mutter, sodass eine zunehmende Entfernung vom Gradienten möglich wird – allerdings nicht weiter als bis zu jenem Punkt, an dem das Band zu stark gedehnt wird und das Kind doch zur Mutter zurückläuft.

Das Beispiel kann zugleich illustrieren, dass den jeweiligen Feldstrukturen das Leibgedächtnis zugrunde liegt, in diesem Fall die Geschichte der Nähe- und Bindungserfahrungen, die das Kind mit seiner Mutter gemacht hat. Ein anderes sprichwörtliches Beispiel ist in dem Satz »Gebranntes Kind scheut das Feuer« zu finden, der die aversive Wirkung des Leibgedächtnisses verdeutlicht: Als Resultat von Schmerzerfahrungen wird das Kind bestimmte Objekte oder Zonen intuitiv vermeiden. Ein drittes Beispiel schließlich bieten die Verbotszonen, die die Bewegungsrichtungen des Kindes einschränken, sodass seine spontanen Regungen mit den elterlichen Imperativen in Konflikt geraten, und zwar insofern sich diese als ›negativer Gradient‹ in seinem Lebensraum niedergeschlagen haben.

Der Lebensraum einer Person lässt sich auch als ihre »ökologische Nische« auffassen (Fuchs 2007a). Analog zur biologischen Nische bezeichnet der Begriff die physische und soziale Umwelt, die zu den Wahrnehmungs- und Handlungsbereitschaften, den Bedürfnissen und Absichten einer Person passt.[1] Die persönliche Nische lässt sich in konzentrische Sphären ausdifferenzieren, die die Person umgeben, wie die Sphären der Partnerschaft, Familie, Wohnung, Nachbarschaft, des Arbeitsplatzes, der Gemeinde oder der Heimat. Die jeweilige Sphäre zu bewohnen, mit ihr vertraut und in ihr tätig zu sein, ist ein wesentlicher Aspekt des gelebten Raums.

Zwischen den Äußerungen und Handlungen einer Person und den Reaktionen ihrer Umgebung besteht eine fortlaufende kreisförmige Rückkopplung, die Willi (1996) als »*beantwortetes Wirken*« und Rosa (2018) als *Resonanz* beschrieben haben. Leitend ist dabei die Annahme, dass die Person grundsätzlich eine Umgebung für sich sucht und gestaltet, die auf ihre Äußerungen antwortet und für ihre Potenziale die geeigneten Valenzen zur

---

[1] Damit wird der Begriff der Nische von der rein phänomenologischen Ebene in eine stärker objektivierende Perspektive auf die Umwelt einer Person überführt. Phänomenologie und Ökologie stehen jedoch zueinander in enger Beziehung, denn beide gehen von der unauflösbaren Einheit von Subjekt und Welt bzw. Lebewesen und Umwelt aus. Zugleich ergänzt die ökologisch-systemische Perspektive die subjektorientierte Sicht der Phänomenologie. Einschlägig ist hier auch Jakob von Uexkülls (1973) Umweltbegriff.

Verfügung stellt. Die intensivste Resonanz finden Menschen in ihren familiären oder Partnerbeziehungen. Die Fähigkeit einer Person, auf die Reize und Anforderungen ihrer Umwelt adäquat zu antworten, lässt sich mit einem Begriff von Bernhard Waldenfels (1998) als ihre »*Responsivität*« bezeichnen.

Durch die Wahl einer bestimmten Umgebung oder Nische mit ihren spezifischen Antworten wird die Person indirekt zum Produzenten ihrer eigenen Entwicklung (Lerner & Bush-Rossnagel 1981). Menschen beeinflussen ihren Lebenslauf und lenken ihre Entwicklung, indem sie ihre Umwelt gestalten und auf sie einwirken, die wiederum entsprechend auf sie reagiert. Der Lebenslauf entwickelt sich als ein zirkulärer Prozess, der durch das eigene Wirken ebenso wie die Antworten der Umgebung bestimmt wird; dies bezeichnet die historische Dimension des Lebensraums.

Das psychopathologische Feld

Wir sehen nun, dass die Konzepte des phänomenalen Feldes, des Leibgedächtnisses und des Lebensraums geeignet sind, die dualistische Introjektion des Seelischen zu überwinden. Sie verlagern, was wir sonst als innere Zustände oder Prozesse der ›Psyche‹ betrachten, zurück in die erlebte Welt, wo sie als leibliche Dispositionen, Handlungstendenzen, Feldkräfte und -valenzen erscheinen. Zugleich bringen diese Begriffe zum Ausdruck, dass Subjekt und Welt nicht getrennt voneinander bestehen, sondern einander konstituieren. Die Frage »Wer bin ich?« ist nicht zu trennen von der Frage »Wie ist die Welt beschaffen, in der ich lebe?«.

In der Konsequenz ist aber auch die Psychopathologie nicht mehr darauf beschränkt, verborgene mentale Zustände zu entdecken, sondern sie wird zu einer *verkörperten und ökologischen Psychopathologie*: Psychische Störungen sind grundsätzlich Störungen der leiblichen und zwischenleiblichen Existenz. Sie lassen sich als spezifische Abwandlungen des phänomenalen Feldes auffassen, die durch beeinträchtigte oder misslingende Interaktions- und Beziehungsmuster charakterisiert sind. Die Freiheitsgrade des Patienten, den eigenen Bedürfnissen gemäß zu agieren, sind reduziert. Dementsprechend zeigen sich in der Psychopathologie verschiedene Einschränkungen oder Deformationen des Lebensraums, etwa die Tabubereiche des Zwangskranken oder die typischen Vermeidungszonen bei phobischen oder posttraumatischen Störungen.

Freilich bestimmen auch interaktive Dynamiken in hohem Maß das Feld, etwa die Reaktionen von Angehörigen; eine relationale Psychopathologie lässt sich schließlich nicht auf das Individuum reduzieren. Die Krankheit ist nicht ›im Patienten‹, sondern umgekehrt, der Patient ist gewissermaßen ›in der Krankheit‹, nämlich in einer veränderten Welt, die seine Bedürfnisse und Erwartungen nicht mehr erfüllt. Psychisches Kranksein resultiert häufig aus *Störungen der sozialen Resonanz oder des beantworteten Wirkens*, etwa aufgrund einer Trennung von bedeutsamen anderen, eines Verlusts wichtiger Aufgaben und Rollen, oder allgemeiner: aufgrund eines Missverhältnisses zwischen den Potenzialen der Person und den Valenzen ihrer Umgebung. Einmal ausgelöst, hemmt die Krankheit ihrerseits das beantwortete Wirken des Patienten, sie verringert seine Responsivität und schließt ihn in seinen eigenen, ›egozentrischen‹ Raum ein.

Um ein Beispiel zu geben: Menschen mit einer »Typus Melancholicus«-Persönlichkeit, die zu schweren Depressionen neigen (Tellenbach 1983), verfügen nur über einen eng umgrenzten Lebensraum. Sie sind überidentifiziert mit den räumlichen Grenzen ihrer Wohnung oder ihren sozialen Rollen, ihren Verpflichtungen im Beruf und in den privaten Beziehungen (Kraus 1977). Sie leben gleichsam unter einem fortwährenden Normalisierungsdruck und ein Zurückbleiben hinter diesen rigiden Selbstansprüchen kann eine depressive Erkrankung zur Folge haben. Ist der Möglichkeitsraum der Patienten also schon primärpersönlich reduziert, so kommt es in der Depression selbst zu einer *Konstriktion* des Leibes und des gelebten Raums (psychomotorische Hemmung, Antriebsmangel, leibliche Rigidität, Oppression und Angst), verbunden mit einem Verlust der Schwingungsfähigkeit, also der emotionalen Resonanz mit der Umwelt, die der Leib sonst zu vermitteln in der Lage ist.[2] Die Depression wird damit zu einer tiefgreifenden Störung der Zwischenleiblichkeit, der Responsivität und des Austauschs mit der Umwelt (Fuchs 2013, 2016).

Ein anderes, eher entgegengesetztes Beispiel: Patienten mit einer Borderline-Persönlichkeitsstörung sind meist nicht in der Lage, stabile, verlässliche Beziehungen und Rollenidentitäten auszubilden und sich damit eine konstante persönliche Nische zu schaffen. Stattdessen wird ihr Erlebnisfeld ständig durchkreuzt von intensiven affektiven Impulsen, von denen sie hin- und hergerissen werden. Das führt zu einer Instabilität und Fragmentierung des Lebensraums, mit meist zahlreichen abgebrochenen Beziehungen, Projekten und Berufswegen (Fuchs 2007b). Borderline-Patienten werden also in ihrem Lebensraum gewissermaßen von einem Ort zum anderen geworfen, ohne einen tragenden Grund und ein verlässliches Zentrum ihrer Existenz finden zu können. – In ähnlicher Weise lassen sich auch andere psychopathologische Erkrankungen als Störungen des Lebensraums beschreiben (vgl. Fuchs 2000b).

Zur Phänomenologie des Unbewussten

Die Begriffe des Leibgedächtnisses und des gelebten Raums eröffnen auch ein phänomenologisches Verständnis des Unbewussten, das für die Psychotherapie von besonderer Bedeutung ist. Die Problematik traditioneller psychodynamischer Theorien des Unbewussten als einer Art Kellergeschoss der Seele, in dem finstere Geheimnisse, Bilder und Wünsche verborgen sein sollten, ist wohlbekannt (vgl. zur Kritik z. B. May 1964; Ricoeur 1969). Aus phänomenologischer Sicht ist das Unbewusste weniger in der Tiefe der Psyche verborgen als im interaktiven Feld selbst gegenwärtig:

---

[2] Vgl. den Aufsatz »Depression, Leiblichkeit, Zwischenleiblichkeit« in diesem Band.

Dieses Unbewusste ist nicht in unserem Innersten zu suchen, hinter dem Rücken unseres »Bewusstseins«, sondern vor uns als Gliederung unseres Feldes. (Merleau-Ponty 1986, 233).

Unbewusste Fixierungen gleichen daher Verzerrungen oder Einschränkungen im Lebensraum einer Person, verursacht von einer Vergangenheit, die implizit im Gedächtnis und in den Dispositionen des Leibes gegenwärtig bleibt. Ihre Spuren sind freilich nicht in einer psychischen Innenwelt verborgen, sondern manifestieren sich in den ›blinden Flecken‹, Leerstellen oder Krümmungen des gelebten Raums: in den Handlungen oder Situationen, die ein Patient vermeidet, oder in den Interaktionsmustern, in die er selbst gegen seine bewussten Absichten immer wieder gerät. Sein Verhalten hat gleichsam eine Rückseite, eine Alterität, die ihm selbst verborgen bleibt – das ›Andere seiner selbst‹. Die Spuren des Unbewussten werden also, wie im Figur-Grund-Verhältnis der Gestaltpsychologie, eher als ›Negativ‹ im phänomenalen Feld erkennbar (vergleichbar einem Filmnegativ), eben in Form der Vermeidungen oder blinden Flecke, die für eine Person charakteristisch sind (Fuchs 2011). Sie können sich aber auch leiblich aktualisieren, nämlich in psychosomatischen oder Konversionssymptomen.

Auf dieser Grundlage gebe ich eine kurze phänomenologische Interpretation der Traumatisierung (1) und des Wiederholungszwangs (2):

(1) Die Wirkung eines emotionalen Traumas auf die Person lässt sich als eine spezifische Deformation ihres gelebten Raums auffassen: Unbewusst umgehen die Betroffenen dem traumatischen Ereignis ähnliche Situationen oder mit ihm assoziierte Personen. Die Vermeidung ist Teil ihres Leibgedächtnisses geworden, ähnlich einer Schonhaltung, die man nach einer körperlichen Verletzung unwillkürlich einnimmt. Der gelebte Raum ist um diese Zonen herum gewissermaßen negativ gekrümmt, wobei sich deutlich die *Intentionalität* des Unbewussten zeigt: Ein drohender Kontakt mit der Gefahrenzone wird auch ohne ihre bewusste Wahrnehmung bereits vor-

wegnehmend verhindert, weil es sinnvoll ist, den Stress und die Angst der Traumaerfahrung nicht immer wieder zu reaktivieren.[3]

(2) Das entgegengesetzte Muster kann man im psychodynamischen Konzept des *Wiederholungszwangs* finden: Hier wird der Patient immer wieder in das gleiche dysfunktionale Verhaltens- und Beziehungsmuster hineingezogen, auch wenn er gerade das zu verhindern versucht. Der gelebte Raum ist um diese Regionen gewissermaßen ›positiv gekrümmt‹, d. h. sie üben eine implizite *Attraktion* aus. Wenn z. B. die frühen Erfahrungen einer Person durch missbrauchende und gewaltsame Beziehungen geprägt worden sind, wird die Spannbreite ihrer möglichen Beziehungen später entsprechend eingeengt sein. Ihre impliziten Verhaltensmuster werden sich im Sinne einer Selbsterfüllung ihrer Erwartungen auswirken und den vertrauten Typus von Beziehungen herbeiführen.

Aus phänomenologischer Sicht, so zeigt sich, erscheint das Unbewusste nicht als eine in der Tiefe angesiedelte, intrapsychische Realität, sondern es umgibt und durchdringt vielmehr das bewusste Leben, so wie in einem Vexierbild die ausgeblendete Figur den Vordergrund umgibt. Es ist ein Unbewusstes nicht in der *vertikalen* Dimension der Psyche, sondern vielmehr in der *horizontalen* Dimension des gelebten Raums und der Zwischenleiblichkeit (Romanyshyn 1977). Es ist ein in den sozialen Raum ausgedehntes, relationales Unbewusstes, das aus der Geschichte der Individuen resultiert und ihr gegenwärtiges Verhalten beeinflusst. Es manifestiert sich im interaktiven Feld, indem es beide

---

[3] Eine verwandte Auffassung von Vermeidungsmechanismen findet sich in der Gestalttherapie (Boeckh 2015, 50 ff.). Auch Klaus Grawe hat von »Vermeidungsschemata« gesprochen, die im Laufe der Zeit einen vorwegnehmenden Charakter annehmen und daher nicht mehr bewusst sind: »Kennzeichnend für Vermeidungsschemata ist, dass der gefürchtete Umgebungsbezug und die damit verbundene Emotion in der Regel gerade nicht erlebt werden. Die Zielkomponente von Vermeidungsschemata kann daher immer nur erschlossen werden« (Grawe 2000, 358).

Partner in seine Dynamik hineinzieht, oft durch feinste leibliche Signale wie ein Moment des Zögerns, eine Blickabwendung, eine gesenkte Stimme o. ä. So werden auch frühe Bindungsmuster unbewusst reaktualisiert und inszeniert, besonders in intimen Beziehungen und nicht zuletzt auch in der Psychotherapie.

Das phänomenale Feld in der Psychotherapie

Vor dem Hintergrund der damit entwickelten Begriffe besteht die vornehmliche Aufgabe der Psychotherapie darin, den gelebten Raum des Patienten so zu modifizieren und umzustrukturieren, dass seine Freiheitsgrade erhöht, der Spielraum seiner Möglichkeiten erweitert und befriedigendere Beziehungen zu anderen möglich werden. Wie lässt sich nun diese Umstrukturierung erreichen?

Psychotherapie hatte traditionell das Ziel, eine Veränderung primär im Patienten hervorzurufen und so seine Störung zu behandeln. Aus phänomenologischer Sicht hingegen verlagert sich der Fokus von den Vorgängen im Patienten zu den Prozessen im *interaktiven phänomenalen Feld*, die zum Ausgangspunkt der Veränderung werden. Eine solche Perspektive stimmt mit dem gestalttherapeutischen Vorgehen, aber auch mit der relationalen und intersubjektiven Wende überein, die sich in der Psychoanalyse derzeit auch unter dem Einfluss der Säuglings- und Bindungsforschung vollzieht (Stern 1998; Beebe & Lachman 2003; Altmeyer & Thomä 2016).

Das interaktive Feld entfaltet sich zwischen Patient und Therapeut; es geht hervor aus ihrer leiblichen Präsenz, ihrer Haltung, ihrem mimischen und gestischen Ausdruck, ihren Blicken, Stimmen und Äußerungen. All dies erzeugt eine *zwischenleibliche Resonanz*, die sich auch als beiderseitige Ausdehnung und Überlagerung der Körperschemata beschreiben lässt (»wechselseitige Inkorporation«, Schmitz 1989; Fuchs & De Jaegher 2009). Die Resonanz schließt Komponenten wie imitative und synchronisierte Bewegungen, rhythmische Wechsel von Ausdrucksformen und andere meist unbewusste Signale ein (Kendon 1990; Levenson &

Ruef 1997; Tschacher et al. 2014). Wie sich in Videoanalysen zeigen ließ, ist das Ausmaß der interaktiven Koordination zwischen Therapeut und Patient signifikant korreliert mit der Qualitität der Beziehung, der Empathie, der Bindung und mit einem positiven Ergebnis der Therapie, gemessen an Symptomreduktion und Selbstwirksamkeit (Ramseyer & Tschacher 2011).

Das phänomenale Feld involviert und beeinflusst beide Partner weitgehend ohne ihre bewusste Aufmerksamkeit. Es erzeugt einen gemeinsamen affektiven Raum, der sich auch als interpersonale Atmosphäre manifestiert – etwa in der typischen Atmosphäre der Depression, in der Patient und Therapeut ein Gefühl der Schwere, Resignation und Vergeblichkeit empfinden können, oder in der Atmosphäre der schizophrenen Entfremdung, die als »Praecox-Gefühl« des Psychiaters bekannt ist (Ruemke 1941/1990). Bereits diese Qualitäten des Feldes sind diagnostisch aufschlussreich. Darüber hinaus reaktualisieren sich im phänomenalen Feld der Begegnung die Leibgedächtnisse und Beziehungsstile beider Partner.

In der besonderen Ausleuchtung des therapeutischen Feldes können nun auch die Vermeidungszonen, die blinden Flecken oder Lücken im gelebten Raum eines Patienten sichtbar werden. Das Unbewusste zeigt sich dabei weniger im offensichtlichen Verhalten als vielmehr in seiner verborgenen oder ›Rückseite‹. Wenn ein Patient ein etwas gequältes Lächeln zeigt, das eine unbewusste Furcht vor einer vernichtenden Scham verdeckt, dann lässt sich dies nur verstehen, wenn der Ausdruck als ›Negativ‹ aufgefasst wird. Dies setzt jedoch voraus, nach dem Verdrängten nicht in der Tiefe der Psyche zu suchen, sondern bereits im scheinbar oberflächlichen leiblichen Ausdruck und Verhalten.

Um solche impliziten Beziehungsmuster zu verändern, müssen sie in der Therapie prozessual aktiviert, d.h. aus dem Leibgedächtnis heraus reinszeniert und durch neue Reaktionsweisen ersetzt werden (Grawe 2000, 93 ff.). Diese neuen Erfahrungen sollte der Patient möglichst *mit allen Sinnen*, also in der zwischenleiblichen Situation machen. Die bloße Einsicht genügt nicht – erst wenn die zur Situation passenden impliziten Schemata aktiviert und dann ›überschrieben‹ werden, führt dies zur

Das phänomenale Feld in der Psychotherapie

Umorganisation des Leibgedächtnisses. Dazu müssen die impliziten Muster nicht unbedingt explizit gemacht werden. Patienten erinnern sich oft lange nach einer Behandlung nicht so sehr an Deutungen oder Einsichten als vielmehr an eine Stunde besonderer Verbundenheit, ein gemeinsames Lachen, einen warmen Austausch von Blicken in einer schwierigen Situation, z. B. bei einer beschämenden Erinnerung. Daniel Stern und die Bostoner »Process of Change Study Group« haben auf der Basis von Mutter-Kind-Forschungen ein Modell des therapeutischen Prozesses entworfen, das sich auf solche »Momente der Begegnung« stützt (»*moments of meeting*«, Stern 2010).

Reagiert der Therapeut dabei anders, als es der Patient gewohnt ist und erwartet hat, entsteht der Keim eines neuen Beziehungs- und Gefühlsmusters. Dazu ist es erforderlich, die eigene zwischenleibliche Resonanz – traditionell als Gegenübertragung bezeichnet – sensibel wahrzunehmen, um sie wie einen Seismographen für die Vorgänge im phänomenalen Feld zu nutzen. Wie oben gezeigt, aktualisiert das Feld dabei nicht nur die Vergangenheit, sondern zeichnet auch mögliche Wege in die Zukunft vor. Mit zunehmender Intuition kann der Therapeut einen Sinn und eine Neugier für die impliziten Möglichkeiten des Feldes entwickeln und es durch feine Reaktionen modifizieren, ohne dabei den Prozess kontrollieren zu müssen.

Freilich ist hier empathisches Verstehen und Handeln alleine nicht immer hilfreich. Um die Fallen der Beziehungsmuster des Patienten zu vermeiden, sollte sich der Therapeut des interpersonellen Prozesses wohl bewusst sein, in den er einbezogen ist. Anderenfalls läuft er Gefahr, in die »attraktiven Zonen« des Patienten hineingezogen zu werden oder unwillentlich an seinen Vermeidungsmustern teilzunehmen (Krause 1997, 90 f.). Wenn ein Patient z. B. eine beschämende Erfahrung oder eine für ihn kränkende Einsicht vermeidet, wäre es nicht hilfreich, seine Scheu zu teilen und sich sorgsam um die empfindliche Zone herumzubewegen. Therapeuten sollten vielmehr einen Sinn für kritische Zonen im Beziehungsfeld entwickeln, um sie im sicheren Raum der Therapie soweit wie möglich durch korrektive Erfahrungen zu entschärfen. Gerade ein nicht gleichsinniges, unerwartetes Verhalten des Therapeuten kann dem Patienten helfen, eingeschliffene Reaktionsmuster zu durchbrechen. Wiederkehrende Erlebnisse solcher Art können sein implizites Beziehungswissen so umgestalten, dass er auch mit Dritten auf neue Weise umzugehen lernt.

Diese Sensitivität für das phänomenale Feld können Patienten aber auch selbst entwickeln. Eine zentrale Fähigkeit, die sie durch Übung und Wiederholung erlernen können, besteht in der Wahrnehmung leiblicher Regungen, Gefühle und Einfälle unmittelbar bei ihrem Auftreten. Therapeuten können ihre Patienten anleiten, diese Gefühle und Gedanken zu differenzieren, auszudrücken und zu verbalisieren, nach Möglichkeit ohne sie zu bewerten oder abzulehnen. Die zugrundeliegende Annahme besteht darin, dass ein mangelndes Wahrnehmungs- und Unterscheidungsvermögen für leibliche Regungen für psychiatrische Patienten von Nachteil ist, besonders für diejenigen mit Alexithymie, somatoformen oder Essstörungen (Pollatos et al. 2008, 2011). Ihre Körperwahrnehmung und Verbalisierung zu fördern, kann wertvolles Material und Hinweise für den therapeutischen Prozess liefern.

Vor einem ähnlichen phänomenologischen Hintergrund hat Gendlin (2018) die *Focusing*-Methode entwickelt, die Patienten anleitet, sorgfältig auf ihren leiblichen »felt sense« gegenüber einer gegebenen oder vorgestellten Situation zu achten. Indem abwechselnd der *felt sense* tentativ verbalisiert und der sprachliche Ausdruck dann mit dem Gespürten verglichen wird, lassen sich die vagen Hintergrundgefühle differenzieren und auf den intentionalen Kontext beziehen, sodass sie die weitere Selbstklärung und -entwicklung fördern können. Dies zeigt erneut, dass das phänomenale Feld, geprägt vom Leibgedächtnis und unbewussten Richtungstendenzen, auch eine vorwegnehmende, zukunftsgerichtete Bedeutung haben kann, die von besonderer Bedeutung für die Gestaltung des therapeutischen Prozesses ist.

Resümee

Phänomenales Feld, Lebensraum, Zwischenleiblichkeit und Leibgedächtnis stellen Konzepte dar, die geeignet sind, die dominierende Vorstellung eines psychischen Innenraums und die entsprechende individualistische Psychopathologie zu überwinden. Interne Persönlichkeitsstrukturen werden ersetzt durch verkörperte Dispositionen des Sich-Verhaltens und Handelns in der Welt. An die Stelle isolierter mentaler Zustände treten interaktive Beziehungsprozesse, und kognitionswissenschaftlich orientierte Konzepte wie ›Theory of Mind‹ oder ›Mentalisierung‹ werden ersetzt oder zumindest fundiert durch Zwischenleiblichkeit und Interaffektivität (Fuchs 2017b).

Das phänomenale Feld besteht in einer Einheit von leiblichen, sensomotorischen, affektiven und intersubjektiven Prozessen, die in einer präreflexiven Weise erlebt und vollzogen werden. Als solche bilden sie die implizite, vor- oder unbewusste Ebene des psychotherapeutischen Prozesses. Aus einer phänomenologischen Perspektive ist auch das Unbewusste nicht mehr in der Tiefe der Psyche zu suchen, sondern im interaktiven Feld selbst, das aus der Begegnung von Patient und Therapeut hervorgeht. Ihre Leibgedächtnisse, gebildet aus vergangenen Beziehungserfahrungen, werden im therapeutischen Prozess aktualisiert und miteinander verknüpft. Dies wird an den Phänomenen leiblicher Übertragung und Gegenübertragung erfahrbar. Ein phänomenologischer Ansatz erlaubt es dem Therapeuten, seine Aufmerksamkeit für diese verkörperte Interaktion zu schulen, d.h. für die Phänomene von Haltung, Ausdruck, Resonanz oder Dissonanz, Nähe oder Distanz, Synchronie, Präsenz und Atmosphäre. Um diese szenischen Informationen für die Diagnose und Therapie zu nutzen, bedarf es in besonderer Weise der leiblichen Präsenz und der authentischen Interaktion des Therapeuten.

Aus phänomenologischer Sicht ist der Prozess der Psychotherapie viel eher am Erleben orientiert und verkörpert als kognitiv, introspektiv oder ›archäologisch‹ auf die Vergangenheit ausgerichtet. Im Zentrum der Therapie steht nicht die explizite, sondern eher die implizite Vergangenheit, insofern sie das phänomenale Beziehungsfeld des Patienten organisiert und strukturiert. Nur im gegenwärtigen Raum der Therapie werden die impliziten Beziehungsmuster des Patienten reinszeniert und lassen sich durch neue Erfahrungen ersetzen. Wie wir gesehen haben, sind es dabei gerade unerwartete, nicht konsonante Verhaltensweisen des Therapeuten, die eingeschliffene Reaktionsmuster aufbrechen können und damit dem Patienten eine korrektive emotionale Erfahrung ermöglichen.

Eine phänomenologische, verkörperte Sicht auf psychische Krankheit liefert eine Grundlage für verschiedenartige psychotherapeutische Ansätze, von denen nur einige genannt wurden; andere wären noch zu erwähnen, insbesondere zahlreiche erlebnis- und körperorientierte Verfahren, die eine besondere Affinität zur Leibphänomenologie aufweisen (Payne et al. 2019). Ihr übereinstimmendes Ziel besteht darin, das interaktive phänomenale Feld zu nutzen, um die Fähigkeit des Patienten zu gelingenden Interaktionen mit anderen wiederherzustellen. Auf diesem Weg ermöglicht die Phänomenologie der leiblichen Erfahrung ein vertieftes Verständnis der komplexen Prozesse der psychotherapeutischen Begegnung.

Literatur

Altmeyer, M. & Thomä, H. (Hrsg.) (2016). *Die vernetzte Seele. Die intersubjektive Wende in der Psychoanalyse.* Stuttgart: Klett-Cotta.

Beebe, B. & Lachmann, F. (2003). The relational turn in psychoanalysis: A dyadic systems view from infant research. *Contemporary Psychoanalysis, 39 (3)*, 379–409.

Boeckh, A. (2015). *Gestalttherapie. Eine praxisbezogene Einführung.* Gießen: Psychosozial-Verlag.

Böhme, G. (1995). *Atmosphäre. Essays zur neuen Ästhetik.* Frankfurt am Main: Suhrkamp.

Fuchs, T. (2000a). *Leib, Raum, Person. Entwurf einer phänomenologischen Anthropologie.* Stuttgart: Klett-Cotta.

Fuchs, T. (2000b). *Psychopathologie von Leib und Raum. Phänomenologisch-empirische Untersuchungen zu depressiven und paranoiden Erkrankungen.* Darmstadt: Steinkopff.

Fuchs, T. (2006). Gibt es eine leibliche Persönlichkeitsstruktur? Ein phänomenologisch-psychodynamischer Ansatz. *Psychodynamische Psychotherapie, 5*, 109–117.

Fuchs, T. (2007a). Psychotherapy of the lived space. A phenomenological and ecological concept. *American Journal of Psychotherapy, 61 (4)*, 432–439.

Fuchs, T. (2007b). Fragmented selves. Temporality and identity in Borderline personality disorder. *Psychopathology, 40,* 379–387.
Fuchs, T. (2011). Body memory and the unconscious. In D. Lohmar & J. Brudzinska (Hrsg.), *Founding Psychoanalysis. Phenomenological Theory of Subjectivity and the Psychoanalytical Experience* (S. 69–82). Dordrecht: Kluwer.
Fuchs, T. (2012). The phenomenology of body memory. In S. Koch, T. Fuchs, M. Summa & C. Müller (Hrsg.), *Body Memory, Metaphor and Movement* (S. 9–22). Amsterdam: John Benjamins.
Fuchs, T. (2013). Depression, intercorporeality and interaffectivity. *Journal of Consciousness Studies, 20 (7–8),* 219–238.
Fuchs, T. (2016). Anthropologische und phänomenologische Aspekte psychischer Erkrankungen. In H.-J. Möller & R. Laux (Hrsg.), *Psychiatrie, Psychosomatik, Psychotherapie* (S. 383–396). Berlin Heidelberg: Springer.
Fuchs, T. (2017a). *Das Gehirn – ein Beziehungsorgan. Eine phänomenologisch-ökologische Konzeption* (5. Aufl.). Stuttgart: Kohlhammer.
Fuchs, T. (2017b). Intercorporeality and interaffectivity. In C. Meyer, J. Streeck & S. Jordan (Hrsg.), *Intercorporeality: Emerging Socialities in Interaction* (S. 3–24). Oxford: Oxford University Press.
Fuchs, T. & De Jaegher, H. (2009). Enactive intersubjectivity: Participatory sense-making and mutual incorporation. *Phenomenology and the Cognitive Sciences, 8 (4),* 465–486.
Gendlin, E. T. (2018). *Focusing-orientierte Psychotherapie* (4. Aufl.). Stuttgart: Klett-Cotta.
Graumann, C.-F. (1990). Der phänomenologische Ansatz in der ökologischen Psychologie. In L. Kruse, C.-F. Graumann & E.-D. Lantermann (Hrsg.), *Ökologische Psychologie* (S. 124–130). München: PVU.
Grawe, K. (2000). *Psychologische Psychotherapie* (2. Aufl.). Göttingen: Hogrefe.
Greenberg, L., Rice, L. & Elliot, R. (2003). *Emotionale Veränderung fördern. Grundlagen einer prozess- und erlebnisorientierten Therapie.* Paderborn: Junfermann.
Kendon, A. (1990). *Conducting Interaction: Patterns of Behavior in Focused Encounters.* Cambridge: Cambridge University Press.
Kraus, A. (1977). *Sozialverhalten und Psychose Manisch-Depressiver. Eine existenz- und rollenanalytische Untersuchung.* Stuttgart: Enke.
Krause, R. (1997). *Allgemeine psychoanalytische Krankheitslehre. Band 1.* Stuttgart: Kohlhammer.
Lerner, R. M. & Bush-Rossnagel, N. A. (Hrsg.) (1981). *Individuals as Producers of Their Development. A Life-Span Perspective.* New York: Academic Books.

Levenson, R. W. & Ruef, A. M. (1997). Physiological aspects of emotional knowledge and rapport. In W. Ickes (Hrsg.), *Empathic Accuracy* (S. 44–72). New York: Guilford Press.
Lewin, K. (1934). Der Richtungsbegriff in der Psychologie. Der spezielle und der allgemeine hodologische Raum. *Psychologische Forschung, 19*, 249–299.
Lewin, K. (1969). *Grundzüge der topologischen Psychologie*. Bern: Huber.
May, R. (1964). On the phenomenological basis of psychotherapy. In E. W. Straus (Hrsg.), *Phenomenology: Pure and applied. The First Lexington Conference* (S. 166–184). Pittsburgh, PA: Duquesne University Press.
Merleau-Ponty, M. (1966). *Phänomenologie der Wahrnehmung*. Berlin: De Gruyter.
Merleau-Ponty, M. (1974). *Die Abenteuer der Dialektik*. Frankfurt am Main: Suhrkamp.
Merleau-Ponty, M. (1986). *Das Sichtbare und das Unsichtbare*. München: Fink.
Merleau-Ponty, M. (2003). *Das Auge und der Geist*. Hamburg: Meiner.
Payne, H., Koch, S., Tantia, J. & Fuchs, T. (Hrsg.) (2019). *Embodied Perspectives in Psychotherapy*. London New York: Routledge.
Pollatos, O., Herbert, B. M., Wankner, S., Dietel, A., Wachsmuth, C., Henningsen, P. & Sack, M. (2011). Autonomic imbalance is associated with reduced facial recognition in somatoform disorders. *Journal of Psychosomatic Research, 71 (4)*, 232–239.
Pollatos, O., Kurz, A. L., Albrecht, J., Schreder, T., Kleemann, A. M., Schöpf, V., Kopietz, R., Wiesmann, M. & Schandry, R. (2008). Reduced perception of bodily signals in anorexia nervosa. *Eating Behavior, 9 (4)*, 381–388.
Ramseyer, F. & Tschacher, W. (2011). Nonverbal synchrony in psychotherapy: Coordinated body movement reflects relationship quality and outcome. *Journal of Consulting and Clinical Psychology, 79 (3)*, 284–295.
Ratcliffe, M. (2008). *Feelings of Being. Phenomenology, Psychiatry and the Sense of Reality*. Oxford: Oxford University Press.
Ricœur, P. (1969). *Die Interpretation. Versuch über Freud*. Frankfurt am Main: Suhrkamp.
Romanyshyn, R. D. (1977). Phenomenology and psychoanalysis. *Psychoanalytic Review, 64 (2)*, 211–223.
Rosa, H. (2018). *Resonanz. Eine Soziologie der Weltbeziehung*. Berlin: Suhrkamp.
Ruemke, H. C. (1941/1990). The nuclear symptoms of schizophrenia and the praecoxfeeling (übers. v. J. Neeleman). *History of Psychiatry, 1 (3 pt3)*, 331–341.

Schmitz, H. (1989). *Leib und Gefühl. Materialien zu einer philosophischen Therapeutik*. Paderborn: Junfermann.

Stern, D. N. (1991). *Tagebuch eines Babys. Was ein Kind sieht, spürt, fühlt und denkt*. München: Piper.

Stern, D. N. (1998). *Die Lebenserfahrung des Säuglings* (6. Aufl.). Stuttgart: Klett-Cotta.

Stern, D. N. (2010) *Der Gegenwartsmoment: Veränderungsprozesse in Psychoanalyse, Psychotherapie und Alltag*. Frankfurt am Main: Brandes & Apsel.

Tellenbach, H. (1983). *Melancholie. Problemgeschichte, Endogenität, Typologie, Pathogenese, Klinik* (4. Aufl.). Berlin Heidelberg New York: Springer.

Tschacher, W., Rees, G. M. & Ramseyer, F. (2014). Nonverbal synchrony and affect in dyadic interactions. *Frontiers in Psychology*, 5, Artikel 1323.

Uexküll, J. v. (1973). *Theoretische Biologie*. Frankfurt am Main: Suhrkamp.

van den Berg, J. H. (1972). *A Different Existence. Principles of Phenomenological Psychopathology*. Pittsburgh, PA: Duquesne University Press.

Waldenfels, B. (1998). Response und Responsivität in der Psychologie. In ders., *Grenzen der Normalisierung. Studien zur Phänomenologie des Fremden* (S. 99–115). Frankfurt am Main: Suhrkamp.

Willi, J. (1996). *Ökologische Psychotherapie*. Göttingen: Hogrefe.

Quellennachweise

Psychopathologie der Hyperreflexivität
Deutsche Zeitschrift für Philosophie, 59 (2011) 4, 565–576.

Depression, Leiblichkeit, Zwischenleiblichkeit
In H. Faller & H. Lang (Hrsg.) (2011), *Depression. Klinik, Ursachen, Therapie* (S. 39–50). Würzburg: Königshausen & Neumann.

Selbst und Schizophrenie
Deutsche Zeitschrift für Philosophie, 60 (2012) 6, 887–901.

Being a Psycho-Machine. Zur Phänomenologie der Beeinflussungsmaschinen
In T. Röske & C. Brand-Claussen (Hrsg.) (2006), *Air Loom. Der Luftwebstuhl und andere gefährliche Beeinflussungsmaschinen* (S. 24–41). Heidelberg: Wunderhorn.

Leiblichkeit und personale Identität in der Demenz
Deutsche Zeitschrift für Philosophie, 66 (2018) 1, 48–61.

Die Welt als Innenraum. Kafkas »Bau« als Paradigma paranoider Räumlichkeit
Der Nervenarzt, 65 (1994), 470–477.

Das Unheimliche als Atmosphäre
In K. Andermann & U. Eberlein (Hrsg.) (2010), *Gefühle als Atmosphären. Neue Phänomenologie und philosophische Emotionstheorie* (S. 167–182). Berlin: Akademie Verlag.

Depression als Desynchronisierung. Ein Beitrag zur Psychopathologie der intersubjektiven Zeit
Erstveröffentlicht unter dem Titel »Melancholie als Desynchronisierung. Ein Beitrag zur Psychopathologie der intersubjektiven Zeit«, in: T. Fuchs & C. Mundt (Hrsg.) (2002), *Affekt und affektive Störungen.*

Phänomenologische Konzepte und empirische Befunde im Dialog (S. 153–168). Paderborn: Schöningh.

Das fragmentierte Selbst. Zeitlichkeit und narrative Identität in der Borderline-Störung
Übersetzung der Erstveröffentlichung (2007) unter dem Titel »Fragmented selves. Temporality and identity in Borderline personality disorder«, in: *Psychopathology, 40*, 379–387.

Subjektivität und Intersubjektivität in der psychiatrischen Diagnostik
In G. Lempa & E. Troje (Hrsg.) (2014), *Zwischen Biologie und Biographie. Einflüsse auf die therapeutische Praxis* (S. 72–88). Göttingen: Vandenhoeck & Ruprecht.

Störungen der Intersubjektivität in Autismus und Schizophrenie
Übersetzung der Erstveröffentlichung (2015) unter dem Titel »Pathologies of intersubjectivity in autism and schizophrenia«, in: *Journal of Consciousness Studies, 22 (1–2)*, 191–214.

Wahn, Realität und Intersubjektivität. Eine phänomenologische und enaktive Analyse
Übersetzung der Erstveröffentlichung (2020) unter dem Titel »Delusion, reality, and intersubjectivity. A phenomenological and enactive analysis«, in: *Philosophy, Psychiatry, & Psychology* (im Druck).

Warum gibt es psychische Krankheit? Anthropologische und existenzielle Vulnerabilität
Gruppenanalyse. Zeitschrift für gruppenanalytische Psychotherapie, Beratung und Supervision, 29 (2019), 80–97.

Leiden an der Sterblichkeit
Erstveröffentlicht (2003) unter dem Titel »Leiden an der Sterblichkeit. Formen neurotischer Todesverleugnung«, in: *Zeitschrift für klinische Psychologie, Psychiatrie und Psychotherapie, 51*, 41–50.

Phänomenologie und Psychopathologie des Willens
Erstveröffentlicht unter dem Titel »Wollen können. Wille, Selbstbestimmung und psychische Krankheit«, in: T. Moos, C. Rehmann-Sutter & C. Schües (Hrsg.) (2016), *Randzonen des Willens. Anthropologische und ethische Probleme von Entscheidungen in Grenzsituationen* (S. 43–61). Frankfurt am Main: Peter Lang.

Phänomenales Feld und Lebensraum. Skizze einer phänomenologischen Psychotherapie
Übersetzung der Erstveröffentlichung (2019) unter dem Titel »The Interactive Phenomenal Field and the Life Space. A Sketch of an Ecological Concept of Psychotherapy«, in: *Psychopathology, 62 (2)*, 63–70.

Literatur zur Einführung

Allgemeine Phänomenologie

Fuchs, T. (2000). *Leib, Raum, Person. Entwurf einer phänomenologischen Anthropologie*. Stuttgart: Klett-Cotta.
Fuchs, T. (2008). *Leib und Lebenswelt. Neue philosophisch-psychiatrische Essays*. Kusterdingen: Graue Edition.
Rappe, G. (2018). *Einführung in die moderne Phänomenologie*. Bochum: Projekt Verlag.
Schnell, A. (2019). *Was ist Phänomenologie?* Frankfurt am Main: Klostermann.
Zahavi, D. (2007). *Phänomenologie für Einsteiger*. Paderborn: Fink.

Phänomenologische Psychopathologie

Fuchs, T. (2000). *Psychopathologie von Leib und Raum*. Darmstadt: Steinkopff.
Fuchs, T. (2010). Phenomenology and psychopathology. In S. Gallagher & D. Schmicking (Hrsg.), *Handbook of Phenomenology and the Cognitive Sciences* (S. 547–573). Dordrecht: Springer.
Fuchs, T. (2016). Anthropologische und phänomenologische Aspekte psychischer Erkrankungen. In H.-J. Möller & R. Laux (Hrsg.), *Psychiatrie, Psychosomatik, Psychotherapie* (S. 383–396). Berlin Heidelberg: Springer.
Fuchs, T., Breyer, T., Micali, S. & Wandruszka, B. (Hrsg.) (2014ff.). *Schriftenreihe der Deutschen Gesellschaft für phänomenologische Anthropologie, Psychopathologie und Psychotherapie (DGAP)*. Freiburg: Alber.
Stanghellini, G., Broome, M., Raballo, A., Fernandez, A. V., Fusar-Poli, P. & Rosfort, R. (Hrsg.) (2018). *The Oxford Handbook of Phenomenological Psychopathology*. Oxford: Oxford University Press.

Personenregister

Aristoteles 240
Augustinus 351

Bachelard, G. 115
Balint, M. 330
Bergson, H. 114, 171, 185
Berkeley, G. 268, 275
Binswanger, L. 321
Blankenburg, W. 34, 64, 76, 79, 106, 129, 224, 231, 247–249, 264, 267, 272, 285
Bleuler, E. 64, 77, 250, 286f.

Conrad, K. 98f., 129, 145, 151, 164f., 247, 273, 275, 346

Descartes, R. 58, 101, 111, 121, 308

Frankfurt, H. 195, 338, 347
Frankl, V. 28
Freud, S. 148–150, 155f., 178, 194, 197, 207, 210, 303f., 307, 325f.

Gebsattel, V. E. von 54, 171, 185f.
Gehlen, A. 301
Gendlin, E. 374
Goethe, J. W. von 138, 307
Griesinger, W. 63, 217

Hegel, G. W. F. 15 Fn. 3, 23, 81, 272

Heidegger, M. 11, 25, 49, 52, 161, 265, 305, 320f.
Henry, M. 66
Hitler, A. 328
Hoffmann, E. T. A. 148, 156
Holzhey-Kunz, A. 15, 226, 311
Husserl, E. 11, 66, 160, 267–270, 273

James, W. 24
Janet, P. 290f.
Janzarik, W. 129–132, 141, 143f., 173, 335, 340, 343
Jaspers, K. 11, 13, 37, 64, 91, 157f., 182, 221, 263f., 273, 283, 285, 300, 309, 311f., 349
Jentsch, E. 148f., 156

Kafka, F. 129–133, 139–145
Kant, I. 270, 338, 341
Kierkegaard, S. 305
Kimura, B. 46, 78, 103, 201, 255 Fn. 4
Kleist, H. von 26
Kraepelin, E. 64, 248
Kraus, A. 55, 59, 103, 180, 182, 184, 231, 331, 367, 373

La Mettrie, J. O. de 102
Lewin, K. 137, 363f.
Locke, J. 111–113, 121, 340

Personenregister

Maine de Biran, F.-P.-G. 114
Maldiney, H. 13
Marcel, G. 21
Marx, K. 189
Matussek, P. A. 163, 276
Mead, G. H. 205, 281, 306
Merleau-Ponty, M. 11, 21f., 46f., 66–68, 113, 116, 240, 269, 337, 359–363, 369
Mesmer, F. A. 93 f.
Minkowski, E. 33, 71, 174, 178, 249

Nietzsche, F. 178, 194, 197–200, 212, 302

Otto, R. 154

Piaget, J. 268
Pico della Mirandola, G. 302 f.
Pirandello, L. 26
Platon 31
Plessner, H. 21, 69f., 78, 145, 242, 271, 305
Polanyi, M. 22
Portmann, A. 302
Proust, M. 352 f.

Rank, O. 331
Ricœur, P. 195, 196, 368
Rilke, R. M. 332

Rümke, H. C. 231, 248

Sartre, J.-P. 69, 269, 270
Schapp, W. 197
Scheler, M. 173, 301
Schelling, F. W. J. 148, 154
Schmitz, H. 46, 152f., 166, 240, 371
Schneider, K. 45, 53, 98
Schreber, D. P. 287 f.
Shelley, M. 101
Singer, P. 109
Spaemann, R. 306, 332
Stern, D. 48 f., 67 f., 83, 115, 174, 205, 239, 253, 364, 371, 373
Straus, E. 171, 226, 253, 271

Tausk, V. 103 f.
Tellenbach, H. 53 f., 56, 142, 153, 171, 180, 182, 224, 312, 345, 367
Theunissen, M. 185, 189

Van den Berg, J. H. 4 7, 224, 360

Waldenfels, B. 26, 366
Wittgenstein, L. 253, 264, 271

Yalom, I. 322–325

Sachregister

Abulie 223, 346
Abwehr 227, 314–316, 323–326
- Abwehrmechanismen, -strategien 129, 181 f., 227, 312, 316, 322, 324, 327, 329
- dependente 322
- narzisstische 322
Affekt 44, 47, 68, 199, 203 f., 206, 231, 339, 348
- Affektabstimmung 49, 83, 174, 184, 239, 243 f.
- affektive Qualität 47
Agoraphobie 303
Akrasie 351; *siehe auch* Willensschwäche
Akzeleration 175 f., 189; *siehe auch* Beschleunigung
Alexithymie 46, 374
Als-ob 241, 244, 280–282, 286, 290 f., 307
Alzheimer-Krankheit 117, 218
Ambivalenz, ambivalent 39, 138, 150, 157, 287, 309, 340, 343 f., 349–351
Anerkennung 80 Fn. 4, 120, 122, 313, 316
Anorexie, *siehe* Magersucht
Angst 27 f., 35, 44 f., 48, 51, 53 f., 56, 99, 131, 139, 151–153, 158, 160, 164 f., 186, 188, 199, 204, 211, 217, 232, 242, 265, 274, 281, 303–305, 308, 311, 320–332, 353, 367, 370

- Angstlust 143, 153, 330
Anthropologie, anthropologisch 16, 39, 170 f., 185, 299, 301, 309, 311, 314, 316
Antrieb 45, 51, 54, 183, 185, 223, 230, 336, 338 f., 344–347, 349, 367
Atmosphäre 46 f., 53, 57, 115, 118, 134, 148, 150–152, 154 f., 159 f., 164–167, 224, 273, 372, 375
Aufmerksamkeit 21–30, 33, 35 f., 38, 40, 52, 68, 72, 74, 104, 114, 141, 144, 153, 171, 225, 239 f., 244 f., 270, 275, 308 f., 335, 343, 372, 375
Ausdruck 13 f., 48 f., 58 f., 95, 100 f., 115, 117, 120 f., 132, 153, 163 f., 167, 170, 176, 180, 183 f., 199, 218, 222, 238, 239 f., 243 f., 248, 265, 271, 281, 307 f., 317, 341, 362, 366, 371 f., 374 f.
- Ausdrucksformen 50, 112, 231, 371
- Ausdrucksverstehen 115
- Gesichtsausdruck 23, 25, 72, 115, 233, 239, 362
Autarkie, autark 31, 310
Autismus, autistisch 16, 58, 77, 80, 224, 237–239, 242–246, 249, 255 f., 291
Autonomie 31, 143 f., 157, 181, 195, 311, 324, 331, 341, 354, 355,

Sachregister

Baby 67, 239; *siehe auch* Säugling
Beeinflussungserleben 91, 94, 103; *siehe auch* Wahn
Beeinflussungsmaschine 89, 91, 92, 101, 103, 104, 105, 106; *siehe auch* Wahn
Beschleunigung, beschleunigt 172, 176, 189, 208 f., 314, 327 f.; *siehe auch* Akzeleration
Bewusstsein 11, 16, 22–27, 29, 35 f., 40, 53, 56 f., 63 f., 66, 69, 71, 75, 78, 80, 97 f., 100, 102, 106, 111–113, 134, 137, 161, 171, 186, 197, 207, 217, 222 f., 242, 265, 279, 286 f., 305, 308–310, 315, 320 f., 323, 327, 329, 330, 332, 336, 351, 369
Beziehungsmuster 40, 219, 227–229, 363, 366, 370, 372 f., 375; *siehe auch* Bindungsmuster
Beziehungswissen, implizites 68, 76, 77, 115, 239, 244, 374
Bindungsmuster 227 f., 371; *siehe auch* Beziehungsmuster
Biographie 113, 116, 118, 177, 203, 210, 212
Blick 26, 52, 69, 75, 105, 145, 154, 178, 221, 223, 306, 316, 321 f.
Borderline-Störung 16, 40, 193, 198–211, 223, 232, 348, 368
Buchführung, doppelte 287, 288

Coenästhesien 102
Common Sense 32, 76, 81, 240, 247 f., 252, 256, 264, 271, 283–285, 290

Dasein 30, 56, 118, 167, 301, 304 f., 307, 310–312, 315 f., 321
Demenz 16, 109, 110, 112, 113, 117, 118, 119, 120, 121, 218, 223, 349, 355

Depersonalisation 54, 55, 57 f., 63, 71, 308, 315; *siehe auch* Entfremdung, Selbstverlust
Depression, depressiv 15 f., 38 f., 44 f., 47, 50–59, 151, 170–172, 176 f., 180–189, 199, 217 f., 220–224, 232, 264 f., 299, 312 f., 323 f., 326, 345–347, 349, 367 f., 372, 377; *siehe auch* Entfremdungsdepression
– depressiver Wahn 56, 58, 59, 327
Derealisierung, Derealisation 57, 100, 275, 279, 289
Desynchronisierung 59, 170–172, 175–184, 187, 189; *siehe auch* Resynchronisierung; Synchronisierung
Dezentrierung 271, 272, 289
Diagnostik 217, 218–220, 223, 226–228, 230 f., 233, 237
Dissonanz 156, 217, 231, 232, 375
Dissoziation 64, 203
Dualismus 31, 47, 310
Dysmorphophobie 32 Fn. 7, 302

Ekel 31, 104, 310
Emotion, emotional 44, 48, 69, 53, 117, 184, 211, 233, 239, 249, 306, 350, 370
Empathie 47 f., 68, 205, 231, 239, 362, 372
Empfindung 37, 40, 47, 63, 66, 73, 82, 98, 103 f., 152, 225
Endlichkeit 181, 305, 317, 321, 327, 332
Entfremdung, entfremdet 23, 31, 36–39, 58, 63, 70, 72–76, 81–83, 102–105, 151, 162, 183, 189, 220, 223, 225, 248, 254, 256, 275, 279, 307, 310 f., 314 f., 372
Entkörperung (*disembodiment*) 33, 37, 70, 81, 247

Erinnerung 111–113, 116, 119, 177 f., 203, 211, 373; *siehe auch* Gedächtnis
Existenz 29, 56, 58 f., 83, 113, 116, 120, 132, 150, 156, 160, 166–168, 181, 198, 200, 202, 249, 274 f., 290, 301, 307, 311 f., 315 f., 320, 327, 366, 368
Explikation 21, 22, 24, 27, 40, 36 f., 72, 74, 81; *siehe auch* Hyperexplikaton
Exzentrische Position, exzentrische Positionalität 39, 69, 78–80, 145, 242, 254, 256, 271, 277, 280–282, 284, 286 f., 290, 305 f., 308, 315; *siehe auch* Selbsttranszendenz

Feld, phänomenales 359, 361, 363, 371 f., 374–376
Furcht 49, 121, 152–155, 205, 372

Gedächtnis 34, 109–116, 178, 194, 197 f., 203 f., 211 f., 225, 362, 369; *siehe auch* Erinnerung
– autobiographisches 66, 109, 115, 117, 203
– explizites 113, 362
– implizites 114, 117, 239, 272, 361
– prozedurales 114, 117, 119
– semantisches 117
– situatives 114
– zwischenleibliches 115, 362, 363
Gedankenausbreitung 79, 287
Gedankeneingebung 37, 246, 284
Gefühl 33 f., 36, 40, 46–51, 54, 58, 64, 66, 68, 70 f., 79, 84, 101, 102–106, 109, 119 f., 133 f., 139, 143, 152, 154, 158, 160, 166 f., 173, 183, 185, 194, 200, 202–206, 210 f., 217, 222 f., 225, 230–234, 237, 239 f., 248 f., 253 f., 256, 285, 290, 303, 306, 308, 314, 320 f., 323, 326 f., 329 f., 341 f., 372–374
– existenzielles 50, 361
– Gefühllosigkeit 184, 222, 350
– Selbstgefühl 34, 35, 209, 223, 256, 308
- Schuldgefühl 44, 55, 58, 69, 186 f., 207, 209–211, 306, 346, 348
Gegenübertragung 229, 373, 375
Gegenwart 41, 66, 98, 111, 166, 176–179, 185–187, 193 f., 196, 199 f., 204, 211 f., 289, 325, 332
Gehäuse 139–142, 181, 312 f., 316
Gehirn 36, 59, 75, 91, 100, 102 f., 109, 113, 117, 158, 217, 221, 237 f., 250, 257, 265, 278, 280 f., 283, 290 f., 302, 307, 357, 359 f.
Gemeinsinn 240, 243; *siehe auch* sensus communis
Gestalt 38, 57, 72, 73 f., 81, 83, 96 f., 104, 114, 130, 134, 148, 154, 160, 162 f., 224, 234, 244, 267, 303, 340, 360, 374
– Gestaltbildung 22, 160 f.
– Gestaltpsychologie 151, 153
– Gestalttherapie 363, 370 f.
– Bewegungsgestalt 22, 83
Gestik 47 f., 68, 120 f., 163 f., 174, 230, 232, 239, 248, 354, 362, 371
Gewissen 56, 178, 180 f., 194, 197, 207, 209 f., 304, 312, 351
Gewissheit 11, 111, 113, 164 f., 253, 264, 271, 278, 281, 283–285, 308, 352
Gewohnheit 24, 33, 38, 73, 110, 114 f., 118, 137, 224, 248, 271 f., 283, 302, 314, 361, 363
Grenzsituation 182, 301, 312–314, 316
Grundstörung, schizophrene 64, 71, 70, 73, 81, 290

Sachregister

Habitus 76, 116, 119 f., 302
Halluzination 37, 65, 83, 132, 141 f., 226, 265, 300
Handlungsbogen 24, 33, 73, 343
Haltung 13, 39 f., 48–50, 52, 115, 131, 175, 193, 195, 225, 230, 342, 362, 363, 371, 375
Heimat 115, 131, 139 f., 146, 149, 163, 365
Hemmung 26, 45, 52, 54, 58, 84, 171, 178, 183, 185, 338–340, 343–349, 353, 367
Hintergrundgefühl, leibliches 49, 361, 347
Horizont 16, 227, 267–269, 272 f., 370
Hunger 26, 31 f., 143, 173, 310 f., 339
Hyperexplikation 22, 25, 33, 39
Hyperreflexivität 21, 22, 27, 32, 37–39, 71, 81, 249, 307, 351; *siehe auch* Reflexionskrampf; Selbstbeobachtung
Hypochondrie, Hypochonder 29, 30, 40, 55, 58, 309–311, 322

Ich-Demarkation, Ich-Grenzen 77, 129, 139, 287
Ich-Störung 37, 83, 280
Identität 31 f., 69, 139, 181, 195 f., 198 f., 202–205, 208–212, 220, 225, 316
– narrative 69, 112, 193–196, 202–207, 210
– personale 110–112, 122, 197 f.
Illusion 98, 102, 132, 141, 144, 211, 267, 286, 314, 323, 325, 327, 332
Imagination 24, 93, 287, 291, 304
Imitation 242 f.; *siehe auch* Nachahmung

Impulsivität 199, 201
Inhibition 338–340, 343 f., 347–350, 353, 356
Intentionaler Bogen 22, 37, 39, 188, 337, 343, 350, 364
Intentionalität 16, 22, 36, 39, 68, 80 f., 153–155, 161, 163, 165, 270, 282, 343, 349, 369
– Inversion der 164, 279 f., 289; *siehe auch* Selbstzentralität
– geteilte 256, 271
Interaffektivität 47–50, 361, 375
Intersubjektivität 11, 15 f., 24, 49, 64, 76 f., 80 f. 122, 165, 171, 174, 199, 204, 207, 217, 223–226, 233, 237–250, 254–256, 263, 264 f., 268–278, 280–283, 285, 288–290, 321, 348, 371, 375
– offene 268 f., 273, 277, 289
– primäre 238 f., 246, 250
– sekundäre 240, 244
– tertiäre 241, 250
– transzendentale 265, 270 Fn. 5
Intuition 219, 230–234, 341, 365, 373
Ipseität, *ipséité* 66, 70, 73, 196

Joint attention 68, 240, 244

Kognition 109, 238, 240, 246, 250, 266
Kognitionswissenschaft 70, 355, 359, 375
Kommunikation 78, 97, 106, 115, 119, 174, 209, 227, 232, 245, 264, 271, 285 f., 360
– zwischenleibliche 53, 57, 68, 230 f.
Konation 338 f., 340, 344–346, 348, 356
Konstriktion, leibliche 51–59, 367; *siehe auch* Enge, leibliche

Kontrollfunktionen, exekutive 225, 348
Körperbild 30, 32, 104
Körperschema 67, 371
Korporifizierung 51, 53, 58, 184
Krise 26, 178 f., 226, 313, 316 f., 323 f.

Lachen 25, 77, 249, 373
Lebendigkeit, Lebendigsein, Lebensgefühl 33, 45, 51, 66, 71, 111
Lebensgeschichte 69, 110, 119, 121, 149, 197, 199, 203 f., 209, 223
Lebensprozess 25, 112, 113; siehe auch Lebensvollzug
Lebensraum 140, 359, 363–369, 374
Lebensvollzug 21, 26, 34, 38 f., 51, 55, 71 f., 81, 113, 144, 183, 196 f., 283, 307; siehe auch Lebensprozess
Lebenswelt 76, 77, 81, 106, 172, 174, 175, 189, 227, 228, 247, 251, 253, 271, 285, 290 Fn. 13
Leib 15, 21–24, 26, 29–31, 34, 38, 45–53, 57–59, 66, 69, 70–72, 76, 78, 81–83, 101 f., 106, 110 f., 113, 116, 118, 140, 183, 222, 239, 247, 273, 277, 309 f., 315, 359–363, 367
– Leibempfindung 29, 48, 309
– Leibgedächtnis 110, 113–118, 121, 361–364, 372, 374
– Leibinsel 51
– Leiblichkeit 11, 15 f., 21 f., 24–27, 39–41, 45, 50, 55, 59, 66, 70 f., 74, 77, 82, 109, 111 f., 117, 223, 250, 360,
– Leib-Sein 21, 30

Manie, manisch 15, 172, 176, 231, 264 f., 300, 345–348
Medizin 29 f., 92 f., 106, 218 f., 226, 309, 353 f., 360
Meinhaftigkeit 34 f., 73, 81, 84
Melancholie 170, 222, 224; siehe auch Typus Melancholicus
Mentalisierung 237, 241, 245, 375
Metaperspektive 241, 246, 250; siehe auch Perspektivenwechsel; Intersubjektivität, tertiäre
Mimik 47, 67, 121, 163, 174, 230–232, 354
Mind reading 237 f., 242; siehe auch Theory of Mind
Misstrauen, misstrauisch 29, 36, 47, 131, 140 f., 143, 157, 250, 265, 309
Möglichkeitsraum 52, 342, 367
Motivation 48, 188, 227, 339, 343 f.

Nachahmung 68, 341; siehe auch Imitation
Negativsymptomatik 84, 249
Neurose, neurotisch 30, 34, 197 f., 207, 211, 223, 231, 275, 303, 310, 322, 327, 349, 350 f.
Neurowissenschaft 65, 106, 217, 242, 246

Objektivität 229, 265, 268 f., 272 f., 276–279, 288 f., 290
Organismus 59, 113, 172–174, 183, 187, 266 f., 272, 289, 303, 339
Orientierung 26, 40, 118, 120, 178, 207 f., 302, 341

Panik 136, 160, 303, 323
Paranoia, paranoid 98, 253, 264 f.
Person 15, 34, 37–39, 55 f., 59, 63, 68, 71 f., 78, 80–83, 103, 109–112,

Sachregister

116, 121 f., 149, 176, 193, 195–198, 202 f., 207, 218 f., 221, 226–229, 233, 246, 249, 251, 275, 281, 286, 306–308, 312, 328, 337 f., 340–343, 347, 351, 359 f., 363, 365–370
Personalität 64, 109 f., 113, 116, 121 f., 338
– verkörperte 110, 113, 117
Persönlichkeit 28, 64, 77, 116, 180, 202, 209, 231, 325, 343, 348, 363, 367
Persönlichkeitsstruktur 180, 181, 182, 228, 339, 375
– leibliche 115
Perspektive
– Perspektivenabgleich 252, 255
– Perspektivenübernahme 69, 79, 145, 205, 243–245, 252, 256, 264, 271, 282, 286, 290, 302, 306, 315
– Perspektivenwechsel 79 f., 129, 266, 268; *siehe auch* Metaperspektive; Überstieg
Phänomenologie 11, 14–16, 49 f., 84, 90, 113, 150, 198, 221 f., 224, 233, 240, 242, 335–338, 345, 359 f., 365, 368, 376
Praecox-Gefühl 231, 248, 372
Projektion 46, 97 f., 104 f., 129, 144, 167
Prokrastination 349, 351–353
Protention 52, 66, 267
Psyche 46, 83, 94, 106, 301, 329, 359 f., 366, 368, 370, 372, 375
Psychoanalyse 193, 226, 335, 359, 371
Psychose 37, 64, 82 f., 99, 129 f., 132, 157 f., 160, 164, 220, 224, 254, 273, 289, 300, 344
Rationalität 109, 121, 156, 157, 198, 284, 338, 341, 353

Raum
– Eigen- und Fremdraum 129, 138, 140, 142
– Leibraum 51, 67, 72
– sensomotrischer 52 f.
– Umraum 51–55, 66, 118, 129, 137, 140, 142, 144, 151, 167, 183, 361, 363
Realität 14, 38, 58, 63, 71, 98–100, 106, 156, 211, 229, 241, 251, 255, 263–280, 285, 287–291, 324, 326, 331, 370
Reflexion, Reflexivität 29, 40, 65, 111, 120, 132, 196, 206, 306–309, 315, 349
– Reflexionskrampf 29; *siehe auch* Hyperreflexivität
Resonanz 47 f., 54, 57, 59, 121, 172, 174, 176, 179 f., 182, 184, 232, 240, 243, 255, 360, 366 f., 371, 375; *siehe auch* Schwingungsfähigkeit
– emotionale 53, 68, 222, 242, 361, 365, 367
– leibliche 47 f., 151, 275
– Resonanzstörung, -verlust 53, 231
– zwischenleibliche 48, 50, 238, 243 f., 248, 371, 373
Responsivität 366–368
Resynchronisierung 175, 177–183, 187–189; *siehe auch* Desynchronisierung; Synchronisierung
Reue 56, 178 f., 187, 210 f.
Ritual 30, 37, 73, 102
Rolle 59, 84, 102, 178, 181 f., 198, 202, 208, 222, 241, 302, 306 f., 315, 367 f.
– Rollenwechsel 175, 177, 181, 182, 189

Säugling 48, 59, 68, 115, 174, 239; *siehe auch* Baby

Sachregister

- Säuglingsforschung 115, 174, 205, 240, 371
- Scham 28, 58, 69, 120, 199, 211, 306, 314, 326, 330 f., 372
- Schizophrenie 15 f., 32, 34, 36–38, 63–65, 70–72, 76, 79–83, 90, 94, 98, 101–105, 151, 157, 164, 217 f., 220–225, 231 f., 237–239, 242, 246–250, 254–256, 264 f., 273, 282, 289–291, 307 f., 315, 346, 349, 372
- Schlaf 27, 45, 111, 134, 172, 174, 178 f., 183, 314, 330, 347
- Schmerz 26, 29, 44 f., 91, 133, 139, 173, 310, 314, 330–332
- Schulderleben, Schuldgefühl 44 f., 55 f., 69, 171, 186, 187, 207, 306, 346
- Schwingungsfähigkeit 53 f., 184, 367; *siehe auch* Resonanz
- Seele 13, 31, 94, 101 f., 240, 311, 336, 351, 368, 376
- Selbst 11, 26, 30, 38 f., 49, 55 f., 63–71, 74, 77–82, 102, 111 f., 121 f., 136, 157, 165, 193, 196, 199, 201–211, 223, 225, 229, 238, 247, 250, 256, 280, 287, 306, 308, 310, 329 f., 359, 362
  - minimales 113
  - ökologisches 65, 67, 70, 72
  - präreflexives 26, 34, 64 f.,69 f., 112, 116, 120
  - reflexives oder personales 39, 65, 68 f., 77, 80 f.
  - soziales 65, 67 f., 70, 76,
- Selbstaffektion 26, 66, 73, 82; *siehe auch* Selbstempfinden
- Selbstbeobachtung 21, 26 f., 29, 33, 36, 37–39, 71, 81, 113, 308 f., 351; *siehe auch* Hyperreflexivität
- Selbstbewusstsein 64, 69, 111, 306, 308, 315, 321
- Selbstempfinden 66, 116; *siehe auch* Selbstaffektion; Selbstvertrautheit
- Selbstentfremdung 21 f., 27, 34, 36, 39, 54–56, 58, 63, 103 f., 224, 231, 308; *siehe auch* Entfremdungsdepression; Selbstverlust
- Selbsterleben 16, 34, 37, 47, 55, 63, 64–68, 70–72, 77, 102, 112 f., 119 f., 121, 197, 205, 219 f., 222, 225, 234, 247, 250, 308
- Selbstkohärenz 36, 66 f., 198
- Selbststörung 70, 279 f., 289, 290
- Selbstverhältnis 39–41, 195–197, 272, 306, 308, 338
- Selbstverlust 35, 55 f., 71, 80 f., 157, 286, 330; *siehe auch* Depersonalisation; Selbstentfremdung
- Selbstverständlichkeit, natürliche 34, 76, 106, 224, 248 f.
- Selbstwert 32, 55, 80, 208, 211, 304, 306
- Selbstzentralität 275, 278 f., 286, 290; *siehe auch* Intentionalität, Inversion der
- Sensus communis 83, 240, 243, 246, 248, 255; *siehe auch* Gemeinsinn
- Solipsismus, solipsistisch 100 f., 162, 255 f., 264, 275 f., 279 f.
- Spaltung 46, 64, 82, 199–202, 209–211
- Spiegelbild 78, 309
- Sterblichkeit, sterblich 29 f., 310, 320, 326, 329,
- Stimmenhören 98, 201
- Stimmung 45 f., 49 f., 53, 157, 160, 166 f., 183, 199, 203 f., 212, 222 f., 230, 245, 265, 315, 346, 361
- Stupor 52, 349
- Subjektivierung 100, 160–163, 273, 275–280, 284, 289
- Subjektivität 64, 70, 100 f., 103, 105, 122, 143, 199, 204, 207, 221,

Sachregister

226, 229, 233, 265, 268 f., 272 f., 288 f.
Suizid   40, 300, 314, 324
– Suizidversuch   232 f., 332
Synchronisierung   172, 174–176, 179, 184; *siehe auch* Desynchronisierung, Resynchronisierung

Tasten   23, 57, 73, 99
Theory of Mind   237–239, 242 f., 246–247, 250, 255, 359, 375; *siehe auch* Mind reading
Tod   29 f., 32, 57, 132, 136, 143, 149, 170, 186, 198, 233, 300, 304 f., 310, 312 f., 320–327, 329–332, 355
Transitivismus   77, 250, 256, 286
Transparenz, transparent   22–25, 30, 37 f., 73, 81, 100, 290
Trauer   54, 121, 176, 178 f., 182, 189, 300, 320, 324
Traum   104, 133, 178, 179, 183, 277, 291 f.
Trauma   131, 139, 177 f., 203, 205, 299, 369, 370
Trieb   31, 45, 173, 301, 315, 336, 337–339, 347 f., 351, 359
Typus Melancholicus   56, 171, 180 f., 224, 312 f., 316, 367; *siehe auch* Melancholie

Überstieg   129, 132, 144 f., 247; *siehe auch* Perspektivenwechsel
Unbewusstes   210, 227, 362, 368–372, 375
Unheimlichkeit, unheimlich   37, 49, 138, 142, 148–160, 162 f., 165–167, 273–275, 278
Urheberschaft   36, 67, 279, 337

Verdrängung   193, 197, 207, 210 f., 315

Verfremdung   37, 150 f., 163, 165, 248
Vergessen, vergessen   24, 28, 34, 40, 77, 111, 116, 177–179, 184 f., 194, 203, 320, 362
Verletzlichkeit, verletzbar   29, 311, 327; *siehe auch* Vulnerabilität
Vermittelte Unmittelbarkeit   23, 37, 81, 272
Vertrauen   27, 29, 35, 135, 140, 210, 253 f., 264, 309 f.
– Grundvertrauen   253, 255, 273, 278, 284, 290
– Urvertrauen   253, 271
Vertrautheit   25, 32, 36, 47, 114, 118, 140, 153, 255, 267, 273
Vitalität   45, 183, 339
Vitalitätsaffekt   48, 239
Volition   338, 340, 344, 347, 349 f., 356
Vulnerabilität, Verwundbarkeit   138 f., 181, 299, 306, 311, 313–315
– anthropologische   299, 301–311
– existenzielle   180 f., 299, 301, 311–314

Wahn   13, 54, 79, 81, 95 f., 100, 106, 131 f., 143 f., 164 f., 250, 254–256, 263–265, 273, 277–292
– Beeinflussungswahn   83, 91, 105; *siehe auch* Beeinflussungserleben; Beeinflussungsmaschine; Fremdbeeinflussung
– hypochondrischer   55, 58
– Insuffizienzwahn   55
– melancholischer, depressiver   55 f., 187, 327
– nihilistischer   55, 56, 57, 59
– Schuldwahn   55
– technischer Wahn   90, 101, 103, 104 Fn. 5, 106

- Verfolgungswahn 100, 159, 165, 253
Wahnstimmung 37, 149, 151, 157–159, 162–166, 254, 273, 275
Wahnwahrnehmung 159, 164, 276
Wahrnehmen, Wahrnehmung 22, 36 f., 39, 52, 57 f., 64, 70, 72, 74 f., 78, 82, 100, 102, 110, 114, 121, 152 f., 157, 160–164, 167, 201, 217, 220, 238, 241, 243 f., 251, 254, 265, 266–279, 282, 284, 289–291, 369, 374
Widerstand 50 f., 67, 183, 266, 300 f., 363
Wiederholungszwang 149, 369 f.
Wille 16, 98, 195, 200 f., 206, 328, 335–338, 340–342, 346, 351–355
- Willensakt 102, 103, 197, 342
- Willensbildung 336–338, 340–342, 344, 349, 353 f., 356
- Willensfreiheit 335 f., 338, 340, 353
- Willensschwäche 344, 346, 349, 351, 353; siehe auch Akrasie
- Willensstörung 336, 344, 351, 356

Wissen, implizites 22, 245, 255, 283
Wollen 64, 200, 207, 336–338, 340, 342, 345–347, 356

Zeit 15, 27, 73 f., 91, 97, 111, 114, 118, 170–190, 195, 203, 208–212, 218, 222, 224, 277, 281, 325, 327 f., 330, 338, 353, 358, 370
- Eigenzeit 175–177, 185 f.
- lineare 172, 185 f.
- Weltzeit 171, 176, 186, 327 f.
- zyklische 172 f., 185, 188, 201
Zeitbewusstsein, Zeiterleben 16, 66, 171, 173, 176 f., 179
Zeitlichkeit 11, 15 f., 66, 121 f., 170–172, 175, 180, 183, 187, 193, 197, 200 f., 223
Zufall 149, 155, 159, 281 f., 316
Zur-Welt-Sein 21, 47, 265, 359
Zweifel 27, 35, 111, 148, 165, 281–284, 308, 314, 351
Zwischenleiblichkeit 44, 119, 47 f., 56, 58 f., 68, 83, 119, 121, 238, 240, 243, 245, 247, 256, 346, 360 f., 368, 370, 374, 375